한국어 의미론

KOREAN SEMANTICS

한국어 의미론

언어, 마음, 세계

강범모

한국문화사

한국어 의미론
언어, 마음, 세계

1판 1쇄 발행 2025년 1월 6일

지 은 이 | 강범모
펴 낸 이 | 김진수
펴 낸 곳 | 한국문화사
등   록 | 제1994-9호
주   소 | 서울시 성동구 아차산로49, 404호(성수동1가, 서울숲코오롱디지털타워3차)
전   화 | 02-464-7708
팩   스 | 02-499-0846
이 메 일 | hkm7708@daum.net
홈페이지 | http://hph.co.kr

ISBN 979-11-6919-268-2 93710

· 이 책의 내용은 저작권법에 따라 보호받고 있습니다.
· 잘못된 책은 구매처에서 바꾸어 드립니다.
· 책값은 뒤표지에 있습니다.

오류를 발견하셨다면 이메일이나 홈페이지를 통해 제보해 주세요.
소중한 의견을 모아 더 좋은 책을 만들겠습니다.

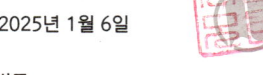

「한국어 의미론」 서문

이 책은 한국어를 중심으로 언어의 의미를 논하는 책으로서, 국문과와 언어학과의 학부, 대학원 의미론 과목에서 교재로 사용할 수 있다. 또한 이 책은, 과거의 중요한 의미 연구의 성과를 다루면서도 최근 의미론의 주요 연구를 수용함으로써, 의미론에 관심이 있는 학자들이 최근의 현대 (한국어) 의미론을 전반적으로 파악하는 데에도 도움을 줄 수 있다.

책의 내용은 「의미론: 국어, 세계, 마음」(2018)에 기초하지만, 이 책은 단순한 개정판 이상이다. 내용이 한국어 중심임을 반영하여 제목에 '한국어'를 내세웠을 뿐만 아니라, 전체 내용을 수정하고 보충하였다. 거의 매 쪽에서, 설명을 더 분명히 하기 위해서 그리고 곳곳에 필요한 것을 보충하기 위해서, 본문과 예문을 수정하고 대대적인 보강을 하여 책의 분량이 70쪽 이상 증가하였다. 가장 큰 변화는 구조적인 것으로, 원래 제3부에 있었던 마음속의 의미 부분을 앞으로 이동하여 제2부로 삼고, 원래의 제2부인 세계 속의 의미 부분을 뒤로 보내 제3부로 삼았다. 따라서 각 장의 번호도 크게 바뀌었다. 이러한 변화를 준 이유는 다음과 같다.

첫째, 세계 속의 의미가 더 단순한 개념이지만, 그것 중심의 의미론은 단어 의미를 결합하여 문장 의미를 이루는 과정이 중심이므로, 단어 의미가 중심이 되는 마음속 의미 논의가 앞서는 것이 타당하다. 둘째, 비록 현대적 의미론의 관점에서 세계 속 의미의 연구인 형식의미론과 마음속 의미 연구의 현대적 실현인 인지의미론이 비슷한 시기에 시작하였지만, 역사적으로 의미 연구는 심리적인 관점이 앞선다(고대와 중세의 어원 연구, 역사언어학, 소쉬르 등). 셋째, 이것은 더욱 큰 이유일 수 있는데, 세계 속의 의미 부분은 논리학이 바탕이 되고 상대적으로 그 논의와 설명이 형식적이고 어려울 수 있다. 특히 초보자에게 그렇다. 따라서 교재로 개발한 이 책으로 의미론을 처음 접하는 독자가 의미 연구의 재미를 느끼기 전에 어려움에 봉착할 수 있고, 이것은 바람직하지 않다. 상대적으로 이해하기 쉬운 마음속의 의미 부분을 앞에 배치하는 것이 독자의 흥미를 촉발하고 유지하기 위해 더 적절하다.

하지만 「의미론」과 마찬가지로, 이 책의 제1부(1장과 2장) 이후 강의 순서는 강의자가 본인의 관점에 따라, 그리고 학생의 수요에 맞게 조정할 수 있다. 세계 속의 의미 부분 중에 지나치게 형식적이고 이해가 어려운 부분은 강의에서 일부 생략하는 것도 한 방법이다. 몇 가지 가능한 강의 순서를 보이면 다음과 같다.

강의 순서 1: 제1부 ⇒ 제2부 ⇒ 제3부(일부 생략 가능) ⇒ 제4부
강의 순서 2: 제1부 ⇒ 제2부 ⇒ 제4부 ⇒ 제3부(일부 생략 가능)
강의 순서 3: 제1부 ⇒ 제3부(일부 생략 가능) ⇒ 제2부 ⇒ 제4부

책의 여러 곳을 수정하고 보충할 때, 내용을 가능한 한 풀어 썼다. 이렇게 함으로써 의미론에 익숙하지 않은 독자에게 더 친절하게 다가가려고 노력하였다.

책 본문의 내용 중 여러 부분에 「언어, 컴퓨터, 코퍼스언어학」(2011), 「언어: 풀어 쓴 언어학 개론」(개정 4판, 2020) 등 내 저서의 내용을, 때로 많이 수정하여, 가져왔다. 이 사실을 해당하는 곳에서 일일이 밝히려고 했지만, 미처 밝히지 못한 부분도 있다. 독자의 양해를 바란다.

원고 작성과 출판을 준비하는 과정에서 민, 이진, 특히 현숙의 도움을 많이 받았다. 이들 모두에게 고마움을 표한다.

2025년 1월
강 범 모

「의미론」 서문

이 책은 한국어(국어)의 의미 현상을 기반으로, 그리고 영어 등 다른 언어의 의미 현상을 참고하여, 언어의 주요 의미 현상을 기술하고 논의한다. 언어학 및 국어학, 나아가 외국어학 전공자들이 의미론의 기본 지식을 습득하고 의미에 대하여 능동적으로 생각할 수 있게 하려는 것이 그 목적이다. 동시에 이 책은 과거의 중요한 의미 연구의 성과를 다루면서도 최근 의미론의 주요 연구를 포용함으로써 의미론에 관심이 있는 언어학자들이 (최근의) 현대 의미론을 전반적으로 파악하는 데 도움을 주고자 한다. 의미를 다루는 두 방향인, 세계 속의 의미와 마음속의 의미의 양상을 여러 면에서 설명하고 논의할 뿐만 아니라, 언어 사용 속에서 나타나는 의미에 대해서도 논의한다.

이 책은 언어학과나 국문과 학부의 의미론 전공과목이나 대학원의 의미론 기초과목에서 교재로 사용할 수 있도록 포괄적으로, 가능한 한 풀어서 썼다. 다른 외국어 학과의 과목, 혹은 다른 학과가 개설하는, 언어 의미가 중요한 과목에서도 교재나 참고서로 이용할 수 있다. 수업 교재가 아니라도 언어학, 국어학, 외국어학 전공자 혹은 관련 학문 전공자가 언어의 의미에 관심을 가진다면 혼자서 읽어 나갈 수도 있다.

이 책의 의의는 다음과 같다. 첫째, 영어의 의미 현상을 기반으로 하는, 영어로 된 의미론 전공서가 다양함과 비교하면 한국어로 작성된, 한국어를 대상으로 하는, 현대 의미 이론을 포용하는 의미론 전공서가 상대적으로 많지 않다. 이러한 현실을 반영하여 저술한 이 책을 통하여 독자인 학생들은 자신의 모국어에 나타나는 의미의 면을 보다 깊게 이해할 수 있을 것이다. 독서의 과정에서, 학생 자신이 새로운 의미 현상을 발견하고 분석하려는 창의적 시도를 권장한다.

둘째, 한국어로 작성된 의미론, 한국어의미론 전공서는, 그리고 영어로 써진 외국의 의미론 전공서 또한, 대개 구조주의적 관점에서 단어의 뜻과 관계를 중심으로 하는 것들, 논리적 관점에서 지시와 진리조건을 중심으로 하는 것들(형식의미론), 그리고 인지적 관점에서 개념을 위주로 설명하고 논의하는 것들이지만(인지의미론), 이 책은 이런 모든 내용을 포용한다. 구조적, 지시적, 인지적 특질들은 언어 의미를 규정하는 배타적인 것들이 아니라 상호 보완적인 관점이기 때문에, 특히 학생을 위한 전공서에 이러한 접근이 유효하다.

이 책의 내용은 다음과 같다. 제1부는 기초가 되는 부분으로 의미가 무엇인지, 의미론에서 어떤 의미의 면을 다루는지 기술한다. 제2부는 세계 속의 의미를 중심으로 기술하고 지시와 진리(참)를 기초로 언어 의미의 논리적 면을 기술한다. 제3부는 마음속의 의미를 중심으로 기술하는데, 개념이나 인지 작용의 여러 면이 중심이 된다. 제1부-제3부는 좁은 의미의 의미론에서 다루는 주제이다. 제4부는 의미론의 확장으로, 함축 등 화용론의 주제, 텍스트 맥락과 의미, 의미 유형론을 논의한다.

본문의 각주는 독자가 읽지 않아도 본문을 이해하는 데 어려움이 없는 보충적 설명이므로 건너뛸 수 있다. 제2부에는 복잡한 논리식이 등장하므로 독자에게, 특히 학부 학생이라면 다소 어려울 수 있다. 따라서 제2부를 읽을 때는 복잡한 논리식보다는 그 배경 설명과 논의에 주의하고, 특정 장 혹은 절을 건너뛸 수도 있다. 양의 면에서도 제2부가 제3부보다 많다. 따라서 강의자가 한 학기의 구성에서 이 점을 고려해야 한다. 내용이나 양을 고려하여 제1부 이후에 제3부를 읽은 다음 제2부(일부 생략 가능), 제4부를 읽는 순서도 가능하다. 제1부를 읽은 후에는, 독자의 수준과 취향에 따라 어느 순서로 읽더라도 큰 문제는 없다. 요약하여 제시하면 다음과 같다.

순서 1: 제1부 ⇒ 제2부(일부 생략 가능) ⇒ 제3부 ⇒ 제4부
순서 2: 제1부 ⇒ 제3부 ⇒ 제2부(일부 생략 가능) ⇒ 제4부
순서 3: 제1부 ⇒ 제3부 ⇒ 제4부 ⇒ 제2부(일부 생략 가능)

이 책의 완성은 여러 사람의 도움으로 가능하였다. 원고의 교정에 대학원생 노소은, 김한벗이 수고하였고, 내가 이 책의 원고를 교재로 사용한 의미론 강의에서 학생들이 원고의 오류를 지적해 주었다. 정유진 선생은 책 원고의 일부로 강의를 하고 조언을 주었다. 한국문화사의 여러분들은 아름다운 책을 세상에 내놓기 위해 힘쓰셨다. 무엇보다도, 가족들은 내가 집필을 하는 동안 뒤에서 여러 면으로 나를 도왔다. 모두에게 감사를 표한다.

2018년 1월
강 범 모

| 표기 규약 |

작은따옴표 (' ')
  1. 단어(단어형, 어휘소), 구, 표현
  2. 문장
  3. 본문 내의 논문, 노래 등의 제목

큰따옴표 (" ")
  1. 의미
  2. 명제(문장 의미)
  3. 논리식의 해석
  4. 대화 속의 발화
  5. 다른 저작으로부터의 인용

· 작은따옴표와 큰따옴표는 번호 붙은 예/예문에서 사용하지 않으나, 예문 내에서의 단어의 인용, 언급 등 필요할 경우에는 사용함

위첨자 별표(*)
  1. 비문법적 형식(표현, 문장)

위첨자 물음표(?, ??, ???)
  1. 이상한 표현, 문장

차 례

서문 5
표기 규약 10

제1부 의미와 의미 연구

1. 언어의 의미 — 17
    1.1 의미와 의미론 — 17
    1.2 의미론과 메타언어 — 19
    1.3 언어의 기능적 의미 — 22
    1.4 어휘소, 단어형, 인용형 — 27

2. 언어 이론 속의 의미 — 32
    2.1 단어 의미와 문장 의미 — 32
    2.2 단어의 의미 — 35
    2.3 단어 의미의 삼각형 — 38
    2.4 기호의 의미 — 40
    2.5 단어와 문장의 의미에 대한 직관 — 46
    2.6 세계 속의 의미, 마음속의 의미 — 50

제2부 마음속의 의미

3. 의미와 인지 — 55
    3.1 인지의미론 — 55
    3.2 어휘의미론 — 60
    3.3 틀 — 65
    3.4 구문과 연어 — 70
    3.5 도상성 — 78

4. 개념과 범주 —— 85
4.1 개념과 개념화 …… 85
4.2 범주 …… 89
4.3 체화 …… 92
4.4 언어 상대주의 …… 95

5. 의미 관계 —— 100
5.1 단어와 의미 관계 …… 100
5.2 다의성 …… 102
5.3 동의/유의 관계와 반의 관계 …… 105
5.4 상하 관계와 부분 관계 …… 113
5.5 그 밖의 관계 …… 117

6. 은유와 환유 —— 118
6.1 은유 …… 118
6.2 개념적 은유 …… 120
6.3 혼성 …… 126
6.4 환유 …… 130

7. 단어 의미의 분해 —— 134
7.1 성분 분석 …… 134
7.2 사역과 동사 의미 구조 …… 138
7.3 의미 원소 …… 141
7.4 특질구조: 생성어휘부 …… 146

제3부 세계 속의 의미

8. 의미와 논리 —— 157
8.1 진리와 진리조건 …… 157
8.2 명제논리 …… 162
8.3 술어논리 …… 173
8.4 술어 논리의 의미 해석 …… 177
8.5 확장 …… 182

9. 지시와 뜻 — 183
- 9.1 지시 — 184
- 9.2 뜻 — 194
- 9.3 표시의미 — 201

10. 양과 수 — 206
- 10.1 양화 현상과 양화 구조 — 207
- 10.2 일반양화사 — 216
- 10.3 단조성과 부정극어 — 220
- 10.4 복수와 물질 — 225
- 10.5 명사구와 대명사 — 232
- 10.6 총칭 — 235

11. 시제, 상, 양상 — 239
- 11.1 내포성 — 239
- 11.2 시제 — 241
- 11.3 어휘적 상 — 249
- 11.4 문법적 상 — 256
- 11.5 양상 — 259

12. 사건과 의미역 — 267
- 12.1 사건과 논리함의 — 267
- 12.2 술어와 사건 논항 — 272
- 12.3 의미역 — 277
- 12.4 의미역의 문법적 구현 — 287

제4부 언어 사용과 의미

13. 전제, 화행, 함축 — 295
- 13.1 화용론 — 295
- 13.2 전제 — 298
- 13.3 화행 — 304
- 13.4 대화상의 함축 — 309
- 13.5 함축 이론의 발전 — 315

14. 맥락과 의미 — 318
- 14.1 의미 해석과 맥락 ⋯⋯ 318
- 14.2 인칭 대명사의 해석 ⋯⋯ 320
- 14.3 시간 및 공간 직시 ⋯⋯ 328
- 14.4 정보 구조 ⋯⋯ 334

15. 텍스트와 의미 — 341
- 15.1 텍스트 맥락 ⋯⋯ 341
- 15.2 연어 ⋯⋯ 344
- 15.3 화제 의미 관계 ⋯⋯ 349
- 15.4 분포의미론 ⋯⋯ 352

16. 의미 유형론 — 358
- 16.1 유형론과 의미론 ⋯⋯ 358
- 16.2 수사 ⋯⋯ 361
- 16.3 복수 ⋯⋯ 364
- 16.4 신체: 팔, 손, 손가락 ⋯⋯ 369

참고문헌 373
찾아보기 395

제1부

의미와 의미 연구

1
언어의 의미

1.1 의미와 의미론

의미론은 의미에 관한 연구이다. 달리 말하자면, 의미론은 "의미란 무엇인가"를 탐구하는 학문이다. 의미는 학문의 대상이 될 만큼 어려운 것이지만, 우리는 '의미' 혹은 '뜻' 그리고 '의미하다' 혹은 '뜻하다'를 일상에서 쉽게 사용한다.[1] 그리고 의미론에서 다루는 의미는 일상 언어 '의미'에서 온 것이다. 다음 예문들에서 사용된 '의미' 혹은 '뜻'이 어떻게 다른지 생각해 보라.

(1) ㄱ. '숭덩숭덩'이 무슨 뜻이지?
ㄴ. '오타쿠'가 뭘 의미하냐?
ㄷ. 시가 없으면 인생이 의미가 없어.
ㄹ. 뜻 있는 일을 하고 싶어.
ㅁ. 나는 그럴 뜻이 정말 없었어.

---

[1] 여기서는 '의미'와 '뜻'을 모두 전문어가 아닌 일상적 단어로 사용한다. 앞으로도 '의미'는 계속 일상적인 단어로 사용될 것이다. 그러나 '뜻'은 일상적인 단어로 사용되기도 하지만 9장(지시와 뜻)에서 '지시'와 대비하여서 특수한 전문어가 된다.

ㅂ. 네가 그런 의미로 거기에 갔다니 정말 실망스러워.

(ㄱ)과 (ㄴ)의 질문은 '숭덩숭덩'이라는 단어 혹은 '오타쿠'라는 단어의 언어적 내용을 물어보는 것이다. (ㄱ)에 대한 적절한 대답은 "'숭덩숭덩'은 물건을 큼직하고 빨리 써는 모양이야"이고, 좀 더 덧붙이자면, "예를 들어, 파를 숭덩숭덩 썰어서 감자찌개에 넣는다고 하지"라고 말할 수 있다. (ㄴ) 질문에 대한 적절한 대답은 "네가 궁금해하는 '오타쿠'는 일본말인데, 뭔가 집착하여 달라붙어서 하는 사람을 말해"이며, 친절하게 덧붙인다면, "마니아는 무언가 즐기는 사람이지만 오타쿠는 맹목적으로 연구하고 집착하는 사람이야"라고 말할 것이다. (ㄷ)과 (ㄹ) 문장은 '의미'와 '뜻'을 대략 '가치'라는 단어와 같은 뜻으로 사용한 경우이다. 마지막으로, (ㅁ)과 (ㅂ) 문장은 '뜻'과 '의미'를 대략 '의도' 대신에 사용한 것이다.

언어학의 의미론은 이 중에서 (ㄱ)과 (ㄴ) 문장에서 사용되는 '의미' 혹은 '뜻'에 관한 연구이다. 의미에 관한 질문은 '숭덩숭덩'과 같은 한국어(국어) 표준어뿐만 아니라 '정지' 같은 방언의 단어, '오타쿠'와 같이 외국어로서 근래 통용되는 단어, '가람, 뫼' 같은 옛말, 'serendipity' 같은 외국어 단어에 대해서도 할 수 있다. 이러한 질문들은 모두가 언어의 의미에 대한 것이며, 언어학의 의미론은 이와 같이 언어 표현의 의미, 즉 내용을 연구하는 학문이다.

그런데 위의 예문들과 좀 다르게 '의미' 혹은 '뜻'이 사용되는 때도 있다.

(2) ㄱ. 이 문장은 (원래) 그것이 말하는/의미하는 것이 아닌 다른 것을 의미한다.
ㄴ. 나는 네 말이 뭔지 알겠지만, 그것이 진짜 뭘 말하는지/의미하는지 모르겠어.

(ㄱ)은 어떤 문장의 원래 말하는 것, 즉 의미가 있는데 그것과 다른 진짜 의미가 또 있다고 하고, (ㄴ)에서 화자는 청자가 말하는 것, 즉 그 의미를 알지만 진짜 무엇을 의미하는지 모른다고 한다. 이것은 문장 등 어떤 언어 표현이 기본적으로 의미하는 것과, 그 표현이 사용되는 맥락에서, 그것이 실제로 의미하는 것이 다를 수 있음을 보인다. 어떤 특정한 상황에서 사용되는 말(언어 표현)의 의미를 살펴보자.

(3) ㄱ. (야외로 피크닉 가기로 한 날 비바람이 치는 것을 보고) 날씨 참 좋네.
 ㄴ. (매번 시험을 잘 보는 아이가 시험을 형편없이 보았을 때 엄마가 말하기를) 시험 아주 잘 봤다.
 ㄷ. (입사 인터뷰에서 지원자에게 질문이 끝나고 나가라고 할 때) 이제 가도 됩니다.

이 같은 경우에 '날씨가 좋다', '시험을 잘 보다'는 실제로 날씨가 좋고 시험을 잘 보았다는 뜻은 아니며, '가도 되다'가 가든지 말든지 해도 좋다는 허락의 뜻은 아니다(가야 한다는 뜻이다). 이러한 언어 사용에서 나오는, 맥락 속에서의 의미의 문제는 나중에 제4부(언어 사용과 의미)에서 다루기로 하고, 제1부부터 제3부까지는 언어 표현의 기본적인 의미에 집중하자.

1.2 의미론과 메타언어

다음과 같은 예들에서 단어 '서울'의 역할에 대하여 생각해 보자.

(4) ㄱ. 나는 서울에 살고 있다.
 ㄴ. 서울은 한국에서 가장 큰 도시이다.

ㄷ. 부산에서 서울까지가 대구에서 의정부까지보다 멀다.
ㄹ. 서울은 두 음절, 네 분절음으로 이루어졌다.
ㅁ. 서울은 명사이고, 그중에서도 고유명사이다.

위 예들에서 '서울'은 모두 같은 자격인가? (ㄱ), (ㄴ), (ㄷ)의 '서울'과 (ㄹ), (ㅁ)의 '서울'이 구별된다면 왜 그런 것인가?

이 질문에 대한 답은, 철학 용어를 빌려서 말하자면, 화자가 전자의 '서울'을 사용하였고 후자의 '서울'을 언급하였다. 전자에서 '서울'은 한국의 특정 도시, 즉 대한민국의 수도를 가리키며, 후자에서 단어 '서울'은 '서울'이라는 단어 자체를 가리킨다. 언어 표현이 그것 자체를 가리킬 수 있는 성질을 언어의 자기지시성, 줄여서 자시성이라고 부르기도 한다. 말하자면 언급된 언어 표현은 자시적 표현이다. 단어 자체를 지시하는 단어는 보통 따옴표(' ')로 표시한다. 따라서 글로 쓸 때 올바른 방식은 위의 (ㄹ)과 (ㅁ)에서 '서울'이라고 표시하는 것이다. 물론 소리 내어 말로 할 때는 구별되지 않는다.

언어학에서는 사용과 언급이라는 구별보다 대상언어(object language)와 메타언어(metalanguage)의 구별을 이용한다. (ㄱ), (ㄴ), (ㄷ) 같은 경우는 일반적인 언어 사용이고, (ㄹ), (ㅁ)의 경우는 메타언어적 진술이다. 즉, '서울'은 대상언어 한국어의 특정 단어를 가리키는 메타언어적 표현이고, '두 음절, 네 분절음으로 이루어지다', '명사이고, 그중에서 고유명사이다'는 그 대상언어에 대한 메타언어적 기술이다. 이 경우 대상언어와 메타언어가 모두 한국어이다. 말하자면, 어떤 하나의 언어가 대상언어이자 메타언어일 수 있다. 그러나 다음과 같이 대상언어와 메타언어가 다른 경우도 흔히 존재한다.

(5) ㄱ. 'chateau'는 프랑스어로 성을 말한다.
    ㄴ. 'serendipity'는 영어로서 뜻밖의 행운을 의미한다.

(ㄱ)과 (ㄴ)의 대상언어는 각각 프랑스어와 영어이며 두 문장 모두에서 메타언어는 한국어이다. 'chateau'와 'serendipity'는 프랑스와 영어에서 가져온 단어이지만, 그 언어의 단어 자체를 가리키기 위해 메타언어적으로 사용되었다. 대상언어의 단어를 가져오지 않고, 사전에서의 표제어 순서에 따라 '프랑스어 사전의 516번째 표제어는 성을 뜻한다', '영어 사전의 2500번째 표제어는 행운을 뜻한다'라고 말함으로써 대상언어 단어를 메타언어적으로 사용하는 것을 피할 수도 있지만, 이렇게 하는 것은 번거롭다.

사람들이 언어를 사용할 때 언어 자체에 대한 설명이나 질문보다는 세상의 일을 기술하고 정보를 전달하는 데 사용하는 일이 많다. 그러나 '서울', 'chateau', 'serendipity'의 경우와 같이 메타언어적 용법도 많이 있다. 앞 절에서 제시된 '숭덩숭덩'과 '오타쿠'에 대한 질문도 단어 자체를 가리키는 메타언어적 용법이다. 실제로 언어학은 언어를 대상으로 연구하여 언어로 기술하고 설명하는 학문이므로 학문 전체가 메타언어적 기술이며, 의미론은 언어 표현의 의미를 메타언어적으로 기술하는 언어학 분야이다.

이 책에서는 주로 한국어를 대상으로, 필요에 따라 다른 언어들을 참고하여, 언어 표현의 의미를 기술하므로 메타언어가 한국어이고 대상언어도 대부분 한국어이다. 의미론은 사전편찬이 목적이 아니므로 개별언어의 특정 단어의 의미 기술만을 목표로 하지는 않는다. 의미론에서 다루려는 의미 현상은 대부분 보편적이므로 한국어의 여러 표현의 의미에 대한 탐구는 보편적으로 적용되는 방법을 사용하며 그 설명은 보편성을 추구한다. 이 책은 자연언어의 의미를 탐구하는 방법을 제시하고자 하되, 가능한 한 한국어를 모국어로 사용하는, 또는 한국어를 아는 독자가 스스로 한국어, 나아가 언어의 의미에 대하여 깊이 생각할 기회를 주려고 한다.

1.3 언어의 기능적 의미

언어가 무엇인가에 대해 생각하고 답해 보라. 혹은 언어가 무엇을 하는 도구인가 스스로 질문해 보라. 그러면 대개 다음과 같은 답이 나올 것이다.

(6) 언어는 인간이 커뮤니케이션을 위해 사용하는 도구이다.

이것은 표준국어대사전(국립국어연구원 1999)과 고려대 한국어대사전(민족문화연구원 2009)의 '언어'에 대한 사전적 정의와 매우 비슷하다.

(7) '언어'의 사전 정의(뜻풀이)
    ㄱ. 생각, 느낌 따위를 나타내거나 전달하는 데에 쓰는 음성, 문자 따위의 수단. 또는 그 음성이나 문자 따위의 사회 관습적인 체계 [표준국어대사전]
    ㄴ. 인간의 사상이나 감정을 표현하고, 의사를 소통하기 위한 소리나 문자 따위의 수단 [고려대 한국어대사전]

이러한 정의는 대체로 맞지만 완전히 맞지는 않는다. 왜냐하면 언어는 감정 표현이나 의사소통(커뮤니케이션)만을 위해 사용되지 않으며, 관습적이 아닌 부분이 있기 때문이다. 세계 또는 세상의 사물 및 상황에 대한 사실의 전달과 소통, 즉 커뮤니케이션이 언어의 중요한 역할, 즉 기능이라는 말은 의미론의 입장에서 보면 언어는 세계/세상과 관련된 의미를 가지고 있다는 것이다. 그리고 언어에 커뮤니케이션 기능 이외의 기능이 있다는 것은 언어에는 그러한 의미만이 아니라 다른 의미가 있다는 말이다.[2]

---

[2] 감정의 표현 기능도 사전 정의에 나타나지만 커뮤니케이션 기능이 더 강조되어 있고, 실제로 더 중요하다.

우선 커뮤니케이션과 관련된, 즉 세계/세상과 관련된 의미는 다음의 (ㄱ)과 (ㄴ) 문장에서 드러난다.[3]

(8) ㄱ. 이순신 장군이 거북선을 만들었다.
ㄴ. 어제 미국 대통령이 영국을 방문하였다.
ㄷ. 이름이란 무엇이란 말이냐? 우리가 장미라고 부르는 것은 다른 이름으로 불러도 똑같이 향기로울 텐데.[4]

(ㄱ)의 문장은 과거의 역사적 사건을 기술하여 그 정보를 전달한다. (ㄴ)의 경우, 어제가 정확히 어떤 날짜인지, 그리고 미국 대통령이 누구인지가 발화 시점에 달려있기는 하지만, 이 문장이 세상의 어떤 상황을 기술하는 의미를 가지고 있음은 틀림없다. 이 문장들에서 '이순신', '거북선', '미국 대통령', '영국' 등은 (어떤 시기의) 세계 속의 특정한 인물 혹은 사물을 가리킨다. 따라서 이러한 언어 표현의 기능을 지시적 기능이라고 한다. (ㄷ)은 셰익스피어의 「로미오와 줄리엣」에서 줄리엣이, 로미오가 그녀의 집안인 캐플릿 가의 원수 집안인 몬태규 가의 남자인 것을 알고도, 그리움이 가득 차 발코니에서 독백하는 말이다. 장미가 '장미'가 아닌 다른 이름, 예를 들어 '장꽃' 또는 '미장'으로 불리어도 그것은 그대로 장미이며 향기롭

---

[3] 영어의 'world'에 해당하는 한국어의 '세계'와 '세상'은 의미적 차이가 있다. 고려대 한국어대사전을 찾아보면, '세계'의 뜻에는 "지구 위의 모든 나라. 또는 인류 사회 전체", "사물이나 현상의 일정한 범위나 분야", "온갖 사물을 포괄하는 우주 전체" 등이 있고, '세상'의 뜻에는 "생명체가 살고 있는 지구", "사람들이 생활하고 있는 사회" 등이 있다. 이 책에서는 두 단어가 모두 언어외적 (물질) 세계를 가리키는 말로 사용된다. 양상(11장 참조)과 관련하여 가능세계(possible world)를 논하는 경우에 '세계'의 뜻은 위의 '세계'의 정의 중 "온갖 사물을 포괄하는 우주 전체"에 가깝다.

[4] What's in a name? that which we call a rose
By any other name would smell as sweet [셰익스피어, 「로미오와 줄리엣」]

다고 하면서 '몬태규'라는 이름은 부질없다는 말이다. 말하자면, '장미'라는 말보다 그것이 지시하는 대상, 즉 지시적 의미가 중요하다. 따라서 '장미'와 '미장'이 같은 대상을 가리킨다면 동일한 지시적 의미를 가지며, 전달하는 내용도 같은 셈이다.

일찍이 야콥슨(Jakobson 1960)이 이러한 언어의 기능을 언어의 지시적(referential) 기능이라 부르고, 그 기능을 포함하여 여섯 가지 언어의 기능을 제시하였다. 다른 기능들은 메타언어적(metalinguistic) 기능, 감정적(emotive) 기능, 시적(poetic) 기능, 환기적(conative) 기능, 그리고 교감적(phatic) 기능이다. 이것은 곧 그러한 기능을 담당하는 표현들이 지시적 의미, 메타언어적 의미, 감정적 의미 등을 가지고 있다는 것을 말한다. 지시적 의미는 이미 설명했고, 메타언어적 의미는 앞 절에서 "'숭덩숭덩'은 크게 써는 모습을 말한다"라고 할 때 사용되는 '숭덩숭덩'이 그 표현 자체를 의미하는 것과 같은 경우의 의미이다. 더 많은 예를 들자면 다음과 같다.

(9) ㄱ. '미안해'는 너무 가혹한 말이에요.[5]
　　ㄴ. 그 여자아이는 예쁜 것이 아니라 꽃다웠다.
　　ㄷ. 그는 연주자가 아니라 마에스트로야.

(ㄱ)의 '미안해'는 인용부호(' ')로 표시된 명백히 메타언어적 표현이다. (ㄴ)의 경우, 어떤 여자가 꽃다우면 당연히 예쁜데, 꽃다우면서 예쁘지 않다고 말할 수 있는 것은 '예쁘다'의 지시적 의미를 부정한 것이 아니라 '예쁘다'가 가리키는 '예쁘다'라는 말 자체를 부정한 것이다(메타언어적 부정). 실제로 (ㄴ)은 여자아이가 예쁘다고 표현하기에는 그 여자아이가 너무 예쁘다는 말이다. (ㄷ) 또한 비슷한데, 명연주자라는 뜻의 마에스트로가 연주자가

---

[5] 'Sorry seems to be the hardest word' [엘튼 존의 노래 제목]

아닐 수 없지만(지휘자 마에스트로는 제외하자), 여기서 '연주자'는 지시적 의미가 아니라 그 말 자체를 지시하는 메타언어적 의미를 갖는다.

그 이외의 의미들을 다음 문장들이 나타낸다. 어떤 문장이 어떤 의미(기능)에 해당할 것인지 생각해 보라.

(10) ㄱ. 너는 참으로 아름답구나! (Du bist so schön! 「파우스트」, 괴테)
ㄴ. 힘들고 지친다!
ㄷ. 아리 아리랑 스리 스리랑 아라리가 났네.
ㄹ. 오늘 밤, 봄 밤, 비오는 밤, 비가
햇듯햇듯 보슬보슬, 회친회친 아주 가이업게 귀엽게
비가 나린다, 비오는 봄 밤 ('봄과 봄밤과 봄비', 소월)
ㅁ. 바람아 멈추어라, 촛불을 지켜다오. ('촛불', 이희우 작사)
ㅂ. 그대는 왜 촛불을 키셨나요? ('촛불', 이희우 작사)
ㅅ. 좋은 아침! 안녕하세요?
ㅇ. 어디 가니?

(ㄱ)과 (ㄴ)은 말하는 사람의 내적 감정을 드러내는 감정적 의미를 갖는다. (ㄱ)은 파우스트가 마지막에 외치는 말로서, 메피스토펠레스와의 계약에 의하면, 이 말을 외치는 순간 파우스트의 영혼이 그의 노예가 되게 되어 있었다. 그런데 실제로 주인공 파우스트의 영혼이 그렇게 되었을까? 천사들이 "끊임없이 노력하는 자는 ○○받을 수 있다"라고 했다고 하니, 독자들은 파우스트 소설에서 그 결말을 직접 확인하고 '○○'이 어떤 단어인지, 그리고 작품 속에서 전체 문장의 진정한 의미가 무엇인지 깨닫기를 권장한다. 혹은 바쁜 세상에서 고전 소설을 읽을 시간을 낼 수 없다면, 간단하게 위키피디아에서라도 확인이 가능하다. (ㄷ)과 (ㄹ)에서는 언어의 시적 의미가 나타난다. (ㄷ)의 '아리랑' 가사는 특별한 뜻이 있는 것이 아니라 그 소리의 리듬 자체가 메시지, 즉 의미를 드러낸다. 소월 시의 시구

(ㄹ)은 '햇듯햇듯'과 같은 것은 말할 것도 없고, 다른 표현들도 지시적 의미를 가지는 동시에 리듬으로 시적 의미가 드러난다. '봄, 밤, 비'라는 제목 자체도 음성적 특성으로 리듬의 메시지, 즉 시적 의미를 드러낸다. 이렇게 민요나 시가 따분하다면, 과거 G프로라는 핸드폰 광고에 사용되었던 노래 가사의 예도 있다. 이 경우에도 지시적 의미와 시적 의미가 모두 드러난다.

(11) 난 기다렸지 프로 설레는 맘으로
빛나지 이대로 멋지지 그대로

(10)의 (ㅁ)과 (ㅂ)은 상대방에 대하여 무엇을 해 달라는('멈추어라', '지켜다오') 혹은 대답을 해 달라는('왜 ... 키셨나요') 환기적 의미를 갖는다. (ㅅ)과 (ㅇ)은 지시적 의미(아침이 좋다는 진술) 또는 환기적 의미보다는(안녕한지 혹은 어디 가는지에 대한 답을 원하는 질문) 화자와 청자와의 관계를 지속시키는 교감적 의미를 갖는다. 즉, (ㅅ)을 말하는 사람은 "응", "네" 같은 인사의 대답 혹은 "안녕하세요?"라는 똑같은 말을 기대할 뿐이다. 마지막의 (ㅇ)을 말하는 사람은 특별한 정보를 원하지는 않기 때문에(청자의 행선지가 어디인지 꼭 알려달라는 것은 아님) "응 어디 좀 가" 같은 대답으로 만족해한다.

이상과 같은 여섯 가지의 언어 기능, 즉 언어 의미를 라이언스(2011)는 지시적 의미(지시적, 메타언어적 의미), 표현적 의미(감정적, 시적 의미), 사회적 의미(환기적, 교감적 의미) 세 가지로 구분하였다. 앞에서 언급하였듯이 이러한 언어 의미들은 실제 문장이나 발화에서 하나만 나타나는 것은 아니다. '봄, 밤, 비'의 시구는 지시적 의미를 전달하면서 동시에 리듬이나 음성상징을 통한 시적 의미를 가지고 있고, '숭덩숭덩'의 의미에 대한 질문은 메타언어적 의미와 함께 대답을 요구하는 환기적 의미, 그리고 상대방과의 대화에서 우호적인 상황을 지속하려는 교감적 의미를 모두 갖는다. 또한,

인사로 건네는 '어디 가니' 같은, 교감적 의미가 드러나는 발화에 '나 학교에 가' 같은 대답이 가능한데, 그것은 이 발화에 교감적 의미뿐만 아니라 지시적 의미와 환기적 의미도 들어 있음을 드러낸다.

1.4 어휘소, 단어형, 인용형

앞의 절들에서 어떤 언어 표현을 언급하면서 '숭덩숭덩', 'serendipity'와 같이 인용부호(' ')를 사용하였다. 이러한 인용부호의 사용은 단어가 자기지시적으로, 즉 메타언어적으로 사용되었다는 것을 드러낸다. 즉, '숭덩숭덩'이, '감자국에 파를 숭덩숭덩 썰어 넣었다' 같은 문장에 사용되어, 행동이나 사물의 어떤 모양을 표현하기 위해 사용된 것이 아니라, 그 단어 자체를 지시하기 위해 사용된 것이다. 의미뿐만이 아니라 형태, 통사 등에 관한 다양한 진술을 하기 위해서도 그 단어는 메타언어적으로 사용될 수 있다.

　　(12)　ㄱ. '숭덩숭덩'은 반복을 통한 형태적 구성이다.
　　　　　ㄴ. '숭덩숭덩'은 부사이다.
　　　　　ㄷ. '숭덩숭덩'은 대개 '썰다' 앞에 온다.

여기서 '숭덩숭덩'은 엄밀히 말하자면 어휘소(lexeme)를 가리킨다. 어휘소는 그것이 실제로 문장 내에서 사용될 때의 단어 형식인 단어형(word form)과 구별되는데 부사의 경우 어휘소와 단어형이 겉으로 구별되지는 않는다. 동사의 경우 그 차이는 명백하다. 다음의 모든 문장에 공통적으로 나타나는 단어는 무엇인가?

(13) ㄱ. 아침에 늦게 일어나 밥을 허겁지겁 먹었어.
ㄴ. 너 여기 있던 우유 먹어 버렸니?
ㄷ. 아이가 저녁을 잘 먹으니까 내가 너무 기분이 좋아.
ㄹ. 벌은 꿀을 먹고 새는 벌레를 먹는다.
ㅁ. 점심때 2천 원짜리 떡볶이를 먹은 다음에 5천 원짜리 커피를 마셨어.

이 문장들 모두에 나타나는 단어는 '먹다'인데 이것은 '먹었어' 같은 종결형, '먹어' 같은 연결형, '먹으니까' 같은 종속연결형, '먹고' 같은 대등연결형, '먹은' 같은 관형형 등의 여러 가지 형식으로 나타난다. 여기서 각각의 형식이 어휘소 '먹다'의 단어형이다. 명사의 경우를 보면 '아이'라는 어휘소는 그것이 문장에서 사용될 때 '아이가', '아이를', '아이는' 등 여러 가지 격의 단어형으로 나타난다. 학교문법에서는 조사를 별개의 단어로 간주하므로 '아이가'는 하나의 단어형이 아니라 '아이'와 '가'의 결합으로 볼 수도 있다.

지금까지 어휘소와 단어형을 모두 인용부호(' ')로 표시해 왔다. 영어에서는 어휘소와 단어형을 각각 인용부호와 이탤릭체로 표시하기도 한다.('eat', *eats*) 그러나 한국어 인쇄물에서는 이탤릭체가 별로 사용되지 않으므로 대개 이 두 가지를 모두를 인용부호로 표시하는 것이 일반적이고, 이 책에서도 어휘소와 단어형 모두에 인용부호(' ')를 사용한다. 사실 영어 인쇄물의 경우에 학자에 따라 어휘소와 단어형을 모두 이탤릭체로 표시하기도 한다.

어휘소 '먹다'는 명사 '아이'와 달리 실제로는 단어형으로 거의 사용되지 않는 방식으로 제시된 것이다. '아이' 그리고 '우유, 자동차' 등이나 영어의 'dog, car' 등과 'want, go, eat' 등의 경우 인용부호 속의 형식은 실제로 문장 속에서 나타나는 단어형의 하나이다('They made him go home').

이와 대조적으로, 한국어의 '먹다, 때리다, 죽이다' 같은 동사는 대개 그렇지 않다. 아이가 지금 내 앞에서 밥을 먹는 상황에서 '아이가 지금 밥을 먹다'라고 하지 못하고, 아이가 항상 밥을 잘 먹는 상황에서 '아이가 항상 밥을 잘 먹다'라고 할 수 없다. 대신 '먹는다'를 사용해야 한다. 다만, '먹다' 같은 형식이 실제 문장에서 단어형으로 사용 가능한 특수한 경우가 있다.

(14) ㄱ. 월드컵 예선에서 한국이 중국을 3-0으로 완파하다.
ㄴ. 트럼프가 재선에 성공하다.
ㄷ. 드디어 내가 만든 음식을 먹다.

이런 표현들은, (ㄱ), (ㄴ)과 같이, 대개 신문의 기사 제목이나 책의 제목 혹은 장, 절의 제목에서 사용될 때가 있다. 또한 (ㄷ)은, 흔한 경우는 아니지만, 내가 처음으로 음식을 만들어 먹은 후 쓴 일기의 첫 줄 문장일 수 있다. 이 문장들은 과거에 일어난 사건을 기술한다. 말이나 글을 쓸 때 과거에 일어난 일에 대해 동사의 과거형을 사용하는 것이 맞지만, 위와 같이 한정된 맥락에서 현재형을 사용하여 표현에 생동감을 줄 수 있다.

이렇게 제약된 상황에서 사용되는 '먹다, 완파하다, 성공하다'가 자연스럽게 사용되는 또 하나의 경우가 있다. 그것은 앞에서와같이 메타언어적인 상황에서 그 단어의 의미나 특성을 설명할 때, 그리고 그러한 상황의 특수한 경우로 언어 사전의 표제어로 사용될 때이다. 언어 사전에는 '먹는다, 완파했다, 성공했다'가 표제어로 나오는 것이 아니라 '먹다, 완파하다, 성공하다'가 표제어로 사용된다. 또 "한국어에서 '먹다'는 '식사하다'보다 자주 사용되는 단어야"라고 말하면서 어휘소를 언급할 때에도 이 형식을 사용한다. 이렇게 단어(어휘소) 자체를 가리키기 위하여 사용되는, 메타언어적 용법의 형식을 '인용형'(citation form)이라고 한다. 가장 간단한 형식을 인용형으로 정하거나, 자주 사용되는 단어 형식들 중 하나를 인용형으로 사용하기도 한다. 라틴어의 경우 사랑한다는 뜻의 단어는 'amō'(1인칭 단수), 'amās'(2인칭 단수), 'amat'(3인칭 단수), 'amāmus'(1인칭 복수), 'amā´tis'(2인칭 복수), 'amant'(3인칭 복수) 등의 현재 형식과 'amāre'(현재부정사), 'amāvī'(현재능동완료) 등 수많은 형식으로 사용되는데 그중에 1인칭 단수 현재 단어형인 'amō'를 인용형으로 사용한다.

그러면 의미론의 연구 대상은 어휘소, 단어형, 인용형 중 어떤 것인가? 메타언어적으로 사용되는 인용형을 제외하고 말하자면, 대부분의 경우 어휘소가 의미론의 연구 대상이다. '숭덩숭덩', '먹다', '행복', '고통'의 의미는 그것이 어떤 형식으로 사용되든 모두 그 기저에 같은 의미를 가지고 있다. 그러나 단어형의 의미가 중요하게 보이는 경우가 있다. 동사의 경우 그것은 시제와 상 등의 의미를 논의할 때이다. 다만 이 경우는 어떤 특수한 한 단어가 문제가 되지 않고 문법적 범주가 대상이 되므로 어휘소냐 단어형이냐의 선택만은 아니다. 달리 말하자면, 시제 등의 문법 범주는 내용을 가지고 있는 명사, 동사, 형용사, 부사 등의 의미가 아니라 문법 형태소나 굴절이 의미 기술의 대상이다. 이 책에서는 내용어의 의미와 형태소 혹은 문법 범주의 의미가 모두 논의의 대상이다. 또한 당연하게도, 내용어나 문법 범주의 의미를 다루면서 구, 절, 문장 등 여러 가지 표현의 의미를 다루게 된다.

이 책은 주로 한국어 표현의 의미를 다룬다. 따라서 한국어(국어) 문법이나 한국어(국어) 의미를 기술한 기본서들이 도움이 될 수 있다. 한국어 문법은 그 초판이 1937년에 간행된 최현배(1977)로 거슬러 올라가는데 초보자가 읽기에는 방대하다. 한국어 문법의 기본서가 도움이 되는데, 남기심·고영근(1987), 고영근·구본관(2008), 정경일 외(2000), 권재일(1992) 등이 있다. 한국어(국어) 의미론을 전반적으로 다룬 저서로는 김민수(1981), 신현숙(1986), 박영순(2004), 박종갑(2007), 윤평현(2008, 2020), 김지홍(2010), 나찬연(2019) 등이 있다. 한국어 및 영어 의미론을 포괄적으로 다룬 국내 입문서로 심재기 외(1984), 이익환(2002), 윤영은 (2002) 등이 있다. 독자가 읽고 있는 이 책의 차별점은 다음과 같다.

 구조의미론, 형식의미론, 인지의미론 중 하나의 관점에서 의미를 기술하는 다른 한국어 의미론 책과는 달리, 이 책은 형식의미론과 인지의미론 등 최근 의미론의 주류 이론들을, 그리고 필요시 구조의미론의 개념도, 한국어에 적용하여 한국어의 의미 현상뿐만 아니라 최근의 일반 의미 이론을 이해할 수 있는 방향으로 논의를 전개한다.

더 읽을거리

김민수 (1981). 「국어의미론」, 서울: 일조각.
라이언스 (2011). 「의미론 1: 의미 연구의 기초」, 강범모 역, 서울: 한국문화사.
소쉬르, 페르디낭 드 (1990). 「일반언어학 강의」, 원전 출판 1916, 최승언 옮김, 서울: 민음사.
심재기, 이기용, 이정민 (1984). 「의미론 서설」, 서울: 집문당.
윤평현 (2020). 「새로 펴낸 국어의미론」, 서울: 역락.
Saeed, John (2015). *Semantics*, 4th ed., Chichester: Wiley-Blackwell.

2
언어 이론 속의 의미

2.1 단어 의미와 문장 의미

문장마다 의미가 있다. 다음 문장들의 의미를 생각해 보라.

(1) ㄱ. 큰 남자가 뛰고 있다.
　　 ㄴ. 큰, 날씬한 남자가 뛰고 있다.
　　 ㄷ. 큰, 날씬한, 힘센 남자가 뛰고 있다.

(2) ㄱ. 민이가 똑똑하다.
　　 ㄴ. 진이가 민이가 똑똑하다고 말했다.
　　 ㄷ. 현수가 진이가 민이가 똑똑하다고 말했다고 믿는다.

형용사 수식 구문은 여러 형용사가 사용되어 반복될 수 있고, '-고'와 함께 나타나는 보문 구조는 계속 반복될 수 있다. 따라서 문장의 길이는 무한하고 이론적으로 한 언어의 문장의 수는 무한하다(물론 실제로 반복이 10번 이상 되는 문장을 사용하는 일은 없다). 이러한 언어의 특성을 언어의 창조성이라고 한다. 의미의 면에서, 위의 문장들을 이해하는 데 문제가 없고, 나아가 무한한 수의 문장에 대응하는 문장 의미의 수는 무한하다.

사람들이 무한한 수의 문장을 이해하는 데 원칙적으로 문제가 없으나, 인간의 한정된 기억력으로 무한한 수의 의미를 기억하고 사용할 수는 없다.

통사론에서는 한정된 수의 단어와 한정된 수의 귀환적(recursive) 규칙으로 무한히 반복되는 구문이나 문장을 생성한다(generate). 그렇게 되면 사람들은 무한한 수의 문장을 모두 암기하고 있지 않아도 무한한 문장을 사용할 수 있다. (2)의 예문들에 대하여 통사론의 규칙을 사용하자면, 대략 다음과 같은 규칙이 여러 번 반복되어 적용된다([ ] 속에 대략적인 생성통사론의 규칙 제시함).

(3) ㄱ. 명사는 형용사와 명사로 구성된다. [N → A N]¹
 ㄴ. 문장은 명사구와 동사구로 구성되고, 동사구는 문장과 동사로 구성된다. [S → NP VP, VP → S V]
 (이 규칙이 적용되는 동사: '말하다, 전하다, 믿다, 확신하다, 생각하다' 등)

무한한 수의 의미도 마찬가지이다. 한정된 수의 단어 의미와 한정된 수의 통사 규칙에 해당하는 의미 해석 방식을 앎으로써 무한한 길이의 문장의 의미, 무한한 수의 문장의 의미를 이해할 수 있다. 이렇게 구, 문장 등 표현의 의미가 그것을 구성하는 단어들의 의미와 단어 결합 방식, 즉 통사 규칙으로 결정되는 원리를 조합성(compositionality)의 원리 또는 합성성의 원리라고 한다.

(4) 조합성(합성성)의 원리
 전체 표현의 의미는 그것을 구성하는 부분들의 의미, 그리고 그 부분들이 결합하는 방식에 의해 결정된다.

---

1 X-바($\overline{X}$) 이론에 따르면 이 규칙은 다음과 같다. $\overline{N}$ → A $\overline{N}$.

이러한 조합성의 원리는 언어 사용자가 한 언어의 무한한 수의 표현과 문장의 의미를 이해할 수 있다는 사실을 설명하기 위해 필수적인 원리이다. 그러나 이 원리가 아주 좁은 뜻으로 사용되면 문제가 생길 수도 있다. 다음과 같은 문장은 조합성의 원리에 비추어 보면 문제이다. 어떤 점이 그러한가?

(5) ㄱ. 나는 네가 좋아. (청년들의 발음: [난 니가 조애])
    ㄴ. 모든 학생이 숙제를 잘 했어요.

(ㄱ) 문장의 정확한 의미가 이 문장을 구성하는 단어들로부터만 나올 수 없다. 즉, 특정 상황에서 이 말을 하는 사람이 누구인지 그리고 그 말을 누구에게 하는지를 알아야 이 문장을 정확히 이해할 수 있다. 또 (ㄴ)의 '모든 학생'은 어떤 대학교의 학생 모두, 서울에 있는 초중고 학생과 대학생 모두, 전 세계의 학생 모두를 가리키지는 않는다. 역시 이 말을 사용하는 맥락(환경)에서 한정된 어떤 범위의 학생들에게 이 말을 적용하여 그 의미를 해석할 수 있다. 이와 같은 좁은 의미의 조합성 원리의 문제는 14장(맥락과 의미)에서 좀 더 논의하기로 하고, 여기서는 우선 넓은 의미의 조합성 원리가 의미 해석과 이론적인 의미론에서 근본적이라는 것을 인정하자.

조합성의 원리는 두 부분으로 이루어져 있다. 그것은 단어들의 의미와 단어들의 결합 방법에 따른 의미 결정이다. 사실 의미론의 역사에서 주 관심사는 단어, 특히 내용적인 단어인 명사, 동사, 형용사, 부사의 의미였다. 그러나 1970년대에 몬태규(Montague 1973)가 논리적인 방식으로 자연언어 의미를 기술하는 방법을 제시한 이래 현대의 논리적 의미론(형식 의미론)은 단어 결합 부분, 즉 단어들이 통사적 규칙에 따라 결합할 때 전체 의미가 결정되는 방식의 분석이 위주가 되었다. 따라서 논리적인 방식의 의미론에서는 내용을 가진 단어보다는 문장 또는 표현의 의미 결합에서 전체 의미를 결정하는 데 결정적인 역할을 하는 '모든, 어떤, 그리고, 안, -었, -겠' 등의 주로 기능적인 단어들의 의미 역할이 주 관심사이다. 형식의미론의 의미 논의는 제 3부에서 세계 속의 의미를 논의하면서 하기로 하고 여기서는 우선 문장 의미의 기초가 되는 단어의 의미 문제에 집중하도록 하자.

2.2 단어의 의미

조합성 원리의 기초가 되는 개별 단어의 의미는 무엇인가? 예를 들어 '숭덩숭덩, 시나브로, serendipity, surreal' 등 단어들의 의미는 무엇인가? 또는 이러한 메타언어적 질문에 대하여 답하기 위해 독자는 어떻게 할 것인가?

이미 이 단어들의 의미를 알고 있는 사람은 그 의미를 다른 말로 설명할 것이며, 그 의미를 모르는 사람은 다른 사람에게 물어보거나 사전을 찾아 뜻풀이를 볼 것이다. 한국어사전(표준국어대사전)과 영한사전(YBM 사전)에서 각 단어의 사전 뜻풀이를 보자(첫째 뜻만 제시).

(6) ㄱ. 숭덩숭덩: 연한 물건을 조금 큼직하고 거칠게 자꾸 빨리 써는 모양.
ㄴ. 시나브로: 모르는 사이에 조금씩 조금씩.
ㄷ. serendipity: 기대하지 않았던 것을 뜻밖에 찾아내는 재능, 횡재, 잘하기.
ㄹ. surreal: 초현실적인.

그렇다면 사전의 뜻풀이가 단어의 의미인가, 혹은 그것이 단어 의미 기술의 핵심적인 방식인가? 실제로 이러한 뜻풀이 방식의 의미 기술은 문제를 안고 있다. '숭덩숭덩'의 의미를 알기 위해서는 그것을 풀이하는 모든 단어들을 알아야 한다. 우리가, 예를 들어, '숭덩숭덩'의 뜻풀이 속의 '거칠게'를 몰라 그것의 인용형 '거칠다'를 찾으면 '거칠다'는 "나무나 살결 따위가 결이 곱지 않고 험하다"로 풀이되어 있고, 이 중 '곱다'를 몰라서 그것을 찾으면 그것은 "모양, 생김새, 행동거지 따위가 산뜻하고 아름답다"로 풀이되어 있다. 다시 '산뜻하다'를 몰라 그것을 찾으면 그것은 "보기에 시원스럽고 말쑥하다"로 풀이되고, '말쑥하다'를 찾으면 그것은 "지저분함이 없이 말끔하고 깨끗하다"로, '깨끗하다'를 찾으면 그것은 "가지런히 잘 정돈되어 말끔하다"로, '말끔하다'를 찾으면 그것은 "티 없이 맑고 환하게 깨끗하다"로 풀이되어 있다. 이제 '말끔하다'의 뜻을 알기 위해 '깨끗하다'를 찾아도 소용이 없다. '깨끗하다'의 뜻을 알기 위해서 다시 '말끔하다'의 뜻을 알아야 하기 때문이다. 말하자면, '거칠다'의 뜻을 알기 위해 사전을 찾아가면 어떤 단계에서 '깨끗하다'를 알아야 하고, '깨끗하다'를 알기 위해 '말끔하다'를 알아야 하고, '말끔하다'를 알기 위해 다시 '깨끗하다'를 알아야 한다.

(7)　숭덩숭덩 ⇒ 거칠다 ⇒ 곱다 ⇒ 산뜻하다 ⇒ 깨끗하다 ⇔ 말끔하다

악순환이다. 결국 사전에 의존해서는 단어의 뜻을 알 수 없다. 한영사전 같은 이중 언어 사전의 경우도 마찬가지이다. 'surreal'의 한국어 뜻풀이(번역)에 있는 '초현실적인'을 이해하기 위해서는 국어사전에서 동일한 과정을 반복해야 한다.

이러한 악순환을 따라 가느라고 머리가 아픈 독자에게 의미론과는 관계없는 흥미로운 정보를 주자면, 'surreal'은 2016년 메리엄-웹스터 사전에서 사람들이 가장 많이 찾아본 단어로 선정한 단어이다. 옥스포드 사전에서는 2016년 올해의 단어로 'post-truth'를 선정하였는데, 이 단어는 옥스

포드 사전에 다음과 같이 정의되어 있다.

(8) 'post-truth' 정의 (옥스포드 사전)
대중적 의견을 형성하는데 객관적 사실보다는 감정과 개인적 믿음이 중요한 요인이 되는 상황을 가리키거나 그것과 관련된[2]

'surreal'이건 'post-truth'이건 이래저래 2016년 한 해는 객관적 현실 및 사실과는 거리가 먼, 개인의 감정과 주관성이 중요한 한 해였다(2016년은 결과적으로 트럼프가 당선된, 미국 대통령 선거가 치러진 해이다). 트럼프가 재선에 도전한 2024년에도 이 단어는 유효한 것으로 보인다. 트럼프는 한 소셜 미디어와의 대담에서 진실과는 거리가 먼 주장들을 했다고 한다.[3]

단어의 의미를 이해하기 위하여 뜻풀이 방식의 악순환을 벗어나려면 언어 밖으로 나가야 한다. 한 가지 방법은 메타언어로 자연언어를 사용하지 않고 논리를 사용하는 것이다. 논리적 의미론에서는 언어 표현의 의미를 형식적인 논리식으로 기술한다. 그 논리식 또한 하나의 언어, 즉 논리언어이지만 논리 언어는 세계/세상에 비추어 문장의 참과 거짓을 가리키는 방식으로 의미 해석의 규칙이 정해지므로 궁극적으로 언어를 벗어난다. 그리고 이러한 방식에서 단어의 의미는 세상 속의 사물 혹은 그것들의 집합이다. 의미를 언어의 악순환에서 건져내는 방식에 의미를 세계 속에서

---

[2] 원문: Relating to or denoting circumstances in which objective facts are less influential in shaping public opinion than appeals to emotion and personal belief.

[3] 트럼프 대통령 시절의 공보 비서는 트럼프가 "당신이 뭘 말하는지는 중요하지 않아. 그저 자꾸 말하면, 사람들은 믿게 돼"라고 말했다고 폭로했다. 그는 또한 트럼프가 도덕도 없고 진실도 존중하지 않는다고 주장했다. (2024.8.21 조선일보 기사) 그럼에도 불구하고 2024년 11월 트럼프가 다시 미국 대통령에 당선되었다. 어떻게 생각해야 할지...

찾는 논리적인 방법만이 있는 것은 아니다. 의미를 인간의 마음속에서 찾을 수도 있다.

2.3 단어 의미의 삼각형

단어의 의미를 언어 내의 뜻풀이 혹은 바꿔쓰기(번역)로 생각하지 않을 때 단어의 의미는 언어 밖에 있다. 다음과 같은 예에서 단어 '행인'의 언어 외적 의미는 무엇일까?

(9) ㄱ. 그 행인이 걷다가 넘어졌다.
　　ㄴ. 공원에서 산책하는 사람은 행인이 아니다.

상식적인 대답은 (ㄱ)의 '(그) 행인'은 길을 가다 넘어진 특정한 사람을 의미하고 (ㄴ)의 '행인'은 걷는 사람 중에서도 어떤 방식으로 정의되는 사람의 종류, 혹은 개념을 의미한다고 할 것이다. 따라서 하나의 단어는 그 의미로서 세상 속의 사람 및 사물을 가리킨다고 하거나 혹은 어떤 개념을 갖는다고 할 수 있다. 이러한 단어 의미의 양면성에 대한 전통적인 견해는 오그던(Ogden)과 리처즈(Richards)의 1923년 저서 「의미의 의미」(*The Meaning of Meaning*)에 제시되어 있다. 사실 제목 '의미의 의미'는 순환적으로 보이기는 하지만 1장에서 언급한 메타언어적 표현이 들어있다고 이해하자.[4] 그들이 제시한 의미의 삼각형 혹은 기호의 삼각형을 보도록 하자.

4　'의미의 의미' 중 앞의 '의미'는 한국어의 '의미'라는 단어를 가리키는 메타언어적 표현이다.

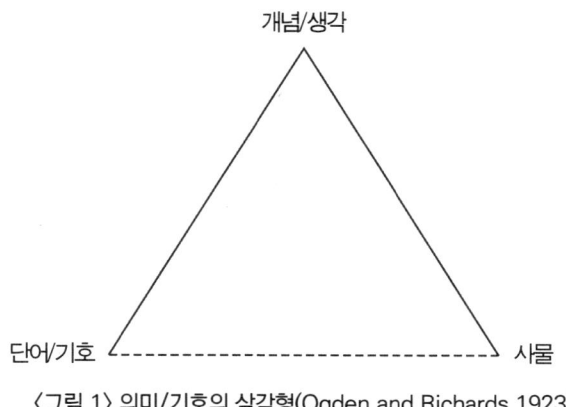

〈그림 1〉 의미/기호의 삼각형(Ogden and Richards 1923)

어떤 단어, 예를 들어 '책'은 세상의 특정 사물 혹은 그러한 사물의 집합을 가리킬 수 있고, 또한 '책'이 무엇인가에 대한 마음속의(또는 머릿속의) 개념(concept) 혹은 생각과 연결될 수도 있다. 말하자면 단어 '책'은 그것의 세계 속의 의미 그리고 마음속의 의미와 연결되어 있다. 의미의 삼각형에서 단어와 개념, 개념과 지시물이 실선으로 연결되어 있는 데 비하여 단어와 사물은 끊긴 선으로 표시되어 있다. 이것은 단어/기호는 개념과, 개념은 지시물과 직접적 관계를 가지지만 단어와 사물은 간접적 관계를 가지고 있다는 오그던과 리처즈의 생각을 반영한다. 그러나 모든 의미론 학자들이 이러한 견해를 가진 것은 아니다. 이에 대해서는 뒤의 절에서 언급한다.

의미의 삼각형에서 중요한 것은 하나의 단어가 세계(세상)와 연결되어 있고 또한 마음(정신)과도 연결되어 있다는 점이다. 다시 말하여 단어의 의미는 세계 속의 사물이거나 마음속의 생각으로서의 양면성이 있다.

2.4 기호의 의미

오그던과 리처즈가 애초에 제시한 삼각형의 한쪽은 단어가 아니라 기호 (sign)이다. 말하자면 그들은 기호의 의미에 대한 그들의 생각을 제시한 것이다. 물론 소쉬르가 주장하였듯이(Saussure 1916) 언어가 하나의 기호 체계이므로 의미의 삼각형이 언어에 맞지 않는 것은 아니다.

기호의 관점에서, 한국어의 '의미'나 영어의 'meaning'은 다음과 같은 문장에서도 자연스럽게 사용된다. 이 문장들 속의 '의미하다'와 '의미'에 대하여 생각해 보라(까마귀 사진 출처: 동아일보 2004-05-04).

(10) ㄱ. 까마귀는 동물의 사체를 의미한다.
ㄴ. 연기는 불을 의미한다.
ㄷ. 병에 붙은 해골 그림은 그 안에 독극물이 있다는 것을 의미한다.
ㄹ. 빨간 신호등의 의미는 정지하라는 것이다.

이와 같은 문장에 사용된 '의미하다' 혹은 '의미'는 언어 표현의 의미가 아니다. 예를 들어, (ㄱ)에서 단어 '까마귀'의 의미는 어떤 검은색 새의 일종이지 동물 사체가 아니다. 또한 여기서 '까마귀'는 메타언어적으로 사용되지도 않았다. (ㄴ)의 '연기', (ㄷ)의 '해골 그림', (ㄹ)의 '빨간 신호등' 등 단어들에도 같은 설명이 적용된다. 앞에서 본 가치나('시 없는 인생은 의미가 없다') 의도도('너를 해치려는 뜻은 아니었다') 아니다. 그렇다 하더라도 여기에 나타난 '의미'는 언어의 의미와 유사하다. 즉, 어떤 것이 다른 것을 대신한다는 점에서 언어의 의미와 기호의 의미는 같다. 언어 속의 단어가, 예를 들어 '책'이, 그것의 (세계 속의 혹은 마음속의) 의미를 대신하듯이, 동물 까마귀가 동물 사체를 대신하고, 연기가 불을 대신하고, 해골 그림이 독극물의 존재를

대신하고, 빨간 신호등이 정지하라는 명령/권고를 대신한다. 여기서 대신한다는 것은 어떤 것이 있으면 다른 것이 있다는 말 혹은 어떤 것을 보면 다른 것을 알 수 있다는 말이다. 언어로 보면 단어 '까마귀'는 실제 동물 까마귀 대신에 사용되고, 단어 '연기'는 무엇이 불에 탈 때 생기는 연기를 대신하며, 단어 '해골'은 오래된 시체의 머리 부분을 대신하고, 단어 '빨갛다'는 특정 색을 대신한다(혹은 각각의 개념을 대신한다).

일찍이 기호학자 퍼스(Peirce)는 기호의 특성에 따라서 여러 가지 종류의 기호를 구별하였다.[5] 여러 구분 중에서도 도상, 지표, 상징이라는 단순한 구분이 가장 많이 알려져 있다. 다음과 같은 것들이 각각에 해당하는 전형적인 기호이다. 기호의 어떤 성질이 그것들의 구분을 결정하는지 생각해 보라.

(11) 퍼스(Peirce)의 기호 구분
ㄱ. 도상(icon) — 지도, 초상화, 사진, 올림픽의 운동 종목 표시 그림, 스마트폰의 앱 아이콘
ㄴ. 지표(index) — 총탄 자국, 노크 소리, 발자국, 해시계의 그림자, 범죄 현장 피의 DNA
ㄷ. 상징(symbol) — 신호등의 색, 모르스 부호, 야구 감독이 선수에게 보내는 작전 신호, 나치 기호

(ㄱ)의 기호들은 기호의 모양과 그것이 가리키는 혹은 대신하는 사물의 모양 사이에 유사성이 존재한다. 지도의 등고선이나 색깔은 지형의 모양을 반영하며, 운동 종목 그림은 그 종목에 참여하는 선수들의 특징적 동작을 단순화한 그림이다. 이런 종류의 기호를 도상(아이콘 icon)이라고 한다. 도상은 반드시 시각적 유사성에 기반하지는 않는다. 악보의 음표는 그것이

---

[5] 퍼스 등 현대 기호학자와 기호학을 알아보기 위해 김성도(1998)를 참조하라.

높이 그려져 있을수록 높은 음을 가리키는데 이것은 공간적 높이와 소리의 높이의 도상적 관계를 반영한다.

도상의 정의를 확장하면 유사성만이 아니라 동기(motivation)를 포함한다. 서양 문화에서 올빼미(owl)와 지혜를 연관시키는 것은 문화적 동기에 의한 것이다(라이언스 2011). 서양인들은 고대 그리스 신화에서 지혜의 신 아테나의 상징이 올빼미인 것에 착안하여 올빼미와 지혜를 연관시켰다. 따라서 올빼미와 지혜가 유사성에 기초한 도상적 관계는 아니고(실제로 올빼미가 포유류 동물보다 지혜롭지는 않을 것이다), 다만 문화적 동기에 의해 연결되는 관계이다. 더 익숙한 예는 그리스도교의 십자가이다. 십자가가 그리스도교를 가리키는 것은 그것이 예수의 죽음과 관련이 있기 때문이라는 동기가 있다. 한국의 예를 들자면, 어떤 대학교와 호랑이가 연결된다면 그것 자체로는 유사성에 기초한 도상적인 관계가 아니지만 호랑이의 용맹함과 민첩함을 의도하기 때문에 어떤 동기에 기초한 문화적인 도상이라고 할 수 있다. 또 다른 대학교와 독수리가 연결된다면 그것 또한 독수리의 특성을 의도하는 문화적 도상이라고 할 수 있다. 대학교와 동물 자체는 그것들이 유사하다는 점에서 도상적인 것은 아니다. 호랑이를 상징으로 하는 대학교의 학생들이 실제로 달리기를 아주 잘 한다거나 독수리를 상징으로 하는 학교의 학생들이 (하늘을 난다거나) 높이뛰기를 아주 잘 하는 것은 아니다.

(ㄴ)의 기호들은 기호와 그것이 가리키는 바가 대개 인과적으로 연결되어 있다. 벽의 총탄 자국은 벽에 총이 발사되었다는 것을 의미하고 방문의 노크 소리는 방문 밖에 사람이 와 있다는 것을 의미하며, 눈 위의 발자국은 어떤 사람이 눈 위를 지나갔음을, 그리고 해시계의 그림자 위치는 하루의 시각을 가리킨다. 범죄 현장의 피는 누군가 피를 흘렸음을, 그리고 그 피를 분석했을 때 나오는 DNA는 그 DNA를 가진 특정한 사람이 현장에 있었음을 의미한다. 이러한 기호들을 지표(index)라고 한다. 지표적 관계는 인과

성 또는 인접성을 가진다. 범죄 수사는 범죄 현상의 여러 표식을 지표로 이해하고 그것이 의미하는 바를 정밀하게 찾는 과정이다. 또한 의사는 환자의 여러 상태로 환자의 병을 진단한다. 물론 환자의 상태(증상)에서 그 원인인 병을 확정하는 일이 항상 쉽지는 않다. p(병의 원인)이면 q(병의 증상)에서 p로부터 q를 추론할 수 있지만, q로부터 p를 논리적으로 추론할 수는 없기 때문이다.

(ㄷ)에 있는 신호등의 빨간 색이 멈춤을 의미하거나 모르스 부호에서 짧고 긴 소리(·, ―)가 'A'를 가리킬 특별한 이유는 없고, 그저 그 기호를 만든 사람 이후 사람들이 관습적으로 사용하는 관계이다. 다만 빨간 색의 강렬함이 멈춤의 중요성과 비관습적으로 연결될 여지는 있다(즉 이 경우 도상성도 있다). 야구 감독이 경기 중에, 상대방에게는 모르게, 선수들에게 작전 지시를 할 때 사용하는 손짓이나 손의 움직임도 신호와 그 의미 사이에 특별한 관계가 없다. 그렇기 때문에 그 신호를 자주 바꾸기도 한다. 또한 나치 문양이 나치를 가리키는 것이 순전히 관습적이라는 사실은 나치와는 전혀 다른 특성의 불교의 문양이 비슷하다는 점에서도 드러난다(유대인을 학살한 나치의 행위는 살생을 금하는 불교의 가르침과는 거리가 멀다). 이렇게 관습적인 관계의 기호를 상징(symbol)이라고 한다.

〈그림 2〉 불교(좌)와 나치(우)의 문양

이상에서 도상이 기호와 대상의 유사성 혹은 동기, 지표가 인과성 혹은 인접성, 상징이 자의성 및 관습성을 특성으로 가지고 있음을 알 수 있다.

퍼스는 좀 더 근본적으로 기호, 대상, 해석자의 관점에서 기호를 구별한다. 그에 따르면, 도상은 그 대상이 존재하지 않아도 그것을 의의있게 만드는 특성을 가지는 기호이고, 지표는 그것이 가리키는 대상이 없다면 기호로서의 특성이 없어지지만 그 기호를 해석하는 사람이 없더라도 기호의 특성을 잃어버리지 않는 기호이며, 상징은 그것을 해석하는 사람이 없으면 그것을 기호로 만드는 특성이 사라지는 기호이다(라이언스 2011).

언어 표현도 도상, 지표, 상징으로서의 특성을 가진 것들이 있다. 도상적 언어 표현의 대표로 의성어가 있다. 의성어 '야옹, 철커덕, 딸랑딸랑, 쇠, 하하' 등은 실제 소리를 모방한 말들이므로 당연히 도상적 관계가 성립한다. 또한 '갸우뚱, 방긋, 훨훨, 반짝반짝, 모락모락, 출렁출렁' 등의 의태어도, 소리만큼 직접적이지는 않아도, 그 모양에 어울리는 말들이므로 도상성이 있다. 지표에 해당하는 단어의 대표는 '나, 너, 오늘, 여기' 같은 직시적(deictic) 단어들이다. 이 단어들은 그것이 가리키는 대상이 반드시 존재하며 누가 누구에게 말하는가, 언제 말하는가, 어디서 말하는가 등의 맥락을 반영한다. 퍼스의 설명을 따르자면 이 단어들이 발화 현장에서 확인 가능한 누군가/무엇인가를 가리키지 않는다면 의미를 가진 단어로 존재하지 않고, 이 단어들을 해석하는 사람들이 중요한 것이 아니라 그 표현과 그것이 가리키는 상황 속의 대상만이 중요하다. 단어의 기본적 의미는 아니지만, 어떤 사람이 경상 방언의 억양으로 말한다면 그가 경상도 사람이라는 것을 드러내는데, 이러한 현상도 지표의 일종으로 볼 수 있다. 상징의 예는 대부분의 (단일 형태소) 단어들이다. 예를 들어, '나무'가 세상의 나무를 가리킬, 유사성 혹은 맥락에 기초한 필연적인 이유는 없다. 나무를 가리키는 다른 나라 언어의 단어가 다르다.

    (12) 나무를 가리키는 다른 나라 언어의 단어
        tree(영어), Baum(독일어), arbre(프랑스어), árbol(스페인어), 树

(shù)(중국어), き(ki)(일본어)

　한 언어에서 하나의 단어가 도상, 지표, 상징 중 어느 하나에만 속하지 않을 수도 있다. 어떤 단어를 경상 방언으로 말할 때, 예를 들어, '쌀', '싸움'을 [살], [사움]에 가깝게 발음한다면, 그 단어는 지시적 뜻을 가지면서 동시에 발화자가 경상도 사람이라는 것을 드러낸다. 또한, 부엌을 가리키는 '부악'은 발화자가 전라남도 출신의 사람임을 알려준다. 이 경우 발음 소리나 단어는 그것이 가리키는 대상에 대하여 상징일 뿐만 아니라 화자의 출신을 드러내는 지표로도 기능한다.
　언어가 자의적(관습적)인가 혹은 필연적(자연적)인가, 혹은 기호로 말하자면 언어가 상징적인가 도상적인가의 문제는 고대 그리스 시대의 철학자들의 논의로 거슬러 올라간다. 이 문제는 소쉬르가 언어는 자의적이라고 정리하면서 일단락이 된 듯했다. 중고등학교 교재와 언어학 개론서에도 대부분 언어는 자의적이라고 기술되어 있다. 대부분의 단일 형태소에 관한 한 그것은 사실이다. 그러나 형태소들이 결합한 수많은 단어들에 대해 말하자면 그것은 단순하게 자의적이지 않다. '불장난'이라는 단어는 '불'이 의미하는 대상과 '장난'이 의미하는 대상이 관여하는 단어이고, '음악가'는 '음악'의 의미와 "~을 하는 사람"의 의미를 가진 '-가'가 결합하여 "음악을 하는 사람"이라는 의미를 가진다. 따라서 '불'과 '장난', 그리고 '음악'과 '-가'는 자의적이지만 '불장난'과 '음악가'는 도상적이다.[6] '집'은 상징적이지만 '집'이 반복된 '집집'은 많은 집을 의미하므로 도상적이고, 이미 도상적인 '덜컹'이 반복된 '덜컹덜컹'은 반복되는 소리를 가리키므로 그런 면에서 이중으로 도상적이다. 근래의 인지의미론은 언어의 도상성이 언어에 편재

---

[6] '음악'을 한자로 보면 '音'("소리")과 '樂'("노래")의 결합이므로 '음악' 자체를 도상적으로 볼 여지도 있다. 그렇다면 모든 두 음절 이상의 한자어는 도상적이다.

함을 주장하고 있는데, 인지의미론의 관점에서 도상성의 논의는 3장(의미와 인지)에서 자세히 다룬다.

2.5 단어와 문장의 의미에 대한 직관

다른 종류의 언어 연구와 마찬가지로 언어의 의미를 연구하기 위해서는 자료를 기초로 연구해야 한다. 의미론 연구에는 여러 가지 종류의 자료가 사용되지만, 기초적으로 언어 사용자가 가지고 있는, 의미와 관련된 직관이 있다. 우선 단어의 의미를 연구할 때, 그것이 무엇을 가리키는가(개념 혹은 사물)에 대한 직관이 기초가 되지만 그것만이 다가 아니다. 다음과 같은 단어들의 의미 혹은 그 관계는 어떤 특성이 있는가?

(13) ㄱ. 신부, 상, 배, 다리
 ㄴ. 타다, 묻다, 재다
 ㄷ. 엄마-어머니, 친구-벗, 분노-화, 가수-싱어
 ㄹ. 덥다-뜨겁다, 뛰다-달리다, 부드럽다-연하다
 ㅁ. 엄마-아빠, 기쁨-슬픔, 삶-죽음, 오른쪽-왼쪽
 ㅂ. 차다-뜨겁다, 길다-짧다
 ㅅ. 올라가다-내려가다, 열다-닫다

'신부'의 의미를 생각해 보면 한 가지만 떠오르지 않는다. 성당에서 일하는 사제와 결혼식에서 흰 드레스를 입고(비록 어떤 여배우처럼 피에르가르뎅의 수석 디자이너가 만든 드레스는 아니더라도) 결혼 서약을 하는 여자의 두 가지 의미가 있다. '상'은 나무로 된 평평한 가구(밥상, 책상) 그리고 어떤 일을 잘했다고 주는 명예나 물건(훈장, 돈, 상패), '배'는 인체의 중심 부분, 물 위에서 사람을 실어 나르는 교통 수단, 그리고 과일 종류의 뜻이 있다. '다리'의 경우는 좀 다른데, 사람이나 동물의 몸통 아랫부분이면서 또한 책상이나 의자의 아랫부분이기도 하다. 그런데 이 경우는 '신부, 배' 등의 경우와는 달리 완전히 서로 다른 뜻이 아니다.[7] 이렇게 어떤 단어, 혹은 겉으로 보이는 한 단어의 모양이 두 개 이상의 아주 다른 뜻 혹은 관련되는 다른 뜻을 가지고 있음을 파악하는 직관을 언어 사용자 및 (모국어) 연구자가 가지고 있다. 명사뿐만 아니라 동사, 형용사도 마찬가지이다. '타다'가 '불이 타다'의 동사인지 '배에 타다'의 동사인지에 따라 의미가 다르고, '묻다'가 '땅속에 묻다' 혹은 '궁금해서 묻다'의 동사인지에 따라 그 의미가 다르다. '재다'는 '길이를 재다'의 경우와 '남자를 재다(재다가 놓쳤다)'의 경우인지에 따라 의미가 다르지만 완전히 다르지는 않다는 것을 알 수 있다.

언어 사용자는 또한 '엄마'와 '어머니', '친구'와 '벗', '분노'와 '화'의 의미가 같거나 비슷하다는 것을 알며, '가수'와 '싱어' 등 다른 언어의 단어들이 같은 의미라는 것을, 한국어와 영어를 아는 사람이라면, 직관적으로 안다. 명사뿐만 아니라 '덥다'와 '뜨겁다', '뛰다'와 '달리다', '부드럽다'와 '연하다'가 유사한 뜻임도 언어 사용자와 연구자는 안다. 거기에 덧붙여 '운동장을 뛰었다'의 '뛰다'는 '달리다'와 같은 의미이지만 '높이 뛰었다'의 '뛰다'는 '달리다'와 같지 않다는 것을 안다. 반면에 '엄마'와 '아빠', '기쁨'과 '슬픔', '성공'과 '실패', '왼쪽'과 '오른쪽'은 의미가 반대된다는 것, 그리고 '차다'와 '뜨겁다', '길다'와 '짧다', '올라가다'와 '내려가다', '열다'와 '닫다' 역시 의미가 반대된다는 것을 직관적으로 파악한다. 의미론적으로 보면 '삶'과 '죽음', '기쁨'과 '슬픔', '오른쪽'과 '왼쪽'의 반대 성질이 각각 다르다. 그렇지만 그 성질이 어떤 점에서, 어떻게 다른지를 독자는 아직 모를 수 있다. 이러한 세밀한 의미 차이는 5장(의미 관계)의 논의에서 자세하게 밝혀질 것이지만

---

[7] 강이나 계곡을 건너기 위한 건축물을 가리키는 '다리'는 완전히 다른 의미이다.

어떤 차이인지 한 번 생각해 보라.

문장의 경우에도 이러한 중의(둘 이상의 의미), 동의/유의(같은 의미 혹은 비슷한 의미), 반의(반대의 의미)가 성립한다. 다음 문장들이 어디에 해당하는지는 언어 사용자에게 자명할 것이다(ㅁ은 그렇지 않을 수도 있다).

(14) ㄱ. 경찰이 도둑을 잡았다.
ㄴ. 도둑이 경찰에게 잡혔다.
ㄷ. 진이가 시험에 합격했다.
ㄹ. 진이가 시험에 떨어졌다.
ㅁ. 모든 학생이 어떤 영화를 좋아한다.
ㅂ. 모든 학생이 도착하지 않았다.

이 중에서 (ㄱ)과 (ㄴ)의 동의 관계는 '잡다'와 '잡히다'의 단어 차이이기도 하지만 수동과 능동이라는 문법적 범주가 관련된다. 그것에 비하여 (ㄷ)과 (ㄹ) 문장은 단순히 '합격하다'와 '떨어지다'라는 단어의 의미 관계로 인하여 문장의 반의 관계가 결정된다. (ㅁ)은, 좀 불확실할 수도 있는데, 두 가지 의미가 있다. 그것은 "모든 학생이 각자 한 영화를 좋아한다"라는 의미와(각자 좋아하는 영화가 다를 수 있다) "어떤 한 영화를 모든 학생이 좋아한다"라는 의미가 있다. (ㅂ)의 문장 역시 두 가지 의미로 해석될 수 있다. 즉 "학생 하나하나가 모두 도착하지 않았다"라는 의미와 "일부 학생은 도착했지만 전체 학생이 도착한 것은 아니다"라는 의미가 있다.

이러한 중의, 동의/유의, 반의 등에 더하여 의미론에서, 특히 논리적 의미론에서, 중요시하는 의미적 직관은 문장의 참과 거짓에 대한 것이다. 우선 문장의 의미를 아는 사람은 다음 중 일부 문장이 참인지 거짓인지 판단할 수 있다. 한국어를 아는 독자가 나름대로 판단해 보라(거북선 그림 출처: 현충사관리소 홈페이지).

(15) ㄱ. 이순신이 거북선을 만들었다.
　　 ㄴ. 2024년 한국 대통령이 이명박이다.
　　 ㄷ. 비가 온다.
　　 ㄹ. 저 집 마당이 넓다.
　　 ㅁ. 이 소년이 그 소녀를 좋아한다.

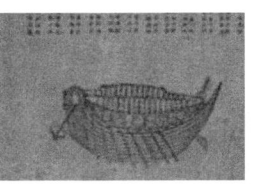

　대개의 초등학교 이상의 한국 사람이라면 (ㄱ)의 참, 거짓은 쉽게 판단할 수 있을 것이고, (ㄴ) 역시 2024년 현재를 살고 있는 한국 사람이라면 그 참, 거짓을 쉽게 판단할 수 있을 것이다. 그러나 (ㄷ), (ㄹ), (ㅁ)은 다르다. (ㄷ) 문장의 의미를 알고 있는 사람은 그가 처한 상황에서만 그 문장이 참인지 거짓인지 판단할 수 있고, (ㄹ)의 경우에는 '저 집'이 어떤 집을 가리키는지 알아야. 그리고 (ㅁ)에서는 '이 소년'과 '그 소녀'가 누구를 가리키는지 알아야만 그 문장이 참인지 거짓인지 판단할 수 있다. 결국 한국어를 아는, 즉 위 한국어 문장의 의미를 아는 사람은 발화의 맥락에서 이 문장들의 참, 거짓을 판단할 수 있다. 말하자면, 문장의 의미를 안다고 하는 것은 어떤 상황에서 그 문장이 참인지 거짓인지를 판단할 수 있다는 것이고, 문장의 의미는, 논리적 의미론의 관점에서, 참과 거짓을 판단하는 진리조건이라고 할 수 있다. 다만 (ㄹ)의 경우에, 단어 '넓다'의 해석에 따라 (마당이 몇 평이어야 넓은 것인가) 동일한 상황에서 두 사람의 판단이 다를 수 있다(의미의 모호성).

　참, 거짓 판단은 일반적으로 상황 혹은 세계의 모습이 주어질 때의 문제이지만, 다음과 같은 문장들의 관계는 상황을 고려하지 않더라도, 한국어를 아는 사람이라면 참, 거짓과 관련된 판단을 할 수 있다.

(16) ㄱ. 강도가 행인을 살해했다.
　　 ㄴ. 행인이 죽었다.
　　 ㄷ. 강도가 아무도 안 죽였다.

ㄹ. 강도가 잡혔다.

우선 실제 상황이 주어지지 않았으므로 (ㄱ)의 참, 거짓은 판단할 수 없다. 그러나 (ㄱ)과 (ㄴ), (ㄱ)과 (ㄷ)의 참, 거짓의 관련성에 대해 판단을 할 수 있을 것이다. 즉, (ㄱ)이 참이라면 (ㄴ)은 반드시 참이다. 반대로 (ㄱ)이 참이라면 (ㄷ)은 거짓이다. 논리학자들은 (ㄱ)과 (ㄴ)의 (의미) 관계를 '논리함의'(entailment), (ㄱ)과 (ㄷ)의 관계를 '모순'(contradiction)이라고 부른다. 즉, 문장(의미) 사이의 논리함의와 모순의 관계를 문장의 의미를 아는 사람이라면 직관적으로 알 수 있고 그것은 참과 거짓이 기반이 되는 관계이다. 그러면 (ㄱ)과 (ㄹ)의 관계는 어떤가? (ㄱ)이 참일 때 (ㄹ)은 참일 수도, 거짓일 수도 있으므로 진리값과 관련하여 아무 관계도 아니다. 참과 거짓, 그리고 그것과 관련된 논리함의와 모순이 앞으로 자세히 논의할 논리적 의미론의 기초이다.

2.6 세계 속의 의미, 마음속의 의미

이번 장은 언어 이론 속의 의미론, 즉 조합성, 의미의 두 단면(개념/마음, 사물/세계), 그리고 단어/문장과 그 의미에 대한 직관을 논의하였다. 단어와 문장의 의미를 보면 대체로 두 가지의 방향이 분명해진다. 앞에서 본 의미의 삼각형에서 보는 것처럼, 단어 의미는 개념으로 볼 수도 있고 사물로 볼 수도 있다. 문장의 의미는 개념들이 결합한, 상황을 기술한 내용으로 볼 수도 있고, 혹은 세상 사물들과 관련된 참, 거짓의 조건으로 볼 수도 있다.

개념이나 내용으로서의 의미는 바로 사람의 마음, 즉 정신 속의 의미이다. 반면에 사물로서의 의미 그리고 세상에 비춘 진리값의 조건은 세계 속의 의미이다. 전자의 관점에서 의미를 연구하는 현대의 의미 이론이 인지의미론(cognitive semantics)이고 후자의 관점에서 의미를 연구하는 현대 의미 이론이 형식의미론(formal semantics)이다. 일반화시키면, 전자는 개념적 의미론이고, 후자는 논리적 의미론, 혹은 참(진리)의 조건을 중요시하는 진리조건적 의미론이다. '형식의미론'은 형식적 논리식을 많이 사용하기 때문에 붙여진 이름이다. 또한, 나중에 언급되겠지만, 의미 해석을 모형(model)에 의존해서 제시하므로 형식의미론을 '모형이론적 의미론'이라고 부르기도 한다. 개념적 의미론은 인지의미론 이외에도 (형식에 반대되는) 기능적 관점의 의미론을 포함하며, 코퍼스(corpus)를 이용한 의미 연구도 대개 개념적 의미론을 따르는 경향이 있다. 하지만 코퍼스의 이용은 어떤 관점에서도 가능하므로, 논리적 의미론에서도 어떤 주장의 근거로 코퍼스를 이용할 수 있다.

개념과 사물, 혹은 마음과 세계는 의미의 다른 면이고, 대개의 의미 이론은 그중 하나에 집중한다. 그러나 한편으로 언어의 의미는 이 두 면을 모두 포함한다고 볼 수 있다. 즉, 이 두 면이 언어 의미를 상호 보완한다.

제2부(마음속의 의미)에서는 개념 혹은 생각으로서의 의미적 면에서 주요 주제를 논의한다. 구체적으로, 의미와 인지, 개념과 범주, 의미 관계, 은유와 환유, 단어의 의미 분해를 논의한다. 제3부(세계 속의 의미)에서는 사물로서의 의미, 즉 세계/세상[8] 속의 의미의 면에서 중요한 여러 가지 주제를 논의한다. 우선 (기호) 논리학의 기초를 기술하고, 지시와 뜻, 양과 수, 시제와 상 및 양상, 사건과 의미역을 논의한다. 제4부(언어 사용과 의미)에서는 의미의 또 하나의 면, 즉 언어 사용 속에서 나타나는 의미를 논의한다. 전제, 화행, 함축의 화용론적 주제를 비롯하여 맥락과 의미, 텍

---

[8] 의미론, 특히 형식의미론의 전통에서는 '세계'라는 말을 계속 사용해 왔으므로 이 책에서도 '세계'라는 말을 주로 사용한다.

스트와 의미를 논의한 후(후자는 코퍼스 기반의 의미론에 해당한다), 언어 사용의 의미와만 관련이 되지는 않지만, 의미에 대한 안목을 넓혀주는 의미 유형론을 논의한다.

매우 궁금하고 기대되는 주제들이다. 적어도 이 책을 쓰고 있는 나에게는! 이 책을 읽고 있는 독자에게도?

▮▮ 더 읽을거리

라이언스 (2011). 「의미론 1: 의미 연구의 기초」, 강범모 역, 서울: 한국문화사.
Jaszczolt, K. M. (2002). *Semantics and Pragmatics: Meaning in Language and Discourse*, London: Longman.
Saeed, John (2015). *Semantics*, 4th ed., Chichester: Wiley-Blackwell.

제2부

마음속의 의미

3

의미와 인지

3.1 인지의미론

제2부는 언어의 의미의 양면 중 마음(정신)과 개념에 관한 것이다. 그러한 의미가 인지적 의미이다. 사실 의미의 다른 측면인 세계 속의 의미(지시물)와 비교하면 마음속의 의미(개념)는 더 추상적이다. 언어 표현과 관련된 세상 속 지시물은 인간의 감각기관을 통하여 인식할 수 있는 객관적 대상이지만, 마음속 개념은 주관적이다. 그럼에도 불구하고 세계 속의 의미, 즉 지시적(논리적) 의미에 앞서 마음속의 의미, 즉 인지적 의미를 먼저 논의하는 것에는 몇 가지 이유가 있다.

첫째, 세계 속의 의미가 좀 더 단순한 개념이지만, 지시적, 논리적 의미론의 논의는 주어진 단어의 의미들이 모여서 전체 문장 의미를 이루는 방법과 과정에 관한 내용이 중심이다. 반면에 인지적 의미론은 단어 의미 중심의 마음속 의미를 주로 논의한다. 따라서 인지적 의미론의 주제들, 특히 단어 의미를 먼저 논의하는 것이 타당하다. 둘째, 비록 1980년대 이후 의미론의 발전에서 세계 속의 의미를 대상으로 하는 지시적 의미론과 마음속의 의미를 대상으로 하는 인지적 의미론이 비약적으로 발전하였지만, 고대 의미론이나 근대 의미론은 역사적, 심리적 관점이 앞선다(고대의 어원 연구, 브레알,

소쉬르 등). 셋째, 세계 속의 의미를 다루는 지시적 의미론은 논리학이 바탕이 되고 철학적, 논리적 논의가 중요한데 그 설명이 형식적이고 상대적으로 어렵다. 특히 초보자에게 그렇다. 이에 비해 인지적 의미론은 초보자가 의미 문제를 쉽게 접근하게 해 준다. 이러한 이유로 마음속의 의미 논의를 세계 속의 의미보다 앞에서 설명하고 논의한다.

우선 지시적 의미론의 기여와 그 문제점을 알아보자. 분명히, 지시적 의미론은 의미론 연구에 크게 기여하였다. 우선 '이순신', '민이가 어제 본 (그) 영화' 등 전형적인 지시 표현이 세상의 사람/사물 등 개체를 지시한다는 명백하고 단순한 사실을 이론의 기초로 삼는다. 지시적 의미론은 이러한 확실한 직관에 기초하여 언어가 커뮤니케이션을 수행하는 현상을 자연스럽게 설명한다. 문법과 의미의 대응, 즉 조합성을 명시적으로 구현하는 장점도 있다.[1] 또한, 문장이 세상의 모습에 비추어 참과 거짓으로 판단되는 직관, 아울러 진리값에 기초한 논리함의(entailment)와 같은 추론 관계를 설명한다. 아울러, 제3부에서 보는 바와 같이, 수와 양의 문제, 시제와 상과 양상, 사건 및 관련 문제를 세계 속의 개체, 개체들의 집합, 세계 속의 사건, 사건 속의 역할, 가능한 세계의 모습, 즉 가능세계를 통하여 체계적으로, 그리고 명시적으로 기술한다.

지시적 의미론의 이러한 장점들에도 불구하고 지시적 의미론은 치명적인 약점을 가지고 있다. 그것은 지시적 의미론이 문장의 의미로 생각하는 진리조건은 우리가 문장의 의미라고 생각하는 것의 일부일 뿐이기 때문이다. 비록 프레게(Frege)가 뜻과 지시를 구별하였지만, 지금까지 뜻에 대한 만족스러운 설명이 없다(9장 참조). 특히 '믿다, 원하다' 등으로 표현되는

---

[1] 몬태규(Montague 1973) 이래 발전한 형식의미론은 부분 표현의 의미와 부분 표현 결합의 통사적 구조에 따라 전체 문장의 의미가 결정되는 과정을 명시적으로 보여준다.

심적 태도에 대한 설명이 힘든데, 심적 태도의 대상은 세계가 아니라 마음, 곧 정신이기 때문이다. 지시적 의미론의 또 다른 문제는 그것이 단어 의미, 즉 지시(reference) 또는 표의(denotation)가 주어졌을 때 그것들의 조합에 의한 구와 문장의 의미값을 계산할 수 있지만, 그 방법의 기초가 되는 단어의 의미에 대해서는 할 말이 별로 없다는 것이다. 지시적 의미론에서, '그 개가 달린다'는 '그 개'가 지시하는 개체가 '달리다'가 표의하는 달리는 개체들의 집합 속에 있으면 참이다. 하지만 '달리다'가 모형 속에서 일부 개체의 집합이라는 가정만 할 뿐 '달리다'의 구체적 의미에 대해서는 침묵한다. 그러나 분명히 단어 '달리다'는 개체들의 집합 이상의 의미가 있다. 나아가 지시적 의미론은 '달리다'가 사용되는 상황에 따라 여러 가지 의미를 갖는 것에도 할 말이 많지 않다. 다른 상황에서 사용되는 '달리다'가 모두 서로 다른 의미의 단어(중의어)라고 해야 한다.

(1) ㄱ. 개가 달린다.
ㄴ. 차가 달린다.
ㄷ. (술자리에서) 우리 오늘 달려 봅시다.

사람이나 동물이 다리와 발로 달리는 것과 교통기관이 달리는 것은 차이가 있으며, 술을 먹으며 달리는 것은 이동이 포함되지 않는 매우 다른 행동이지만 이동의 '달리다'와 의미의 연관성이 있다. 아울러 '달리다'와 '걷다', '달리다'와 '기다'의 관련성 등 여러 단어의 의미 사이의 관계에 대해서도 할 말이 별로 없다. 물론 카르납(Carnap 1947)이나 다우티(Dowty 1979) 등과 같이 의미공준(meaning postulate)을 이용하여 일부 의미 관계를 파악하려는 시도가 있었다. 간단히 말하자면, 의미공준은 단어들의 지시적 의미 사이에 제약을 가하는 방식이다. 예를 들어, "어떤 것이 몰티즈(말티즈)이면 그것은 개이다" 같은 제약이다. 그러나 형식의미론에서 의미공준을 이용하여 많은 단어들 사이의 의미 관계를 기술한 연구는 별로 없다. 또한, 의미공준이 '몰티즈'와 '개'의 의미와 같은 상하 관계 외에 다른 종류의 의미 관계를 포착하기도 힘들다.

세상의 사물만을 고려하는 지시적 의미론의 문제는 결국 언어를 사용하는 사람들의 마음, 곧 정신 속의 의미를 고려하지 않기 때문에 발생한다. 현대 의미론 중 마음속의 의미를 중요시하는 이론이 개념적 의미론이고, 인지의미론(cognitive semantics)이 그 중심에 있다. 인지의미론은 인지 또는 개념 기반의 이론으로 다음과 같은 점에서 지시적 의미론과 구별된다. 첫째, 지시적 의미론이 문장의 의미를 참과 거짓, 또는 진리조건으로 제시하지만, 인지의미론은 문장의 의미를 참과 거짓의 관점이 아니라 그 내용의 면에서 접근한다. 둘째, 인지의미론은 단어 혹은 구, 절, 문장의 의미를 논할 때, 지시적 의미론이 지시와 진리값을 중심으로 하는 것과 달리, 개념과 개념화를 중심으로 한다. 셋째, 인지의미론은 단어의 의미를 의미론의 가장 중요한 관심사로 여긴다. 지시적 의미론에서 단어의 의미는, 문장의 논리적 의미에 중요한 영향을 미치는 '모든'과 '그리고' 등의 기능적 단어들을 제외하면, 큰 관심사가 아니다. 넷째, 지시적 의미론이나 전통적 의미론이 단어의 의미를 세상에 대한 지식, 곧 백과사전적 지식과 대립하는 언어의 의미로 간주하지만, 인지의미론에서 단어의 의미는 세상에 대한 지식을 포함한다. 물론 '-가'(주격 조사), '-을', '-에서', '-로부터' 같은 조사나 '-고', '-니까', '-므로', '-면' 같은 어미, 그리고 '그리고', '혹은' 같은 접속사 등은 언어적(문법적) 의미를 논할 수밖에 없다. 그러나 많은 내용어들, 예를 들어 '고양이'는 그것이 어떻게 생겼는지, 어떤 활동을 하는지를 기술하지 않고는 그 의미를 기술할 수 없다. 실제로 표준국어대사전에 '고양이'는 다음과 같이 풀이되어 있다.

(2) '고양이'의 뜻풀이 (표준국어대사전)

고양잇과의 하나. 원래 아프리카의 리비아살쾡이를 길들인 것으로, 턱과 송곳니가 특히 발달해서 육식을 주로 한다. 발톱은 자유롭게 감추거나 드러낼 수 있으며, 눈은 어두운 곳에서도 잘 볼 수 있다. 애완동물로도 육종하여 여러 품종이 있다. (Felis catus)

학명 'Felis catus'까지 제시한 이 뜻풀이가 백과사전적 지식임을 부인할 수는 없다('고양이'의 정의 내에 '육종' 등 어려운 단어가 있어서 한국어를 처음 배우는 사람에게는 그 정의가 완전히 이해되지 않을 수도 있다). 말하자면, 언어 사전의 편찬 과정에서 뜻풀이, 특히 명사의 뜻풀이는 예전부터 백과사전적 지식을 포함하였다.

인지의미론을 지시적 의미론과 대립시키면 이와 같은 차이점이 있으며, 좀 더 나아가 인지의미론 혹은 인지언어학은 생성언어학(generative linguistics)과 중요한 차이를 보인다. 그것은 생성언어학이 언어 혹은 언어 능력을 지각, 기억, 추론 등 다른 인지 능력과 구별되는 별개의 시스템으로 간주하는 반면, 인지언어학은 언어 능력과 다른 인지 능력이 서로 명백히 구별되는 시스템이라고 여기지 않는다. 즉, 지각, 기억, 추론 등의 영향을 받아 문장이 생성되거나 이해된다고 본다. 한 걸음 더 나아가 생성언어학은 언어 내에 통사부가 중심적인 위치를 차지하고 그것을 의미 등 언어의 다른 부분과 구별되는 독립적인 부분으로 간주하지만 인지언어학은 그렇지 않다. 인지언어학은 문장이 통사적으로 적절한지, 혹은 문장이 자연스러운지 아닌지가 의미와 밀접한 관련이 있는 것으로 여긴다. 이 점과 관련하여, 생성언어학이 (지시적 의미론과 마찬가지로) 단어의 의미 혹은 의미 지식은 이미 주어진 것으로 간주하지만 인지언어학은 단어 및 구문의 의미와 문법이 언어의 사용으로부터 형성된다는 사용 기반(usage-based) 접근법을 채택한다. 말하자면, 사람들이 언어를 사용함에 따라 문법과 의미가 형성되기 시작하고, 언어 표현을 충분히 많이 사용되면 문법과 의미가 고착화된다고(entrenched) 간주한다. 이런 면에서 생성언어학은 이성주의적이고 인지언어학은 경험주의적이다.

이성주의와 경험주의의 논쟁을 떠나서 인지언어학과 인지의미론은 우리의 직관에 더 부합하는 의미로서의, 언어학의 역사에서 오랫동안 인정된 의미로서의 개념을 인정한다는 면에서 어휘 의미의 연구에 적절한 관점이다.[2]

3.2 어휘의미론

지시적 의미론이 문장의 의미나 의미의 결합에 중점을 두지만 원래 의미론은 단어의 의미 연구, 즉 어휘의미론이 앞선다. 그리고 그 의미는 개념적인 것이다. 1897년 브레알(Bréal)이 그의 저서 「의미론 논고」(*Essai de sémantique: Science des significations*)에서 '의미론'(semantics, 프 sémantique)이라는 용어를 처음으로 사용하였을 때, 그의 의미론은 단어 의미의 변화 곧 역사적 관점에서의 의미 연구였다. 오늘날의 관점으로 보자면 그 의미는 개념적인 것이다.

소쉬르의 구조주의에서도 의미는 지시적이 아니다. 그가 말했던 언어의 이중성, 즉 언어 표현의 소리와 의미 중 의미는 생각 또는 개념이다. 이후 발달한 구조주의 의미론은 단어의 개념 자체보다 단어의 대립과 차이에서 단어의 의미를 찾았다. 구조주의는 어떤 언어 요소의 가치를 그것 자체가

---

[2] 한국어의 인지의미론은 임지룡(1997)에 개괄되어 있고, 인지언어학과 인지의미론의 여러 분야에 대한 설명은 이기동(2000)에 설명되어 있다. 여러 이론적 관점에서의 한국어 어휘 및 어휘의미론 연구서로 홍사만(1985), 김종택(1993), 김광해(1993), 심재기(2000), 이광호(2004), 최경봉(2015) 등이 있다. 한국어 의미론은 아니지만, 오예옥(2004)이 여러 관점에서 어휘 의미를 다루고 있다.

아니라 그것이 속하는 체계 내에서 다른 요소와의 대립 속에서 찾는다. 예를 들어, 한국어의 음소 /ㅂ/은 /ㄷ/, /ㄱ/과의 상호 관계 속에서, 그리고 또한 /ㅍ/, /ㅃ/과의 상호 관계 속에서 그 가치를 갖는다. 형태적인 면에서도 '-었'은 그것이 없는 형식과의 대립 관계 속에서 "과거"라는 그 의미를 갖는다. 마찬가지로 어떤 단어의 의미도 그것이 의미의 면에서 서로 (의미적인) 관계를 맺고, 단어의 의미는 단어 사이의 관계들로부터 결정된다. 라이언스(2011)의 구조의미론은 구체적으로 그러한 단어들의 대립과 관계 속에서 단어의 뜻(sense)을 구하고자 하였다. 그 관계들은 유의/동의, 반의, 상하의, 부분 등의 계열적 관계와 '젊은'과 '남자', 혹은 '반짝반짝'과 '빛나다' 사이의 관계와 같은 결합적 관계이다. 이후 별도의 장에서 의미 관계에 대해 자세히 논의한다.

구조주의 의미론의 또 다른 한 면은 트리어(Trier 1931)와 포르치히(Porzig 1934), 그리고 이후의 바이스게르버(Weisgerber 1950)로 대표되는 의미장 이론(semantic field theory)이다. 트리어는 단어의 의미를 어떤 내용 영역의 단어들이 상호 연관된 구성적 체계에서 찾았다. 그리고 이 구성적 체계는 늘 변화하는데, 새로운 단어가 발생하거나 사라지는 과정에서, 그리고 단어의 의미가 축소되거나 확장되는 과정에서 변한다. 의미장은 관련된 단어로 구성되는 어휘장(lexical field)이고, 동시에 단어의 개념들이 상호작용하는 개념장(conceptual field)이기도 하다.

예를 들어, '푸르다'와 관련된 의미의 범위는 '새파랗다', '퍼렇다', '푸르스름하다', '푸르죽죽하다', '푸르뎅뎅하다' 등의 단어와 함께 구조화되고, '논'과 관련된 의미의 범위는 '밭', '임야', '택지' 등의 단어와 함께 구조화된다. 따라서 단어의 뜻은 의미장 속에서의 다른 단어들과의 대립 속에서 차지하는 영역 내 범위이다. 라이언스(2011)가 제공하는 하나의 예는 독일어의 'braun'과 'violett'이다. 'braun'은 18세기 독일어에서 넓은 색깔의 범위에 걸쳐 있지만, 현대 독일어에서는 'violett'와 대립하여 상대적으로 좁은 색깔의 범위를 의미한다. 구체적으로, 이전 시기에 'braun'이 "갈색"과 "보라" 모두를 가리켰지만, 프랑스어에서 들어온 단어 'violett'가 "보라"의 의미로 쓰이기 시작하면서 'braun'은 "갈색"으로 의미가 좁아졌다. 엄밀히 말하자면 18세기의 'braun'과 오늘날의 이 단어의 의미는 다르다.

다른 예를 들자면, 라이언스(2011)가 소개하는, 트리어(Trier)의 유명한 예가 13세기 초 독일어의 'wîsheit', 'kunst', 'list'와 그 이후의 'wîsheit', 'kunst', 'wizzen'의 의미장이다. 이 단어들은 오늘날의 독일어에서 'Weisheit'("지혜"), 'Kunst'("기예"), 'List'("잔꾀"), 'Wissen' ("지식")에 해당한다. 13세기 초의 'kunst'는 고상한 지식의 영역, 'list'는 기술(테크닉)에 해당하는 영역, 'wîsheit'는 이 둘 대신 사용될 수 있는 넓은 뜻을 가지고 있었다. 13세기 말에 가까워지면서 'wizzen'이 이 영역으로 들어오고 'list'가 다른 영역으로 가면서, 'wîsheit'가 가장 고상한 지식, 'wizzen'이 가장 일상적인 지식, 그리고 'kunst'가 그 중간의 범위를 담당하게 되었다. 라이언스(2011)의 도식화를 가져오면 그 상황이 좀 더 쉽게 이해된다.

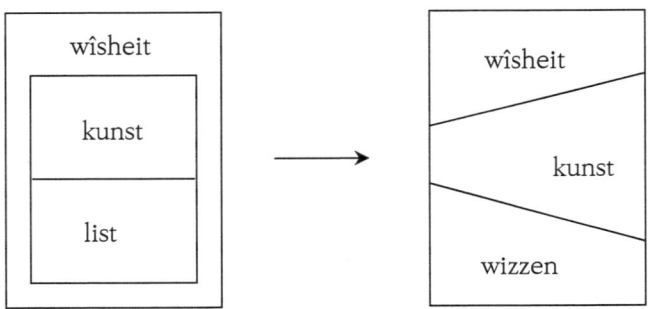

〈그림 3〉 13세기 초와 그 이후 독일어의 "지식" 관련 단어들의 의미장
(라이언스 2011: 407)

이러한 예시에서 장 이론(field theory)은 단어 의미의 변화를 명쾌하게 보여주는 듯하다. 그러나, 라이언스 (2011)의 말을 빌리자면, 다음과 같은

면에서 비판받을 수 있다. 트리어가 사용한 텍스트는 라틴어 텍스트의 번역이거나 그 해설이었다. 그 때문에 독일어 단어들의 의미 기술이 라틴어 단어 의미의 구별을 그대로 답습했을 수 있다. 나아가 트리어의 이론은 개념의 실질은 제공하지는 못하며, 의미장으로 구조화될 수 있는 단어들도 제한된다. 또한 그는 결합적 관계는 무시하고 계열적 관계에만 집중했다는 문제가 있다.

포르치히(Porzig 1934)는 결합적 관계에 기초하여 의미장의 이론을 발전시켰다. 이것은 15장(텍스트와 의미)에서 자세히 논의하게 될, 현대 언어학의 연어 관계와 유사한 것이라고 할 수 있다. 예를 들어 '짖다'와 '개', '마시다'와 '물', '귀엽다'와 '아기' 등의 사이에 문법 관계(주어, 목적어, 수식어), 그리고 '차다'와 '발', '잡다'와 '손', '깨물다'와 '이(빨)' 등에 내재한 의미를 통한 단어들의 관계가 있다. 예를 들어, 다음과 같은 '깨물다'의 사전적 정의 자체가 '이(치아)'의 의미를 내재하고 있다.[3]

(3) '깨물다'의 정의 (고려대 한국어대사전)
아랫니와 윗니 사이에 넣어 힘주어 누르다.

이렇게 결합적 관계에 따라 의미장을 형성하면 개별 언어의 단어 의미의 다의성이 잘 드러난다. 다음 한국어와 영어 문장을 비교해 보라.

(4) ㄱ. 민이가 사과를 먹었다.
ㄴ. 여자 애가 우유를 먹었다.
ㄷ. 진이가 아파서 약을 먹었다.

---

[3] 영어의 동사 'butter'는 'John buttered the bread'와 같이 사용되는데, 이 동사에는 물질을 가리키는 'butter'가 내재하여 있다. 생성어휘부 이론(Pustejovsky 1995)에서는 이러한 현상을 그림자 논항(shadow argument)이라고 부른다.

ㄹ.*산이 철을 먹는다.

(5) ㄱ. Mary ate the apple.
ㄴ.*The child is eating milk.
ㄷ.*John ate the pill.
ㄹ. Acid eats metal.

한국어의 '먹다'는 그 목적어로 씹는 음식물 명사뿐만 아니라 음료수 명사 그리고 약 명사를('감기약, 소화제') 목적어로 가질 수 있다. 반면에, 영어의 'eat'는 '먹다'와 같이 씹는 음식물 명사를 목적어로 가질 수 있지만, 음료수 명사('water, milk')나 약 명사('medicine, pill')를 목적어로 취하지 않는다. 'drink water', 'take medicine'이 옳은 표현이다. 또한, 영어의 'eat'는 음식물을 취한다는 의미 외에 "(금속이) 부식하다"의 의미를 표현하기 위해 사용될 수 있지만 한국어의 '먹다'는 그렇게 사용될 수 없다. 이런 면에서 한국어의 '먹다'의 의미는 영어의 'eat'와 구별되어, 한국어와 영어가 다른 방식으로 의미장을 형성한다. 앞서 말한 대로, 결합적 관계에 의한 단어 의미 분석은 텍스트에서 자주 함께 발생하는 단어들인 연어(collocation)를 통하여 단어의 의미에 접근하는 문맥적 의미론, 곧 현대의 코퍼스 의미론의 방향과 같다. 코퍼스 의미론은 15장(텍스트와 의미)에서 자세히 논의한다.

의미장 이론은 인류학자들의 친족어 분석에 성과가 있었지만, 그것 자체로는 의미장이 명시적으로 정의되지 않고, 실제로 깨끗하게 분석되지도 않는다. 하지만 의미장 이론, 나아가 구조의미론은 현대의 인지의미론이나 코퍼스 의미론으로 가는 징검다리 역할을 했다는 점에서 의의가 있다.[4]

단어의 관계를 통하여 어휘 의미를 파악하는 구조의미론은 한 걸음 더

---

4 한국어의 의미장 이론 연구의 실례는 배해수(1990) 참조.

나아가 단어의 의미를 구성하는 특질들을 분석적으로 파악하려고 하였다. 이것은 구조주의 음운론을 발전시킨 프라하학파의 변별적 자질(distinctive feature) 이론과 유사하다. 즉, 하나의 음소가 더 분해되어 그것을 구성하는 여러 음운자질로 이루어진 것으로 간주되듯이, 단어의 의미도 더 분해되어 여러 의미적 성분으로 이루어졌다고 볼 수 있다. 이러한 방법은 초기의 구조주의 이후의 의미 이론에서 빈번히 적용되는 방법인데 이에 대해서는 7장(단어 의미의 분해)에서 논의한다.

현대 의미론에서 단어의 의미 연구, 즉 어휘의미론은 인지언어학에서 주요 관심사이다. 인지의미론은 단어의 의미를 논의하면서 범주(category)와 은유 등 여러 주제를 다루는데 이것들은 이후의 장들에서 자세히 논의한다.

3.3 틀

인지의미론에서 단어의 의미는 개념이고 그 개념 속에는 그것이 사용되는 환경에 대한 지식과 경험이 들어 있다. 인지의미론의 한 분야인 틀 의미론(frame semantics)은 일찍이 필모어(Fillmore 1982)가 제시한, 단어 사용의 환경과 경험을 고려한 의미 이론이다. 이 이론에서 단어, 즉 어휘소의 의미는 그것이 사용되는 모든 언어적 맥락을 고려하여 기술된다. 그리고 단어의 텍스트 맥락에 나타나는 단어의 모든 필수적, 수의적 요소가 그 단어의 틀(frame)을 구성하는 요소이다. 예를 들어, '사다'와 함께 나타나는 모든 언어 맥락을 생각해 보자.

(6) ㄱ. 아이가 초콜릿을 샀다.
    ㄴ. 아이가 초콜릿을 2천 원에 샀다

ㄷ. 아이가 초콜릿을 상인에게서/상인으로부터 샀다
ㄹ. 아이가 초콜릿을 상인에게서/상인으로부터 2천 원에 샀다
ㅁ. 아이가 초콜릿을 아침에 가게에서 샀다

틀 의미론은 '사다'와 관련된 틀에서 중심적 요소(core element)로 사는 사람과 상품(대상)을 인정한다.[5] '사다'가 들어간 문장에서 이 요소들은 반드시 나타나거나 적어도 사용 맥락에서 언어 사용자들이 특정할 수 있는 대상이다. 이러한 중심적 요소 이외에도 돈('2천 원에'), 파는 사람('상인에게서'), 방법('기쁘게'), 받는 사람('동생에게') 등의 비중심 요소가 있다.[6] 12장(사건과 의미역)에서 동사의 의미역을 논의할 때 행위자, 피행위자(피해자), 대상 등의 의미역 등을 논의하는데, 틀 의미론의 요소는 이와 유사하지만 개별 동사에 따른 중심적 의미 요소 외에도 실제 언어 사용에서 나타나는 모든 요소를 고려한다. 예를 들어, '죽이다'에 관련된 의미역은 행위자와 피행위자인데, '죽이다'가 속하는 죽임/살생(Killing) 틀의 중심 요소는 살생자(Killer)와 희생자(Victim)이다. 그러니까 틀 요소는 의미역보다 동사에 따라 더 자세히 구별된다. 비중심적 요소로는 방법(Manner, '조용히'), 목적(Purpose, '돈을 빼앗으려고') 등이 있다.[7] 중심적, 비중심적 요소들이 모두 동사 의미의 일부이다. 언어 사용을 중요시하기 때문에 코퍼스 의미론,

---

[5] 중심적 요소는 통사적으로 결정된다. '사다'의 경우 주어와 목적어가 필수적인 논항이므로 주어가 표현하는 사는 사람, 목적어가 표현하는 상품이 중심적 요소이다. 돈, 상품을 파는 사람 등 (통사적으로) 비중심적 요소도 사는 상황에서 반드시 나타나게 된다.

[6] 틀 의미론 방법으로 한국어의 '사다'와 '팔다'를 자세히 분석한 연구로 남경완·이동혁(2004)이 있다.

[7] 한국어 '죽이다'와 영어 'kill'이 속하는 Killing 틀은 사람이 사람이나 동물을, 그리고 동물이 사람이나 동물을 죽이는 것을 포함한다. 나아가 어떤 사물/상황이(총, 홍수 등) 생물을 죽일 수도 있는데, 이때 죽임의 주체는 원인(Cause)이다. 즉, 죽임 틀의 주요 요소는 살생자 또는 원인, 그리고 희생자이다.

즉 코퍼스에 기초한 의미론의 일종이라고 볼 수 있다.

틀(frame)은 초기의 인공지능 연구에서 사건의 전형적인 진행을 가리키는 스크립트, 그리고 레이코프(Lakoff 1987)의 이상적 인지 모형(idealized cognitive model) 등에 해당한다. 스크립트 방식으로 말하자면, 사는(Buying) 상황/사건은 전형적으로 물건을 파는 가게에 사람이 가서 상인에게 돈을 지불하고 물건을 가져오는 것이다. 이상적 인지 모형으로 보자면, '사다'의 인지적 모형은 사는 사람, 파는 사람, 상품, 돈 등이 포함된다. 이러한 틀의 의미 특성은 사람이 텍스트를 읽을 때 명시적으로 나타나지 않는 요소를 인식하고 문장과 텍스트가 말하는 내용을 이해하는 데 필수적이다. 예를 들어, 한국어에서 '진이가 샀어'라는 말을 화자가 하고 청자가 알아듣는다면 화자나 청자는 모두 무엇을 샀는지 아는 상황이다. 나아가 화자가 '진이가 책을 샀어'라는 말을 했다고 하면, 청자는 발화가 명시하지 않더라도 진이가 책을 어떤 장소에서(보통 서점) 상인에게 돈을 주고 샀다는 것을 (암묵적으로) 이해한다. 따라서 위의 발화 다음에 화자가 '돈이 아주 많이 들었어'라는 말을 하면 청자는 이 말을 화자가 책을 살 때 상인에게 준 돈과 관련하여 이해한다. 이러한 이해가 문장의 한계를 극복하고 텍스트를 이해하여 상황에 적절히 대응하는 인간의 언어 사용 능력이다.

영어의 틀 의미론을 구현하기 위해서 필모어는 영어 틀의 구체적 목록과 각각의 틀 요소를 Berkeley FrameNet 데이터베이스에 구현하였다. 2024년 현재 13,000개의 단어 뜻(sense)과 1,200개의 틀로 구성되어 있고, 수많은 문장을 틀 요소로 분석하여 표시하였다. 예를 들어, 동사 'grill'과 형용사 'asleep'의 틀 분석을 다음과 같이 표시하였다. Berkeley FrameNet 사이트(https://framenet.icsi.berkeley.edu/)에서 가져온 예이다.

(7) ㄱ. [Cook the boys] ... grill [Food their catches]
　　　[Heating_instrument on an open fire]
　　ㄴ. [Sleeper They] [Copula were] asleep [Duration for hours]

이 분석은 'grill' 상황(사건)의 음식을 만드는 사람, 음식, 열 조리기구의 틀 요소가 명시되어 있고, 'asleep' 상황의 자는 사람과 자는 시간의 틀 요소가 드러나 있다.
한국어의 '굽다'와 '자다'도 유사한 방법으로 분석될 수 있다.

(8) ㄱ. [Cook 어머니가] [Food 고기를] [Heating_instrument 석쇠에] 구웠다.
　　ㄴ. [Sleeper 아이가] [Duration 한 시간 이상] 잤다.

이 예에서 보는 것처럼 틀 요소는 의미역과는 다르다. 의미역을 보자면 '굽다'가 기술하는 사건에는 행위자와 피행위자가 존재하고, '자다'가 기술하는 사건에는 경험자가 존재한다. 의미역 이론은 여러 동사와 형용사의 상황 속에서 나타나는 사물들의 역할을 일반화하여 한정된 수의 의미역으로 제시하는 것이다. 예를 들어, 다른 사람을 죽이는 사람의 역할과 음식을 만드는 사람의 역할을 모두 행위자(Agent) 의미역으로 간주한다. 하지만 이 두 경우의 행위자는 명백히 그 의도나 행위의 방식, 결과의 내용에서 구별된다. 틀 의미론은 어떤 상황에서 세밀하게 정의되는 사물의 역할을 틀 요소로 자세히 제시한다(Killer, Cook, Creater 등).

FrameNet 사이트에 따르면, 죽임(Killing) 틀에 속하는 영어 단어들은 'annihilate(v), annihilation(n), asphyxiate(v), assassin(n), assassinate(v), assassination(n), behead(v), beheading(n), blood-bath(n), bloodshed(n), butcher(v), butchery(n), carnage(n), crucifixion(n), crucify(v), deadly(a), decapitate(v), decapitation(n), destroy(v), dispatch(v), do in(v), drown(v), eliminate(v), euthanasia(n), euthanize(v), exterminate(v), extermination(n), fatal(a), fatality(n), fratricide(n), garrotte(v), genocide(n), holocaust(n), homicide(n), immolation(n), infanticide(n), kill(v), killer(n), killing(n), lethal(a), liquidate(v), liquidation(n), liquidator(n), lynch(v), massacre(n), massacre(v), matricide(n), murder(n), murder(v), murderer(n), patricide(n), pogrom(n), regicide(n), shooting(n), silence(v), slaughter(n), slaughter(v), slaughterer(n), slay(v), slayer(n), slaying(n), smother(v), smothering(n), starve(v), suffocate(v), suffocation(n), suicide(n), suicide(v), take (someone's) life(idiom), take out(v), terminate(v)' 등이다. 한국어 경우에도, '죽이다, 끝내다, 없애다, 살인하다, 살해하다, 암살하다, 살생하다, 몰살시키다, 전멸하다, 교살하다, 총살하다, 사살하다' 등 많은 동사가 살인(Killing) 틀에 해당할 것이다. 물론 명사 '살인, 살해, 암살' 등 명사와 '목숨을 거두다, 목숨을 빼앗다, 목을 따다' 등 숙어도 같은 의미 틀에 해당한다.

틀이 하나의 단어에 제한되는 것은 아니다. '굽다'의 틀은 '튀기다'의 틀이기도 하고, '자다'의 틀은 '수면하다'의 틀이기도 하다. 또한, 하나의 단어가 하나의 틀에만 대응하는 것도 아니다. 다의어는 뜻에 따라 여러 의미 틀에서 다르게 나타날 수 있다. 예를 들어 '놀다'는 아이가 놀 때의 전형적인 의미도 있지만 공장의 기계가 놀 수도 있다. 이때 노는 아이는 노는 사람이라는 역할을 수행하지만 노는 기계는 작동이 요구되는, 또는 보통 작동을 하는 도구이다. '보다'도 다양한 뜻이 있는데 다음과 같은 용례에 해당된다. 이 경우 각 뜻에 대하여 다른 틀이 적용된다.

(9) ㄱ. 수상한 사람을 의심하면서 몰래 보았다.
ㄴ. 스마트폰에 열중하느라고 지나가던 친구를 보지 못했다.
ㄷ. 지난달에 미국에 가서 워싱턴을 보았다.
ㄹ. 누나가 내일 맞선을 본다.

예를 들어 (ㄱ)은 행위적 지각(Perception_active) 틀, (ㄴ)은 경험적 지각(Perception_experience) 틀이 적용된다. 각각의 경우 주어는 행위적 지각자(Perceiver_active), 수동적 지각자(Perceiver_passive)이다. 한국어의 '보다'와 달리 영어는 'see'가 경험적 지각(Perception_ experience) 틀에, 'watch'가 행위적 지각(Perception_active) 틀에 각각 속한다. 지각의 뜻 이외에도 한국어의 '보다'는 (ㄷ)과 (ㄹ) 등과 같이 다른 뜻이 많다('소변을 보다', '술상을 보다', '이익을 보다', '환자를 보다', '신문을 보다' 등). 틀 분석은 단어의 여러 뜻을 규정하는 전통적 방법과 유사하지만, 언어 사용을 통하여 뜻의 분화를 분석한다는 점에서 사용 기반 이론인 인지의미론으로 볼 수 있다.

3.4 구문과 연어[8]

틀 의미론을 제시한 필모어(Filmore)는 구문문법(construction grammar) 또한 제안하였다. 구문문법은 인지언어학의 일부 또는 인지언어학과 밀접한 관련이 있는 통사 이론으로 간주된다.

통사론 중심의 생성언어학(generative linguistics)은 통사 기술에서 어휘(단어) 층위와 구 이상의 층위(구, 절, 문장)를 구분하고 어휘 층위 단위인 단어나 숙어만이 사전에 의미가 지정되어 있다고 주장한다. 즉 어휘부와 통사부의 엄격한 구별을 가정한다. 반면에 구문문법은 단어나 숙어뿐만 아니라 구문도 의미가 있다고 주장하며, 구문을 모든 형식-의미의 쌍으로

---

[8] 이 절은 강범모(2020)의 6장 6절에서 가져왔다. 한국어 연어의 일반적 연구는 홍종선 외(2001) 참조. 부사와 동사, 형용사와 명사의 연어 제약에 대해서는 손남익(1998), 임유종(1998) 고경태(2009), 김건희(2015), 강범모(2024) 참조.

간주한다. 따라서 구문은 소쉬르의 기호(sign)와 같다. 단어도 소리와 의미의 쌍이므로 구문이지만, 구문문법을 추구하는 학자들 중에 일부는 구문으로 단어까지는 고려하지 않는다.

이미 잘 알려지고 언급되는 수동 구문과 사역 구문에도 그것의 독립적 의미가 있고, 영어의 [the ADJ-er, the ADJ-er] 구문도('The more, the better') 의미가 있다. [the ADJ-er, the ADJ-er] 같은 구문은 이미 영어 교육을 받고 영어를 습득하는 과정에서 학생들에게 익숙하고 학생들은 그 구문의 의미를 알고 있을 것이다. 이 구문은 구문의 구성 특성을 보여 주기도 하는데, 하나의 구문이 형태소('-er'), 단어('the'), 품사(ADJ) 등 각종 층위의 언어 요소로 구성될 수 있다. 한국어에서도 [-ㄹ수록 (더) VP|S]도 의미를 가진 구문이다('나무가 높을수록 아름답다/사람이 올라가기 힘들다'). 구문의 의미는 인간이 인지적으로 인식하는 실제 의미이다.

구문이 의미를 가지고 있다는 사실을 구문문법의 관점에서 더 확인해 보자. 예를 들어, 생성문법에서는 'give'가 나타나는 'John gave Mary a book'의 동사구의 통사 구조를 [V NP NP] 구조로 파악하고, 'John gave a book to Mary'를 앞의 구조에서 변형으로(혹은 반대의 방향으로) 도출 되는 같은 의미의 문장이라고 간주한다. 구문문법의 관점에서, 이 두 문장의 동사구들은 각각 [V NP NP] 구문과 [V NP PP] 구문으로 별개의 것이고 위의 두 문장은 각 구문에서 발생하는 각각의 의미를 가진다. 그렇게 되면 다음 문장 쌍들의 문법성, 비문법성을 설명할 여지가 생긴다.

(10) ㄱ.*John sent Washington a letter.
　　 ㄴ. John sent a letter to Washington.

(11) ㄱ.*John threw Mary a ball.
　　 ㄴ. John threw a ball to Mary.

장소가 도착점(Goal)이 될 때 [V NP NP] 구문이 불가능하고 [V NP PP] 구문만이 사용된다. 말하자면 구문에 따라 의미뿐만 아니라 구문이 허용되는 의미 제약도 다르다.

한국어에서도 이런 교체 구문과 관련하여 구문들의 다른 의미가 미세하게 나타날 수 있다.

(12) ㄱ. 이진이 파란 물감을 종이에 칠했다. [NP-를 NP-에 V]
　　 ㄴ. 이진이 종이를 파란 물감으로 칠했다. [NP-를 NP-로 V]

(ㄱ)은 종이의 일부에 파란 칠을 한 것으로, 그리고 (ㄴ)은 종이 전체를 파랗게 칠한 것으로 이해되는 경향이 있다. 이러한 현상은 서로 다른 구문이 다른 의미를 갖는 것을 보여준다.

그리고 한국어에서 잘 알려진 현상으로, 어휘적 사역 구문(사동사) [V-이다]와 통사적 사역 구문 [V-게 하다]의 의미 차이가 있다. '사람을 죽이다'와 '사람을 죽게 하다', '우유를 먹이다'와 '우유를 먹게 하다'는 직접적 사역인지 간접적 사역인지에 따라 의미 차이가 나타난다. 사람에게 칼을 휘두르거나 총을 쏴서 그 사람이 죽는다면 그것은 '죽이다'가 적용되는 상황이고, (영화 '양들의 침묵'의 박사처럼 다른 사람을 세뇌시켜 자살하게 만든다면 그것은 '죽게 하다'에 적합하다.[9] 구문 의미에 대한 보충 논의는 12.4절을 참조하라.

전통적으로 알려진, 단어와 단어 사이에 존재하는 현상인 연어(collocation)가 있는데, 이것을 하나의 구문 또는 어떤 구문의 실현으로 볼 수 있다. 숙어가 구성 단어의 의미로부터 전체 의미가 정해지지 않고

---

[9] 한국어 사동 구문 및 사동사의 역사 및 의미 연구는 김형배(1997), 유성기(1998), 박종갑 1996, 이현주 외 1996, 박정운(2003), 강범모(2021) 등 참조.

독립적인 의미를 가지지만('옷을 벗다', '미역국을 먹다') 연어는 두 단어 이상의 관계로, 대개 구 형식을 이루면서, 자주 사용되는 단어의 연속이다. 다만 넓은 의미의 연어는 연속되어 있지 않더라도 어느 범위 내에서 함께 나타나는 단어들로 보기도 한다(15장 참조). 연속된 단어로서의 연어의 전형적인 예로 다음과 같은 것들이 있다.

(13) ㄱ. 사랑에 빠지다/눈멀다, 우산을 쓰다, 양말을 신다, 밥 먹을 시간도 없다, 실패로 끝나다, 시간이 (다) 되다, 시간을 시키다, 진리를 추구하다
ㄴ. 불길한 예감, 치열한 경쟁, 시급한 과제, 어리석은 짓, 가까운 친구, 후미진 곳, 전지전능한 신, 민감한 문제, 강력한 권한
ㄷ. 반짝반짝 빛나다, 텅 비다, 벌떡 일어나다, 싹둑 자르다, 사뿐히 내려앉다, 꺼이꺼이 울다, 방방 뜨다, 지끈지끈 아프다, 잔뜩 움츠리다
ㄹ. 수상 소감, 학술 발표, 금연 구역, 위험 지역, 불우 이웃, 성공 사례, 판결문 낭독
ㅁ. 눈물이 주룩주룩, 새싹이 푸릇푸릇
ㅂ. 먹는 듯 마는 듯, 보일 듯 말 듯, (비가) 올 듯 말 듯, 죽느냐 사느냐, 하느냐 마느냐, 가느냐 마느냐

이런 예들은 동사와 목적어/주어/부사어 결합 구문(ㄱ), 형용사의 명사 수식 구문(ㄴ), 부사의 형용사/동사 수식 구문(ㄷ), 명사 연속 구문(ㄹ), 주어 부사 구문(ㅁ), 특정 품사가 관련된 [V-ㄴ 듯 마는 듯] 구문, [V-느냐 마느냐] 구문(ㅂ)의 실례 중 자주 사용되는 것들이다. 다른 예를 들자면, 사랑을 한다는 뜻으로 '사랑에 파묻히다, 사랑에 잠수하다, 사랑에 들어가다'라는 표현보다는 '사랑에 빠지다'가 많이 사용되고 자연스럽다. 다만 이 예는 뒤에 나오는 절에서 논의할 일상 언어 속의 은유와도 관련이 있다.

연어 중에는 긍정적인, 혹은 부정적인 의미운율(semantic prosody)을 보이는 것들이 있다. 의미운율은 단어의 결합에서 긍정성 혹은 부정성이 단어 결합 전체에 드러나는 현상을 말한다. 예를 들어, 긍정적인 뜻의 '성공'은 '큰, 상당한, 굉장한, 엄청난, 화려한' 등 대개 긍정적인 뜻의 형용사들이 수식하고, 부정적인 뜻의 '실패'는 '참담한, 끝없는' 등 부정적인 뜻의 형용사들이 수식한다. 앞의 예에서 든 '예감'은 '성공'과 '실패'처럼 그것 자체로 긍정, 부정 특성이 없다. 하지만 실제로 '예감'을 특징적으로 수식하는 형용사들은, 예시한 '불길한'뿐만 아니라, '이상한, 두려운, 불안한, 즐거운, 칙칙한, 상서로운, 섬뜩한' 등으로서 '즐거운'과 '상서로운'을 빼면 대개 부정적인 것들이다. 즉, '예감'은 부정적 의미운율의 명사이다. 의미운율을 위반한 표현은 일종의 아이러니(irony), 즉 부조화 혹은 반어적 느낌을 불러일으킨다. 예를 들어, '배신자'는 '비열한 배신자'와 같이 부정적 의미운율에 적합하지만, 드라마 제목인 '이토록 친밀한 배신자'는 의미운율을 어김으로써 아이러니가 발생하고, 이 때문에 이 제목이 시청자의 흥미를 유발한다.[10]

연어는 숙어와 마찬가지로 통사적으로 일반적인 구문이지만(주어/목적어 + 동사 등), 숙어가 구성 단어로부터 나오지 않는 의미를 갖는 반면('발이 넓다', '손을 잡다' 등), 그 의미가 구성 단어의 의미에 의해 결정된다. 합성어도 대개 일반적인 구문인데, 합성어 중에는 '바지사장'과 같이 그 구성 단어들로부터 전체 의미를 추정할 수 없는 전형적인 것들이 있는가 하면, '운동선수'와 '국어사전'처럼 그 구성 요소의 의미가 전체 의미에 투명하게 기여하지만 아주 자주 사용되다 보니 두 단어가 하나의 단위, 즉 합성어를 이루는 것들도 많이 있다. 이것은 연어가 아주 많이 사용되다

---

[10] 한국어 형용사와 명사의 결합에서 나타나는 의미운율에 관해서는 강범모(2011c)를 참조하라.

보니 언중이 그것을 하나의 단어로 인식하는 경우이다('운동 선수' ⇒ '운동선수'). 이러한 합성어는, '학교 선생님' 등 자주 사용하면서 언중이 두 단어의 연결로 인식하는 연어와 다르다.

하지만 연어와 숙어 및 합성어의 경계가 모호한 것들, 즉 연어가 숙어로, 숙어가 합성어로 변해가는, 언중이 하나의 단어로 인식하기 시작하지만 아직 완전히 그렇지는 않은 것들이 있을 수밖에 없다. 구체적으로 연어, 숙어, 합성어의 경계가 모호한 한국어와 일본어의 예를 살펴보자.

한 남자를 늘 잊지 못하는 여자가 나오는, 이 점에서 일본 영화 「러브레터」 혹은 한국 드라마 「겨울연가」와 같은, 한국에서 상영된 일본 영화 중에 「아사코」(Asako I and II, 2018)가 있다. 이 영화의 일본어 제목은 '寝ても覚めても' [네테모사메테모])이고, 이것은 한국어의 '자나 깨나'에 해당한다(일본어 '寝'—"누워 자다", '覚める'—"깨다"). 일본어와 한국어의 두 표현은 모두 '늘, 항상, 언제나'와 유사한 뜻이다. 그런데 한국어에서 이 표현은 사전에 따라 연어, 숙어 혹은 합성어(단어)로 간주된다. 다음의 두 사전의 표기법을 보자.

    (14) ㄱ. 표준국어대사전: '자나 깨나'
         ㄴ. 고려대 한국어대사전: '자나깨나'

말하자면 표준국어대사전에서 '자나 깨나'는 단어가 아니라 연어 또는 숙어이고(사전에는 관용구, 즉 숙어로 표시되어 있음), 고려대 한국어대사전에서 '자나깨나'는 하나의 단어(합성어)이다. 연어인지 숙어인지 혹은 합성어인지 불확실하지만, 앞으로 편의상 '자나 깨나'로 표기하도록 하자. 두 사전에서 '자나 깨나'를 숙어 또는 합성어로 보지만 이 표현의 뜻을 "잠들어 있거나 깨어 있으나 늘"(표준) 또는 "잘 때나 깨어 있을 때나"(고려대)로 정의하고 있다. 그러니까 이 표현의 뜻풀이에 '자다'와 '깨다'의 뜻이 유지되어 있어 연어로서의 특성이 드러난다. 사실 '자나 깨나'는 '앉으나 서나', '뛰어가나 기어가나', '죽나 사나', '가나 오나' 등의 [V-(으)나 V-(으)나] 구문에서 출발했다. 말하자면 '자나 깨나'는, 언어 사용을 통한 언어 변화의 과정에서, 구문 표현에서 출발하여 연어, 숙어, 합성어의 어떤 지점에 있고, 이 사실이 여러 사전의 항목 표기나 정의 속에서 다르게 드러난다. 이와 대조적으로, 전형적인 숙어 '옷을 벗다'는 "어떤 지위나 자리에서 물러나다"로 정의되어(고려대 한국어대사전), 그 정의 속에 '옷'의 의미가 들어 있지 않다. '미역국을 먹다', '비행기를 태우다', '뜨거운 감자'도 마찬가지이다.

'자나 깨나'가 구문 표현, 연어, 숙어, 합성어의 어떤 지점에 있다는 사실은 인지언어학에서 주장하는 사용 기반(usage-based) 접근에 부합한다. 언어의 패턴 혹은 문법은 언어 사용을 통하여 굳어지는 현상을 말한다. 특정 연어의 사용이 많아지면 언중에게 그것이 숙어로 인식되고, 나아가 그 사용이 더 많아짐에 따라 그것이 합성어로 인식되는 현상의 예로 '자나 깨나'가 적절하다.

'자나 깨나'와 관련하여 흥미로운 사실은, 일본어 '寝ても覚めても'와 그것에 대응하는 한국어 '자나 깨나'가 사용법이 서로 다르다는 점이다. 사전에 제시된 일본어와 한국어 예문들을 살펴보자(나는 일본어를 모르지만, 인터넷 사전에서 복사하기(Ctrl-C)와 붙이기(Ctrl-V)를 할 수 있는 능력은 있다).

    (15) '寝ても覚めても' 예문(네이버 일본어 사전)
        ㄱ. ねてもさめても懐なつかしむ[恋こいこがれる] 오매불망 그리워하다
        ㄴ. 寝ねても覚さめても考かんがえる 자나 깨나(늘) 생각하다
        ㄷ. 寝ねても覚さめても[明あけ暮くれ]君きみのことばかり 항상

너 생각뿐
ㄹ. 寝ねても覚さめても忘わすれられないふるさと 오매에도 잊지 못할 고향
ㅂ. ねても覚さめてもそればかり考かんがえている 자나 깨나 늘 그것만 생각하고 있다.
ㅅ. 寝ねても覚さめてもあなたのことだけ思おもっている 자나 깨나 당신 생각뿐이다.

(16) '자나 깨나' 예문(표준국어대사전, 고려대 한국어대사전, 우리말샘)
ㄱ. 자나 깨나 자식 걱정 (표준)
ㄴ. 꺼진 불도 다시 보자 자나 깨나 불조심! (표준)
ㄷ. 자나 깨나 그리던 아버지 어머니는 불치의 병에 걸려 있었다. (표준)
ㄹ. 남편 없는 시가 댁에서 정을 붙이지 못한 며느리는 자나 깨나 친정을 그리워했다. (표준, 〈김원일, 불의 제전〉)
ㅁ. 그녀는 자나깨나 객지에 있는 자식 걱정뿐이다. (고려대)
ㅂ. 그에게는 자나깨나 잊혀지지 않는 일이 하나 있다. (고려대)
ㅅ. 홍이네는 자나깨나 하나밖에 없는 자식인 홍이의 뒷길을 걱정하느라 머리가 파뿌리처럼 세어 버렸다. (고려대)

일본어에서 이 표현은 주로 연인 사이의 그리움을 묘사하는 데 사용되는 반면(따라서 일본 영화의 내용을 반영하는 제목으로 적절함), 한국어에서 '자나 깨나'는 주로 자식, 부모에 대한 그리움이나 걱정을 표현하는 데 사용된다.

말하자면 구성 단어 면에서 정확히 대응하는 두 언어의 표현이라고 해도 언어 사용에서 그 의미는 다를 수 있다. 인지적으로, 일본인은 '寝ても覚めても'를 듣거나 보면 연인 사이의 그리움을 생각하지만, 한국인은 '자나 깨나'를 듣거나 보면 자식에 대한 그리움, 부모에 대한 걱정 또는 사고에

대한 걱정을 생각한다.

한국어에서 유의어들이 각각의 일반적인 사용 환경의 차이 때문에 완전히 같은 뜻을 가지지 않는 것도 마찬가지이다('엄마'-'어머니'). 이처럼 언어 표현의 의미는 언어 사용을 고려하지 않고는 포착될 수 없다. 나아가 연어를 포함하여 어떤 통사적인 패턴도 자주 사용됨으로써 형성되고, 표현의 의미 또한 그렇게 형성된다고 보는 것이 앞에서 언급한, 인지언어학의 사용 기반(usage-based) 접근법이다. 후자는 생성언어학이 생득적 관념과 통사 규칙을 중요시하고, 통사와 의미의 분리를 강조하는 것과는 다른 관점이다.

3.5 도상성[11]

도상성은 인지적 관점에서 중요하다. 인지언어학의 관점에서, 의미와 형식이 서로 의존하고, 통사 구조가 인간의 인지를 반영하기 때문에 생성언어학에서 주장하는 통사 구조의 독립성을 인정하지 않는다. 이 점은 고대 그리스 시대부터 중요한 논쟁점이었던 언어의 자의성과 필연성의 문제와 관련된다.

고대 그리스인들은 단어의 형식과 그것의 의미 혹은 그것이 가리키는 사물이 자의적 관계, 즉 사회적 관습에 의해 자의적으로 연결되었는지, 혹은 형식이 의미/사물의 특성을 반영하는 필연적, 자연적 관계에 의해 연결되는지에 대하여 논쟁하였다. 이런 논쟁은 기원전 5세기 플라톤의 저서 「크라틸루스」(Cratylus)의 부분적 주제였다. 단어 형식과 단어 의미

---

[11] 이 절의 여러 예를 강범모(2020)의 1장 2절에서 가져왔다. 기호의 도상성은 2장에서 언급하였다..

에 대한 두 가지 주장은 대화 참여자가 여러 가지로 논쟁하지만 뚜렷한 결론이 나오지 않는다. 이후 학자들은 더 분명한 관점을 제시하였는데, 기원전 4세기의 아리스토텔레스는 명시적으로 언어의 관습성(자의성)을 주장하였고, 이와 대조적으로, 이후의 스토아학파는 언어의 자연성(필연성)을 주장하였다. 이들 논쟁의 초점 중 하나는 분명히 자연을 반영하는 의성어를 어떻게 볼 것인가에 기초하였다.[12]

현대의 구조주의 언어학의 태두 소쉬르(Saussure 1916)는 이 문제에 대하여 아리스토텔레스와 마찬가지로 언어가 자의적임을 단언하였다. 오늘날의 중고등학교 교과서나 대학생이 읽는 언어학 개론에서도 언어의 자의성을 서슴없이 단언한다. 이러한 주장의 근거는 첫째, 여러 언어에서 같은/유사한 의미의 단어가 매우 다른 형식이라는 것, 둘째, 한 단어가 시대에 따라 의미가 변하거나 반대로 하나의 의미가 시대에 따라 다른 형식의 단어로 나타난다는 것이다. 예를 들어, 나무를 의미하는 단어는 다른 언어에 다음과 같이 여러 형식으로 나타난다.[13]

(17) tree (영어), Baum (독일어), arbre (프랑스어), árbol (스페인어), き(ki) (일본어), 树(shù) (중국어)

프랑스어와 스페인어의 발음이 비슷한 것은 이 두 언어가 모두 라틴어에서 유래하기 때문이다. 언어의 변화를 보면, 조선 시대 '어리다'는 "어리석다"라는 의미로 지금의 '어리다'와 다른 의미이다('어린 빅셩이 니르고져 훑 배 이셔도', 「훈민정음」 서문). 또 지금의 '꽃'은 옛말 '곳'에 해당한다('곳 됴코 여름 하느니', 「용비어천가」). 영어에서는, 지금은 좋은 의미로 사용

---

[12] 로빈스(2007)가 관습성-자연성 논쟁을 포함하여 그리스 시대의 언어 연구에 대하여 자세히 기술한다.
[13] 2장에서 간단히 설명하면서 언급한 예들을 앞으로의 논의에 포함한다.

되는 'nice'가 전에는 "무식하다"라는 의미의 단어였다.

이상의 예에서 보는 바와 같이 언어의 자의성은 명백한 것 같지만, 의성어는 그것이 가리키는 소리를 반영한다는 면에서 자연적이다. '멍멍', '땡땡', '퍼더덕', '쨍그랑', '쌔근쌔근' 등의 의성어는 개의 소리, 종소리, 새가 날갯짓하는 소리, 그릇이 깨지는 소리, 아기가 자는 소리와 유사한 소리의 단어들이다. 이 단어들과 그 의미들을 아무렇게나 연결할 수는 없다. 예를 들어, 아기가 자는 소리가 '땡땡'이나 '멍멍'일 수는 없다. 언어의 자의성을 주장하는 입장에서는 이러한 의성어가 언어에서 차지하는 비중이 작고, 여러 언어들의 의성어가 서로 다르다는 점에서 의성어가 자의성에 대한 반례가 아니라고 한다. 의성어가 언어마다 다르다는 것은, 예를 들어, 개가 짖는 소리가 언어마다 다른 소리의 의성어로 사용되는 것을 말한다.

   (18) 여러 언어의 개 짖는 소리
       멍멍(한국어), bow-wow(영어), wauwau(독일어), ouah(-ouah)(프랑스어), guau-guau(스페인어), わんわん(wangwang)(일본어), 汪汪(wāngwāng) (중국어)

개 짖는 소리가 언어마다 다른 소리의 단어로 나타나는 것은 분명하다. 특히 한국어의 '멍멍'과 프랑스어의 'ouah-ouah'[우아우애는 매우 다르다.[14] 그러나 독자가 이미 알아차렸겠지만 각 언어의 개 짖는 소리가 비슷한 점도 있다. 한국어, 일본어, 중국어 등 한국 주변의 언어들이 유사하고, 영어, 독일어, 스페인어 등 유럽의 언어들이 유사하다.

이러한 유사성은 종소리의 의성어에서 더 두드러진다(아래 학교 종 사

---

[14] 프랑스 개만 우아하게 짖지는 않을 것이다. '우아하게'라는 노래도 프랑스 개가 주인공은 아니다. "날 Ooh Ahh Ooh Ahh 하게 만들어 줘."('OOH-AHH하게', 블랙 아이드 필승 외 작사)

진 출처: 월간조선 2005-11).

(19) 여러 언어의 종소리
땡땡(한국어), ding-dong(영어), ding ding dong (프랑스어), kling klang(독일어), かんかん(kang kang)(일본어), 当当(dāng dāng)(중국어)

앞의 '멍멍'이 한국어 주변의 언어와 비슷하고, 유럽어들이 서로 비슷한 것과 달리, 종소리는 한국어를 비롯하여 어느 언어에서나 비슷하다. 우선, 모두가 비음 연구개 파열음 [ŋ]으로 끝난다. 대개 이 음절이고 프랑스어의 'ding, ding, dong'이 세 음절이지만,[15] 한국어에서도 세 음절 '땡땡땡'으로 표현할 때가 있다. '땡땡땡'이 들어가는, 다음과 가사로 시작하는 '학교종' 노래를 요즘도 배우는지 궁금하다. "학교 종이 땡땡땡 어서 모이자, 선생님이 우리를 기다리신다" 또한, 종소리의 첫 음이 일본어와 독일어에서 구강음인 무성 연구개 파열음 [k]이고, 나머지 언어들에서 치경 파열음 [d/t]인 것이 약간의 차이이다(같은 파열음이지만 조음 위치가 다름). 따라서 의성어는 언어의 자연성을 보여준다고 이해하는 것이 마땅하다.

인지언어학은 의성어를 비롯하여 많은 단어 및 언어 구조가 언어의 자연성, 즉 의미와 형식의 유사성인 도상성(iconicity)을 보인다고 간주한다. 여기서 말하는 도상성은 형식과 의미의 유사성만을 말하지는 않고 동기(motivation) 즉 특정 의미가 그렇게 형식화되는 이유가 있다는 뜻이다. 인지언어학의 입장에서는 통사, 즉 형식은 독립적이 아니고 의미와 인지 작용을 반영하기 때문에 도상성은 중요한 언어의 특성이다. 의성어 이외에도 언어의 도상성을 보이는 특성들은 다음과 같다.

---

[15] 프랑스어의 'ding ding dong'은 노래 'Ring Ding Dong'과 유사하다. "링딩동 링딩동 링디기딩디기 딩딩딩"('링딩동', 유영진 작사)

언어의 자의성이 드러나는 단어들은 대개, 더이상 의미 단위로 분해되지 않는, 단일 형태소의 단어들이다. 그러나 이러한 단어 수는 한정적이고 언어가 표현하고자 하는 사물과 의미의 수는 무한하므로 모든 언어에는 하나의 단어 혹은 어근을 기초로 다른 관련된 단어를 만드는 파생(derivation)의 기제가 존재한다. '민주적, 감각적, 감상적' 등의 '-적'은 명사에 붙어 그것과 관련된 의미의 단어를 만드는 접사이다. 그리고 '감각'에 비하여 '감각적'은 "감각"의 의미에 "~와 관련된"이라는 의미를 더한다. 이것은 도상성을 드러낸다. 즉, '감각'과 '-적'의 의미에 따라 '감각적'의 의미가 결정되며, 나아가 더 긴 단어가 더 복잡한 의미를 표현한다. 사실 '지게꾼', '도박꾼', '도망자', '추격자' 등 어휘 속의 많은 부분을 차지하는 파생어는 모두 이러한 도상성을 가지므로 한 언어의 어휘 내에 도상성을 드러내는 단어가 결코 적지 않다. '창문', '문고리', '대학교수', '운동선수', '돌다리'와 같은 합성어들도 대부분 그 의미는 합성어를 구성하는 단어들의 의미와 관련이 있다. 관형적인 의미의 '눈도장'이나 '포커페이스'같은 합성어나 '새옹지마'(塞翁之馬) 같은 사자성어 혹은 속담도 있지만 그러한 합성어나 관용적 표현들도 그 동기 또는 유래를 찾을 수 있다.

복수는 여러 언어에서 다양한 방식으로 표현된다. 가장 일반적인 것은 영어의 'boys'처럼 하나의 명사('boy')에 복수를 표시하는 접사('-s')가 붙는 형식이다. 한국어에도 복수 표지 '-들'이 있다('학생', '학생들'). 세계의 언어 중에는 복수 접사가 없는 언어도 있다(16장 참조). 하지만 어떤 언어가 단수와 복수를 구별하는 접사를 가지고 있으면 그것은 단수 접사가 아니라 복수 접사이다. 즉, 명사가 기본적으로 복수를 표현하고 여기에 단수 접사가 붙어 단수 단어가 되는 언어는 없다. 단수보다 복수는 의미적으로 더 복잡한 것이다. 복수를 형성하는 접사가 붙은 복수 단어가 더 길다는 사실은 더 복잡한 의미가 더 복잡한(긴) 단어 형식으로 표현되는 도상성을 드러낸다. 접사를 사용하지 않고 복수의 의미를 표현하는 다른 방법도 마찬가지이다. '집'에 비하여 '집집'은 복수 의미를 가리키며 '딸랑'은 한 번의 소리이지만 '딸랑딸랑'은 여러 번의 소리이고, '하나'는 실제로 하나이지만 '하나하나'는 여러 개를 의미한다. 즉, 반복으로 복수를 표현한다는 것은 하나의 사물과 동일한 성격의 사물이 더 있는 것과 마찬가지이고 이것은 분명히 도상적이다.

단어의 형식에서 보이는 도상성은 단어의 길이에서도 보인다. '집, 옷, 땅, 몸, 해, 달, 개, 말, 곰' 등의 단음절어를 비롯하여 '아빠, 엄마, 맘마, 사람' 등 음절 수가 적은 단어가 대개 빈도가 높은 단어이며 간단한 개념의 단어이다. 이와 대조적으로 '노파심, 의형제, 대학교수, 비폭력저항운동' 등의 긴 단어들은 빈도가 상대적으로 낮고 좀 더 복잡한 개념의 의미를 표현한다. 즉, 형식이 간단할수록(짧을수록) 의미가 간단한 도상성이 드러난다.

문법의 면에서도 도상성이 드러난다. 세계의 언어들을 보면 주어(S), 목적어(O), 동사(V)의 순서가 여러 가지이다. 일반적으로 세계의 언어들 중에는, 논리적으로 가능한 여섯 가지의 어순이 있지만, 한국어와 같은 SOV 언어, 영어와 같은 SVO 언어가 많고 웨일즈어 등 일부가 VSO 언어이며, 나머지 OSV, OVS, VOS 순서의 언어는 거의 존재하지 않는다(예외적으로 한두 언어가 있다). 전 세계 언어의 대부분을 포함하는 SOV, SVO, VSO 어순의 특징은 무엇인가? 그것은 주어와 목적어의 순서가 주어 이후에 목적어가 오는 순서로 일정하다는 것이다. 일반적으로 주어는 문장이 기술하는 사건을 일으키거나(행위자) 경험하는(경험자) 사람 혹은 동물이고 목적어는 그러한 사건의 행동을 받는 사람이나 사물(피행위자), 혹은 그 대상이다. 행위자나 경험자가 피행위자나 대상에 대하여 인지적으로 앞선다. 사람이 사물에 비하여 인지적으로 더 현저하고(salient), 사건을 일으키는 것이 그 사건에 참여하는 다른 것들보다 인지적으로 더 현저하기 때문이다. 문장 속에서 보통 행위자는 주어로 실현되고 피행위자는 목적어로 실현되므로 인지적으로 현저한, 즉 앞서는 것이 문장에서 더 앞에 나오는 것은 도상적이다. 인지적 우선성(현저성)이 문장 내 표현의 우선성(앞섬)으로 구현되기 때문이다.

물론 언어의 모든 면이 자연적인 것은 아니다. 그러나 분명한 것은, 소쉬르 이래 당연하게 여겨졌던, 언어의 표현과 의미의 관계가 자의적이라는 생각은 언어에 도상적인 면이 상당히 혹은 더 많다는 사실 앞에서 약화되어야 한다.

▼ 더 읽을거리

강범모 (2020). 「언어: 풀어 쓴 언어학 개론」, 개정 4판, 서울: 한국문화사.
이광호 (2004). 「국어 어휘의미론」, 서울: 월인.
임지룡 (1997). 「인지의미론」, 서울: 탑출판사.
최경봉 (2015). 「어휘의미론: 의미의 존재 양식과 실현 양상에 대한 탐구」, 서울: 한국문화사.
Croft, William and D. Alan Cruse (2004). *Cognitive Linguistics*, Cambridge: Cambridge University Press.
Geeraerts, Dirk (2010). *Theories of Lexical Semantics*, Oxford: Oxford University Press.

4
개념과 범주

4.1 개념과 개념화

마음속, 즉 머릿속의 의미는 개념(concept)이다. 개념은 심리적인, 정신적인 표상이지만 그것의 구체적인 성격에 대해서는 여러 가지 논의가 있다. 영어의 'concept'는 "지적으로 이해하고, 상상하고, 생각하다"의 뜻을 가진 라틴어 동사에서 유래한다. 말하자면 개념은 정신적인 작용 가운데에서 감정적인 면이 아닌 지적인 면이다. 적절한 개념 없이는 우리가 주변의 사물들을 식별하고, 이름 붙이고, 상상하거나 그것들에 대하여 추론하거나 소통할 수 없다. 예를 들어, 우리가 꽃의 개념을 갖지 않는다면 풀밭이나 들에 피어 있는 수선화, 백합, 장미, 수국, 코스모스, 벌개미취를 꽃으로 알아차리거나 꽃이라고 부를 수가 없다. 혹은 극단적으로 여기 피어 있는 꽃과 저기 피어 있는 꽃이 모두 꽃이라는 것도 꽃의 개념을 가지고 있지 않으면 인식할 수 없다. 다른 예를 들자면, 좀 전에 빨간색의 신호등을 보고 차를 움직이면 안 된다는 것을 배운 사람이 지금 보고 있는 빨간색의 신호등 앞에서 움직이지 않으려면 "빨갛다"와 "신호등"의 개념을 가지고 있어야 한다.

사람들은 개념화(conceptualization)를 통하여 동일한 상황을 다르게 인식하고 다르게 표현하기도 한다. 개념화는 잠시 후 언급할 해석/해석구조(construal)와 같다고 할 수 있다. 책이 있고 그것이 테이블 위에 있다고 하자. 이 상황을 (ㄱ) 또는 (ㄴ)과 같이 기술할 수 있다. 또한, 찻잔과 차 받침이 위아래로 있을 때 (ㄷ) 또는 (ㄹ)로 기술할 수 있다(찻잔과 잔 받침 사진 출처: 이케아 광고).

(1) ㄱ. 책이 테이블 위에 있다.
ㄴ. 테이블이 책 아래(밑)에 있다.
ㄷ. 찻잔이 잔 받침 위에 있다.
ㄹ. 잔 받침이 찻잔 아래 있다.

(ㄱ)과 (ㄴ)의 두 문장이 똑같은 상황을 기술하지만 두 문장의 개념화는 다르다. (ㄱ)에서 책이 중심 혹은 형상(figure)이고 테이블은 그 배경(ground)이며 (ㄴ)에서는 반대이다. 즉, 다른 개념화이다. 달리 말하여, (ㄱ)의 화자는 책을 주의(attention)의 중심에 놓고 그것의 위치를 작은 테이블과 관련하여 진술한다.[1] (ㄷ)과 (ㄹ)의 경우도 마찬가지로, 어떤 것에 주의를 기울이느냐를 반영한다. (ㄷ)에서는 찻잔이 형상이고 잔 받침은 배경이며, (ㄹ)에서는 그 반대이다. 문장의 의미를 동일한 상황에 대한 다른 개념화로 인식하는 입장은 논리적 의미론과 대립한다. 논리적 의미론에서 (ㄱ)과 (ㄴ) 문장들은 동일한 상황을 기술하기 때문에 동일한 진리조건을 가질 뿐이며, 따라서 같은 의미이다. (ㄷ)과 (ㄹ)의 문장들도 마찬가지이다. 반면에 개념적 입장에서 두 문장은 개념화의 면에서 명백히 구별되므

---

[1] 책이 작고 쉽게 움직일 수 있으므로 사람들은 그것에 주의를 기울여 현저하게 인지하는 것이 보통이며, 따라서 인지적으로 현저한 책을 주어로 표현하는 것이 일반적이다. 하지만 테이블에 주의를 기울이고 이것을 문장의 주어로 삼는 것이 불가능하지 않다.

로 의미가 다르다.

다른 예를 들어보자(물이 든 잔 그림 출처: NEWSM 2015-08-04 이준수 칼럼).

(2) ㄱ. 이 물 잔은 반이 차 있다.
    ㄴ. 이 물 잔은 반이 비어 있다.

이 두 문장은 동일한 상황을 기술하고, 따라서 논리적 의미론의 관점에서 보자면, 위 그림의 상황에서 두 문장은 모두 참으로 의미 차이가 없다. 그러나 이 두 문장의 개념화는 다르다. (ㄱ)과 (ㄴ)은 모두 물 잔에 대하여 말하지만, 그 상황을 물 잔 아랫부분의 물의 부피에 주의하여 기술하는가 혹은 물 잔 윗부분의 비어 있는 부분에 주의하여 기술하는가에 따라 다르게 인식하고 다르게 묘사한다.

개념화는, 사람이 주변의 모든 사람, 사물, 사건에 주의를 기울일 수는 없고, 여러 사물 중 어떤 현저한 것에 주의를 기울이기 때문에 발생한다. 이때 현저성(salience)은 상황 자체의 특성에 의해 결정된다. 상대적으로 작은 것(너무 작은 것은 아님), 움직이는 것이 큰 것, 정지해 있는 것보다 현저하다. 앞에서 언급한 책과 테이블의 경우 책이 아주 크고 무거운 테이블 위에 있으면 책이 현저하게 된다. 테이블이 대개 고정되어 있고 책은 움직일 수 있기 때문이다. 또한, 개인의 경험, 현재 마음의 상태, 필요성 같은 것들로 현저성이 결정되기도 한다. 위의 물 잔의 경우 그냥 물을 마시려는 사람은 물 잔이 반이 차 있다고 인식할 것이고, 목이 말라서 아주 많은 물이 필요한 사람에게는 물 잔의 빈 공간에 더 주의가 가서 물 잔이 반이 비어 있다고 말할 수 있다. 혹은 이와 같은 대조적 개념화는 한국어의 조사로 구현되기도 한다.

(3) ㄱ. 이 물 잔에 물이 반이나 있다.
ㄴ. 이 물 잔에 물이 반만 있다/반밖에 없다.

개념화는 구문으로도 드러난다. 대표적으로 능동 구문과 수동 구문은 같은 상황을 다른 방식으로 개념화한다. 또 다음과 같이 동일한 상황을 기술하지만 통사적 초점(focus)이 다르게 드러나는 문장들도 마찬가지이다(초점에 대해서는 14장 참조).

(4) ㄱ. 민이가 그 일을 하였다.
ㄴ. 그 일을 한 것은 민이였다.
ㄷ. 민이가 한 것은 그 일이었다.

이렇게 주의와 초점에 따라 다른, 화자의 식별, 해석, 그리고 그에 따라 다른 마음의 상태를 랭어커(Langacker 1987, 2013)는 '해석/해석구조'(construal)라고 불렀다. 좀 더 자세히 말하자면, 의미는 개념 내용 그리고 그 내용을 해석하는(construe) 특별한 방식으로 구성된다. '해석'(또는 '이해')이라는 용어는 동일한 상황을 다르게 이해하고 묘사하는 사람의 능력을 가리킨다(Langacker 2013). 여기서 의미 내용(semantic content)은 앞에서 논의한 틀(frame)과 유사한 것이다. 랭어커에 따르면, 해석은 다음과 같은 요소에 의해 결정된다.

(5) 해석(construal)의 결정 요소 (Langacker 2013)
ㄱ. 특정성(specificity): 사물을 인식하는 층위, 예: 곤충 〉 나비 〉 호랑나비[2]
ㄴ. 초점(focus): 형상과 배경 등

---

[2] 층위들 중 중간 층위를 인식하는 경향이 있다. 이것은 다음 절에서 논의할 범주의 기본 층위와 관련된다.

  ㄷ. 두드러짐(prominence): 탄도체-지형물 등, 예: 비행기와 산, 자동차와 길
  ㄹ. 관점/시각(perspective): 시각(예: 앞-뒤, 좌-우), 시간(예: 앞-뒤, 전-후) 등

 랭어커의 해석(해석구조)은 앞에서 언급한, 다른 학자들이 사용하는 용어인 개념화(conceptualization)와 대동소이하다.

4.2 범주

 (보통) 명사의 개념은 사물의 어떤 종류, 곧 명사가 적용되는 사물들의 범주(category)와 관련이 있다. 새의 범주는 외연적인 새 개체들의 집합으로 실현되지만, 그러한 집합을 가능하게 하는 내포 또는 속성, 즉 개념이 있다. 범주를 정의하는 기준인 개념을 해당 범주에 속하는 사물에 대한 필요충분조건이라고 여길 수도 있다. 예를 들어, 새의 범주에 대한 필요충분조건은 다음과 같은 조건들로 생각할 수 있다(참새 사진 출처: 위키낱말사전).

(6) ㄱ. 부리가 있다.
   ㄴ. 날개가 있다.
   ㄷ. 하늘을 난다.
   ㄹ. 알을 낳는다.
   ㅁ. 다리가 두 개다.

 필요충분조건이 완전하게 제시되지는 않았지만, 이러한 기준들은 여러 면에서 문제가 있다. 우선, 새가 하늘을 난다는 조건은 많은 새에게 적용될 수 있지만, 닭, 타조, 펭귄 등 날지 않는 새가 있으므로 적절한 조건이

될 수 없으며, 알을 낳는다는 조건은 성체 암놈 새에게만 적용되므로 모든 새에 대한 적절한 조건이 못 된다. 또한, 다리가 두 개라는 조건도 장애가 있는, 즉 선천적으로 혹은 불의의 사고로 한 다리를 잃은 새도 새이므로 예외 없는 조건이 아니다. 부리가 있다는 조건과 날개가 있다는 조건도 마찬가지이다. 이 조건들은 새의 필요조건으로 예외가 별로 없는 듯하다(날개가 부러진 새는 있다). 하지만 부리가 있는 포유류인 오리너구리가 있고, 날개 혹은 날개 역할을 하는 기관이 있어 하늘을 나는 동물로 여러 가지 곤충들은 물론 박쥐가 있으므로 충분조건은 아니다.

일찍이 비트겐슈타인(Wittgenstein)은 조건에 의한 범주의 정의가 부족함을 인식하고 범주의 가족 유사성을 언급하였다. 범주는 마치 가족과 같이 그 안의 모든 개체들이 공통으로 가지는 조건/생김새는 없지만 구성원들 중 일부끼리는(부분집합들은) 서로 같은(비슷한) 조건/생김새를 가진다는 것이다. 심리학적 관점에서, 이와 유사하게 로시(Rosch)와 동료들은 원형(prototype)을 도입하여 범주가 원형을 중심으로 형성된다고 주장하였다(Rosch and Mervis 1975). 원형은 가장 일반적이고 전형적인 특질을 가진 것이며, 하나의 범주에는 이러한 특질을 충분히 많이 가진 개체가 중심에 있다.

앞에서 언급한 새 범주의 조건들은 필요충분조건이 아니라 전형적인 새가 가지고 있는 특질들이며(이 특질들은 중요성에 차이가 있다), 새들 중 더 많은 특질을 가진 것일수록 전형적인 새에 가깝고 그렇지 않을수록 전형적인 새에서 멀다(원형의 중심성). 예를 들어, 새의 범주에 속하는 펭귄 개체는 하늘을 날지 못하므로 참새 개체보다 새의 원형으로부터 멀리 떨어져 있다. 이러한 범주의 구조는 사람이 어떤 범주에 대하여 그것을 떠올리거나 그것의 그림을 그릴 때, 혹은 그것의 종류를 말할 때 드러난다(원형의 현저성). 새를 떠올리거나 그 그림을 그릴 때, 혹은 새의 종류를 말할 때 한국 사람은 보통 참새나 비둘기와 비슷한 모양을 떠올리거나 그림을 그리고, 참새 혹은 비둘기를 새의 종류로 언급할 것이다. 새의 종류를 말할 때 타조, 펭귄, 아주 작은 벌새(5cm, 2g) 혹은 거대한 앨버트로스(1.2m, 8.5kg, '알바트로스'라고 부르기도 함) 등을 언급하는 사람은 별로 없을 것이다.[3]

원형과 관련하여 사람이 사물을 범주화할 때 어떤 기본 층위(basic level)가 존재한다. 기본 층위는 '개, 고양이, 말, 제비, 잠자리' 같은 단어로 표현되는 층위이다. 개의 경우, 어떤 종류의 개, 예를 들어 몰티즈(말티즈)가 있으면 보통 사람들은 그것을 '포유류'나 '몰티즈'라고 하기보다는 보통 '개'라고 부른다('개가 있다'). 물론 이것은 보통의 맥락이고, 개의 품종을 중요하게 말하는 맥락에서는, 혹은 애견가에게는 '몰티즈'가 적절할 것이다. 특정한 종류의 잠자리, 예를 들어 장수잠자리가 있을 때도, '곤충'이나 '절지동물' 혹은 '장수잠자리'라는 단어를 사용하기보다는 '잠자리'를 사용하게 된다. 곤충이나 포유류 같은 상위 범주, 장수잠자리나 몰티즈 같은 하위 범주 사이의 잠자리와 개가 기본 층위의 범주이며 이 기본 층위의 범주를 사람들은 더 잘 인식하고 말한다. 개념화, 즉 해석(construal)의 면에서 보자면 사물을 얼마나 자세하게 개념화하는가의 문제에서 일반적인 해석의 층위가 있다고 볼 수 있다. 기본 층위의 증거는 사물의 그림을 보여주면서 그것의 이름을 부르게 하는 심리적 실험을 통해서 알 수 있고, 또한 어떤 개체의 종류를 언급할 때에도 기본 층위가 사용된다(예를 들어, "저기에 뭐가 보이니?"에 대한 응답). 언어의 면에서는 기본 층위의 범주를 표의하는(가리키는) 단어들은 일상어이며, 다른 층위의 단어들보다 더 자주 사용하는 단어들이다(사용 빈도가 높다).

범주를 실례(exemplar)의 누적으로 이해하기도 한다. 즉 인간이, 경험한 새 각 개체가 마음에 표상되어 새의 범주(개념)를 형성한다는 것이다.

---

[3] 범주의 전형적 구성원에 대한 실험적 연구로 정유진 외(2022) 참조.

그리고 어떤 개체가 새인지는(새 범주에 속하는지는) 그 개체를 마음속의 새 범주를 구성하는 어떤 실례에 비추어 충분히 비슷한지에 따라 인식된다. 이것은 어떤 범주의 주요 특성으로 이루어진 다소 추상적인 원형의 표상과 다른 구체적인 표상이다.

햄튼(Hampton 2016: 135-136)이 제시하는 실례의 세 가지 장점은 다음과 같다. 첫째, 정보의 손실이 없다. 모든 실례와 그것이 발생하는 맥락이 기억(마음) 속에 있으므로 범주의 중심(원형 개체)뿐만 아니라 범주 내에서의 변이를 계산할 수 있다. 둘째, 하나의 범주에 단일한 중심점이 없는 경우를 표상할 수 있다. 예를 들어, 공작새의 수놈은 크고 화려한 깃털을 가지고 있지만 암놈은 그렇지 않다. 이 경우 공작새의 범주는 수놈 개체들의 중심과 암놈 개체들의 중심 두 개의 중심을 가진 범주이다. 수사자와 암사자의 경우도 마찬가지이다. 셋째, 실례 표상은 빈도 효과를 포함한다. 어떤 실례가 빈번하게 발생할수록 사물의 범주화에 더욱 크게 영향을 미친다. 물론 이러한 실례의 장점에도 불구하고 원형이 제공하는, 앞에서 설명한 바와 같은 이점도 매우 많다. 나아가 원형을 실례들의 중심점으로 이해할 여지도 있다.

4.3 체화

체화(embodiment)는 인간의 몸이 정신과 관련이 있고, 인간의 개념화가 인간의 몸의 경험으로부터 발생하는 현상이다. 또는 의미나 개념이, 인간이 말을 할 때, 인간 속에서 어떻게 구체화되고 작용하는가 하는 문제이다. 여기에 대한 답은 일찍이 19세기의 브로카(Broca)와 베르니케(Wernicke)가 그 방향을 제시하였다. 즉, 뇌의 특정 부위, 보통 왼쪽 뇌의 특정 부위가 언어와 관련이 있다. 그중에서도 뇌 앞쪽의 브로카 영역은 말을 하는 능력과 관련이 있고, 뇌 뒤쪽의 베르니케 영역은 언어의 의미 해석과 밀접한 관련이 있다. 베르니케 영역을 다친 환자는 말을 유창하게 하는 것처럼 보이지만 실제로는 말이 안 되는, 의미가 통하지 않는 단어의 나열을 한 것뿐이고, 들려주는 문장의 뜻도 제대로 이해하지 못한다. 실제 브로카 실어증 환자와 베르니케 실어증 환자의 대화 일부를 보이면 다음과 같다(자료 출처: 나덕렬 1992).[4]

(7) 브로카 실어증 환자(P)와 상담사(T)의 말
   T: 오늘 기분 어떠세요?
   P: 에..참 좋요 좋야 좋요아 차.
   T: 무슨 일로 오셨어요?
   P: 에.. 내과, 아냐, 아냐 시 에.. 아구 내 신경계과
   T: 그러면 아프시기 전에 무슨 일 하셨어요?
   P: 교평.. 교평.. 아동 지도
   T: 아, 그러면 어디 국민학교요? 중학교요?
   P: 국민학교.
   T: 몇 학년?
   P: 아휴.. 난.. 에.. 에.. 에.. 에.. 그렇게.. 1학년 이렇게.. 에.. 2, 3, 4, 5, 6 이렇게.

(8) 베르니케 환좌(P)와 상담사(T)의 말
   T: 지금 어디 갔다 오셨어요?
   P: 삼.
   T: 지금 어디 갔다 오셨습니까?
   P: 그 그대로 내긴 거 가튼데요. 삼백 원 삼백 원 아직 모시지는 않았죠. 아리켜 아리켜 점만 했 거지. 그리고 내가 대학원도 나왔고

---

[4] 제시된 브로카 실어증 환자와 베르니케 환자의 말의 예들은 강범모(2020)의 11장에도 인용되었다.

그래서 시댁인데 그 금곡이 시장이 전 이홉 무렵에 자꾸 물이 자꾸 머릿속에 잘 이렇게 안 들어오는 생각이 자꾸 돌아서 그래서 그래요. 원칙은 그전엔 뭐 그런 거 다 하던 거지.

브로카 환자는 말을 하기 힘들어 하고, 조사를 생략하면서 명사만을 나열하는 경향이 있다. 베르니케 실어증 환자는 겉으로 유창하게 말을 하는 것 같지만, 실제로는 질문자의 말을 이해하지 못하고 하는 말도 조리가 없다.

인지의미론에서 의미는 개념화이고 이것은 개인이 자신의 신체적 경험을 언어에 투영하는 심적 과정이다. 여기서 인간의 심적 현상인 의미가 실제 말을 하는 과정에서는 몸의 다른 부분과 어떻게 연결되는가 하는 문제가 발생한다.

버건(Bergen 2016)이 제시하는 체화의 몇 가지 증거를 알아보자. 우선 실험적 결과가 의미 해석과 행동이 일치하는 것을 보여준다. 구체적으로, 실험에서 피험자가 어떤 행동(움직임)을 하게 하고, 같은 혹은 다른 종류의 행동을 기술하는 말을 들려주면서 그것과 일치하는 화면에 대한 반응 시간으로 문장 이해의 속도를 측정한다. 예를 들어, 피험자에게 물건을 집으라고 시키고 동작 동사와('집다, 손을 대다, (발로) 차다' 등) 지각 동사의('보다, 무시하다, 듣다' 등) 이해를 비교하는 것이다. 그 결과는, 피험자가 실제로 한 행동과 듣는 문장이 기술하는 행동이 서로 일치하면 문장의 이해가 더 빠르다는(반응 시간이 빠르다) 것이다. 이것은 인간의 실제 행동과 그러한 행동에 대한 이해가 밀접하게 관련이 되어 있다는 것을 의미한다.

이러한 현상은 뇌를 직접 시각적으로 관찰하는 실험에서도 분명하게 나타난다. 인간의 움직임을 기술하는 말을 들려주면 실제 몸의 움직임을 관장하는 뇌의 영역이 더 활성화된다(혈류의 속도가 빨라짐). 반면에 움직임과 관련이 없는 말을 들려주면 그 영역에는 변화가 없다. 말하자면, 행동할 때 활성화되는 뇌의 영역과 그 행동을 기술하는 말을 이해할 때 활성화되는 뇌의 영역이 일치한다. 감각적 면에서, 어떤 시각적 장면을 기술하는 문장을 들려주면 뇌의 시각 부분이 활성화된다. 또한, 뇌의 시각을 관장하는 부분을 다친 환자는 구체 물건을 기술하는 명사를 이해하는 데 어려움이 있다. 마찬가지로 물리적 움직임(행동)을 관장하는 뇌 부위를 다친 환자는 행동을 기술하는 동사를 이해하는 데 어려움이 있다.

이상의 증거들은, 인간이 언어 의미를 이해하는 것이 그 의미에 해당하는 행동이나 감각과 관련된 몸의 부분과 어느 정도 일체화되어 있다는 것을 의미한다. 언어 의미는 단순히 세상 속에 있는 것이 아니라 인간의 마음속에 있는 개념이며, 그것은 구체적으로 몸의 일부로 작용한다. 물론 개념과 몸의 관계는 앞으로 더 확실하게 밝힐 것들이 아직 많이 남아 있는 문제이다.

4.4 언어 상대주의

언어 상대주의(linguistic relativism)는 언어와 사고가 밀접한 관련을 맺고 있어서, 인간이 사용하는 개별 언어에 따라 인간의 사고방식이 다르다는 주장이다. 미국의 사피어(Sapir)와 훠프(Whorf)가 특히 이러한 주장을 강하게 내세웠기 때문에 언어 상대주의를 사피어-훠프 가설이라고도 한다. 그러나 사피어와 훠프 이전에도 언어 상대주의에 대한 생각은 헤르더(Herder)와 훔볼트(Humboldt)가 이미 제시하였었다. 트라반트(Trabant)의 「훔볼트의 상상력과 언어」에 따르면 훔볼트에게 언어는 단순히 생각한 것을 표시하고 다른 사람에게 전달하는 수단이 아니고, 사고를 형성하는 수단, 자신과 세계를 형성하는 수단으로 언어 자체가 사고를 생산한다. 훔볼트 자신의 말로 표현하면 "사고는 단순히 언어 전반에 종속되어 있을 뿐만 아니라, 어느 정도까지는 개별 특정 언어에도 종속되어 있다"(트라반트 1998: 63).

이러한 언어 상대주의의 예로 자주 언급되는 현상 중에 에스키모어의 눈(snow)을 가리키는 단어가 있다. 한국어나 영어에서, 내리고 있는 눈과 쌓여 있는 눈을 가리키는 단어는 하나, 즉 '눈'과 'snow'이지만, 에스키모어는 내리고 있는 눈을 'qana', 쌓여 있는 눈을 'aput'라고 한다(Boas 1911). 언어 상대주의를 주장하는 쪽에서는 두 가지 눈에 대해 다른 단어를 가지고 있는 에스키모인에게 두 가지 눈이 다르게 인식된다고 주장한다. 그러나 이러한 주장은 가설에 불과하다. 실제로 에스키모인이 두 가지 눈을 다르게 인식한다는 증거, 또는 한국인이나 미국인이 내리고 있는 눈과 쌓여 있는 눈을 구별하기 힘들어한다는 증거를 찾기 어렵기 때문이다.

언어 상대주의와 관련하여 많이 언급되는 다른 예 중에 색채어(color term)가 있다. 세계의 언어에서 물리적으로 동일한 색채 스펙트럼을 구분하여 부르는 기본적인 단어(색채어)의 수는 언어마다 다르다. 어떤 언어는 단 두 개의 색채어를 가지고 있지만, 영어처럼 많은 색채어를 가지고 있는 언어도 있다. 한국어의 경우 '하양, 검정, 빨강, 노랑, 파랑'의 다섯 색채어가 기본적이다. 물론 '초록, 청록, 군청, 감청, 자주, 진홍, 보라, 베이지, 브라운, 핑크' 등 한자어나 다른 외국어에서 온 색채어, '귤색, 개나리색, 오렌지색, 살구색, 황토색, 하늘색, 올리브색, 라벤더색, 버건디, 코발트 블루' 등 사물을 이용하여 그 색을 가리키는 단어들이 있지만(외래어, 외국어 포함) 여기서 문제 삼는 것은 고유어로서, 외래어나 사물을 이용한 색이 아닌 기본적인 색채어를 말한다. 세계 언어의 기본 색채어와 관련한 고전적 연구가 베를린과 케이이다(Berlin and Kay 1969). 그들은 세계 여러 언어의 색채어를 수집하여 다음과 같은 순서로 언어들에 기본 색채어가 존재한다는 것을 밝혀내었다.

(9) 세계 언어의 기본 색채어 계층
WHITE   GREEN
    〉RED 〉   〉BLUE 〉BROWN
BLACK   YELLOW

어떤 언어에 두 개의 색채어가 있다면 그것은 WHITE와 BLACK에 해당하고, 세 개가 있다면 WHITE, BLACK, RED이며, 다섯 개가 있다면 여기에 GREEN, YELLOW가 더해진다. 한국어에는 다섯 개의 색채어, 즉 '하양, 검정, 빨강, 파랑, 노랑'이 있다. '파랑' 혹은 '파랗다, 푸르다'는 GREEN과 BLUE가 분화되지 않은 색이다. 다음 예문들을 비교해 보라.

(10) ㄱ. 숲이 푸르다, 푸른 숲
ㄴ. 하늘이 푸르다, 푸른 하늘
ㄷ. 파란/푸른 신호등, 파란 새싹
ㄹ. 파란 물감

푸른 숲은 GREEN, 푸른 하늘을 BLUE, 파란/푸른 신호등이나 파란 새싹은 GREEN, 파란 물감은 BLUE를 가리킨다. 신호등 색을 자세히 보지 않은 독자는 오늘이라도 신호등에 어떤 색깔이 있는지 확인해 보라. '파란 물감'의 경우, 물감은 여러 색채를 자세히 구분해야 하므로 오늘날 '초록'과 대비되는 뜻으로 BLUE를 가리킬 수 있는 '파랑'이 된다.

세계의 색채어는 색채가 적용되는 범위에 대해서 언어마다 다르다. 말하자면, 어떤 언어에서 RED로 기술되는 어떤 물체가 다른 언어에서는 YELLOW로 기술될 수 있다. 따라서 색채어의 적용 범위에 관해서는 언어 상대주의가 맞는 듯이 보인다. 그러나 좀 더 깊이 살펴보면 색채어가 모든 언어에서 공통적인 면이 있다. 그것은 가장 전형적인 색깔에 대한 언어 사용자의 지각이 일정하다는 것이다. 예를 들어, 세 개의 색채어를 가진 언어와 다섯 개의 색채어를 가진 언어는 모두 RED를 가지고 있는데, 두 언어의 사용자는, RED의 범위는 다르게 인식하지만, 가장 전형적인 RED를 동일하게 인식(지각)한다. 따라서 색채어는 그 초점 색에 관한 한 언어 상대주의의 증거가 되지 못한다.

근래에 들어 언어 상대주의는 지각, 인지 실험을 통하여 새로운 증거를 찾게 된다. 예를 들어, 카사산토와 동료들의 일련의 연구는 그러한 증거를 제시한다(Casasanto 2016). 그들은 영어 화자와 그리스어 화자를 대상으로 실험을 하였다. 영어는 'a long meeting, a long time' 등과 같이 시간을 선의 개념으로 표현하는 반면 그리스어는, 영어로 말하자면, 'a big time'과 같이 양의 개념으로 시간을 표현한다. 영어 사용자를 대상으로 두 선이 같은 시간 동안 늘어나는 화면을 따로 보여주고 얼마나 시간이 걸리는가를 질문했을 때, 긴 선이 그려질 때의 시간과 짧은 선이 그려질 때의 시간이 같음에도 불구하고, 영어 사용자는 긴 선이 그려지는 시간을 더 길게 인식한다. 반대로 같은 길이의 선이 다른 시간 동안 늘어날 때 긴 시간 동안 그려진 선을 더 길게 인식한다. 이와 대조적으로 그리스인들은 이런 상황에서 그렇게 인식하지 않는다. 결국, 언어에 따라 다른 시간에 대한 은유적 표현을 사용하는 언어 사용자는, 언어를 사용하지 않을 때도, 그러한 은유 방식에 인식의 영향을 받는 셈이다. 즉, 언어에 따라 같은 현상의 은유가 다르면(영어와 그리스어의 시간의 양 은유) 언어의 사용자는 현상을 다르게 인식하는 것이다. 나아가 언어적 경험이 시간에 대한 마음의 표상에 영향을 준다고까지 할 수 있다.

다른 종류의 실험은 언어를 배우기 전의 어린아이의 인식과 언어를 배운 후의 어린아이의 인식을 비교하는 것이다. 최순자와 바워만(Choi and Bowerman 1991)은 한국 어린아이와 미국 어린아이의 인지를 비교하였는데, 한국어의 '넣다'와 '끼다'와 두 단어에 해당하는 영어 표현 'put in'에 관심을 두었다. 이것은 한국어로 구별되는 두 가지 다른 행위가 영어로는 구별되지 않는 경우이다(한국어의 두 동사의 뜻을 구별하여 설명해 보라). 언어를 배우기 전 한국 어린아이와 미국 어린아이는 모두 두 가지 행위를 구별하는 반응을 하지만, 각자 언어를 배운 후, 한국어를 배운 어린아이는 두 가지 행위를 구별하는 반면, 영어를 배운 어린아이는 그 두 가지 행위를 구별하지 못한다. 이것은 언어에 따라 마음의 인지적 표상이 영향을 받기 때문이라고 볼 수 있다. 언어 상대주의를 지지하는 결과이다.

이와 같이 오늘날에는 지각과 인지 실험을 통하여 서로 다른 언어를 사용하는 사람들의 생각과 인식의 차이를 규명하고자 하는 연구가 진행되고 있다. 앞으로 이러한 결과가 계속 많이 나온다면 언어 상대주의는 확고한 기반을 갖게 될 것이다.

▶▶ 더 읽을거리

임지룡 (1997). 「인지의미론」, 서울: 탑출판사.
테일러 (1996). 「인지언어학: 언어학과 원형 이론, 조명원」, 나익주 역, 서울: 한국문화사.
Casasanto, Daniel (2016). "Linguistic Relativity," in Nick Riemer (ed.) *The Routledge Handbook of Semantics*, London: Routledge, 158-174.
Lakoff, George (1987). *Women, Fire, and Dangerous Things: What Categories Reveal about the Mind*, Chicago: University of Chicago Press.
Langacker, Roland W. (2013). *Essentials of Cognitive Grammar*, Oxford: Oxford University Press.
Taylor, John R. (2015) "Prototype Effects in Grammar," in Ewa Dąbrowska and Dagmar Divjak (eds.) *Handbook of Cognitive Linguistics*, Berlin: De Gruyter Mouton, 562-579.

5

의미 관계

5.1 단어와 의미 관계

단어는 그 의미, 곧 뜻(sense) 혹은 개념(concept)을 갖는다. 언어 속의 단어들이 각각 갖는 의미는 서로 어떤 관련성이 있는데, 이것이 의미 관계(semantic relation) 혹은 뜻 관계(sense relation)이다. 예를 들어, '몰티즈'와 '개', '친구'와 '벗', '성공'과 '실패', '얼굴'과 '코' 등의 단어 쌍들은 서로 다른 의미 관계를 보인다 그것들은 어떤 의미 관계인가? 이 질문에 대한 답은 이 장의 나머지 부분에서 확인할 수 있다. 이런 의미 관계는 단어의 의미를 다루는 역사 의미론(의미 변화), 구조주의 의미론, 인지의미론에서 모두 중요한 주제이다.

제3부에서 자세히 논의하는 지시적 의미론에서는 단어의 의미를 중요시하지 않지만 단어 의미에 대하여 언급한 것이 전혀 없지는 않다. 카르납(Carnap)의 의미공준(meaning postulate)은 단어의 의미 해석의 제약을 드러내는 장치이다. 예를 들어, '몰티즈(말티즈)'와 '개', 또는 영어의 'Maltese dog'와 'dog'의 관계는 다음과 같은 간략화한 의미공준으로 포착된다.

(1) $\forall x[\text{MALTESE}(x) \rightarrow \text{DOG}(x)]$[1]

논리식에 익숙하지 않은 독자는 그 형식과 해석을 정확히 이해하지 못해도 괜찮다(논리식은 8장 참조). 이 식을 풀어서 말하자면, 모든 몰티즈 개체는 개 개체라는 뜻이다. 형식의미론에서 이와 같은 의미공준의 사용은 예시에 그치고, 개별적인 단어들의 의미 연구에 적극적으로 이용되지는 않는다. 예외적으로 다우티(Dowty 1979)의 분석이 있지만 그것은 전반적인 의미 관계에 관한 것은 아니고, 7장(단어 의미의 분해)에서 논의할 주제인 의미 분해와 좀 더 관련이 있다.

구조주의 의미론에서 의미 관계는, 이미 언급하였듯이, 단어의 의미에 접근하는 핵심적 요소이다. 구조주의는 언어를 구조로 파악하고, 언어 요소의 가치는 그것 자체가 아니라 구조 내의 다른 요소와의 대립 관계를 통하여 나타난다는 관점을 취한다. 그 관계는 크게 보면 단어들의 연결과 관련된 결합적 관계와 문장의 어떤 자리에서 대치될 수 있는 단어들 사이의 계열적 관계이다. 이렇게 단어(의미) 사이의 관계가 중요한 구조주의 언어학에서 단어의 의미는 그것 자체로 파악할 수 없고 그 단어가 수많은 다른 단어들과 가지는 관계에 의해서 정해진다(라이언스 2011). 전통적인 의미 관계들은 계열적 관계로서 동의/유의, 반의, 상하의, 부분 관계 등이 그것들이다.

구조주의 의미론에서 의미 관계는 단어들, 혹은 단어의 뜻들 사이의 관계이지만 인지의미론의 관점에서는 단어의 개념화가 중요하다. 따라서 "의미 관계는 단어들 자체보다는 맥락 속에서의 단어들의 특수한 해석들

---

[1] 좀 더 정확히 말하자면, $\Box \forall x[\text{MALTESE}(x) \rightarrow \text{DOG}(x)]$ 공준이다. 이것은 필연적으로, 즉 모든 가능한 상황(세계)에서 모든 몰티즈 개체는 개 개체라는 의미이다. 여기서 모든 가능세계는 '몰티즈'와 '개'를 한국어와 같이 해석하는 모형 속의 가능세계들이다.(11장 참조)

사이의 관계이다"(Croft and Cruse 2004: 141). 말하자면, 의미 관계는 독립적인 단어 자체보다는 특정 맥락에서의 단어 사용을 통하여 파악된다. 그렇다 하더라도 단어의 일반적인 쓰임이 있으므로 단어를 대상으로 의미 관계를 논의하는 것이 불가능한 것은 아니다. 아울러 단어의 개념 형성에 해당 단어와 다른 단어들의 관계들이 기여한다.[2]

5.2 다의성

하나의 단어는 여러 개의 뜻을 가질 수 있다. 즉, 다의 혹은 다의성(polysemy)을 보이는 단어들이 많다. '은행'의 예를 들어 보자. 이것은 가을에 노란색 낙엽이 지는 나무를 가리킬 수 있지만, 돈을 맡기고 찾는 기관일 수도 있다. 그런데 이 두 뜻은 워낙 거리가 커서 한 단어의 다의적인 뜻이라고 볼 수 없다. 이 경우에는 그 의미가 완전히 다른 두 개의 단어가 존재한다고 보아야 하고, 이때 이 두 단어는 동음이의어(homonym)이다. 반면에, 한 단어 '은행'의 뜻 중에는 "돈을 맡기고 찾는 기관"의 뜻과 "필요할 때를 위해 사물을 저장해 두는 조직"('문제 은행, 골수 은행')의 뜻도 있다. 이 두 가지 뜻은 모두 한 단어 '은행'의 여러 뜻이다.

'다리'도 마찬가지로 완전히 의미가 다른 두 개의 단어, 즉 동음이의어이기도 하지만 각 단어가 다의적이다. 두 개의 '다리'는 다음과 같은 여러 뜻을 포함한다(고려대 한국어대사전).

(2) '다리¹'의 뜻

---

[2] 근래에 한국어의 여러 가지 의미 관계 및 그것들의 이론적, 사전학적 연구로 이동혁(2004), 이희자·우재숙(2006), 한정한 외(2008), 최경봉(2015) 등이 있다.

ㄱ. 사람이나 동물 아래 붙은 신체 부분
ㄴ. 물체 아래 붙어 물체를 받치는 부분, 예: '책상다리'
ㄷ. 안경의 귀에 걸게 되어 있는 부분

(3) '다리²'의 뜻
ㄱ. 물을 건너기 위해 한 편에서 다른 편으로 만든 시설물
ㄴ. 중간에 거치는 단계
ㄷ. 둘 사이의 관계를 이어 주는 사람

　두 번째 '다리'의 세 번째 뜻은 비유적으로 성립하는 뜻이다('두 사람 사이에 다리를 놓았다'). 첫 번째 '다리'의 여러 뜻 사이, 그리고 두 번째 '다리'의 여러 뜻 사이에는 어떤 관련성이 있다. 즉 기능적인 면 혹은 모양의 면에서 유사한 성격의 것들을 가리킨다.
　여기서 다의성과 모호성(vagueness)을 구별할 필요가 있다. 다의성은 여러 개의 연관된 뜻을 말하지만, 모호성은 어떤 단어를 적용할 때 그 대상이 모호하거나 차이가 있을 수 있는 성질이다. 예를 들어, '교수'라는 단어의 뜻을 생각해 보자. 이 단어는 남자에게도 사용되고 여자에게도 사용된다. '교수'가 남자에 적용될 때와 여자에 적용될 때 다른 뜻은 아니다. '교수'는 단지 그 적용 대상이 성에 따라 정해져 있지 않을 뿐이다. 반면에 '여교수'는 성이 그 뜻에 명시되어 있다. '학생, 선생, 교수, 사장, 직원, 경관, 군인, 정보원, 연구원, 변호사, 판사, 정치인' 등 대부분의 직업 단어가 성에 대하여 모호하다.
　범주 범위의 모호성에서 오는 단어의 모호성도 있다. '빨강'이 적용되는 대상은 전형적인 빨간색뿐만 아니라 그 주변의 명도, 채도, 색상이 다소 다른 다양한 색에 적용된다. 어떤 색까지가 빨강이고 어떤 색부터가 빨강이 아닌지는(자주 혹은 분홍) 모호하다. 다른 예를 들자면, '대형 TV', '대형 냉장고', '소형 녹음기', '소형차' 등이 어느 정도의 크기를 말하는지는 (관습

적으로 어느 정도 정해지더라도) 사람에 따라 결정이 달라질 것이다. 단어의 뜻이 다의적이라서가 아니라 모호하기 때문이다. 더군다나 '작은 코끼리'가 '큰 생쥐'보다 크고, '가벼운 씨름 선수'가 '무거운 아이'보다 무거우므로 그 적용이 절대값에 좌우되지 않는다. 마지막으로 정확한 지시 부분의 불확실성에서 오는 모호성도 있다. 얼굴의 '뺨'이 대략 어떤 부분인지 알지만 정확한 범위를 특정하기는 힘들다. '앞머리', '옆머리'도 마찬가지이다.

다시 다의성의 문제로 돌아와, 구조주의 의미론은 사전 뜻풀이와 같이 단어의 여러 가지 뜻을 일일이 나열하는 방법을 택하였다. 하지만 이 방법은 그 한계가 불명확하다는 문제를 안고 있다. 새로운 사물에 이미 존재하는 단어를 사용하는 인간은 항상 새로운 방식으로 단어의 뜻을 늘려가기 때문이며 뜻의 경계가 확실하지 않은 경우도 많다. 인지의미론은 뜻 사이의 관계를 중심(원형) 뜻에서 퍼져 가는 네트워크로 파악하기도 한다. 그러나 인지의미론의 더 큰 특성은 뜻의 역동성을 중시하여 실제 언어 사용 속에서 단어의 개념화를 찾는 것이다. 즉, 실제 언어 사용 속에서 그 해석(construal)에 따라 뜻을 파악한다. 이것은 코퍼스 의미론에서 코퍼스 용례를 이용하거나 함께 사용되는 단어들을 통한 의미 파악, 나아가 그러한 단어들을 이용한 텍스트 공간 내의 거리를 통하여 단어 사이의 의미 거리를 측정하는 것과 어느 정도 연관된다(15장 참조).

다의어는 체계적으로 나타나기도 한다. 대개의 물고기 이름은 생물 자체를 가리키기도 하지만 음식을 가리키기도 한다. '오징어, 고등어, 참치' 등이 모두 생물 자체 혹은 그것으로 만든 음식을 가리킨다.

(4) ㄱ. 고등어를 많이 잡았다.
　　ㄴ. 저녁 식사로 고등어가 올라왔다.
　　ㄷ. 수조 속에 오징어가 헤엄친다.
　　ㄹ. 점심때 오징어를 먹었다.

또 '책, 소설, 문집, 신문, 잡지' 등은 '책이 무겁다'처럼 물리적 실체를 가리키기도 하고, '책이 재미있다'처럼 책에 담긴 내용을 가리키기도 한다. '학교, 은행, 교회' 등은 기관을 가리키기도 하고 그 기관이 속해 있는 건물을 뜻하기도 한다.

(5) ㄱ. 진이는 학교를 열심히 다닌다.
    ㄴ. 그 학교는 고칠 곳이 많다.
    ㄷ. 그 은행은 직원들을 많이 해고하였다.
    ㄹ. 그 은행은 여기서 너무 멀다.

식물의 이름, 예를 들어 '장미, 채송화, 수선화' 등은 모두 식물 자체를 가리키기도 하고('봄에 장미를 심었다') 그러한 식물의 꽃을 가리키기도 한다('장미가 참 아름답다').

이처럼 체계적으로 나타나는 다의성을 별도의 뜻보다는 뜻의 한 면(phase)으로 보기도 한다(Cruse 1986).[3]

5.3 동의/유의 관계와 반의 관계

'동의' 또는 '동의성', 영어로 'synonymy'는 의미가 같다는 말이다. 그러면 의미가 똑같은 단어는 어떤 것들인가? '아빠'와 '아버지'는 지시적으로는 동일한 대상을 가리킨다. 하지만 이 두 단어의 의미가 완전히 같은가? 의미가 같다면 한 단어가 사용되는 문장에 다른 단어가 대치되어 같은

---

[3] 한국어 단어의 다의 현상은 이론적으로 그리고 특히 사전학과 관련하여 많이 논의됐다. 박만규(2002), 배도용(2002), 차재은·강범모(2002), 차준경(2004), 도원영(2012), 남경완(2014) 등이 있다.

뜻을 가진 자연스러운 문장이어야 할 것이다. 그러한 환경이 있다.

 (6) ㄱ. 이 아이의 아빠는 김 선생입니다.
    ㄴ. 이 아이의 아버지는 김 선생입니다.

이 예문들에서 '아빠'와 '아버지'의 교체는 자연스럽다. 그러나 다음의 경우는 어떤가?

 (7) ㄱ. 아기가 엄마, 아빠를 좋아해요.
    ㄴ. ?아기가 엄마, 아버지를 좋아해요.
    ㄷ. 자네 아버지 함자가 어떻게 되시나?
    ㄹ. ?네 아빠 함자가 어떻게 되시나?

'아빠'와 '아버지'가 들어간 문장들 중에서 (ㄱ), (ㄷ)은 자연스럽지만 (ㄴ), (ㄹ)은 어색하다. 말하자면 '아빠'와 '아버지'는 완전히 동일하게 사용되는 동일한 뜻(개념)의 단어들이 아니다. 여기에 더하여, 같은 대상을 가리키는 '부친'은 '아빠', '아버지'와 다르다. 문장 (ㄷ)에는 '부친'이 더 자연스럽다. 이와 같이 뜻이 유사한 유의 관계에 있는 단어들이 소위 동의 관계의 단어들로 알려진 것들의 대부분이다. 따라서 '동의성'보다는 '유의성'(비슷한 의미)이 적절한 용어이다.

 비슷한 뜻의 '친구, 벗, 동무'도 다르게 쓰일 경우가 있다. 모두가 '좋은', '영원한' 등의 수식을 받을 수 있지만 '동무'의 경우 '친애하는 동무'는 다른 사용법이다(북한에서 사용). '벗'은 '슬기로운 생활의 벗, 여러분의 KBS' 등과 같이 사용되지만, 유치원 아이가 자기 친구를 소개하면서 '벗'이라는 말을 사용하는 것은 이상하다('이 애가 내 벗이야').

 형용사 '예쁘다'와 '아름답다'는 그 뜻이 비슷하여 모두가 '여자, 여인,

꽃, 얼굴' 등을 수식할 수 있다. 그러나 '아름다운'으로 '시절, 추억, 풍경, 이야기, 자태' 등을 수식하는 것이 자연스럽지만 '예쁜'으로 이 단어들을 수식하는 것은, 불가능하지는 않더라도, 상대적으로 어색하다. 동사나 형용사를 수식하는 부사도 마찬가지이다. '빨리'와 '신속히'는 '끝내다, 처리하다' 등에는 모두 자연스럽게 사용되지만 '빨리'는 주로 '가다, 오다, 달리다, 나가다, 움직이다' 등 물리적인 이동 동사와 어울리고, '신속히'는 '대응하다, 대처하다, 진행시키다, 지원하다, 보고하다, 보도하다' 등의 동사와 주로 어울린다.

　반의 혹은 반의성(antonymy)은 단어 뜻의 대립을 말한다. 반의 관계는 몇 가지로 나눌 수 있다. 그 종류를 보기 전에 우선 반의 관계는 의미 관계인 동시에 단어 형식의 관계임을 인식할 필요가 있다. 보통 '아빠'의 반의어로 '엄마'를 생각할 수 있지만 '엄마'와 유사한 '어머니'나 '모친'은 '아빠'의 반의어가 아니다. '작다'의 반의어는 '크다'이지 '장대하다'나 '라지'(large)가 아니다. 피자집과 커피숍에서 주문하는 피자와 커피는 '작은'과 '라지'가 아니라 '스몰'과 '라지' 그리고 '쇼트'와 '톨'이다(혹은 '레귤러'와 '톨'/'라지'). 이렇게 뜻만으로 대립하는 단어가 반의어가 아니라 같은 상황의 언어, 즉 같은 사용역(register)에서 사용하는 반대되는 뜻의 단어들이 반의어를 이룬다.

　반의어에는 몇 가지 다른 종류가 있다. 먼저, '삶'과 '죽음' 등과 같이 이것 아니면 저것인 대립 관계의 단어들이 있는데 이것은 상보적(complimentary) 반의 관계이다. 이러한 종류의 반의어들을 품사별로 보이면 다음과 같다.

　　(8)　상보적 반의 관계
　　　　ㄱ. [명사] 삶-죽음, 남자-여자, 아들-딸, 기혼-미혼
　　　　ㄴ. [동사] 살다-죽다, 움직이다-정지하다, 맞다-틀리다

ㄷ. [형용사] 필요하다-불필요하다, 평등하다-불평등하다, 가능하다-불가능하다

이러한 반의어는 대립하는 두 단어 모두를 부정할 수 없다. 다음과 같은 문장은 이상하게 들린다.

(9) ㄱ. ??진이는 남자가 아니고 여자도 아니다.
ㄴ. ??진이는 살지 않았고 죽지도 않았다.
ㄷ. ??이 일은 필요하지 않고 불필요하지도 않다.

이런 문장들은 일상적으로 말하기 힘들고, 다만 비유적으로 사용할 수 있을 뿐이다. 예를 들어, 진이가 남자이지만 상당히 여성적인 모습과 성향을 보일 때, "진이는 남자도 아니고 여자도 아니야"라고 비유적으로 말할 수 있다.[4]

정도(degree) 반의어는 '덥다'와 '춥다'처럼 양극단의 중간이 있을 수 있는 반의어이다.

(10) ㄱ. 저 사람은 사업에서 이익을 얻지 못했고 손해도 보지 않았다.
ㄴ. 저 사람은 걷는 것도 아니고 뛰는 것도 아니다.
ㄷ. 오늘은 덥지도 않고 춥지도 않다.

대부분의 일상적 형용사가 정도 반의어를 갖는데, 이런 종류의 형용사들은 특정 차원상의 어떤 값을 가리키고, 정도 부사를 이용하여 정도를 표현할 수도 있다.

---

[4] 트랜스젠더에 대하여 법률적으로 남자 혹은 여자라고 판단하는 것이 국가마다 다를 수 있지만, 남자도 아니고 여자도 아니라고 하지는 않는다. 개인적으로 그렇게 말하는 사람이 있을 수는 있다.

(11) ㄱ. 그곳은 매우 멀다. (거리 차원)
　　 ㄴ. 오늘 날씨는 조금 덥다. (기온 차원)
　　 ㄷ. 이 책상은 너무 무겁다. (무게 차원)
　　 ㄹ. 저 비행기는 정말 빠르다. (속도 차원)

정도 반의어를 품사별로 보이면 다음과 같다.

(12) 정도 반의어
　　 ㄱ. [명사] 노인-젊은이, 아이-어른, 이익-손해, 충분-부족
　　 ㄴ. [동사] 걷다-뛰다, 좋아하다-싫어하다
　　 ㄷ. [형용사] 덥다-춥다, 차갑다-뜨겁다, 길다-짧다, 무겁다-가볍다, 크다-작다, 좋다-나쁘다, 딱딱하다-부드럽다, 빠르다-느리다, 깊다-얕다, 넓다-좁다, 깨끗하다-더럽다, 멀다-가깝다

　형용사 정도 반의어 중 어느 하나가 소위 유표적(marked)이고 다른 하나가 무표적(unmarked)인 경우가 많다. 유표적 표현은 특정 영역에만 사용되지만 무표적 표현은 다른 영역까지 포함하여 사용될 수 있다. 형용사가 아니지만, 영어의 명사 'dog'과 'bitch'의 경우 후자는 암캐만을 가리킬 수 있지만 전자는 수캐, 암캐를 모두 가리킬 수 있다('There are some dogs'). 단, 이 두 단어를 대비시켰을 때는 'dog'이 수캐를 가리킨다('There are some dogs and bitches'). 이 경우 'bitch'가 유표적이고 'dog'이 무표적이다. 한국어에는 '수캐'와 '암캐'는 암수가 명시적으로 표시되므로 영어와 같이 유표와 무표가 구별되는 예가 아니다. 적절한 예로는 '동물'과 '인간', '사물'과 '사람'을 들 수 있다. '모든 동물은 호흡을 한다'와 '인간은 동물과 구별된다'를 보면, 전자에서는 '동물'이 가리키는 것이 인간을 포함하지만 후자에서는 둘이 구별된다. '세상에 사물이 존재한다'에서 '사물'은 인간을 포함하지만 '인간을 지시하는 명사와 사물을 지시하는 명사가 있다'에서는

그렇지 않다. 다만 '인간'과 '동물', '인간'과 '사물'이 반의어인지 불확실하다 (사전에 '인간'의 반의어로 '짐승'이 올라 있다).

정도에 대한 질문과 관련하여, 형용사 반의어 '길다'-'짧다'의 예를 들어 보자.

(13) ㄱ. 그 연필 얼마나 기냐?
ㄴ. 그 연필 얼마나 짧으냐?

(ㄱ)이 연필의 길이를 모르는 상황에서 하는 질문인 것과 대조적으로 (ㄴ)은 연필의 길이가 짧음을 이미 알고 그 짧음의 정도를 묻는 것이다. '무겁다'-'가볍다'도 마찬가지이다. (ㄱ)에 대해서 "아주 길어" 혹은 "아주 짧아"라고 대답할 수 있지만, (ㄴ)에 대한 대답으로는 "아주 짧아"만 자연스럽고 "아주 길어"는 이상하다.

(14) ㄱ. 네 가방 얼마나 무겁냐?
ㄴ. 네 가방 얼마나 가볍냐?

역시 (ㄴ)은 가방이 가볍다는 것을 전제로 그 정도를 묻는 것이지만 (ㄱ)은 가방이 무거운지 가벼운지에 대한 전제가 없이 묻는 질문이다. (ㄱ)에 대한 답으로 '아주 무거워' 또는 '아주 가벼워'라고 자연스럽게 답할 수 있지만, (ㄴ)에 대해서 '아주 무거워'라고 말하는 것은 상대방의 기대를 저버리는 답이다. 이러한 점에서 '길다'와 '무겁다'는 무표적, '짧다'와 '가볍다'는 유표적이다.

또한, 다른 면에서 '무겁다'와 '길다'가 '가볍다'와 '짧다'와 대조적으로 무표적이다. 그것은 '무겁다', '길다'에서 파생된 '무게', '길이' 같은 파생명사가 존재하지만, '가볍다', '짧다'에서 파생된 '가벼이', '짧이' 같은 단어는 존재하지 않는다. '무게'는 무거운 물체든 가벼운 물체든 적용되고 '길이'도

긴 물체든 짧은 물체든 모두에 적용되는, 어떤 종류의, 값(크기)이 변화하는 차원을 의미하는 명사이다. '크기', '빠르기', '깊이', '넓이'도 모두 무표적인 '크다, 빠르다, 깊다, 넓다'에서 온 파생어이다. 이 단어들의 반의어인 '작다, 느리다, 얕다, 좁다'는 유표적이다.

반의 관계 중에는 상보적인 것과 정도적인 것 이외에도 여러 가지 관계로 대립하는 것들이 있다. 우선 상대적(relative) 반의어가 있다.

(15) 앞-뒤, 전-후, 오른쪽-왼쪽, 좌-우

다음과 같은 문장의 해석을 생각해 보라(집과 나무 그림 출처: PngTree 사이트).

(16) ㄱ. 집 왼쪽에 나무가 서 있다.
    ㄴ. 자동차 앞쪽에 나무가 있다.

화자가 집의 전면을 바라보는 상황에서, (ㄱ)은 화자가 보는 방향에서, 즉 화자 중심으로 왼쪽에 나무가 서 있다는 것으로 해석할 수도 있고, 집을 중심으로 그 집의 왼쪽에, 즉 화자가 보기에는 집의 오른쪽에 나무가 서 있다는 것으로 해석할 수도 있다. (ㄴ)도 마찬가지이다. 화자가 자동차의 뒷부분을 향하고 있을 때, 나무가 화자와 자동차 사이에 있어 나무가 화자에 가까운 자동차 앞쪽에 있다고 해석할 수도 있고, 나무가 자동차의 운전대 쪽, 즉 화자, 자동차 다음인 자동차 차체의 앞쪽에 있다고 해석할 수도 있다. 내가 보는 방향에서 자동차가 옆으로 서 있다면, (ㄴ)을 나무가 화자와 자동차 사이에 있다고 해석할 수도 있고, 그 자동차의 보닛 쪽 차체의 앞에, 화자가 보기에는 자동차의 옆에 나무가 서 있다는 해석도 가능하다. 이처럼 상대적 반의어는 화자와 대상 사이의 관계에서 어떤 것을 관점의 중심으로 간주하는가에 따라 해석이 달라지는 반의어이다.

'앞'-'뒤'와는 달리 '위'-'아래'는 방향이 정해져 있다. 지표로부터 거리가 멀어지는 쪽이 위이고 지표로 가까워지는 쪽이 아래이다. 그러나 이 단어들도 상대적으로 해석될 때도 있다. 차가 사고가 나 거꾸로 놓여 있다고 할 때, 화자의 관점에서 차의 위는 차체로는 아래(바닥)일 수 있기 때문이다. 동물 특히 인간은 전형적이 위아래가 있기 때문에 사람이 누워 있을 때 위는 대개 지표 수직 방향이 아니라 머리 방향이라서 '사람 위'를 수평적으로 해석할 가능성이 크지만, 머리의 수직 방향에 천정이 있으므로 그것이 사람 위에 있다고 말할 수도 있다.

반의어 중에는 동작과 그 역동작, 동작과 그 결과를 가리키는 반의어도 있다.

> (17) ㄱ. [동작-역동작] 묶다-풀다, 닫다-열다, 붙이다-떼다, 묻다-파내다, 만들다-부수다, 입다-벗다
> ㄴ. [동작-결과] 찾다(찾아보다)-발견하다, 시도하다-성공하다, 구하다-얻다, 시험보다-합격하다

반의어는 그 말대로 뜻이 반대 혹은 대립하는 단어이지만 사실은 매우 뜻이 가까운 단어이다. '남자'의 반의어는 그것의 뜻과 아주 먼 '오소리', '구리', '목성', '세균', '강의' 등이 아니라 그 뜻이 매우 가까운 '여자'이다. 남자와 여자는 모두 사람이고 단지 하나의 면, 즉 성의 면에서만 다를 뿐이다. '길다'와 '짧다'의 경우도 마찬가지이다. '길다'는 길이의 차원에서 공존하는 '짧다'가 반의어이지, 완전히 차원이 다른 '덥다, 무겁다, 느리다' 등이 반의어가 아니다. 대개의 형용사 반의어는 같은 차원에서의 양극단(부근)을 의미하는 동질적인 것들이다. 그러한 면에서 반의어는 문장에서 함께 사용되는 경우가 많다.[5]

(18) ㄱ. 이 물건은 가볍지 않고 무겁다.
ㄴ. 싸든 비싸든 이건 사야 한다.
ㄷ. 좋든 싫든 공부를 해라.
ㄹ. 죽은 자와 산 자, 부자와 빈자, 젊은이와 노인

사실 유의어도 한 문장 내에서 같이 나타나는 일이 많다.

(19) ㄱ. 아름답고 예쁜 소녀
ㄴ. 그 사람은 재미와 흥미를 주는 사람이다.

이렇게 반의어들이 의미적으로, 통사적으로 매우 유사하기 때문에, 반의어는 유의어의 일종으로 볼 가능성도 있다(Glynn and Robinson 2014).[6]

5.4 상하 관계와 부분 관계

단어들은 상하 관계에 있기도 하다. '동물'의 하의어가 '포유류'이며 '포유류'의 하의어가 '개'이고, '개'의 하의어가 '몰티즈'이다. 상하의 관계는 다음과 같은 문장이 적절하게 적용되면 확립된다.

(20) A가 B의 일종이다.

---

[5] 형용사 반의어 쌍이 한 구문에 나타나는 일은 아주 많은데, 이광호(2009)가 코퍼스에서 실제 그러한 패턴을 100개 이상 찾아내었다. '-거나 -거나'('크거나 작거나') 등.
[6] 한국어 유의어와 반의어에 관한 근래 연구로 전수태(1997), 양명희(2007), 임채훈(2009), 이소현(2007), 김양진·최정혜(2010), 한정한·유소현(2011) 등이 있다. 유의 사전 구축과 관련하여 김광해(1998), 한유식(2014) 등의 논의도 있다. 코퍼스언어학의 방법으로 한국어 유의어를 연구한 것은 남길임(2014)이다.

이때 A가 B의 하의어(하위어, hyponym)이고 B가 A의 상의어(상위어, hypernym)이다. 앞에서 언급한 단어들의 경우는 이 문장 패턴이 적절하게 적용된다(몰티즈 사진 출처: 두피디아).

(21) ㄱ. 포유류는 동물의 일종이다.
　　 ㄴ. 개는 포유류의 일종이다.
　　 ㄹ. 몰티즈는 개의 일종이다.

상하 관계는 이행적(transitive)이다. 즉, 포유류가 동물의 일종이고 개가 포유류의 일종이므로 개는 동물의 일종이다. 이러한 관계는 대개 생물 또는 기타 사물의 분류와 관련이 있는데 완전히 전문가적인 기준은 아니고 일반 상식의 수준에서 정해질 수도 있다. 상하의 관계의 일부 예를 상의어－하의어 순서로 보이면 다음과 같다(샴고양이 사진 출처: 위키피디아).

(22) ㄱ. 동물－포유류－고양이－샴고양이
　　 ㄴ. 동물－물고기－고등어
　　 ㄷ. 식물－꽃－장미－벨라로사
　　 ㄹ. 광물－보석－다이아몬드
　　 ㅁ. 식물－과일－사과－홍로
　　 ㅂ. 식물－나무－침엽수－소나무

상의어와 하의어 관계에서 하나의 상의어에 속하는 여러 개의 하의어가 있을 수 있다. '포유류'에 속하는 '개, 고양이, 곰, 호랑이, 늑대' 등은 상하위 관계에서 같은 급의 단어, 즉 동위어(co-hyponym)이다. '과일'에 속하는 '사과, 포도, 복숭아, 오렌지, 자두, 자몽' 등도 동위어이다.

앞서 언급한 대로 상하 관계는 과학보다는 상식 수준에서 결정되므로 과학과 일치하지 않는 언어 지식에 의존하는 때도 있다. 거미는 과학적 분류에서 곤충이 아니지만, 일부 사람들은 '거미'를 '곤충'의 하의어로 인식할 수도 있다(학교에서 교육받은 내용을 잊지 않은 사람에게는 그렇지 않다). '채소', 영어로 'vegetable'은 그 뜻이 문화에 따라 다르게 정의된다. '과일'이 "사람들이 식용으로 하는 식물의 열매"(Daum 백과)로 정의되지만, '채소'는 일반적으로 음식의 재료로 소비되는 모든 식물의 부분을 말한다. 배추처럼 잎사귀를 먹기도 하고 무처럼 뿌리를 먹기도 하고, '가지'처럼 열매를 먹는 경우도 있다. 문화에 따라 음식의 종류와 재료가 다르므로 어떤 문화에서는 토마토를 과일의 일종으로 보기도 하고 다른 문화에서는 채소의 일종으로 보기도 한다. 스파게티와 같은 서양 음식처럼 토마토를 음식 재료로(토마토 케첩) 사용하는 음식을 먹는 문화에서 토마토가 채소이지만, 한국에서는 그냥 과일로 먹는 일이 많으므로 토마토는 채소보다는 과일로 간주된다. 따라서 '토마토'가 '과일'의 하의어인지 아니면 '채소'의 하의어인지는 언어 사용의 환경, 즉 문화에 달려 있다.

부분 관계(meronymy)는 다음과 같은 패턴이 적용된다.

(23) A가 B의 일부이다.

이 경우 A가 B의 부분어이다. 예를 들어, '얼굴'과 '눈', '눈동자'의 관계를 보면 다음과 같다.

(24) ㄱ. 눈은 얼굴의 일부이다.
ㄴ. 눈동자는 눈의 일부이다.

전체-부분 관계는 여러 단어들 사이에서도 나타난다. 그리고 그 관계의 종류가 다양하다.

(25) ㄱ. 손-손가락, 손가락-손톱 [신체 부위]

ㄴ. 집-방, 집-지붕, 방-창문 [구성 물체]
ㄷ. 대학교-학과, 학과-학생 [구성 부서/구성원]
ㄹ. 대한민국-서울, 서울-성북구, 성북구-안암로 [지역]
ㅁ. 실험-피험자, 운동-선수 [참여자]
ㅂ. 몸-물(수분), 반지-금 [구성 물질]
ㅅ. 물-수소, 오존-산소 [구성 원자]

위의 예에서 보는 것처럼 다양한 관계가 모두 부분 관계로 나타난다. 부분 관계는 상하 관계와는 달리 이행적(transitive)일 수도 있고 아닐 수도 있다(비이행적).[7] 손톱이 손가락의 일부이고 손가락이 손의 일부이니 손톱은 손의 일부라고 할 수 있다. 그러나 손잡이가 문의 일부이고 문이 방의 일부이고 방이 집의 일부라고 해서 손잡이가 집의 일부라고 하는 것은 어색하다. 손잡이가 문에 붙어 있는 부분이지만 문은 집을 구성하는 물체라는 이질적인 부분 관계들이기 때문이다. 이질적인 부분 관계는 이행적이지 않다. 마찬가지로 서울-성북구-안암로-고려대학교-언어학과-학생 등의 부분 관계가 성립한다고 해서, 언어학과 혹은 학생이 서울의 일부라고 할 수 없다. 이렇게 이행적 관계가 성립하지 않는 이유는 부분 관계가 여러 가지 종류가 있고 부분 관계의 연쇄에는 다른 종류의 부분 관계가 성립하는 경우가 많기 때문이다. 위의 예에서, 서울-성북구는 지리적 포함 관계, 성북구-고려대는 지역 내의 기관, 고려대-언어학과는 기관의 부서, 언어학과-학과 학생은 구성원의 관계이다. 반복하자면, 이질적인 부분 관계는 이행적이지 않다.

---

7 이행적(transitive) 관계 R은, a와 b가 그 관계에 있고(a R b) b와 c가 그 관계에 있을 때(b R c) a와 c도 해당 관계에 있는(a R c) 관계이다. "~보다 크다"는 이행적이다. n 〉 m, m 〉 l 이면 n 〉 l. "좋아하다"에 대하여 보면, a가 b를 좋아하고 b가 c를 좋아할 때, a는 c를 좋아할 수도 있고 그렇지 않을 수도 있다. 이러한 관계를 비이행적(non-transitive) 관계라고 한다.

5.5 그 밖의 관계

지금까지 살펴본 의미 관계들은 전통적으로 인식되어 온 의미 관계들이다. 그러나 다르게 생각할만한 종류의 관계가 있다.

  (26) ㄱ. 병원 – 의사, 환자, 병
       ㄴ. 은행 – 돈, 계좌, 대출
       ㄷ. 선생 – 학생, 책, 교실, 학교, 공부
       ㄹ. 탤런트 – 가수, TV, 연예인, 드라마

이런 단어들의 관계는 유의, 반의, 상하, 부분 관계 어디에도 속하지 않지만, 우리가 어떤 연관이 있다고 생각하는 것들이다. 그것은 현실의 상황에서 성립하는 관계의 단어들이다. 병원에서는 의사가 환자의 병을 고치고, 선생은 학교에서 학생에게 책을 통해 공부를 가르친다. 이렇게 특정 상황 속에서 관련된 단어들 사이에서 성립하는 관계는 언어로 말하자면 특정 화제(topic)를 중심으로 하는 관계라고 볼 수 있다(강범모 2017). 이러한 화제 의미 관계는 15장(텍스트와 의미)에서 논의한다.

▮▮ 더 읽을거리

라이언스 (2011). 「의미론 1: 의미 연구의 기초」, 강범모 역, 서울: 한국문화사.
최경봉 (2015). 「어휘의미론: 의미의 존재 양식과 실현 양상에 대한 탐구」, 서울: 한국문화사.
Cruse, D. Alan (1986). *Lexical Semantics*, Cambridge University Press, Cambridge.
Geeraerts, Dirk (2010). *Theories of Lexical Semantics*, Oxford: Oxford University Press.

6
은유와 환유

6.1 은유

    전통적으로 은유(metaphor)는 하나의 사물이나 개념을 가리키는 말 대신 다른 사물이나 개념을 가리키는 말로 바꾸어 표현하는 수사적 방법이다. 문학적 은유는 '잔인한 운명의 투석기', '고난의 바다', '연약함이여, 그대의 이름은 여자라'[1](「햄릿」) 같은 표현에서, 운명을 투석기라는 구체적 사물로, 고난을 바다로, 여자를 연약함으로 비유하여 참신성을 드러낸다. 소설 제목 '상록수'는 실제 식물보다는 늘 푸른 꿈을 가지고 사는 사람(들)을 가리키고, 소설 제목 '좁은 문'(앙드레 지드)은 단순히 문이 아니라 힘들지만 의미 있는 삶의 길을 대신한다. 학생들에게 은유의 예를 말하라고 하면 열에 아홉은 '내 마음은 호수요'라고 대답하는데, 시 '내마음'(김동명)의 1연에 나오는 이 부분이 은유가 맞기는 하지만 너무 진부하다. 차라리 이 표현이 나오는 '내마음'의 다른 연들에 있는 표현들로 답하는 것이 나을 것이다.

---

[1] Frailty, thy name is woman!

(1) '내 마음'(김동명 작시)의 2, 3, 4연 첫 부분
  ㄱ. 내 마음은 촛불이요 / 그대 저 문을 닫아 주오.
  ㄴ. 내 마음은 나그네요 / 그대 피리를 불어 주오.
  ㄷ. 내 마음은 낙엽이요 / 잠깐 그대의 뜰에 머무르게 하오.

사실 이러한 문학적 은유도 '내 마음은 호수요'처럼 자꾸 언급되면 진부해 진다. 이 경우는 아니지만, 진부하다 못해 은유인지도 모르는 상태가 되면 소위 사은유(dead metaphor)이다. 대표적으로 우리 일상생활에서 은유인지 모르고 접하는 많은 사물 이름들이 있다. 컴퓨터 같은 새로운 기기의 발전 과정에서 각 부품은 일상어를 은유적으로 사용하는 일이 많이 있다. 컴퓨터의 마우스(mouse)는 사실 그 모양이 꼬리가 달린 생쥐처럼 생겼기 때문에 '마우스'라는 이름이 붙은 것이지만, 컴퓨터의 마우스를 사용하면서 생쥐를 연상하는 사람은 없을 것이다. 물론 생쥐 꼬리 모양의 줄이 없는, 요즈음에 많이 쓰는 무선 마우스도 마우스이다. 컴퓨터의 메모리도 사람의 기억(메모리)을 비유적으로 사용한 것이지만, 16기가 컴퓨터 메모리를 살 때 메모리를 인간의 기억 혹은 추억과 연관시키는 일은 많지 않다.

새로운 기기가 아니더라도, 사람들이 일상적으로 사용하는 물건의 부분 이름으로 사람이나 동물의 신체어인 '눈, 귀, 주둥이, 발, 목, 다리, 날개' 등이 은유적으로 사용된다.

(2) ㄱ. 병목(병의 목), 항아리 목
  ㄴ. 바늘귀(바늘의 귀), 항아리 귀
  ㄷ. 태풍의 눈, 바둑판 눈
  ㄹ. 주전자 주둥이, 홈통 주둥이
  ㅁ. 장롱의 발, 의자의 발
  ㅂ. 책상의 다리, 안경다리

ㅅ. 선풍기 날개, 비행기 날개, 풍차 날개

'병목'의 '목'이 사은유이지만, 이 표현이 '병목 현상'으로 사용할 때에도 사은유인지는 불확실한데, 교통의 상황을 말할 때 '병목 현상'이 은유의 느낌을 줄 수도 있다. 또 하나의 흥미로운 점은, 다른 언어에서도 한국어와 유사한 표현을 사용하는 것이 있는가 하면('the neck of a bottle', 'the eye of the strom', 'a leg of a table'), 어떤 것들은 언어에 따라 은유적 표현이 달라진다는 것이다. 한국어에서는 바늘의 구멍을 귀에 비유하지만 영어로는 'the eye of a/the needle', 즉 눈에 비유한다. 또 안경을 귀에 걸게 한 부분을 한국어에서는 '다리'로 표현하지만 영어로는 'temple', 즉 관자놀이를 가리키는 단어로 대신 표현한다. 이런 것들은 이미 은유로서의 인식을 상실한 사은유이다.

6.2 개념적 은유[2]

문학적 은유는 문학 작품 속에서 발견되는 수사법이고, 사은유는 물건이나 위치에 이름이 붙는 방식이다. 인지의미론은 이것들과는 다른, 일상 언어 속에 나타나는 은유에 대하여 새로운 관점을 제시한다. 레이코프와 존슨(Lakoff and Johnson 1980)에서 시작된 개념적 은유 이론은 일상적인 언어생활에서 어떤 하나의 개념이 다른 개념으로 표현되는 일이 흔하다는 것을 보였다. 다시 말하여, 은유는 어떤 한 단어를 다른 단어로 치환하여 표현하는 것이 아니라 하나의 개념 영역(conceptual domain)을 다른 개

---

[2] 이 절 이후에 나오는 이 장의 예들 중 일부는 강범모(2020)의 13장에 나오는 예와 같다.

념 영역으로 사상하여 표현하는 것으로서, 다양한 일상적 표현이 모두 은유에 속한다.

개념적 은유는 [A는 B(이다)]와 같이 형식화되는데, A라는 목표 영역(target domain)을 B라는 근원 영역(source domain)으로 표현한다는 뜻이다. 목표 영역은 우리가 이해하려고 하는, 대체로 추상적인 개념 영역이고, 근원 영역은 우리가 실제로 사용하는 언어 표현을 가져오는, 대개 구체적인 개념 영역이다.

먼저 [행복은 위, 슬픔은 아래]라는 은유를 일상적으로 표현하는 방식을 살펴보자. 이 경우 우리가 이해하고자 하는 것, 즉 목표 영역은 행복과 슬픔의 감정 영역이다.

(3) [행복은 위, 슬픔은 아래]
ㄱ. 기분이 한껏 올라갔다.
ㄴ. 기분이 가라앉았다.
ㄷ. 날아오를 것 같아.
ㄹ. 지금 내 상태는 주저앉고 싶은 마음이야.
ㅂ. 지금 내 마음은, 한껏 높이 뛰고 싶어.

(ㄱ, ㄷ, ㅂ)은 위로 향하는 행동/사건으로 행복한 기분을, (ㄴ, ㄹ)은 아래로 향하는 행동으로 슬픔 또는 행복과 반대의 기분을 표현한다.

사랑과 같은 감정은 여러 가지 구체적 사물을 통해 은유적으로 표현된다.

(4) [사랑은 (액체를 담는 큰) 용기이다]
ㄱ. 나는 사랑에 빠졌다.
ㄴ. 그 여자는 그 남자에게서 헤어나지 못해.
ㄷ. 그 여자를 그 남자에게서 건져내야 해.
ㄹ. 그 커플은 사랑이 넘친다.
ㅂ. 내 맘 가장 깊은 데로 오면 돼. … 숨 참고 love dive. ('Love

Dive', 서지음 작사)

(5) [사랑은 물건이다]
ㄱ. 그 여자의 사랑을 받고 싶어.
ㄴ. 그 남자를 내가 **빼앗아야** 하겠어.
ㄷ. 사랑은 나눌 수 없다.
ㄹ. 우리 사랑은 깨질 수 없어요.
ㅁ. 그 남자를 내가 갖고 말 거야.
ㅂ. TV는 사랑을 싣고 (TV 프로그램 제목)

(6) [사랑은 식물, 꽃이다]
ㄱ. 우리는 사랑을 소중히 키웠어요.
ㄴ. 사랑을 가꿀 때가 좋은 때지.
ㄷ. 그때 우리 사랑이 싹트기 시작했어.
ㄹ. 그 아이는 우리 사랑의 열매야.
ㅁ. 걔들은 이제 시들해졌을 거야.
ㅂ. 사랑이 꽃피는 나무 (TV 드라마 제목)
ㅅ. 사랑은 눈물의 씨앗 (가요 제목)

(7) [사랑은 여행이다]
ㄱ. 우리는 이제 시작이야.
ㄴ. 우리는 지금 어디에 있지?
ㄷ. 우리는 돌아갈 수 없어.
ㄹ. 앞으로는 힘든 길이 될 거야.
ㅁ. 그들은 그때 갈림길에 와 있었다.
ㅂ. 실연은 멀리 갔을수록 더 많이 지불해야 하는 비용이다.[3]
ㅅ. 사랑의 미로 (가요 제목)

---

[3] 이와 유사한 표현을 어떤 라디오 방송에서 들었는데, 프로그램 이름이 기억나지 않는다.

　　　　ㅇ. 사랑의 행로 (영화 제목)
　　　　ㅈ. 사랑의 종착역

사랑만 여행에 비유되는 것은 아니다. 사람의 인생도 여행에 비유된다.

(8)　[인생은 여행이다]
　　　　ㄱ. 아기가 태어나면 인생의 길을 시작하는 것이지요.
　　　　ㄴ. 내 길도 마칠 때가 되었나 보다.
　　　　ㄷ. 인생은 나그네 길, 어디서 왔다가 어디로 가는가 ('하숙생', 김석야 작사)
　　　　ㄹ. 나는 어디서 와서 어디로 가고 있는가?
　　　　ㅁ. 내가 선한 싸움을 싸우고 나의 달려갈 길을 마치고 믿음을 지켰으니 (성경)
　　　　ㅂ. 삶의 전환점
　　　　ㅅ. 인생의 항로
　　　　ㅇ. 인생의 종착역
　　　　ㅈ. 당신을 내 삶의 동행인으로 삼고 싶어요.

사람의 비무력적인 행위인 논쟁은 무력적인 전쟁에 비유된다.

(9)　[논쟁은 전쟁이다]
　　　　ㄱ. 그들을 치열하게 싸웠다.
　　　　ㄴ. 그 사람이 상대방을 공격할 무기는 통계 결과였다.
　　　　ㄷ. 그 사람은 상대방의 항복을 기어코 받아 내려고 하였다.
　　　　ㄹ. 논쟁에서 승리를 쟁취하기 위해서는 독하고 파괴적인 공격을 퍼부어야 한다.

개념적 은유는 개념 영역과 개념 영역의 연결이기 때문에 한 개념 영역 내의 요소가 다른 개념 영역 내의 요소와 연결된다. 좀 더 구체적으로 말하자면, 근원 영역의 어떤 요소를 목표 영역의 어떤 요소로 사상한다(map). [논쟁은 전쟁이다]에서, 근원 영역인 전쟁 속의 군인이 목표 영역인 논쟁 속에서 논쟁에 참여하는 사람으로 사상되고, 전쟁에서의 무기는 논쟁에서 어떤 주장의 근거로 사상되며, 전쟁에서의 승리와 항복은 논쟁에서 이기고 지는 것에 사상된다. 또한 전쟁 중의 휴전처럼 논쟁을 잠시 멈출 수도 있다.

[사랑은 식물이다]는 목표 영역 사랑과 근원 영역 식물의 연결인데 식물을 키우는 사람이 사랑하는 사람으로, 식물의 씨앗이나 싹이 사랑의 시작으로, 식물의 만개한 꽃이 사랑의 절정으로, 식물의 열매가 사랑의 결실로 사상된다. [인생은 여행이다] 은유는 인생이라는 목표 영역과 여행이라는 근원 영역을 연결하며, 여행을 하는 여행자가 인생을 사는 사람으로, 여행의 시작이 인생의 시작(태어남)으로, 여행의 끝점(도착점)이 인생의 끝(죽음)으로 여행의 계획이 인생의 계획으로, 여행 중의 어려움(위험)이 인생 가운데서 부딪치는 역경(위기)으로 사상된다. 또한 즐거운 여행을 할 수 있는 것처럼 즐거운 인생을 살 수 있고, 힘든 여행처럼 힘든 인생도 있으며, 여행을 같이 하는 동행자와 같은 인생의 친구나 배우자가 있고, 여행에서 계획하지 않은 곳의 방문과 같은 인생의 뜻하지 않은 방향 전환이 있다(길거리 캐스팅으로 갑자기 연예인이 되기도 한다).

흔히 처소주의(localism)로 불리는, 사람들이 추상적인 것을 공간적인 것으로 바꾸어 표현한다는 생각은 [시간은 공간/장소이다] 은유와 관련이 있다.[4]

---

[4] 처소주의는 시간을 공간으로 표현하는 것만을 말하지는 않고('세월이 흘러가다'), 여러 가지 추상적인 것을 공간적으로 이해하고 표현한다는 주장이다. 예를 들어, 어휘적 상(aspect)인 상태를 공간적인 존재, 완성이나 성취의 끝점을 경계 횡단으로 이해할 수 있다. 또한 문법적 상인 완결과 비완결을 공간적인 일차원적 실체의 가산성과 비가산성(물질)로 이해할 수 있다. 추상적인 소유도 공간적으로 이해할 수 있는데, 한국어와 같이 소유를 존재('있다)로 표현하는 언어가 많이 있다('나는

(10) [시간은 공간/장소이다]
　　ㄱ. 긴 시간, 짧은 시간
　　ㄴ. 회의가 늘어진다.
　　ㄴ. 그 사람을 만날 날이 가깝다.
　　ㄷ. 먼 훗날, 먼 옛날, 가까운 날
　　ㄹ. 다른 사람보다 앞서 그 연구를 시작했다.
　　ㅁ. 시간이 가다/지나다/지나가다/흐르다/흘러가다
　　ㅅ. 시간을 거스르다/거슬러 올라가다
　　ㅇ. 시간을 달리는 소녀 (일본 애니메이션 제목)

처소주의는 또한 [사랑은 (액체를 넣는) 용기이다], [사랑은 여행이다] 그리고 [인생은 여행이다]에서도 나타난다. 추상적인 사랑을 공간에 존재하는 물건에 빗대었고, 추상적인 사랑과 여행의 과정을 공간 속에서의 이동인 여행으로 이해한다.

다시 개념적 은유로 돌아가, 시간은 또한 돈이기도 하다.

(11) [시간은 돈이다]
　　ㄱ. 쓸데없는 일에 시간을 썼다.
　　ㄴ. 늘 시간을 아껴 써라.
　　ㄷ. 시간은 돈이다. (경구)
　　ㄹ. 시간을 낭비하지 마라.

일상 언어 속의 개념적 은유는 아니지만, 문학 속에서도 개념적 은유가 성립한다. [사람은 동물이다] 은유는 수많은 우화에서 그 내용의 전체에 걸쳐 나타난다. 이솝 우화에 나타나는 양, 늑대, 사자, 생쥐, 여우, 학은 모두 동물이지만, 그것들은 사람과 같이 말을 하며 그것들의 특성과 행위가

/나에게 돈이/자식이 많이 있다' 등).

사람의 특성과 행위를 우회적으로 드러낸다. 오웰의 소설「동물농장」의 돼지 나폴레옹도 인간 독재자의 생각과 행동을 하며, 다른 동물도 말을 하는, 어떤 특성을 가진 사람들과 마찬가지이다.

다른 예를 들면, "그레고르 잠자는 어느 날 아침 불안한 꿈에서 깨어났을 때, 자신이 잠자리 속에서 한 마리 흉측한 해충으로 변해 있음을 발견했다"로 시작하는 카프카의 소설「변신」에서 평범한 회사원 그레고르 잠자는 등이 딱딱하고 다리가 많은 큰 벌레로 변한다. 그는 사람들의 말을 알아듣지만 말할 수 없다. 가족들은 그를 그레고르로 인식을 하지만 그의 모습을 혐오하게 되고, 결국 그는 가족에게서 고립되어 어둠 속에서 죽게 된다. 그때야 가족들은 안도하고 생기를 찾게 된다. 현대 사회에서 인간은 소외되고, 소외되는 인간은 벌레나 마찬가지이다([사람은 벌레다). 영화「라이프 오브 파이」의 구명정 위의 동물들도 어떤 특성을 가진, 어떤 일을 겪는 사람들이다.

일반적으로 더 추상적인 개념 영역(목표 영역)을 보다 구체적인 개념 영역(근원 영역)을 통하여 표현하는 것이 개념적 은유의 일반적인 방식이다. 이 절에서 제시한 여러 개념적 은유들의 더 많은 일상 언어의 예, 그리고 다른 은유와 그 예들을 독자들이 찾아보라.[5]

6.3 혼성

개념적 은유는 일반적으로 하나의 개념 영역 또는 심적 공간(근원 영역)을

---

[5] 채완(2006)의 바둑 용어의 은유 연구도 개념적 은유와 관련이 있다. 바둑은 싸움('공격, 협공'), 동물('대마'), 미각('뒷맛, 짠수') 등으로 비유된다([바둑은 싸움이다] 등). 인지언어학 관점에서 은유에 대한 개괄적 논의는 김종도(2004), 김동환(2013), 권연진(2017) 등을 참조하라.

통하여 다른 어떤 개념 영역 또는 심적 공간(목표 영역)을 표현하여 이해하는 방식이다. 그런데 두 개 이상의 개념 영역이 합쳐져서 하나의 개념 영역을 이루는 일이 일어나기도 한다. 이것을 혼성(blending), 또는 개념적 혼성(conceptual blending)이라고 한다. 혼성은 다음과 같이 정의된다.

> (12) 혼성의 정의(Turner 2015: 213)
> 마음속의 여러 심적 공간(mental space)의 혼합에서 발생하는 심적 공간이다. ... 혼성은 서로 다른 심적 공간들 각각의 일부 요소들을 포함한 새로운 심적 공간이다 ... 하지만 원래의 심적 공간에서 가져온 요소에 새로운 의미를 부여한다. 이 새로운 의미가 혼성 속에서 발생한다.

크로프트와 쿠루즈(Croft and Cruse 2004)가 제시하는 하나의 예를 들어 보자.

> (13) 그 외과 의사는 정육점 주인이다.[6]

이 문장은 외과 의사의 수술 솜씨가 섬세하지 않다는 뜻을 비유적으로 표현한다. 그런데 일반적인 개념적 은유와 달리 한 개가 아닌 두 개의 근원 개념 영역이 존재한다. 그것들은 의사의 활동 영역과 정육점 주인의 활동 영역이다. 새로운 영역에서 정육점 주인과 같이 서툴고 거친 솜씨의 사람이 활동한다. 다만 거기서 정육점에서 사용하는 소고기용 칼같이 투박한 칼을 사용되지는 않고 날카로운 수술 칼(메스)을 사용된다. 또한 그 새로운 영역에서 외과 의사는 고기를 잘라내는 일을 하는 것이 아니라 인간의 특정 병소를 제거한다. 이렇게 이해하면, 문제의 외과 의사가 수술

---

[6] 영어의 'The surgeon is a butcher'의 'butcher'는 '도살자'로 번역될 때도 있는데 이 문장에서 이 단어는 지나치게 강하다.

을 하는 영역은 정육점 영역이 아니고 일반적인 외과 의사의 수술 영역도 아니다. 그것은 각 영역의 요소들로 구성된 새로운 영역, 즉 혼성 공간이다. 말하자면, 이 새로운 영역에는 외과 의사와 수술실과 정육점 주인의 투박한 솜씨가 있다.

또 하나의 예를 들어 보자. 우사인 볼트는 2012년의 런던 올림픽과 2016년의 라우데자네이루 올림픽 100미터 경기에서 금메달을 땄다(기록은 런던에서 9.63초, 리우데자네이루에서 9.81초이다). 이때 2016년 올림픽을 실황 중계하는 아나운서가 남자 100미터 현장 중계를 하면서 다음과 같이 말할 수 있다.

(14) 볼트가 지난 올림픽의 자신보다 1미터 뒤에서 달리고 있습니다.

물론 실제로 두 명의 우사인 볼트가 한 경기에서 같이 달리는 것은 아니다. 이러한 중계는 2012년 올림픽 경기 영역의 우사인 볼투와 2016년 올림픽 경기 영역의 우사인 볼트가 동시에 나타나는 새로운 영역, 즉 심적 공간을 불러일으킨다. 비언어적인 예로, 스피드 스케이팅 경기에서 혼성 공간은 TV 화면에 시각적으로 나타나기도 한다. 즉, 한 선수가 달리고 있는 화면 속의 빙판 위에 지금까지 1위를 한 선수 혹은 현재 세계 신기록 보유자가 같은 시간에 지나간 거리가 표시될 때가 있다. 이 상황은 어떤 선수가 세계 신기록을 낼 때의 상황도 아니고 지금 벌어지고 있는 경기의 실제 상황도 아니며, 이 둘을 혼합한 혼성 공간이다. 수영 경기의 중계도 마찬가지이다.

혼성은 이렇게 중계방송에서만 나타나는 현상이 아니라 형태, 문법, 의미의 모든 면에서 자주 나타나는 현상이다. 터너(Turner 2015)의 예들을 중심으로 살펴보자. '컴퓨터 바이러스'는 컴퓨터의 영역만도 아니고 세균학의 영역만도 아니다. 컴퓨터에서 프로그램이 마치 생체의 바이러스와 같이 작동하는 새로운 영역이다. '랜섬웨어'(ransomware)도 컴퓨터 영역과 납치의 영역이 혼합하여 나타나는 단어이다(컴퓨터 소프트웨어가 관련되지만, 납치 사건처럼 돈이 요구됨). 프랑스어의 사역 구문 표현인 'faire manger'는 무엇인가 하는 또는 발생시키는('faire') 영역과 먹는('manger') 영역이 합쳐서 사역적인 "먹게 하다"의 뜻이 된다. 한국어의 사역 구문 표현 '먹게 하다'도 프랑스와 마찬가지 구성이다. 한편 영어의 'guilty pleasure'("죄책감을 느끼게 하면서도 자신에게 만족감을 주는 행위")는 흔히 사용되는 자연스런 표현으로, 죄의 영역과 기쁨의 영역이 혼합되어 나타나는 새로운 의미를 갖는다. 한국어로는 '죄스러운 기쁨'이라고 할 만하지만, 이 표현이 영어의 표현처럼 일반적으로 사용되지는 않는다(독자에게 그런 일이 있었는가). 한국어 표현 중 '찬란한 슬픔의 봄'이 있는데(김영랑, '모란이 피기까지는'), 이것 또한, 찬란한 아름다움의 영역과 상실로부터 오는 슬픔의 영역이 혼합된 영역을 표현한다.[7] 마지막으로, 흔히 영어 문법에서 가정법의 예로 언급되는 'If I were a bird, I would fly to you' 또는 한국어의 '내가 새라면 너에게 날아갈 텐데' 같은 표현도 날지 못하는 나의 현실 영역과 하늘을 날 수 있는 새의 영역이 혼합된 가상 영역이다. 이상의 예들에서 보다시피, 혼성은 아주 특별한 일이 아니라 단어와 구의 형성이나 문장의 표현에서 자주 나타나는 언어의 일상적인 현상이다.

---

[7] 모란이 피기까지는
나는 아직 나의 봄을 기둘리고 있을 테요
모란이 뚝뚝 떨어져 버린 날
나는 비로소 봄을 여읜 설움에 잠길테요
...
모란이 피기까지는
나는 아직 기둘리고 있을 테요 찬란한 슬픔의 봄을
('모란이 피기까지는', 김영랑)

6.4 환유

은유가 두 개의 개념 영역 사이의 관계라면, 환유(metonymy)는 한 개의 개념 영역 속에서 개체(요소)들 사이의 관계이다. 환유의 정의는 다음과 같다.

(15) 환유의 정의(Barcelona 2015: 146-147)
환유는 하나의 개념적 개체인 근원(source)로부터 다른 개념적 개체인 목표(target)로의 비대칭적 연결이다. 근원과 목표 개체는 하나의 틀(frame) 안에 있고 그것들의 역할은 화용적인 기능으로 연결되어 있어 목표가 심적으로 활성화된다.

여기서 틀은 개념 영역이라고 보면 된다. 그리고 여기서 말하는 화용적인 기능적 연결은 개념적, 물리적 인접성 혹은 인과성이라고 생각할 수 있다. 환유는 새로운 단어 의미를 만들어 내는 유용한 자원이며 언어 사용, 개념 구조, 문법 형식의 상호 관련성에서 은유만큼 중요한 역할을 수행한다. 몇 가지 예를 들어 보자.

(16) 전체가 부분을 대신함
ㄱ. 그 사람은 약을 먹고 자살했다. (약 - 수면제)
ㄴ. 연필이 진하다. (연필 - 연필심)
ㄷ. 장미가 아름답다. (장미 - 장미꽃)
ㄹ. 그 사람 잘생겼다. (사람 - 얼굴)

(17) 생물체가 음식을 대신함(먹는 부분은 일부임)
ㄱ. 고등어/오징어/꽁치를 먹었다. (고등어 생물 - 고등어 반찬)
ㄴ. 달팽이를 먹는 문화가 있다. (달팽이 - 달팽이 요리)
ㄷ. 육식주의자는 소/돼지/닭을 좋아한다. (소 - 쇠고기)

(18) 부분이 전체를 대신함
　　ㄱ. 밥을 맛있게 먹었다. (밥 - 밥과 반찬)
　　ㄴ. 저 콧수염 아는 사람이니? (콧수염 - 콧수염을 가진 사람)
　　ㄷ. 빨간 바지가 아주 폭력적이다. (빨간 바지 - 빨간 바지를 입은 사람)

(19) 부분 사건이 전체 사건을 대신함
　　ㄱ. 그는 제단에 서게 되었다. (제단에 서다 - 신부가 되다)
　　ㄴ. 그 여자는 웨딩드레스를 입고 싶었다. (웨딩드레스를 입다 - 결혼(식)을 하다)
　　ㄷ. 마침내 왕자는 왕관을 쓰게 되었다. (왕관을 쓰다 - 왕이 되다)
　　ㄹ. 그렇게 원하던 지휘봉을 잡게 되었다. (지휘봉을 잡다 - 지휘자가 되다)
　　ㅁ. 배지를 달고 하는 일이 없다. (배지를 달다 - 국회의원 등이 되다)

(20) 부분이 부분을 대신함
　　ㄱ. 당신은 내 기쁨이에요. (당신의 어떤 말, 행동 - 기쁨의 일부(다른 일로도 기쁨))
　　ㄴ. 호박 찌개가 맛있다. (호박의 열매 - 찌개 일부(찌개에 국물도 있음))
　　ㄷ. 고추전을 부쳤다. (고추의 열매 - 전의 일부(전에 밀가루도 있음))

(21) 고유명사가 일반명사를 대신함
　　ㄱ. 버버리(Burberry) - 긴 모양의 코트
　　ㄴ. 클리넥스(Kleenex) - 화장지
　　ㄷ. 제록스(Xerox) - 복사

(22) 창조자가 창조물을 대신함
　　ㄱ. 오늘 헤밍웨이를 읽었다. (헤밍웨이 - 헤밍웨이가 쓴 소설)

  ㄴ. 그 피아니스트가 쇼팽을 즐겨 연주한다. (쇼팽 – 쇼팽이 작곡한 곡)
  ㄷ. 마티스를 감상하였다. (마티스 – 마티스가 그린 그림)
  ㄹ. 미술관의 로댕은 정말 생생한 모양이야. (로댕 – 로댕이 만든 조각품)

(23) 기타 화용적 관련성(특정 상황에서 결정됨)
  ㄱ. 저기 스파게티 까다로워. (스파게티 – 스파게티를 시킨 사람)
  ㄴ. 나는 짜장면이야, 너는 뭐니? (나 – 내가 먹고 싶은 음식)
  ㄷ. 나는 건물 뒤에 주차되어 있어. (나 – 나의 차)

 마지막의 화용적 관련성에 의한 환유는 넌버그(Nunberg 2004)가 말한 '미루어진 해석'(deferred interpretation)이다. '나는 짜장면이다', '나는 건물 뒤에 주차되어 있어' 등에서 '나'가 각각 "내가 시키는 음식"과 "나의 차"로 해석되는 현상은 어느 정도의 조건이 있다. 이러한 해석은 그 해석이 "대화의 관심사와 관련하여 그 대상을 분류하고 확인하는 데 유용할 경우에만"(Nunberg 2004: 349) 적절하게 사용될 수 있다. 각자의 장래 꿈을 말하는데 '나는 짜장면'이라고 하기는 힘들고(실제로 누가 이런 말을 했다면, 좀 무리지만, "나의 꿈은 짜장면을 만드는 사람이다"로 해석될 가능성이 있기는 하다), 자동차의 종류를 물어보는데 '나는 건물 뒤에 주차되어 있다'고 할 수는 없다. 위의 예들에서, 어떤 사람을 특정 상황에서 그 사람이 하는 행동과 관련지어 지시한다. 소설 속에 사용된 예를 보자.

(24) 카페의 문이 열리고 영우의 모습이 보였다. 그를 따라 밖으로 나온 건 지난번 마키아토를 주문했던 여자였다. ... 마키아토가 무언가를 말하자 영우가 머리를 긁적이면 수줍게 웃었다. (김규나, 「체리 레몬 칵테일」)

위 예에서 '마키아토가 무언가를 말하자'의 마키아토는 마키아토를 주문한 여자를 환유적으로 가리키는 말이다. 유사한 예로, 언젠가 내가 본 신문 기사 제목 '만취 롤스로이스, 벤틀리 들이받고 큰소리'도 환유이다. 여기서 만취한 것은 롤스로이스를 탄 사람이고, 큰 소리를 치는 것도 롤스로이스 차가 아니라 그 차를 탄 사람이다(단, 벤틀리 차를 들이받은 것은 롤스로이스 차이다).

앞에서 본 것처럼, 환유 중 많은 것이 체계적 다의어이다('장미' - 장미 식물과 장미꽃). 어떤 것들 말고도 다의성의 많은 실례가 환유로 발생한다. 앞에서 논의한 은유 또한 다의성을 일으키는 주요 원천이다.[8]

더 읽을거리

권연진 (2017). 「인지언어학에서의 은유의 보편성과 상대성」, 서울: 한국문화사.
김동환 (2013). 「인지언어학과 개념적 혼성이론」, 서울: 박이정.
김종도 (2004). 「인지언어학적 관점에서 본 은유의 세계」, 서울: 한국문화사.
박영순 (2000). 「한국어 은유 연구」, 서울: 고려대학교 출판부.
Lakoff, George and Mark Johnson (1980). *Metaphors We Live By*, Chicago: The University of Chicago Press. (레이코프, 존슨 (2006), 「삶으로서의 은유」, 노양진, 나익주 옮김, 수정판, 서울: 박이정.)

---

[8] 인지언어학에 국한하지 않고 일반적인 관점에서 한국어의 은유를 연구한 것으로 박영순(2000)이 있다.

7
단어 의미의 분해

7.1 성분 분석

 단어의 의미 분해가 근래 인지의미론의 주제로 연구되는 일이 많지 않지만, 의미 분해는 인지적인 개념 규정의 방식이라고 볼 수 있다. 단어의 의미를 그것을 구성하는 더 작은 의미 단위로 분해하려는 이유는 그것이 단어의 의미 특성을 명확히 드러나게 하고 단어들 사이의 의미 관계를 잘 파악하게 해 준다는 이점 때문이다. 의미 분해를 하는 방법은 여러 가지이다.
 구조주의 의미론에서 행하던 성분 분석(componential analysis)은 단어의 의미를 그것을 구성하는 의미 자질로 분해하려는 시도이다. 성분 분석이 인지의미론에서 수행되지는 않았지만, 인간은 성분 분석 방법이나 다른 방법으로 분해되는 단어의 성분(부분) 의미를 인지적으로 인식할 수 있다. 이러한 면에서 단어 의미의 분해가 인지의미론과 무관하다고 할 수 없다(앞으로 언급할 자켄도프는 의미 분해를 개념, 즉 인지와 연결한다).
 성분 분석은 마치 변별적 자질 이론에서 음소를 그것보다 더 작은 음운 자질들로 분해하려는 시도와 유사하다. 예를 들어, 영어의 /p/ 음소는 [−모음성, +전방성, −설단성(coronal), −연속성, −성(voice)] 등의 자질들로 분해하고 /b/ 음소는 [-모음성, +전방성, -설단성, -연속성, +성] 자질들로 분해한다. 이렇게 함으로써 각 음소의 여러 특성이 있음을, 그리고 /p/와 /b/는 모든 자질이 동일하고 [성(voice)]의 자질만이 다른 소리임을 드러낼 수 있다. 한국어의 /ㅂ/과 /ㅍ/과 /ㅃ/ 음소의 구별도 다음과 같은 자질 분석으로 그 관계를 드러낼 수 있다. [-모음성, +전방성, -설단성, -연속성, -성] 표시는 제외한다.

(1) ㄱ. /ㅂ/: [-기음성, -긴장성]
 ㄴ. /ㅍ/: [+기음성, -긴장성]
 ㄱ. /ㅃ/: [-기음성, +긴장성]

이러한 분석으로 /ㅂ, ㅍ, ㅃ/의 차이가 [기음성(aspirated)]과 [긴장성(tense)]의 자질의 차이임이 드러난다. 성분 분석은 단어의 의미도 그러한 방식으로 분석을 하여 단어 사이의 의미적 관계를 명시적으로 드러내려고 한다. '소년', '소녀', '총각', '처녀', '기혼남', '기혼녀'의 의미를 자질로 분석해 보자.

(2) ㄱ. 소년: [+인간, +남성, -어른, -결혼]
 ㄴ. 소녀: [+인간, -남성, -어른, -결혼]
 ㄷ. 총각: [+인간, +남성, +어른, -결혼]
 ㄹ. 처녀: [+인간, -남성, +어른, -결혼]
 ㅁ. 기혼남: [+인간, +남성, +어른, +결혼]
 ㅂ. 기혼녀: [+인간, -남성, +어른, +결혼]

이렇게 성분 분석을 하면 '소년'과 '소녀'의 차이는 [남성(male)] 의미 자질의 차이이고 '소년'과 '총각'은 [어른(adult)] 자질의 차이이며, '총각'과 '기혼남'은 [결혼(함)(married)] 자질의 차이임이 드러난다. 앞에서 반의어는 가장 뜻이 가까운 단어로서 하나의 의미 특성만이 다른 단어들이라고 한 것을 상기하자. '소년'과 '소녀'는 반의 관계를 이루는데 이 두 단어의 의미 차이는 [성(sex)]의 차이에 불과하다. '총각'과 '처녀', '기혼남'과 '기혼녀' 모두 [성]의 차이일 뿐이다. [결혼] 여부만을 본다면 '총각'과 '기혼남', '처녀'와 '기혼녀'가 반의어이고, [어림] 특성의 차이만을 보면 '소년'과 '총각', '소녀'와 '처녀'가 반의어이다. 두 개 이상의 의미 자질에 차이가 나는 '소년'과 '처녀'는 반의어라고 할 수 없고([성], [어림]의 차이), '소년'과 '기혼녀'도 반의어가 아니다([성], [어림], [결혼]의 차이). 여기서 '소녀'의 [-어림]과 관련하여 영어의 'girl'을 고려한다면, 한국어의 '소녀'는 어른을 뜻하지 않지만 영어의 'girl'의 대상은 젊은 여자까지 포함한다. 다만 요즈음 '소녀시대', '우주소녀', '이달의 소녀' 등의 아이돌 그룹 이름은, 그 구성원이 미성년자인 어린 소녀만을 포함하지 않으므로, 영어의 'girl'에 가깝다.

친족어는 성분 분석이 잘 되는 단어들이다. 남성인 나를 중심으로 '형, 누나, 아들, 딸, 아버지, 어머니, 할아버지, 할머니'의 성분 분석을 해 보자. 의미 자질 [세대]는 나를 중심으로 한다.

(3) ㄱ. 형: [0세대, +남성, +연장자]
　　 ㄴ. 누나: [0세대, -남성, +연장자]
　　 ㄷ. 아들: [+1세대, +남성]
　　 ㄹ. 딸: [+1세대, -남성]
　　 ㅁ. 아버지: [-1세대, +남성]
　　 ㅂ. 어머니: [-1세대, -남성]
　　 ㅅ. 할아버지: [-2세대, +남성]
　　 ㅇ. 할머니: [-2세대, -남성]

이 친족어들은 [세대]의 차이와 [성]의 차이가 그 관계를 드러내는 단어들이다. 여기서 [-] 세대는 나보다 위의 세대이고, [+] 세대는 내 아래의 세대이다.[1] '형'과 '누나'의 경우에는 나보다 연장자임이 [연장자] 자질로 밝혀져 있다. '누이동생'은 [0세대, −남성, −연장자]이다. '큰아버지, 작은아버지'를 분석한다면 '큰아버지'는 '아버지'와 같은 의미 자질과 함께 (아버지보다) [+연장자]임이, '작은아버지'는 (아버지와 비교하면) [−연장자]임이 표시되어야 할 것이다. 이때 [연장자]는 나와의 직접적 관계를 말하는 것이 아니라 해당 세대에서 나 또는 나와 직계의 사람에 대한 상대적 관계이다. 나와 직계인 아버지에 대해 [+연장자]가 큰아버지이다. '이모, 외삼촌, 외숙모, 외할아버지, 외할머니' 등이 같이 분석되려면 [직계] 자질이 표시되어야 한다. '형'과 '누나', '아들'과 '딸', '아버지'와 '어머니', '할아버지'와 '할머니'는 [성]의 면에서만 다른 반의어들이다. [세대]는 유무의 자질이 아니라 단계의 자질이므로 자질 유무로 반의어가 대립하기는 힘들지만 그 값이 반대인 '아들'과 '아버지'가 반의어일 수 있다([+1세대] 대 [−1세대]). '아들'과 '어머니'는 [세대]와 [성]의 두 가지 차이가 있으므로 '아들'과 '아버지'만큼 반의성이 강하지 않다.

성분 분석은 친족어나 일부 단어들에는 잘 적용될 수 있으나 어휘 전체에 적용되기는 힘들다. '암캐'와 '수캐'는 [성]으로 구별할 수 있겠지만 '수캐'와 '수말'은 그저 개와 말의 차이인데, 모든 동물의 고유 특성은 그 동물 자체로서 분석의 의의가 없다(물론 생물학적 분류로 어느 정도의 자질 분석이 되겠지만 최종적으로 종의 구분은 종 자체의 이름으로밖에 구별되지 않는다). 따라서 성분 분석은 단어의 의미를 분석하는 일반적인 방법이 되기 힘들다.[2]

1　[세대] 자질과 관련하여, 아래(자식) 세대를 +로 혹은 −로 할 지는 자의적이다.
2　최호철(1995)이 일정한 영역의 한국어 단어의 의미 기술을 위한 의미 자질 분석을 제안하였다. 근래 정연주 외(2011)는 '두다, 띄우다' 등 대상(목적어) 이동 동사의 의미장을 성분 분석을 통해 분석하였다.

7.2 사역과 동사 의미 구조

한정된 영역에서 단어의 의미를 분해하는 일은 그동안 많이 시도되었고, 특히 사역(causative) 동사의 분석이 많이 시도되었다. 사역 동사의 분석 중 잘 알려진 것이 다우티(Dowty 1979)가 시도했던 것이다. 다우티는 동사의 의미를 BECOME, CAUSE 등의 의미 원소를 이용하여 분해하였다 (다음 절 참조). 예를 들어 '한 남자가 어떤 여자를 죽였다' 같은 문장을 BECOME, CAUSE 등의 추상적 의미 요소를 이용하여 분석하면 대략 다음과 같다.[3]

(4) 한 남자가 어떤 여자를 죽였다(A man killed a woman).
$\exists x \exists y [MAN(x) \land WOMAN(y) \land CAUSE(x, BECOME(NOT(ALIVE(y))))]$

여기서 ∧는 명제논리의 접속(연접)이고('그리고', 'and'의 의미) ∃는 존재양화사이다("~한 것이 있다"). 이 논리식은 "어떤 남자인 개체 x와 어떤 여자인 개체 y에 대하여(또는 그것들이 존재하는데), x가 y가 살아있지 않게 되게 만들었다"로 해석된다. 여기서 BECOME은 상태를 변화시키는 추상적 술어, CAUSE는 사역 관계의 술어이다. '죽이다'를 이렇게 분석하는 것은 이전의 MacCawley가 영어 'kill'을 [CAUSE [BECOME [NOT [ALIVE]]]]로 분석한 방식과 같다.

이런 방식으로 '한 남자가 죽었다'와 '어떤 소년이 컵을 깨뜨렸다'를 분석하면 다음과 같다(논리식 분석이 생소하면 논리식의 해석에 대한 설명을

---

[3] 논리식에 익숙하지 않은 독자는 이 절의 술어논리 식을 12장(언어와 논리)을 참조하여 이해할 수 있다. 여기서는 논리식의 자세한 이해 없이 그 분석의 의의만 이해하면 된다.

대략 이해해도 되고, 혹은 예문 (9)와 그것의 논의로 건너뛰어도 된다).

(5) 한 남자가 죽었다.
∃x[MAN(x) ∧ NOT(ALIVE(x))]

(6) 어떤 소년이 컵을 깨뜨렸다.
∃x∃y[BOY(x) ∧ CUP(y) ∧
    CAUSE(x, BECOME(BROKEN(y)))]

(6)의 논리식은 대략 어떤 소년(BOY)과 어떤 컵(CUP)에 대해서, 소년이 병이 부서진 상태(BROKEN)로 되게(BECOME) 만들었다(CAUSE)의 뜻이다. 그러니까 타동사 '깨뜨리다'의 의미를 CAUSE, BECOME, BROKEN의 의미 요소로 분해한 것이다.

사건의 관점에서 의미를 표상한 데이비드슨(Davidson)은 부사와 관련된 추론의 패턴을 설명하기 위해 사건(event)을 도입하였다(12장 참조). 즉, 동사가 들어가는 문장은 사건을 기술하고 따라서 문장의 논리식에 사건 논항을 명시해야 한다는 것이다. 예를 들어 '진이가 부엌에서 부주의하게 컵을 깨뜨렸다'를 사건 논항(e)을 이용하여 분석하면 다음과 같다.

(7) ∃e∃x[BREAK(e, j, x) ∧ CUP(x) ∧ in-the-kitchen(e)
    ∧ CARELESSLY(e)]

이 논리식은 "어떤 사건 e 그리고 어떤 개체 x에 대하여, e 속에서 진이(j)가 x를 깨뜨렸고, x가 컵이고, e는 부엌에서 일어났고, e는 부주의하게 일어났다" 또는 "어떤 컵을 진이가 깨뜨린, 부엌에서 일어난, 부주의하게 일어난 사건이 존재한다"로 해석된다. 이러한 분석으로 이 문장이 '진이가 컵을 깨뜨렸다', '진이가 부엌에서 컵을 깨뜨렸다', '진이가 부주의하게 컵을 깨뜨렸다' 등의 추론이 쉽게 설명되는 장점이 있다(이 분석의 구체적 장점들은 12장 참조). 데이비드슨의 분석은 사건을 동사 의미의 논항으로 도입하여 문장의 의미 분석을 시도한 것이지만 단어의 의미를 분해한 것은 아니다.

사역을 두 사건으로 분해하여 분석하면 다음과 같다.

(8) ∃e∃e´∃x[CAUSE(e, e´) ∧ CUP(x) ∧ DO(e, j) ∧ in-the-kitchen(e) ∧ CARELESSLY(e) ∧ BREAK(e´, j)]

이 논리식은 "부엌에서 일어난, 진이(j)가 무언가 행한 부주의한 사건(e)이 존재하고, 그 사건(e)이 컵이 깨지는 다른 사건(e´)을 일으켰다"를 표상한다. 여기서 BREAK는 "깨다"는 뜻의 타동적 BREAK와는 달리 "깨지다"는 뜻의 자동적 BREAK, 즉 BECOME(BROKEN)이다('A cup broke'). 이 논리적 분석의 특징은, 진이가 컵을 깨뜨린 사역적 사건을 두 개의 사건, 즉 진이가 무언가 하는 사건(e)과 그 사건으로 인해 발생하는, 컵이 깨지는 다른 사건(e´)의 사역 관계로 분해한다는 점이다.

이렇게 동사의 의미를 분해하는 장점 중 하나는, 다음과 같은 경우 '다시' 같은 단어의 해석이 동사 의미를 분해해야만 이해할 수 있다는 것이다.

(9) ㄱ. 그 아이가 다시 뛰었다.
ㄴ. 그 아이가 문을 다시 닫았다.

(ㄱ)의 '다시'는 뛰는 동작의 반복을 뜻한다. (ㄴ)의 '다시'도 닫는 동작의 반복을 뜻할 수 있지만 다른 뜻도 존재한다. 즉, 그 아이가 문을 한 번 열었다가 그 다음에 원래의 닫힌 상태로 만들었다는 해석이 가능하다. 이 경우에 그 아이는 문을 두 번 닫은 것이 아니라 한 번만 닫은 것이다.

(ㄴ)의 두 가지 의미는 각각 다음과 같은 의미 분해로 표상할 수 있다.

(10) ㄱ. AGAIN(CAUSE (x, BECOME(NOT(OPEN(y))))
ㄴ. CAUSE(x, BECOME(AGAIN(NOT(OPEN(y))))

'다시'의 의미 AGAIN이 전체 명제에 적용되는 (ㄱ), 그리고 AGAIN이 "닫혀있다"에 해당하는 NOT(OPEN(y))를 수식하는 (ㄴ), 두 가지 방식의 분석이 가능하다. (ㄱ)이 두 번 닫는 사건, (ㄴ)이 한 번만 닫는 사건을 표상한다. 비슷한 예들 들자면, '우주선이 지구 대기권으로 재진입하였다' 같은 표현이 있다. 이 문장은 우주선이 진입하는 일을 반복했다는 해석이 가능하지만, 그것보다는 우주선이 대기 안에서 대기 밖으로 나갔다가 대기 안으로 들어왔다는 뜻, 즉 대기 안에 다시 존재하게 되었다는 뜻이 강하다. 다시 말하여, 우주선이 대기권 밖으로 한 번 나갔다가 한 번 진입한 사건을 의미한다. '물고기가 뛰어올랐다가 재차 물속으로 들어갔다'(한 번 뛰어올랐다가 물속에 들어감), '진이가 다시금 자기 방에 들어갔다'(한 번 나왔다가 들어감), '나는 아침에 일어나서 다시 누웠다'(한 번 일어났다가 누움) 등도 마찬가지이다. 이런 의미 현상들 때문에 단어의 의미 분해는 문장 이해의 인지적 관점에서 필요한 면이 있다.

7.3 의미 원소

앞의 절에서 설명한 성분 분석의 의미 자질 [인간], [남성], [어름] 등이나, 다우티(Dowty 1979)의 사역 동사 의미 분해에서 사용된 CAUSE, BECOME, DO 등은 더 이상 분해할 수 없는, 단어의 의미를 구성하는 의미 원소(semantic prime)이다.

예를 들어, '한 소년이 병을 깨뜨렸다'는 다음과 같이 분석된다(앞 절에서는 DO를 사용하지 않았다).

(11) 한 소년이 병을 깨뜨렸다.
∃x∃y[BOY(x) ∧ BOTTLE(y) ∧
CAUSE(DO(x), BECOME(BROKEN(y)))]

이것은 대체로, 어떤 소년 x와 어떤 병 y에 대하여, x(소년)가 무언가 행동을 하고(DO), 그것이 y(병)가 깨진 상태(BROKEN)로 되게(BECOME) 만들었다(CAUSE)라고 해석된다. 또는, 무언가 행동을 하여, 그것이 어떤 병을 깨진 상태로 되게 만든 어떤(한) 소년이 있다(존재한다)라고 해석된다.

다른 학자들도 의미 원소를 이용하여 언어 표현의 개념 분석을 시도하였다. 자켄도프(Jackendoff 2002)는 개념적 의미론의 원소들이 복합적으로 합성되어 통사적 구조로 사상된다고 하였다. 예를 들어, 영어 문장 'John opened the door'을 Event, Thing, State, Property와 같은 기본 개념 타입, CAUSE, INCH, BE 같은 기본 개념으로 분해한다. INCH(inchoative)는 어떤 상태를 사건으로 바꾸는 개념으로 다우티의 BECOME과 유사하다.

(12) John opened the door.
[Event CAUSE ([Thing JOHN], [Event INCH ([State BE ([Thing DOOR], [Property OPEN])])])]

한국어의 '진이가 문을 열었다'도 마찬가지로 CAUSE, INCH, BE, OPEN을 사용하여 분석할 수 있다.

자켄도프의 개념 계층 구조의 일부는 다음과 같다(위 문장 분석에 나온 INCH는 제외함).

(13) ㄱ. [EVENT] → [Event GO ([THING], [PATH])]
ㄴ. [EVENT] → [Event CAUSE ([EVENT/THING], [EVENT])]
ㄷ. [PATH] → [Path TO/FROM/TOWARD/AWAY-FROM/VIA ([THING/PLACE])]
ㄹ. [STATE] → [State BE ([THING], [PLACE])]

자켄도프가 제시하는, 영어 동사 'eat'의 분석은 다음과 같다(한국어 동사 '먹다'도 마찬가지이다).

(14) CAUSE [thing, GO[thing, [TO[IN[MOUTH-OF[a]]]]]]

풀어서 말하자면, 먹는 행위는 어떤 존재(동물)가 다른 존재를 자기의 입안으로 들어가게 만드는 행위이다. 사실 먹는 행위는, 사람이나 짐승의 경우, 이로 씹어서 목구멍으로 삼키는 것까지를 포함하지만 여기에는 그러한 세밀한 분석이 되어 있지 않다(뱀, 개구리, 여러 가지 새, 개미핥기, 그리고 수염고래 등의 동물은 먹이를 이빨로 씹지 않고 삼킨다). 입안으로 음식이 들어가는 것이 먹는 일의 가장 중요한 부분이니 이렇게 분석한 것을 이해할 만하다.[4]

극단적으로, 모든 언어의 의미 분석을 위한 공통의 의미 원소(semantic prime)를 설정하여 단어의 의미를 분석한 학자들이 비어즈비커(Wierzbicka)와 고다드(Goddard)이다. 그들은 자신들의 의미 원소를 자연 의미 메타언어(natural semantic metalanguage: NSM)라고 부른다. NSM 이론은 모든 언어에 존재하는 기본 단어를 언어 의미의 기본 요소로 보고, 한 언어의 모든 단어와 문장의 의미를 이 기본적 의미 원소로 분석할 수 있다고 주장한다. 의미 원소의 수는, 비어즈비커의 초기 저작에서는

---

[4] 한국어 동사의 자켄도프식 의미 분석은 양정석(1992) 참조.

14개로 보았지만(Wierzbicka 1972), 2002년에는 그 수가 60개로 늘어났고(Wierzbicka and Goddard 2002), NSM 홈페이지에는 2024년 현재 65개의 의미 원소가 제시되어 있다. 앞으로 의미 원소의 수가 혹시 더 늘어날지는 모르겠다. 전체 의미 원소들을 그 종류별로 보이면 〈표 1〉과 같다.[5]

〈표 1〉 의미 원소 (NSM 홈페이지)

의미 원소	종류
I, YOU, SOMEONE, PEOPLE, SOMETHING~THING, BODY	실질어(Substantives)
KIND, PART	관계적 실질어 (Relational substantives)
THIS, THE SAME, OTHER~ELSE	한정사(Determiners)
ONE, TWO, SOME, ALL, MUCH~MANY, LITTLE~FEW	양화사(Quantifiers)
GOOD, BAD	평가어(Evaluators)
BIG, SMALL	기술어(Descriptors)
THINK, KNOW, WANT, FEEL, SEE, HEAR	심리 술어(Mental predicates)
SAY, WORDS, TRUE	말(Speech)
DO, HAPPEN, MOVE	행위, 사건, 움직임 (Actions, events, movement)
BE (SOMEWHERE), THERE IS, BE (SOMEONE/SOMETHING)	장소, 존재, 특정화 (Location, existence, specification)
(IS) MINE	소유(Possession)
LIVE, DIE	삶과 죽음(Life and death)
WHEN~TIME, NOW, BEFORE, AFTER, A	시간(Time)

---

[5] NSM 홈페이지 (2024):
https://intranet.secure.griffith.edu.au/schools-departments/natural-semantic-metalanguage

LONG TIME, A SHORT TIME, FOR SOME TIME, MOMENT	
WHERE~PLACE, HERE, ABOVE, BELOW, FAR, NEAR, SIDE, INSIDE, TOUCH	공간(Space)
NOT, MAYBE, CAN, BECAUSE, IF	논리 개념(Logical concepts)
VERY, MORE	증가어, 강조어 (Augmentor, intensifier)
LIKE~AS~WAY	유사성(Similarity)

'죽이다'의 NSM 분석을 예시하면 다음과 같다(의미 원소를 한국어로 번역하였고, 해당 원소를 [ ] 속에 제시함).

(15) 어떤 사람 X가 어떤 사람 Y를 죽였다.
　　ㄱ. 어떤 사람 X가 어떤 일을 다른 사람 Y에게 했다. [SOMEONE, NOT, SAME, SOMETHING, DO]
　　ㄴ. 이것 때문에, 그와 동시에 어떤 일이 Y에게 일어났다. [THIS, BECAUSE, SAME, MOMENT, SOMETHING, HAPPEN]
　　ㄷ. 이것 때문에, Y의 몸에 어떤 일이 일어났다. [THIS, BECAUSE, BODY, SOMETHING, HAPPEN]
　　ㄹ. 이것 때문에, 이후 Y는 더 이상 살아 있지 않다. [THIS, BECAUSE, AFTER, NOT, LIVE]

결국 '(X가 Y를) 죽이다'는 SOMEONE, NOT, SAME, SOMETHING, DO, BECAUSE, HAPPEN, TIME, BODY, LIVE, AFTER, THIS 등의 의미 원소로 분석한 셈이다.

7.4 특질구조: 생성어휘부

생성어휘부(Generative Lexicon) 이론(Pustejovsky 1995, 2013)은 단어의 뜻(sense)이 고정될 수 없음을 보이고 문맥에 따라 새로운 뜻이 생겨날 수 있는 체계적인 단어 의미 분석을 시도한다. 예를 들어, '빠르다'가 수식하는 여러 명사에서 '빠르다'의 뜻을 생각해 보자.

(16) ㄱ. 빠른 달리기 선수
ㄴ. 빠른 피아니스트
ㄷ. 빠른 길
ㄹ. 빠른 자동차
ㅁ. 빠른 음식
ㅂ. 빠른 세월
ㅅ. 빠른 프로그래머

이 예들에서 '빠른'의 뜻을 세밀하게 보면 서로 다르다. (ㄱ)의 '빠른 달리기 선수'는 발로 달리는 사람의 이동 속도가 빠름을 의미하고 (ㄴ)의 '빠른 피아니스트'는 연주의 속도가 빠름, 즉 건반을 치는 손가락의 움직임이 빠름을, (ㄹ)의 '빠른 자동차'는 (ㄱ)과 비슷하지만 사람이 아닌 기계, 즉 엔진이 바퀴를 돌려 차가 이동하는 속도가 빠름을, (ㄷ)의 '빠른 길'은 길 자체가 빠르게 움직이는 것이 아니라 자동차나 사람이 갈 때 빠르게 갈 수 있음을, (ㅁ)의 '빠른 음식'은 만드는 데 시간이 오래 걸리지 않음을,[6] (ㅂ)의 '빠른 세월'은 시간의 흐름이라는 추상적 빠름을, (ㅅ)의 '빠른 프로그래머'는 사람이 프로그램을 완성하는 데 시간이 적게 걸림을 뜻한다.

---

[6] 빨리 만드는 음식은 패스트푸드(fast food)이다. 항상 그렇지는 않겠지만, 대개 양질은 아니다(junk food).

이러한 세밀한 뜻의 차이는 형용사 '빠르다'의 여러 뜻을 나열해서는 기술할 수 없고 형용사와 명사의 결합 과정에서 기술해야 하는데, 그렇게 하기 위해서는 형용사가 명사의 의미 속의 어떤 한 의미 요소를 수식해야 하는 것으로 보인다.

다른 예를 들자면, 동사 '시작하다'의 의미는 간단해 보이지만 다음의 경우 뜻이 달라진다.

   (17) ㄱ. 잡지를 시작했다.
        ㄴ. 책을 시작했다.
        ㄷ. 바이올린을 시작했다.

(ㄱ)은 "잡지를 읽기 시작했다"라는 뜻과 함께 "잡지 사업을 시작했다"의 뜻도 있다. (ㄴ)은 "책 읽기를 시작했다"라는 뜻과 (작가가 주어라면) "책을 쓰기 시작했다"의 뜻으로 해석이 가능하고, 출판사가 "책을 제작하기 시작하다"의 뜻으로도 해석이 가능하다. (ㄷ)은 "바이올린 연주를 시작했다"의 뜻이 있고 "바이올린을 배우기 시작했다"의 뜻도 존재하고, 나아가 바이올린 제작자의 경우 "바이올린 제작을 시작하다"의 뜻이 가능하다. 따라서 '시작하다'가 들어간 문장은 '시작하다'가 어떤 명사와 결합하는가에 따라 여러 가지로 해석된다. 말하자면, 명사 속의 어떤 동사적 의미 요소가 시작 행위의 대상 행동/행위가 된다.

이러한 여러 해석의 창조적인 사용을 분석하기 위해 생성어휘부 이론은 단어의 의미를 몇 가지 부분으로 분해한다. 중요한 것은 사건 구조(event structure)와 특질구조(qualia structure)인데, 전자는 사건의 어휘 상적 특성을 드러내고, 후자는 아리스토텔레스가 말하는 사물의 네 가지 구성 성분인 형식(Formal), 구성(Constitutive), 작인(Agentive), 기능(Telic) 성분을 명시한다.

사건 구조는 동사가, 어휘적 상의 면에서, 그것이 가리키는 사건이 활동인지 완성인지 또는 성취인지를 구별해 주는 장치이다. 예를 들어 '걷다', '뛰다', '노래하다' 같은 활동(activity) 동사의 구조는 다음과 같이 어휘적 상을 드러낸다('걷다'의 예).[7]

(18) 걷다
사건구조 = 사건1 = e^*: 과정

완성(accomplishment) 동사 '(집을) 짓다'와 성취(achievement) 동사 '도착하다'의 의미 구조는 다음과 같다.

(19) 짓다
사건구조 = 사건1 = e_1: 과정
사건2 = e_2: 상태
제약 = $e_1^* < e_2$

(20) 도착하다
사건구조 = 사건1 = e_1: 과정
사건2 = e_2: 상태
제약 = $e_1 < e_2^*$

e_1^* 또는 e_2^*와 같이 나타나는 * 표시는 해당 사건이 전체 사건의 중점임을 표시한다. 그리고 $e_1 < e_2$는 사건 e_1이 e_2에 앞서는 사건의 순서를 보인다.

이러한 분석에서, '걷다'와 같은 활동 동사는 사건 하나로 이루어진 단순

---

[7] 분석 예들은 푸스터조프스키(Pustejovsky 1995)와 강범모(2002)에서 가져온 것들이 많은데, 대개 생성어휘부 분석의 일반적인 것들이다.

한 구조의 동사이며 그 사건의 상적 특성은 과정이다. '아름답다'와 같은 상태 형용사 역시 하나의 사건(사태)으로 이루어지며 그 성격은 상태(state)이다. 완성 동사 '짓다'와 성취 동사 '도착하다'는 모두 두 개의 부분 사건, 즉 앞의 사건이 과정이고 뒤의 사건이 그 결과 상태인 복합적 사건이다. 다만 완성 동사가 앞의 사건(과정)에 중점이 있고, 성취 동사가 뒤의 사건(상태)에 중점이 있는 것만이 다른 점이다.

앞에서 언급한 '책을 시작하다'의 여러 해석과 관련하여 '책'의 특질구조는 다음과 같다.[8]

(21) 책
특질구조 = 형식 = x·y: 물체·정보
  구성 = 구성됨(e_1, x, z: 종이)
  기능 = 읽음(e_2, w: 사람, y)
  작인 = 씀(e_3, v: 사람, y), 제작함(e_4, u: 사람, x)

형식에서 'x·y: 물체·정보'로 표시된 것은 책이 물체이면서 정보 내용을 가지고 있는 복합적 타입의 대상임을 나타낸다. 다른 예를 들면, '문'은 여닫을 수 있는 물체이기도 하지만 사람이 지나갈 수 있는 공간이기도 하다('문을 두드렸다', '문으로 지나갔다'). 따라서 '문'은 복합적 타입이다.

(22) 문
특질구조 = 형식 = x·y: 물체·공간

다시 '책'의 의미 표상으로 돌아가, 물체로서의 책(x)은 종이로 구성되어

---

[8] 읽음, 씀, 제작함의 주체가 되는 사람 논항을 각각 'w, v, u'로 표시한 것은 이 사람들이, 같은 사람일 수도 있지만, 일반적으로 다른 사람임을 표시한다.

있고, 내용으로서의 책(y)은 독자가 읽는 기능(목적)의 대상이며, 작가가 책의 내용(y)를 씀으로써, 그리고 출판사에서 물체로서의 책(x)을 제작함으로써 존재하게 되는 대상이다. '책을 시작하다'는 따라서 기능역과 관련하여 "책을 읽기 시작하다"를 의미하기도 하고, 작인역과 관련하여 "책을 쓰기 시작하다", 또는 "책을 제작하기 시작하다"를 의미할 수도 있다. '책을 시작하다'뿐만 아니라 '책을 계속하다'와 '책을 끝내다'도 마찬가지로 여러 가지 해석이 가능하다. 다만 주어가 누구냐에 따라 그 해석에 제약이 있을 수 있다. 출판사나 출판사 사장이 책을 시작하면 책 제작을 시작하는 것이고 작가가 책을 시작하면 대개 책을 쓰기 시작하는 것이다(물론 제작자나 작가가 책을 읽기도 한다). 다른 예를 들자면, '바이올린을 시작하다'는, 바이올린의 기능이 연주이고 또 배워야 할 대상이기 때문에, 연주 혹은 학습의 시작을 뜻할 수 있다. 나아가 바이올린이 존재하기 위해서 나무와 거트를 재료로 바이올린 틀과 현을 제작하는 일이 필요하므로, 스트라디바리 같은 전설적인 현악기 제작자가 바이올린을 시작하는 것은 그것을 제작하는 일을 시작하는 것이다.

'케이크'는 먹는 기능을 가지고 구워서 생기는(작인) 것이므로 '케이크를 시작하다'는 기능에 명시된 먹는 행위의 시작, 혹은 작인에 명시된 케이크를 구성하는 밀가루 반죽하고 굽는 행위의 시작을 말할 수 있다.

 (23) 케이크
   논항구조 = 논항1 = x: 음식물
   특질구조 = 형식 = x
      구성 = 구성됨(e_1, x, y), y: 물질(밀가루)
      기능 = 먹음(e_2, w: 사람, x)
      작인 = 반죽-구음(e_3, v: 사람, y)

'팔다'와 '사다'가 의미하는 행위들은 좀 특별한 관계에 있다. 즉, 파는 행위와 사는 행위 둘이 동시에 수행된다(물론 다른 사람에 의해서). 또는 파는 사건과 사는 사건이 동시에 일어난다. 파는 행위는 결과적으로 돈을 소유하고(상품을 팔고 받은 돈) 대상(상품)을 소유하지 않은 상태가 되며, 사는 행위는 대상을 소유한 상태가 되고 돈은 없어진 상태가 된다. 동사가 표현하는 행위 이전의 소유 상태는 그 반대이다. '사다'와 '팔다'에는 행위자(또는 시작점), 대상, 착점, 가치(돈) 등이 있고, 이 중에 행위자와 대상(상품)이 필수적 논항이다. 이러한 사실을 사건구조, 논항구조, 특질구조에 표시하고, 한국어에 필요할 수 있는, 구문의 통사적 형식을 보이는 격구조까지 표시하면 다음과 같다(강범모 2002).[9] (아래 예는 다소 복잡하므로 넘어가도 좋다.)

(24) 사다
    사건구조 = 사건1 = e_1: 과정
                   사건2 = e_2: 상태
                   선후제약 = $e_1^* < e_2$
    논항구조 = 논항1 = x: 사람
                   논항2 = y: 구체물
                   당연논항3 = a: 사람
                   당연논항4 = b: 돈
    격구조 = [x-가 (a-에게|로부터) y-를 (b-에|로) 사다]
    특질구조 = 형식 = 가짐(e_2, x, y) ∧
                         갖지_않음(e_2, x, b) ∧
                         가짐(e_2, a, b) ∧
                         갖지_않음(e_2, x, y)

---

[9] 한국어의 생성어휘부 이론적 연구는 강범모(2002) 이외에도 이정민 외(1997), 김윤신 외(2000), 이윤영(2003), 김윤신(2013) 등이 있다.

작인 = 줌(e1, x, a, b) ∧ 줌(e1, a, x, y)

(25) 팔다
　　사건구조 = 사건1　 = e1: 과정
　　　　　　　 사건2　 = e2: 상태
　　　　　　　 선후제약 = e1* 〈 e2
　　논항구조 = 논항1 = x: 사람
　　　　　　　 논항2 = y: 구체물
　　　　　　　 당연논항3 = a: 사람
　　　　　　　 당연논항4 = b: 돈
　　격구조 = [x-가 (a-에게) y-를 (b-에|로) 팔다]
　　특질구조 = 형식 = 가짐(e2, x, b) ∧
　　　　　　　　　　 갖지_않음(e2, x, y) ∧
　　　　　　　　　　 가짐(e2, a, y) ∧
　　　　　　　　　　 갖지_않음(e2, a, b) ∧
　　　　　　　 작인 = 줌(e1, x, a, y) ∧ 줌(e1, a, x, b)

　사는 행위와 파는 행위는 시간이 걸려서 결국에 가서는 상품과 돈이 교환된 상태로 끝나는 사건이기 때문에 완성 동사(e1* 〈 e2)으로 표시하였다. 그리고 사는 행위와 파는 행위의 필수적 논항은 사는/파는 사람과 상품이지만 그 사건에는, 반드시 겉으로 표현되지는 않는, 그 행위의 상대방인 파는/사는 사람이 있고 돈이 오간다. 이것들을 당연논항(default arguement)으로 표시할 수 있다. 당연논항은 통사적으로는 반드시 실현될 필요가 없으나 의미적으로는 존재한다고 생각되는 논항이다. 사는 행위의 결과 상태(형식)에서 사는 사람은 대상(물건, 상품)을 가지고 있고 돈은 가지고 있지 않은 반면에, 파는 행위의 결과 상태(형식)에서 파는 사람은 대상(물건, 상품)을 가지고 있지 않고 돈을 가지고 있음이 의미 분석에 표상된다. 만일 당연논항을 인정하지 않는다면, 특질구조에 상품에 대해서만 가짐, 갖지_않음이 표시될 것이다. 격구조는 원래 생성어휘부 이론에서 사용되는 것이 아니지만 한국어의 경우 논항과 통사 성분과의 연결에서 격구조, 즉 명사구의 격조사가 중요하므로 그것을 명시하였다.[10]

이 장에서 제시한 단어의 의미 분해는, 그 장점에도 불구하고, 무엇보다도 의미 원소의 수가 고정될 수 있는가 하는 문제를 안고 있다. 그리고 실제로 사람들이 언어를 이해할 때 이런 식으로 의미 원소를 의식하고 고려하는가 하는 것도 의문이다. 대체로 사람들은 단어의 뜻을 그것 자체로 온전하게 이해하는 것으로 보인다. 나아가 문장도 그 전체를 이해하는 것이지 하나하나 분해하면서 이해하지는 않는다는 주장도 있다(게슈탈트). 물론 이론으로서의 의미 분해가 반드시 인간의 언어 이해 과정을 전제로 할 필요는 없다.

의미 분해의 한계에도 불구하고, 단어 의미의 분해에 대한 명시적, 암묵적 인정 가능성이 없지 않다. 앞에서 언급한 '우주선이 대기권에 재진입했다', '동생이 다시 방에 들어갔다.' 같은 예들이 그러한 가능성을 보여준다. '**빠른** 육상 선수, **빠른** 피아니스트, **빠른** 길, **빠른** 타이피스트', '책을 시작하다, 책을 끝내다, 책을 중단하다' 같은 것들도 마찬가지이다. 이러한 예들을 사람들이 의식적으로 부분 부분을 따져가면서 이해하지는 않지만, 실제로 무의식적으로 그런 방식으로 이해하고 있는 셈이다. 따라서, 이 장의 시작 부분에 언급한 바와 같이, 단어의 의미 분해를 인지적 관점에서 접근할 필요가 있다.

▶▶ 더 읽을거리

강범모 (2002). "생성어휘부 이론의 다의어 기술 방법과 그 적용: '사다'와 '팔

---

[10] 한국어의 다양한 동사 격구조는 홍재성 외(1997) 참조.

다'," 어학연구 38:1, 275-293.

배해수 (1990). 「국어내용연구」, 서울: 고려대 민족문화연구소.

Parsons, Terence (1990). *Events in the Semantics of English: A Study in Subatomic Semantics*, Cambridge: MIT Press.

Riemer, Nick (2016b). "Lexical Decomposition," in Nick Riemer (ed.) *The Routledge Handbook of Semantics*, London: Routledge, 213-232.

Pustejovsky, James (1985). *The Generative Lexicon*, Cambridge: the MIT Press.

제3부

세계 속의 의미

8
의미와 논리

8.1 진리와 진리조건

의미를 세계 속의 대상으로 파악하는 이론, 즉 의미의 삼각형에서 마음속의 개념보다는 세계 속의 사물을 중요시하는 이론은 논리적 방법을 사용한다. 그리고 이러한 이론에서 명사, 동사 등의 내용적 단어는 세상의 어떤 사물 또는 사물들을 가리키고, 문장은 참과 거짓을 가리키며, 문장의 의미는 그것이 참이 되기 위한 조건이다. 이러한 방법은 앞에서 언급한, 상황에 비추어 문장의 참, 거짓을 결정할 수 있는 언어 사용자의 직관, 그리고 논리함의(entailment)와 모순(contradiction)에 대한 논리적 직관에 의존한다. 이 장에서는 세상 속의 사물과 참/거짓에 기초한 논리적 의미론, 즉 형식의미론(formal semantics)의 기초가 되는 간단한 기호 논리(symbolic logic)를 소개한다. 미리 언급할 것은, 이 장에는 논리학의 여러 기호가 나오므로 이런 것들에 익숙하지 않은 독자들에게는 읽기가 부담스러울 수 있다. 이 장을 전부 깊이 이해하지 않고, 일부만 이해하고 넘어가도 뒤에 나오는 장들을 이해하는 데 큰 문제는 없다.

구체적인 예를 들어 보자. '남산'이 세계 속의 특정 산, '이순신'이 세계 속의 (과거의) 특정 인물,[1] '에펠 탑'이 세계 속의 어떤 사물을 지시함은 자명하다. 논리적 의미론은 이렇게 자명한 사실에서부터 시작한다. 좀 더 나가자면, '자동차'는 어떤 종류의, 즉 엔진, 운전대, 브레이크, 바퀴 등등으로 구성된, 이동할 수 있는 물체들을 가리키며, 좀 더 확장하면, 형용사 '빨갛다'는 세계 속의 어떤 속성, 즉 빨간 속성을 가진 빨간 개체들을 가리킨다고 이해할 수 있다. 이렇게 단어들이 가리키는 세계 속의 사물들을 지시물(referent)이라고 하며, 단어가 지시물을 지시한다고(refer)[2] 한다 (엄밀히 말해서, 보통명사와 형용사는 지시하지 않고 표의한다).[3]

논리적 방법은 지시를 의미 기술의 출발로 삼고 문장의 의미를, 세계 속 지시물들의 속성과 관계에 비추어 판단되는 참 혹은 거짓과 직접적으로 관련이 있는 것으로 파악한다. 그리고 사물들을 가리키는 단어들이 결합한 문장이 지시하는 것은 세계에 비추어 결정되는 참과 거짓, 즉 진리값(truth value)이다. 물론 문장의 의미를 단순히 참 혹은 거짓이라고 할 수는 없다. 만일 그렇다면 모두가 참인 다음 문장들은 모두 의미가 같아야 한다. 다음 문장들이 참인 근거는 어떻게 다른가?

(1) ㄱ. 하나와 하나를 더하면 둘이다.
ㄴ. 삼각형의 각을 모두 더하면 180도이다.
ㄷ. 개는 포유류이다.
ㄹ. 지구가 둥글다.
ㅁ. 나무에 열린 사과가 가지에서 분리되면 지상에 떨어진다.
ㅅ. 태극기의 귀퉁이에 3, 4, 5, 6개의 막대 모양이 있다.

---

1 세계와 시간은 독립적인 것으로 이해하자. 즉 하나의 세계 속에 여러 개의 시점이 있고, 하나의 시점이 여러 개의 세계와 관련될 수 있다. 우선 여기서는 우리가 살고 있는(과거를 포함한) 현실 세계만을 고려한다.
2 정확히 말하자면, 화자가 단어로 사물을 지시한다. 다음 장(지시와 뜻) 참조.
3 지시와 표의/표시의미(denotation)의 차이에 대해서는 다음 장 참조.

이 문장들은 모두 참이지만 각 문장에 대해서 그것이 참인 이유가 다 같지는 않다. 우선 (ㄱ)과 (ㄴ)은 수학적인 진리로서 거짓일 수 없다. (ㄷ)은 '개'가 가리키는 것(들)과 '동물'이 가리키는 것(들)의 관계가 그 문장을 참으로 만든다. (ㄷ)-(ㅅ)은 우리가 알고 있는 세계의 모습과 원리에 대한 지식에 비추어 참이다. 아마도 많은 유치원생은 (ㄱ) 이외의 나머지에 대해서는 참과 거짓을 판별하지 못할 수 있지만(ㅁ은 '분리', '지상'이라는 단어 때문에 아이가 진리값 판별 못 함), 대학생이라면 모든 문장이 참이라고 판단하는 데 어려움이 없을 것이다. 만일 누가 이 문장들이 모두 참이기 때문에 모두 같은 의미를 가진다고 한다면, 한국 사람은 아무도 동의하지 않을 것이다. 모두 의미가 같다면, 유치원생이 하나와 하나를 더하면 둘이 된다는 사실을 알 때, 삼각형 각의 합이 180도라는 것도 알아야 하고 다른 주어진 예문들의 사실들도 알아야 한다. 따라서 논리적 의미론에서 문장이 참과 거짓을 지시한다고 할 때 그것은 문장의 의미가 참과 거짓이라는 말은 아니다. 문장의 의미는 문장이 참과 거짓을 가리키는 조건들과 관련이 된다. 즉, 논리적 의미론은 문장의 의미로 그것이 참이 되는 조건, 즉 진리조건(truth condition)을 제시한다. 그런데 진리조건은 문장을 세상의 모습에 비추어 참과 거짓을 결정하게 하는 것인데, 복잡하고 거대한 세상 자체를 놓고 진리조건, 즉 의미 해석을 제시하는 것은 불가능하다. 따라서 논리적 의미론은 실제 세계의 일부를 간단하게 추상화한 모형(model)을 설정하고 그것을 기반으로 의미 해석을 제시한다(모형의 구체적 모양은 다음 장 참조). 따라서 다음은 모두 논리적 의미론을 부르는 이름이다.

(2) 논리적 의미론(logical semantics)
    = 형식의미론(formal semantics)
    = 진리조건적 의미론(truth-conditional semantics)

      = 모형이론적 의미론(model-theoretic semantics)

구체적으로, 논리적 의미론은 다음의 단계로 문장의 의미를 제시한다.

(3) ㄱ. 문장을 논리식으로 번역
    ㄴ. 모형의 수립
    ㄷ. 해석 규칙 제시
    ㄹ. 모형에 비추어 논리식의 진리값 결정

그런데 다음과 같은 대중가요 문장들의 진리값은 어떻게 결정되는가?

(4) ㄱ. 바람아 멈추어라! 촛불을 지켜다오. ('촛불', 이희우 작사)
    ㄴ. 샌프란시스코에서는 머리에 꽃을 꽂으세요.[4] ('San Francisco', J. Phillips 작사)
    ㄷ. 그대는 왜 촛불을 켜셨나요? ('촛불')
    ㄹ. 우리 다 함께 노래합시다. (후회 없이 꿈을 꾸었다 말해요.) ('걱정 말아요 그대', 전인권 작사)

명령문(ㄱ, ㄴ) 또는 의문문(ㄷ)이나 청유문(ㄹ)의 진리값을 말하기는 어렵다. 논리적 방법에서 이런 것이 불가능한 것은 아니고 여러 시도가 있지만 여기서 제시하는 기초적인 (기호) 논리는 평서문(단언문)의 의미만을 다룬다.

또한, 이 장에서 제시하는 기초적인 논리, 나아가 대부분의 형식의미론 연구는 단어 의미의 모호성 및 의미의 확장은 고려하지 않는다. 예를 들어, 다음 문장들은 참인지 혹은 거짓인지 쉽게 판단될 것인가?

---

[4] Be sure to wear some flowers in your hair.

(5) ㄱ. 저 남자는 멋있다.
ㄴ. 그 여배우가 참 아름답다.
ㄷ. 소년이 빨리 뛰어갔다.
ㄹ. 선생님이 조용히 교실로 들어갔다.
ㅁ. (군대에서 구보하는 병사에게) 저 병사는 굼벵이군.
ㅂ. 그대는 나의 태양!

　우선 이 문장들은 '저 남자, 그 여배우, 소년, 선생님, 저 병사, 그대'가 누구인지 알아야 참, 거짓을 판단할 수 있다. 일단 맥락 속에서 그 사람들이 누구인지 안다고 해도 위 문장들의 (ㄱ)-(ㄹ)의 경우 참과 거짓은 '멋있다, 아름답다, 빨리, 조용히'의 모호성 때문에 쉽게 판단할 수 없다. 물론 100미터를 10초에 뛰는 속도로 뛰어갔다면 그가 빨리 뛴 것이겠지만, 100미터를 20초에 뛰는 속도라면 불확실하다. 100미터 달리기 선수의 경우 20초는 느린 속도이고, 보통 사람의 경우에는 나이에 따라, 장소가 운동장인지, 거리인지, 언덕인지, 실내인지에 따라 빠른 속도가 다른데, 그것도 각 경우에 어떤 속도로 뛰어야 빠른 것인지 불확실하다. (ㅁ)과 (ㅂ)은 다른 경우인데, 구보하고 있는 병사에게 굼벵이라고 하는 것은 명백히 거짓이고 사람을 보고 태양이라고 하는 것도 거짓이다. 그러나 '굼벵이', '태양'은 비유적으로 사용된 것이다. 논리적 방법, 혹은 세계 속의 의미를 추구하는 이론에는 이런 문제들에 대해 할 말이 많지 않다. 이러한 문제들은 마음속의 의미와 더 관련되고, '아름답다' 등 단어의 미세한 의미는 마음속의 의미를 연구하는 이론에서 중요하다.
　반복하자면, 언어의 의미는 외적인 면이 있고(세계 속의 의미) 또한 내적인 면이 있다(마음속의 의미). 따라서 어느 하나의 이론이 의미의 모든 면을 기술할 수는 없으며, 단지 언어의 특정 의미 현상과 관련하여 의미의 어느 한 면이 드러나고 의미 기술은 거기에 초점을 맞춘다. 이 장의 기초적인 논리 제시에서 평서문만을 다루며 단어의 모호성이나 비유의 문제는 언급하지 않는다.

8.2 명제논리

문장의 의미를 흔히 명제(proposition)라고 말한다. 그렇다면 명제는 구체적으로 무엇인가? 명제와 관련된 진술(statement)은 또 무엇인가? 철학자들은 명제를 어떤 객관적인 실체로 보기도 하고 심리적인 것으로 보기도 하지만, 문장과의 관련성에 집중하자면, 명제는 문장의 의미와 동일시되기도 하고 진술과 동일시되기도 한다. 여기서는, 우선 심리적 문제는 제외하고, 명제를 "평서문이 진술로 발화될 때, 그 평서문이 표현하는(express) 것"(라이언스 2011: 221)이라고 하자. 혹은 단순화시켜 명제를 문장의 논리적 의미라고 하자. 진술은 세계 속의 상황이 어떻다고 말하는 행동으로, 진술에서는 보통 평서문이 사용된다. 앞으로 논의하는 바와 같이 하나의 문장이 두 개의 명제를 표현할 수도 있고(중의) 두 개의 문장이 하나의 명제를 표현할 수도 있다(동의).

명제는 세계에 비추어 참 혹은 거짓의 값만을 갖는다. 명제논리(propositional logic)는 단순 명제들이 합하여 합성적 명제가 될 때 단순 명제들의 진리값에 따라 합성(복합) 명제의 진리값이 결정되는 방식을 제시한다. 문장으로 말하자면, 접속 등의 합성 문장이 참 혹은 거짓인지가 그것을 구성하는 단순 절, 즉 문장들의 진리값을 기초로 결정되는 것과 마찬가지이다. 예를 들어, 다음 문장들의 진리값 혹은 다음 문장들이 표현하는 명제들의 진리값의 관계는 무엇인가?

(6) ㄱ. 진이가 똑똑하고 민이가 예쁘다.

ㄴ. 진이가 똑똑하다.
ㄷ. 민이가 예쁘다.

'똑똑하다'와 '예쁘다'는 그 적용은 모호하지만(어느 정도 똑똑해야 똑똑한가?) (ㄴ)과 (ㄷ)이 참일 때 (ㄱ)이 참인 것은 확실하다. 반면에 (ㄴ)과 (ㄷ) 중 하나가 거짓이거나 둘 다 거짓일 때 (ㄱ)은 거짓이다. (ㄱ) 문장의 논리적 의미, 즉 명제의 논리는 자연언어의 '-고', 'and' 등 접속(연접, conjunction)과 관련된 부분을 포함한다. 다른 경우들을 보자.

(7) ㄱ. 진이가 안 똑똑하다.
ㄴ. 진이가 똑똑하거나 민이가 예쁘다.
ㄷ. 비가 오면 춥다.

(ㄱ)의 '않다' 혹은 '안'으로 표현되는 부정문은 부정 요소를 뺀 문장이 참이면 거짓이고, 반대로 그것이 거짓이면 참이다. 즉, '진이가 똑똑하다'가 참이면 (ㄱ)은 거짓이고, '진이가 똑똑하다'가 거짓이면 (ㄱ)은 참이다. (ㄴ)은 이것을 구성하는 '진이가 똑똑하다'와 '민이가 예쁘다' 두 문장 모두, 혹은 둘 중 하나가 참이면 참이다. (ㄷ)의 조건문은 조건절이('비가 오면') 참이고 결과절이('춥다') 참이면 참, 조건절이 참이고 결과절이 거짓이면 거짓이다. 조건절이 거짓일 경우는 잠시 후 논의한다.

이러한 분명한 직관에 기초하여 명제논리는 명제(들)의 부정(negation), 접속(conjunction), 이접(disjunction), 조건(conditional)의 진리값 합성에 대한 진리조건을 제시한다. 조건은 함의(implication)라고도 하는데, 명제논리에서 정의되는 함의는 논리적 함의, 즉 논리함의(entailment)와 구별하기 위해 '실질함의'(material implication)라고 부르기도 한다. 조건은 p가 참이면 q는 참인 관계이다. 예를 들어, "비가 오면 춥다"는 비가 오는데 추우면 참이고, 비가 오는데 춥지 않으면 거짓이다. 방금 제시한 것은 직관에 명백한 경우만을 제시한 것인데, 실제 명제논리가 제공하는 참과 거짓의 모든 조건은 다소 직관에 벗어날 수 있다. 이 점은 먼저 명제논리의 진리값 해석을 제시한 후 논의하도록 하자.

논리 언어의 식을 형식적으로 규정하면 기본 어휘와 형성 규칙으로 구성된다. 이것은 언어학의 통사 기술과 유사하다. 문장을 생성하는, 혹은 기술하는 통사론이 그 언어에 어떤 단어들이 존재하는지(기본 어휘, 어휘부) 그리고 어떤 통사 규칙(문법 규칙)이 존재하는지를 제시하는 것과 유사하다. 명제논리의 경우 기본 어휘는 명제 기호들이고 형성 규칙(통사 규칙)은 명제 기호들이 결합하여 더 복잡한 명제가 되는 규칙이다. 구체적으로, 명제논리의 식은 p, q, r 등 기본 명제 기호로부터 시작한다. 그리고 명제(식)를 ¬, ∧, ∨, →, ↔로 연결한 형식도 명제(식)이다.[5] 예를 들어 ¬[p], [p∧q], [p∨q], [p → q], [p ↔ q] 같은 것들이다.[6]

논리적 연결 기호 ¬는 부정, ∧는 접속(연접), ∨는 이접, →는 조건(함의) , ↔는 양방향 조건(동치)이고, 영어의 경우 각각 'not', 'and', 'or', 'if', 'if and only if'에 대응한다. 한국어의 경우 여러 종류의 어미나 접속사(접속부사)가 이것들에 대응하는데 대표적으로 부정의 '안, 않다', 접속(연접)의 '-고, 그리고', 이접의 '-거나, 혹은', 조건(함의)의 '(만일) ~면' 등이 있다. 양방향 조건의 영어 표현 'if and only if(간략히 표현해서, 'iff')는 보통

---

5 명제 기호는 무한히 많을 수 있다(p_1, p_2, p_3, ...), 편의상 처음의 세 명제기호를 p, q, r로 부른다.
6 명제논리의 통사부를 형식화하여 제시하면 다음과 같다.
   기본 어휘
      명제 기호: p, q, r, ...
   형성 규칙
      1) 명제 기호는 모두 적형식(wff: well-formed formula)이다.
      2) φ가 적형식이면 ¬[φ]도 적형식이다.
      3) φ, ψ가 적형식이면 [φ∧ψ], [φ∨ψ], [φ→ψ], [φ↔ψ]도 적형식이다.

일상에서 사용하는 영어 표현은 아니다. 마찬가지로 한국어에서 양방향 조건에 해당하는 일상적인 표현은 찾기 힘들고, 대략 '~면 그리고 그때에만' 정도로 (다소 어색하게) 표현할 수 있을 뿐이다. 사실 양방향 조건은 조건(함의)으로 정의될 수 있으므로 명제논리 언어에서 제외할 수도 있다.

(8)　p ↔ q ≡ [p → q] ∧ [q → p]

위 식에서 ≡는 동치, 즉 참/거짓의 진리값이 같음을 표시한다. 다음의 식들은 모두 올바른 명제 형식들이다. 혼돈이 없을 때는 괄호([ ])를 생략하는 것이 보통이다([ ] 대신 ( )를 사용하기도 한다).

(9)　ㄱ. p, q, r
　　ㄴ. ¬p, ¬¬p, ¬¬¬p, ¬¬¬¬p
　　ㄷ. p∧q, p∧p, ¬[p∧q], p∧[¬p∧q], p∧[p∧¬r]
　　ㄹ. p∨q, p∨[q∨r], [p∨r]∧q, [¬p∨r]∧¬q
　　ㄹ. p → q, ¬[p∧q] → [p∨r]
　　ㅁ. p ↔ q, [p ↔ q] → ¬[p∧q]

(ㄴ)의 ¬¬p를 형성 과정을 보면, 기본 어휘의 명제 기호가 모두 적형식이므로 명제 기호 p가 적형식이고, 적형식을 부정해도 적형식이므로 ¬p도 적형식이며, 이것을 다시 부정한 ¬¬p도 적형식이다. 무한히 이런 과정을 반복할 수 있으므로 명제논리 언어는 자연언어처럼 무한한 언어이다. 자연언어의 단어 수와 같이 기본 명제의 수를 유한하게 하면, 무한한 언어를 유한한 수단으로 정의하는 귀환적(recursive), 생성적(generative) 시스템이다.

예를 들어 ¬p∧q, ¬[p∨q]를 언어에 대응시키면 각각 다음과 같다.

(10) ㄱ. 비가 오지 않고 춥다.
　　 ㄴ. 비가 오거나 춥지 않다.

(ㄴ)의 한국어 문장에서 '않다'라는 부정은 '춥다'만을 부정하는 것으로, 혹은 '비가 오거나 춥다' 전체를 부정하는 것으로 이해될 수도 있다. 이러한 부정의 범위를 영향권(scope)이라고 한다. 한국어의 '비가 오거나 추운 것은 아니다' 그리고 영어 문장 'It is not the case that it rains or it is cold'가 좀 더 분명하게 부정의 영향권을 드러낸다. 사실 자연언어의 부정, 접속, 이접, 조건이 모두 영향권과 관련되어, 이 중 두 개가 한 문장에 나타나면 둘 이상의 의미로 해석될 여지가 있다. 그러나 명제논리는 괄호를 사용하여 영향권을 명확히 하므로 중의성이 발생하지 않는다. 말하자면, 하나의 자연언어 문장에 대하여 두 개의 명제논리식이 대응할 수 있다. 위의 (ㄴ)에 대해서 p∨¬q 혹은 ¬[p∨q]가 대응한다.

명제논리의 각 논리식이 참 혹은 거짓임을 해석하는 절차는 명제 연결의 의미 해석이다. 각 명제 기호 p, q, r은 특정 명제가 아니라 어떤 명제에도 대응할 수 있는 변항이므로 진리값이 주어지지 않는다. 명제(기호) p는 '하늘이 파랗다', '비가 온다', '캐나다의 단풍이 아름답다' 등 어떤 문장의 명제도 대신할 수 있다.

이제 명제논리의 의미부를 살펴보도록 하자. 진리조건은 영어로 'if and only if', 혹은 줄여서 'iff'를 사용하여 정의되는데 한국어에 적절한 표현이 없으므로 '~면 그리고 그때에만'을 사용한다(앞으로 간단하게 'iff'를 사용하는 경우도 있다).

(11) 임의의 명제논리 식 φ(파이), ψ(프사이 또는 사이)에 대하여,[7]

---

[7] 의미 해석 규칙에 p, q가 아니라 φ(파이), ψ(프사이 또는 사이)'를 사용하는 것은

1) ¬φ는 φ가 거짓이면 그리고 그때에만 참이다.
2) [φ∧ψ]는 φ, ψ 모두가 참이면 그리고 그때에만 참이다.
3) [φ∨ψ]는 φ, ψ 둘 중 적어도 하나가 참이면 그리고 그때에만 참이다.
4) [φ → ψ]는 φ가 참이고 ψ이 거짓이면 거짓이고, 다른 모든 경우에 참이다.
5) [φ ↔ ψ]는 φ와 ψ의 진리값이 같으면 그리고 그때에만 참이다.

어떤 명제 p, q에 대하여 다음과 같은, 고등학교 수학 시간에 이미 배웠을 진리조건표로 요약할 수 있다.

〈표 2〉 명제논리의 진리조건표

p	q	¬p	p∧q	p∨q	p → q	p ↔ q
T	T	F	T	T	T	T
T	F	F	F	T	F	F
F	T	T	F	T	T	F
F	F	T	F	F	T	T

명제논리는 그 의미 해석(진리값)이 명시적으로 정의된 언어이며, 자연언어의 문장을 명제논리로 번역하면 그 의미, 즉 진리값 해석을 명확히 제시하는 셈이다. 예를 들어, 다음과 논리식으로 표현할 수 있다.

(12) ㄱ. 비가 온다: p
     ㄴ. 춥다: q

---

p, q가 특정한 명제 기호, 혹은 명제논리 식이지만 φ, ψ는 진리조건 기술에서 p, ¬p, [p∧q] 등 임의의 명제논리 식 대신에 사용되는 변항이기 때문이다. 〈표 2〉도 p, q를 사용하였지만 φ, ψ를 사용하여 일반화시킬 수 있다.

ㄷ. 비가 오고 춥다: p∧q
   ㄹ. 비가 오면 춥다: p→q

명제논리는 자연언어의 부정, 접속(연접), 이접, 조건에 대한 논리적 직관을 반영한 것이지만 실제로 자연언어의 부정, 접속, 이접, 조건은 명제논리의 ¬, ∧, ∨, → 해석과 항상 똑같지는 않다.

우선 부정을 살펴보자, 명제논리의 부정 ¬은 명제에 적용되는 연산자로서 한국어의 '않다, 안', 영어의 'not'에 해당하는, 명제 전체의 부정이다. 그러나 자연언어의 경우 단어를 부정하는 수단이 있다.

   (13) ㄱ. 저 사람은 비신사적이다.
        ㄴ. He is unhappy.

여기서 '그 사람이 비신사적이다'와 '그 사람이 신사적이 아니다'는 의미 차이가 있다. 마찬가지로, 'Mary is unhappy'와 'Mary is not happy', 그리고 '동수가 불행하다'와 '동수가 행복하지 않다'도 의미 차이가 있다. '비신사적'이라는 것은 단순히 신사적이 아니라는 것 이상으로 매너가 나쁘다는 의미가 들어가 있고, 'unhappy'나 '불행하다'도 단순히 행복하지 않은 상태가 아니라 불행한, 즉 상황이 매우 나쁜 상태라는 것이다. 이와 같은 단어 부정의 연산자가 명제논리에는 존재하지 않는다(행복하지 않을 때 행복하지도 불행하지도 않을 수 있다).

또한, 앞에서 언급한 바와 같이, 언어에는 영향권의 문제가 발생하여 외적 부정인지 내적 부정인지 불확실한 때도 있다.

   (14) 모든 사람이 먹지 않았다.

이 문장은 "거기 있던 모두가 형편없는 음식이라고 생각했고, 결국 모든 사람이 먹지 않았어"라고 말할 때 내적 부정으로 해석되며, "일찍 도착한 사람은 밥을 먹을 수 있었지만 늦게 온 사람은 먹지 못했고, 결국 모든 사람이 먹지 않았어"라고 말할 때 외적 부정으로 해석된다.

다음과 같은 경우는 좀 특별하지만, 앞에서 이미 언급한 것이다.

(15) ㄱ. 민이는 귀엽지 않다. 민이는 깜찍하다.
ㄴ. 그 여자는 귀하지 않다. 그 여자는 고귀하다.

명제논리의 부정에 따르면, (ㄱ)의 첫 문장에 따라 '민이는 귀엽다'가 거짓이지만 두 번째 문장에서 '민이가 깜찍하다'가 참인 이상 '민이가 귀엽다'가 참일 수밖에 없다(깜찍한 사람은 귀엽다). 모순적 상황이다. (ㄴ) 또한 모든 고귀한 여자는 귀하지 않을 수 없는데 첫 문장에서 그것을 부정한 모순적 상황이다. 앞의 1장(언어의 의미)의 내용을 상기한다면 이때의 '않다'는 명제논리의 부정과 다른 메타언어적 부정임을 알 수 있다. 이 경우는 명제의 내용을 부정하는 것이 아니라 단어 '귀엽다'와 '귀하다'의 적절함을 부정한다.

접속의 경우는 어떠한가? 다음의 예문들 중 명제논리의 접속으로 해석하는 것이 적당한 것들과 그렇지 않은 것들을 구별해 보라.

(16) ㄱ. 하늘이 푸르고 공기는 청량하다.
ㄴ. 진이는 인천에 살고 민이는 서울에 산다.
ㄷ. 범인이 잡혔고 재판이 열렸다.
ㄹ. 민이는 밥을 먹었고 유치원에 갔다.
ㅁ. 미국 우주선이 달에 착륙했고 한국의 수도는 서울이다.
ㅂ. 원자 안에는 핵이 있고 베토벤은 아홉 개의 교향곡을 작곡했다.

명제논리의 접속 p∧q의 진리값은 q∧p와 동일하다. 즉, 구성 명제의 순서는 중요하지 않다. 위의 예 (ㄱ)과 (ㄴ)은 문장을 구성하는 두 문장의 순서가 중요하지 않으므로 명제논리의 해석에 부합한다. 그러나 (ㄷ)과 (ㄹ)의 경우는 다르다. 이 문장들은 보통 "범인이 먼저 잡혔고, 그다음에 재판이 열렸다", "민이가 밥을 먹고, 그다음에 유치원에 갔다"로 해석된다. '재판이 열렸고 범인이 잡혔다', '민이는 유치원에 갔고 밥을 먹었다'는 (ㄷ), (ㄹ)과 달리 해석된다. 이렇게 언어의 접속 중에는 그 순서가 문장의 뜻에 드러나는 경우가 많이 있다. (ㅁ)과 (ㅂ)은 순서의 문제는 아니지만 이상하다. 명제논리에 따르면, 두 명제가 참이면 그 접속 명제도 참이므로 (ㅁ)과 (ㅅ)은 참일 수밖에 없다(세계의 모습에 비추어 그렇다). 그러나 보통 사람은 이 문장들이 참이라는 것에 고개를 갸우뚱할 것이다. 언어에서 접속으로 표현되는 문장을 구성하는 절(문장)들이 서로 연관이 있어야 하기 때문이다. (ㄱ)은 야외에서 보는 풍경으로서 동시에 보고 느낄 수 있는 상황을 기술하고, (ㄴ)은 사는 장소에 관한 공통 관심사가 있으므로 자연스럽지만, (ㅁ)과 (ㅂ)은 그렇지 않다. 미국 우주선의 달 착륙과 한국의 수도 위치는 관련이 없고, 원자 안에 핵이 있다는 것과 베토벤이 몇 개의 교향곡을 작곡했는지 사이에 관련성을 찾기 힘들다.

사실 언어의 접속 문장이 드러내는 관련성은 여러 가지이다. 다음 예문들에서 나타나는 명제들의 관련성을 생각해 보자.

(17) ㄱ. 가수가 노래하고 춤춘다.
ㄴ. 늦게 일어났고 학교에 늦었다.
ㄷ. 고속철도가 개통되었고 서울과 부산을 빨리 왕복하게 되었다.
ㄹ. 그는 게을리 공부했고 시험에 합격하였다.
ㅁ. 미세먼지가 많고 사람들은 건강하게 산다.

(ㄱ)은 가수가 노래하는 상황과 그 가수가 춤추는 상황이 동시에 일어남을 드러내고, (ㄴ)과 (ㄷ)은 앞에서 언급한 시간의 전후 관계뿐만 아니라 인과적 관계도 드러낸다. 즉, 늦게 일어났기 때문에 학교에 늦었고, 고속철도의 개통이 서울과 부산 사이의 빠른 교통을 가능하게 했다고 해석된다. (ㄹ)과 (ㅁ)은 의외성을 표현하는데 '-지만', '-나'의 역접 어미를 사용하는 것이 더 자연스럽다.

명제논리의 이접을 보면, p∨q의 해석은 적어도 둘 중 하나가 참이면 참이다(둘 다 참일 수 있다). 이런 해석이 적절한 문장들이 있지만 그렇지 않은 문장들도 있다. 다음 문장들을 생각해 보라.

(18) ㄱ. 그 집은 (아이를 보니) 아빠가 똑똑하거나 엄마가 똑똑하다.
ㄴ. 현수는 교수이거나 (그는) 소설가이다.
ㄷ. 현수는 그 대학에서 교수이거나 (그는) 시간강사이다.
ㄹ. 현수는 점심으로 밥을 먹거나 빵을 먹는다.

(ㄱ)과 (ㄴ)은, 이접이 두 명제 중 하나가 참이거나 둘 다 참이면 참이라는 명제논리의 조건과 같이 해석될 수 있다. 그러나 (ㄷ)와 (ㄹ)은 둘 중의 하나만이 참이고 다른 하나는 거짓이라는 조건으로 이해된다. 후자를 특별히 '배타적 이접'이라고 부르기도 한다. 이접의 경우에도 '물이 아래로 흐르거나 미국 대통령이 10년마다 뽑힌다'와 같이 의미적으로 연관이 없는 이접은 자연언어에서는 이상하다(명제논리로는 참).

조건(함의)도 직관에 일치하는 경우와 직관에 어긋나는 경우가 있다. 먼저 직관과 일치하는 경우를 보자. p → q 논리식에서 q가 참이면 p가 참이든 거짓이든 전체가 참이다. 따라서 이 식에 해당하는 문장에서 q에 해당하는 어떤 특정한 문장이 참일 때, p에 해당하는 특정 문장이 반드시 참이라고는 할 수 없다. 의사가 환자의 특정한 증상을(q) 보고 병이 어떤 것이라고(p) 확언할 수 없는 이유이다. 플로베르의 「잃어버린 시간을 찾아서」 3권에서 주인공이 호흡곤란 증상이 있을 때, 주인공의 독백 "서로 다른 여러 병 서너 개에서 올 수 있는 증상 앞에서 ... 그 병이 무엇인지 결정하는 것은 결국 의사의 육감이나 통찰력이다"는 명제논리의 조건 해석과 일치한다. 의사가 병을 맞추는 것은 논리 이상의 능력이다. 따라서 오진 가능성이 존재한다.

그러나 조건(함의)은(p → q) 언어 문장에 대한 직관과 어긋나는 경우가 많다. 특히 그 진리조건에서 조건(p)이 거짓이면 결론(q)이 참이든 거짓이든 전체가 참이라는 것은 많은 경우 받아들이기 힘들다.

    (19) ㄱ. 비가 오면 춥다.
          ㄴ. 미국의 수도가 뉴욕이면 한국의 수도는 안양이다.
          ㄷ. 미국의 수도가 워싱턴이면 올림픽은 4년마다 열린다.

(ㄱ)에서, 실제로 비가 오고 추우면 참, 비가 오고 춥지 않으면 거짓임이 분명하다. 그런데 비가 안 오는 경우 춥거나 춥지 않거나 간에 이 문장이 참이라는 것은 직관에 다소 어긋난다. (ㄴ)과 같이 조건이 거짓이고 결론이 명백한 거짓인 경우는 말할 것도 없다(명제논리에서 이 문장은 참이다). (ㄷ)은 조건이 참이고 결론이 참이므로 명제논리로는 참이어야 하지만 받아들이기 힘든 문장이다. 부분 문장들이 서로 의미적 관련성이 있어야 하기 때문이다.

좀 더 강한 진리값의 해석을 요구하는 경우도 있다.

    (20) ㄱ. 열심히 공부하면 시험에 합격한다.
          ㄴ. 일을 마치면 5만 원을 받는다.

이 문장들의 해석은, 명제논리의 진리조건과 달리, 조건이 참이면 결론이 참이지만 조건이 거짓이면 결론도 거짓이라는 의미로 해석된다. 마치 양방향 조건처럼 해석되는 것이다. 즉, "열심히 공부하면 시험에 합격하지만, 열심히 공부하지 않으면 시험에 합격하지 않는다", "일을 마치면 5만원을 받지만, 일을 마치지 않으면 5만원을 받지 않는다(못한다)"라는 의미로 해석된다.

8.3 술어논리

앞 절에서 기술한 명제논리는, 언어로 말하자면, 문장들의 결합에서 두 문장의 진리값에 기초하여 그것들이 결합한 문장의 진리값이 어떤지를 알려주지만, 하나의 문장(단문)의 의미에 대하여 알려주는 것은 없다. '비가 온다'나 '민이가 영화를 보았다' 모두 p 또는 q라는 명제 기호로 대치될 뿐이다. 문장(단문) 속의 서술어와 주어, 목적어 등의 의미로부터 문장의 의미를 구성하는 방식과 같은, 술어(predicate)와 그것의 논항(argument)이 결합하여 명제를 구성하는 논리적 방식이 술어논리(predicate logic)이다.

예를 들어, '진이는 학생이다'의 문장을 술어논리로 표현하면 다음과 같다.

(21) 한국어 문장: 진이는 학생이다.
                    주어   서술어
     술어논리: STUDENT(j)
                    술어   논항

술어논리의 명제 STUDENT(j)는 술어 STUDENT와 논항 j와 결합이다.

이것은 문장의 술어와 주어에 해당하며, 한국어 문장의 주어 '진이'가 j, 술어 '학생(이다)'가 STUDENT에 해당한다.

    타동사 문장은 주어와 목적어를 가지고 있다. 이 문장에 대응하는 명제 속에 술어는 한 개이고 논항은 두 개이다.

    (22) 한국어 문장: 진이는 민이를 좋아한다.
                             주어   목적어 서술어
        술어논리   LIKE(j, m)
                       술어 논항1 논항2

    j는 '진이', m는 '민이'에 대응하는 논항들이고 LIKE는 '좋아하다'에 대응하는 술어이다. '좋아하다'가 주어와 목적어를 요구하듯이 술어논리 표현 LIKE는 두 개의 논항을 요구한다. 앞의 '학생이다'의 '이다'는 술어논리에서 중요하지 않은데 이것을 제외하면,[8] '학생' 같은 명사와 '좋아하다' 같은 동사가 모두 술어로 표시됨에 유의하라.

    술어논리는 명제논리의 명제 결합을 포함하므로 부정, 접속 등을 포함한 자연언어 문장도 술어논리로 변환할 수 있다.

    (23) ㄱ. 민이가 걷지 않는다 ⇒ ¬WALK(m)
          ㄴ. 현수가 노래하고 민이가 춤춘다 ⇒ SING(h) ∧ DANCE(m)
          ㄷ. 현수가 놀면 민이는 기쁘다 ⇒ PLAY(h) → HAPPY(m)
          ㄹ. 현수가 민이를 좋아하거나 민이가 진이를 싫어한다
              ⇒ LIKE(h, m) ∨ HATE(m, j)

---

[8] 자연언어 중에 한국어의 '이다'나 영어의 'be' 동사에 해당하는 표현이 없는 언어가 있다. 러시아가 그런 언어 중의 하나이다.

술어논리는 또한 두 가지 종류의 양화(quantification)를 표현한다. 그것은 술어논리의 보편양화사 ∀와 존재양화사 ∃을 이용하는 것으로서, '모든 학생이 똑똑하다', '한/어떤 학생이 똑똑하다' 같은 문장의 의미를 술어논리로 표현할 수 있다. 이때, 임의의 개체를 가리키는 x 같은 변항이 필요하다.

(24) ㄱ. 모든 학생이 똑똑하다 ⇒ ∀x[STUDENT(x) → SMART(x)]
　　ㄴ. 한/어떤 학생이 똑똑하다 (똑똑한 학생이 있다)
　　　⇒ ∃x[STUDENT(x) ∧ SMART(x)]
　　ㄷ. 민이가 어떤 학생을 좋아한다. ⇒ ∃x[STUDENT(x)
　　　∧ LIKE(m, x)]

위 문장들은 보편양화사 혹은 존재양화사가 한 개씩 나온 문장들로 그 해석이 단순하다. 보편양화를 표현하는 (ㄱ)의 논리식은 "모든 개체(사람) x에 대하여 x가 학생이면 x는 똑똑하다"를 표현한다. 존재양화를 표현하는 (ㄴ)의 논리식은 "어떤 개체 x에 대하여, x가 학생이고 x가 똑똑하다" 또는 "학생이면서 똑똑한 개체(사람)가 존재한다"의 표현이다. 역시 존재양화의 (ㄷ)의 논리식은 "어떤 개체 x에 대하여, x가 학생이고 민이(m)가 x를 좋아한다" 또는 "학생이면서 민이가 좋아하는 개체(사람)가 존재한다"의 표현이다.

양화사와 관련하여 중의성이 발생하는 문장들과 각 해석의 술어논리식은 다음과 같다.

(25) ㄱ. 모두가 누군가를 좋아한다.
　　　1) ⇒ ∀x∃y[LIKE(x, y)]
　　　2) ⇒ ∃y∀x[LIKE(x, y)]
　　ㄴ. 모두가 똑똑하지 않다.

1) ⇒ ∀x[¬SMART(x)]
2) ⇒ ¬∀x[SMART(x)]

(ㄱ)에는 양화 표현이 두 개 나타나는데('모두'와 '누군가'), 이것들과 관련된 두 양화사 ∀와 ∃의 순서에 따른 영향권(scope)의 차이에 따라 하나의 문장이 두 개의 술어논리 식에 대응한다. (ㄱ)의 첫 번째 논리식 1)은 "모든 사람이 각자 어떤 사람을 좋아한다"(각자 다른 사람을 좋아할 수 있다)를 표상하는 논리식이며, 두 번째 논리식 2)는 "어떤 사람 y에 대하여 y를 모든 사람이 좋아한다" 혹은 "모든 사람이 좋아하는 어떤 사람이 존재한다"를 표상한다. 명제논리에 관한 논의 부분에서 말했듯이, 부정의 ¬도 영향권을 가지고 있어서 부정과 양화사 사이에 영향권의 중의성을 일으킬 수 있다. (ㄴ)은 한 문장이 두 가지 술어논리 식, 즉 "모든 사람 각각이 똑똑하지 않다"의 의미를 가진 것과 "모든 사람이 똑똑한 것은 아니다"라는 부분 부정의 의미를 가진 것 두 가지의 술어논리 식으로 표상될 수 있음을 보여준다.

술어논리의 술어들은 그것이 취할 수 있는 논항의 수가 정해져 있어서 그 수가 맞지 않으면 올바른 식을 형성할 수 없다. 한국어의 '학생, 똑똑하다, 걷다, 사랑하다, 소개하다'에 해당하는 술어 STUDENT, SMART, WALK, LOVE, INTRODUCE의 예를 들어 보자. 각 술어는 한 개, 두 개, 또는 세 개의 논항을 요구한다. 술어에 대한 논항의 수가 맞지 않으면 잘못된 논리식이다.

(26) ㄱ. 적형: STUDENT(j), SMART(j), WALK(m), LOVE(j, m), INTRODUCE(j, m, b)
ㄴ. 비적형: STUDENT(j, m), SMART(j, m, b), WALK(), LOVE(m), INTRODUCE(m, j)

지금까지 술어논리의 형식을 설명하고 의미를 대략 언급하였다.[9] 다음 절에서는 술어논리의 의미 해석을 모형을 통하여 엄밀하게 제시한다.

8.4 술어 논리의 의미 해석

술어논리의 의미 해석은 우선 술어논리의 기본적인 이름과 술어가 세계 속의 무엇을 가리키는가를 지정하는 모형(model)을 제시하는 것에서 시작한다. '민이가 똑똑하다'에 대응하는 술어논리 식 SMART(m)이 참인지 거짓인지는 m이 무엇을 가리키는지 그리고 SMART가 무엇을 가리키는지 등을 지정한 모형, 즉 세상 일부를 추상적으로 구조화한 모형이 있어야 그것에 비추어 참과 거짓을 판단할 수 있다. 구체적으로 모형은 다음과 같이 구성된다.

(27) 모형 M = ⟨D, F⟩

D는 영역(domain)으로서, 술어논리로 무엇인가 말하고자 하는 대상 개체들을 말한다. 사람들이 말을 주고받을 때의 담화 영역에 해당한다고

---

[9] 논의된 술어논리의 통사부를 정의하면 다음과 같다.
기본 어휘
   1) 술어: STUDENT, SMART, WALK, SING, LIKE, HATE, INTRODUCE …
   2) 개체상항(이름): m, j, s, d, …
   3) 개체변항: x, y, z, …
형성 규칙
   1) 술어 α와 적절한 수의 개체항 $t_1, t_2, …t_n$이 결합한 α($t_1, t_2, …t_n$)은 적형식이다.
   2) φ가 적형식이면 ¬[φ]도 적형식이다.
   3) φ, ψ가 적형식이면 [φ∧ψ], [φ∨ψ], [φ→ψ], [φ↔ψ]도 적형식이다.
   4) φ가 적형식이고 x가 변항이면 ∀x[φ], ∃x[φ]도 적형식이다.

볼 수 있다. F는 술어논리의 기본적 표현, 즉 이름과 술어가 영역 속의 무엇을 가리키는지를 밝히는 배당 함수이다. 술어논리에서 j, m, h 같은 이름은 개체를(특정 사람 등) 가리키고, 술어는 개체들의 집합을 가리킨다. 앞에서 언급하였듯이 '학생' 같은 명사에 대응하는 STUDENT, '똑똑하다' 같은 형용사 및 '걷다' 같은 자동사에 대응하는 SMART, WALK는 개체들의 집합, 즉 각각 학생들의 집합, 똑똑한 사람들의 집합, 걷는 사람들의 집합을 가리킨다. 그리고 '좋아하다'에 해당하는 LIKE는 개체 쌍의 집합, 즉 서로 좋아하는 사람과 사람 순서쌍의 집합을 가리키고, '소개하다'에 해당하는 INTRODUCE 같은 술어는 3중 순서쌍의 집합을 가리킨다. 순서쌍은 집합과 달리 순서가 중요하다. 예를 들어, ⟨a, b⟩는 ⟨b, a⟩와 다르다.

정리하자면,

(28) 술어논리 모형의 배당 함수 F의 제약
1) 이름 δ는 영역 내의 어떤 개체에 연결된다(사상된다). 즉, F(δ) ∈ D.
2) 술어 α는 이것이 일항술어일 경우 영역 내 개체들의 집합, 이항술어일 경우 개체들의 순서쌍의 집합, 삼항술어일 경우 개체들의 3중 순서쌍의 집합에 연결된다. 일반적으로, n-항 술어는 n-중 순서쌍의 집합에 연결된다(사상된다).

논리식을 해석하는 의미 해석 절차는 다음과 같다. 술어가 집합으로 해석되므로, 진리조건은 집합에 원소가 속하는가에 대한 판단이다. 의미 해석에서, 어떤 술어논리 표현 α의 의미(값)를 ‖α‖로 표시한다. 변항 및 양화 부분은 제외한다.

(29) 술어논리의 의미 해석 절차
기본 어휘의 의미값

개체상항(이름) δ, 술어 α에 대하여, ‖δ‖ = F(δ), ‖α‖ = F(α).
해석 규칙
1) α가 일항술어이고 δ가 개체상항일 때, ‖δ‖ ∈ ‖α‖이면 그리고 그 때에만 ‖α(δ)‖는 참이다.
2) α가 이항술어이고 δ, κ가 개체상항일 때, ⟨‖δ‖, ‖κ‖⟩ ∈ ‖α‖이면 그리고 그때에만 ‖α(δ, κ)‖는 참이다.
3) 일반적으로, α가 n-항술어이고 $δ_1, δ_2, ... δ_n$ 가 개체상항일 때, ⟨‖$δ_1$‖, ‖$δ_2$‖, ... ‖$δ_n$‖⟩ ∈ ‖α‖이면 그리고 그때에만 ‖α($δ_1, δ_2, ... δ_n$)‖는 참이다.

말하자면 SMART(m)이 참이 되는 조건은 m의 해석인 민이가 SMART의 해석인 똑똑한 사람들의 집합에 속하면 된다는 것이다.

구체적인 예시를 위해, 1964년 이후 한 시대를 풍미한 팝 그룹 비틀즈(Beatles)에 대하여 진술하는 술어논리 언어를 만들어 보자. 독자들이 이미 잘 알 수도 있겠지만, 비틀즈는 존 레논(John Lennon), 폴 매카트니(Paul McCartney), 링고 스타(Ringo Starr), 조지 해리슨(George Harrison)으로 구성되었다. 비틀즈는 'Yesterday, Yellow Submarine, Hey Jude' 등의 명곡을 불렀다.

비틀즈에 대하여 말하기 위해 사용할 아주 간단한 술어논리 BPL이 다음과 같은 개체상항(이름)과 술어를 가지고 있다고 하자.

(30) 술어논리 BPL의 개체상항과 술어
개체상항(이름): j, p, r, g
술어: BEATLES, SING, TALL, SHORT, LIKE

술어논리의 모형 M을 다음과 같이 상정할 수 있다(모형은 현실 세계와 모든 면에서 일치하지는 않음).

(31) 술어논리 BPL의 모형 M = ⟨D, F⟩
D = {John, Paul, Ringo, George}
F(j) = John, F(p) = Paul, F(r) = Ringo, F(g) = George
F(BEATLES) = {John, Paul, Ringo, George}
F(SING) = {John, Paul, George}
F(TALL) = {John, Paul}
F(SHORT) = {Ringo, George}
F(LIKE) = {⟨John, Ringo⟩, ⟨Paul, George⟩, ⟨George, Paul⟩, ⟨Ringo, George⟩}

이것은 누가 비틀즈 멤버인지, 누가 노래를 하는지, 누가 크고, 누가 작은지, 이 사람들 사이에서 누가 누구를 좋아하는지에 대한 모형이다. 이 모형을 바탕으로, 술어논리 식의 진리값을 판단할 수 있다. 예를 들어, "존이 노래 부른다"에 해당하는 SING(j)는 이 모형에서 다음과 같은 절차로 참, 거짓이 결정된다.

(32) ‖SING(j)‖는 ‖j‖ ∈ ‖SING‖이면 그리고 그때에만 참이다.
‖j‖ = F(j) = John, ‖SING‖ = F(SING) = {John, Paul}. John ∈ {John, Paul}이므로 ‖j‖ ∈ ‖SING‖. 따라서 ‖SING(j)‖는 참이다.

SHORT(j)("존이 키가 작다"), LIKE(j, g)("존이 조지를 좋아한다")의 해석 절차도 마찬가지이다.

(33) ‖SHORT(j)‖는 ‖j‖ ∈ ‖SHORT‖이면 그리고 그때에만 참이다.
‖j‖ = F(j) = John, ‖SHORT‖ = F(SHORT) = {Ringo, George}이다. John ∉ {Ringo, George}이므로 ‖j‖ ∉ ‖SHORT‖. 따라서 ‖SHORT(j)‖는 거짓이다.

(34) ‖LIKE(j, g)‖는 ⟨‖j‖, ‖g‖⟩ ∈ ‖LIKE‖이면 그리고 그때에만 참이다.
‖j‖ = F(j) = John, ‖g‖ = F(g) = George, 그리고 ‖LIKE‖ = F(LIKE) =
{⟨John, Ringo⟩, ⟨Paul, George⟩, ⟨George, Paul⟩, ⟨Ringo,
George⟩}이다. ⟨John, George⟩가 실제 이 집합의 원소가 아니므로
⟨‖j‖, ‖g‖⟩ ∉ ‖LIKE‖. 따라서 ‖LIKE(j, g)‖는 거짓이다.

술어논리의 양화는 좀 복잡한데 대략 다음과 같은 해석 절차를 따르게 된다.

(35) 양화 해석
ㄱ. α가 일항술어일 때, ∀x[α(x)]는 영역 D 속의 각(모든) 개체 k에 대하여 k ∈ ‖α‖이면 그리고 그때에만 참이다.
ㄴ. α가 일항술어일 때, ∃x[α(x)]는 k ∈ ‖α‖인, 영역 D 속의 개체 k가 존재하면 그리고 그때에만 참이다.

양화 해석 절차를 이용하여 '어떤 사람이 노래하고 키가 작다' 또는 '노래하고 키가 작은 사람이 있다'에 해당하는 ∃x[SING(x) ∧ SHORT(x)]의 진리값을 계산해 보자.

(36) ‖∃x[SING(x) ∧ SHORT(x)]‖는 영역 속에 ‖SING(k)‖가 참이고 ‖SHORT(k)‖가 참인 영역 속의 k가 존재하면 그리고 그때에만 참이다. 즉 k ∈ ‖SING‖이고 k ∈ ‖SHORT‖인 k가 있을 때 참이다. F(SING) = {John, Paul, George}, F(SHORT) = {Ringo, George}. George ∈ ‖SING‖이고 George ∈ ‖SHORT‖이므로 그러한 k가 존재한다. 따라서 ‖∃x[SING(x) ∧ SHORT(x)]‖는 참이다.

술어논리의 모형과 해석을 언어 의미 해석에서 매번 제시할 필요는 없다. 자연언어의 의미 해석의 결과로 문장을 논리식으로 표현하면 된다. 다만

우리가 논의하는 세계 혹은 상황, 즉 모형 속에서 논리식의 참, 거짓이 결정되는 원리를 이해해야 한다. 다시 말해서, 의미 기술의 논리적 방법이 어떻게 언어 밖 세계 속의 의미를 기초로 수행되는지를 이해하는 것으로 충분하다.

8.5 확장

논리적 방법은 시간과 관련하여 시제를 해석하는 시제논리(tense logic), 가능성 및 필연성과 관련된 양상논리(modal logic)로 확장될 수 있다. 시제논리와 양상논리를 위해서는 시제와 양상 연산자를 논리식에 도입해야 한다. 그리고 그 해석을 위하여 시제논리는 모형 속에 시점 또는 시구간의 집합을 도입해야 하고, 양상논리는 현실 세계를 포함한 가능세계(possible world)의 집합을 모형 속에 도입해야 한다. 또 그에 따라 모형은 개체의 집합, 그리고 시점 및 세계에 따라 값이 정해지는 배당 함수로 구성된다. 논리식의 의미 해석은 특정 시점과 세계에서 계산된다. 여기서는 이런 확장된 논리를 소개하지는 않는다. 시제와 상의 문제는 11장(시제, 상, 양상)에서 논의한다.

이후의 장부터는 의미를 논하면서 세계 속의 의미를 어떻게 접근하는 것이 필요하고 정당한지를 자세히 논의한다. 필요하면 간단한 논리식을 제시할 뿐이고 자세한 논리식의 해석 과정을 제시하지는 않는다.

더 읽을거리

강범모 (2020). 「언어: 풀어 쓴 언어학 개론」, 개정 4판, 서울: 한국문화사 [부록].

Chierchia, Gennaro and Sally McConnel-Ginet (2000). *Meaning and Grammar*, 2nd edition (1st ed. 1990), Cambridge: The MIT Press.
Dowty, David, Robert E. Wall, and S. Peters (1981). *Introduction to Montague Semantics*, D. Reidel, Dordrecht.
Kearns, Kate (2011). *Semantics*, 2nd ed., London: MacMillan Press Ltd.

9

지시와 뜻

9.1 지시

　세계 속 의미의 출발은 지시(reference)이다. 즉, 언어 표현이 외부 세계의 어떤 사람 혹은 사물을 지시함으로써(refer) 언어와 세계는 연결된다. 언어 표현의 지시는 화자가 언어 표현으로 사물을 가리키는 것에서, 즉 지시하는 것에서 출발한다. 지시는 화자가 사물을 가리키는 행위이지만, 이를 확장하여 우리는 언어 표현이 사물을 지시한다고 말한다. 또한, '지시'(reference)는 화자 또는 표현이 사물을 가리키는 현상을 말하고 '지시물'(referent)은 지시된 사물을 가리키지만, '지시물' 대신 간단하게 '지시'라는 말을 쓰기도 한다.

　지시와 지시물의 중요성은 언어의 기능 중 커뮤니케이션이 가장 중요한 것이라는 점에서 드러난다. 다음 문장들은 세상의 모양이나 일들에 관한 기술이다.

　　(1)　ㄱ. 최초의 흑인 미국 대통령이 오바마이다.
　　　　 ㄴ. 진이가 그 사람을 좋아한다.

(ㄱ)과 같은 공적인 사실이든, (ㄴ)과 같은 사적인 사실이든 이 문장들은 모두 세계가(혹은 세계의 일부가) 어떤 상태인지, 혹은 세계에서 어떤 일이 일어나는지 알려 준다. 사람들은 이렇게 언어로 세상에 대한 정보를 주고받음으로써 생존해 나간다. 따라서 언어의 지시적 기능은 아주 중요하고, 언어 표현이 세계 속의 사물을 가리키는 것이 언어 의미의 핵심적인 부분이다.

위 문장을 발화하면서 화자는 '미국', '오바마', '진이' 등의 이름으로 세상 속의 특정한 사람 또는 사물을 지시한다. 즉, 지시는 화자가 행하는 것이다. 반복하자면, 이를 확장하여 '오바마' 등의 언어 표현이 사람을 지시한다고 한다. 앞으로도 어떤 단어, 표현이 무엇을 지시한다는 것은 이 단어, 표현을 발화하는 사람이 이것으로 그 사람 혹은 사물을 지시한다는 것 혹은 지시할 수 있다는 것으로 이해하면 된다.

일반적으로 화자가 '오바마' 같은 이름이나 표현을 발화하여 세상 속의 특정 사람 또는 사물을 지시하는 것이 성공하기 위해서는 청자가 그 이름이나 표현이 누구/무엇을 지시하는지 이해해야 한다. 달리 말하면, 세상의 수많은 사람과 사물 중에서 화자가 언어 표현을 사용하여 지시하려고 하는 것을 청자가 골라낼 수 있어야 지시가 성공적으로 성립한다. 화자는 지시가 성공하게 만들려고 노력하고, 지시가 성공적으로 수행되어야만 위 문장들의 발화가 정보를 전달한다. 예를 들어, '진이'와 '그 여학생'이 가리키는 사람이 누구인지 모르는 사람에게 "진이가 그 여학생을 좋아한다"라고 말하는 것은 정보 전달의 면에서 소용이 없다. 미국과 오바마가 누구인지 아는 사람은 (ㄱ)의 발화로 새로운 정보를 얻든지 알고 있던 정보를 확인할 수 있지만, 이 책의 독자는 (ㄴ)의 발화자가 지시하는 진이와 그 여학생이 누구인지 모를 것이므로 (ㄴ)으로 어떤 정보를 얻을 수 없다.

모든 언어 단어 혹은 언어 표현이 지시에 적합한 것은 아니다. 전형적인 지시 표현(referring expression)은 어떤 것들이 있는가? 그것들은 이름,

직시 표현, 그리고 한정기술(구)이다. 이름(name)은 문법적으로는 고유명사라고 부르는, 사람이나 사물에 고유하게 붙은 일종의 표지이다. 직시(deixis) 표현은 '나, 너, 여기, 오늘, 어제' 같은, 발화 상황(맥락), 즉 언제, 어디서, 누가, 누구에게 말하는지에 따라 지시물이 결정되는 표현이다. 한정기술(definite description)은 명사구의 일종으로, '(현재) 프랑스 대통령의 부인', '어제 내가 만난 소년', '신애가 2017년에 발간한 책', '진이가 어제 본 시험들' 같은, 특정한 사람이나 사물, 혹은 그것들의 집단을 가리키는 명사구이다. 영어의 경우에 전형적인 한정기술은 'the wife of the president of France', 'the tall boys'와 같이 주로 정관사 'the'가 사용되는 구로 나타난다.

 한정기술이 세상의 사물을 정확히 지시하기 위해서, 혹은 청자가 화자가 그 표현으로 지시하는 것이 무엇인지 알기 위해서는 일반적으로 그러한 기술을 만족시키는 대상이 단 하나여야 한다. 단수 명사구는 하나의 개체를 지시하고 복수 명사구는 하나의 집단을 지시한다. 'the president of France'가 가리키는 사람은 단 한 사람이며 '김 교수가 어제 참석한 위원회'가 가리키는 집단(위원회)도 하나여야 한다. 영어의 경우 정관사로 그러한 유일성이 분명히 드러나지만, 관사가 없는 한국어의 경우 한정기술은 '키가 큰 소년', '한국의 대통령', '미국의 국무장관'과 같이 표현되는데, '키가 큰 소년'이 비한정적으로 사용될 수도 있다. 물론 한정적 의미로 사용될 때에 역시 유일한 대상을 지시한다. 한국어의 '그'는 관사가 아닌 제시어(demonstrative)이지만[1] '그'가 사용된 '그 사람(들)', '그 집(들)', '그 소년(들)' 같은 한정적 명사구는 발화 상황 혹은 담화 속의 사람이나 집단 등 유일한 대상을 지시한다.[2]

---

[1] '이', '그', '저'는 한국어의 제시어이고, 'this', 'that'는 영어의 제시어이다. 한국어 용어로 '제시어' 대신 '가리킴말'을 사용할 수도 있다.

어떤 경우에 한정적 기술이 가능한가? 영어의 경우 'the boy' 같은 한정 기술이 성공적으로 사용되려면 화자와 청자 사이에 그 한정 기술의 대상이 누구인지를 알고 있어야 한다. 그것은 서로의 대화 속에 언급된 사람일 수도 있고 서로 잘 아는 사람일 수도 있다. 'the sun', 'the king'처럼 유일한 사물이나 사람을 가리킬 때도 사용된다('the sun'은 지구 관련의 논의 맥락에서, 'the king'은 특정 나라의 맥락에서 유일하게 적용된다). 관사가 없는 한국어에서 특정 학생을 염두에 두고 '내가 학생을 만났어'라고 할 수 있는데, 그때에도 맥락 속에서 화자와 청자는 대상을 공유해야 한다. '그 소년'도 마찬가지이다.[3]

사람의 이름은 원칙적으로 특정한 한 사람을 지시한다. 같은 이름을 가진 사람이 여럿인 경우는 여기서 논의의 핵심이 아니다. 내가 '민이가 왔어' 하고 말한다면, 세상 속에 '민이'라는 이름을 가진 사람이 여러 명 있다고 하더라도 나는 발화 속에서 그 이름으로 특정한 한 사람을 가리킨다.

언어 속의 이름이 세계 속의 사람 혹은 사물과 어떻게 연결되는가(연결의 이유, 원인)? 말하자면, '이순신, 메르켈, 소크라테스' 같은 이름이 과거와 현재의 어떤 인물을 가리키는 것은 자명하지만 그것이 어떻게 가능한가? 이 문제에 대한 철학적 대답으로 소위 기술 이론과 인과 이론이 있다.

러셀(Russell)이 주장한 기술 이론(description theory)은, '내가 어제 만난 (그) 소년'이 지시하는 세상 속의 사람이 이 기술의 내용이 참으로 적용되는 특정한 사람으로 결정되듯이, '이순신' 같은 이름은 특정한 인물

---

[2] '이 사람/사람들', '저 소년/소년들'은 영어의 'this N', 'that N'에 해당하는, 맥락 속의 사물을 직접 가리키는 명사구로서 한정적이다.

[3] 한국어의 '그'는 영어의 'the'처럼 앞에서 언급한, 혹은 서로 잘 아는 대상을 지시하는 용법으로, '아침에 어떤 아이가 길에서 울고 있는 것을 보았는데, 그 아이는 참 슬퍼 보였어'에서 '그 아이'같이 사용될 수 있다. 또 다른 '그'의 용법은 맥락 속에서의 제시적 사용인데, 청자에게 가까운 사물을 가리키며 '그 N'이라고 할 수 있다('그 가위 좀 집어 줘').

에만 적용될 수 있는, 기술들의 집합(접속)이라는 주장이다. 예를 들어, '소크라테스'는 다음과 같은 기술들이 모두 적용되는 역사적 인물을 지시한다.

(2) ㄱ. 그리스인이다.
　　ㄴ. 철학자이다.
　　ㄷ. 독을 마시고 죽었다.
　　ㄹ. 그의 부인이 악처이다.
　　ㅁ. "너 자신을 알라"라고 말했다.

그리스인인 사람이 많고(알렉산더 대왕, 나나 무스쿠리, 반젤리스 등), 철학자인 사람이 많고(아리스토텔레스, 러셀, 비트겐슈타인), 독을 마시고 죽은 사람이 많고(조선 시대에 사약을 먹고 죽은 수많은 사람들), 부인이 악처인 사람(나는 아니다), 너 자신을 알라고 말한 사람이 많지만(나도 가끔 나 자신에게 그렇게 말한다), 이 모든 조건이 적용되는 사람은 단 하나이다. 말하자면 이름은 이런 여러 기술을 모두 열거하지 않고 간단히 부르기 위한 하나의 표지라는 것이다. 그러나 이 이론은 특정한 한 사람만을 지정할 수 있는 기술이 유한한가 하는 문제가 있다. (ㄱ)-(ㅁ)을 만족하는 유명하지 않은 또 다른 사람이 있다면, '소크라테스'는 우리가 아는 소크라테스를 가리키지 않는가? 또 하나의 문제는 소크라테스가 악처와 살고 있었다는 것이 참이 아니라면, 혹은 그 사실을 내가 모르더라도, '소크라테스'가 소크라테스를 가리킨다는 것을 나는 알고 그 이름으로 소크라테스를 지시한다는 것이다.

이러한 기술 이론의 문제점을 지적하고 나타난 것이 크립키(Kripke)의 인과 이론(causal theory)이다. 이 이론에 따르면, 이름과 그것이 가리키는 대상(사람, 사물)의 연결은 그 연결을 할 자격이 있는 어떤 사람이 적절한 시점에 그 일을 행하였기 때문이다. 예를 들어, '이순신'이 이순신을 지시하는 것은 이순신의 부모가 그렇게 이름을 지어 부른 사건에서 출발한다. 물론 아무나 그러한 일을 할 수 있는 것은 아니다. 그러한 일을 할 수 있는 자격이 있는 부모만이 그런 일을 할 때 이를 다른 사람들이 따른다. 이순신이 어렸을 때 그를 옆집 아이가 '개똥이'라고 불렀다고 하더라도 이순신이 '개똥이'가 되지는 않는다. 경우에 따라서는 자신이 자기 이름을 (새로) 붙일 수도 있다. 시인 김정식은 자신의 호를 '소월'로 정했기 때문에 '소월'이 김정식, 즉 "나 보기가 역겨워 / 가실 때에는 / 말없이 고이 보내 드리우리다" 하고 노래했던 시인을 가리킨다. 호를 친구가 지어 줄 수도 있지만, 그 호를 본인이 받아들이지 않으면 그것이 자신을 가리키는 이름으로 확립될 수 없다.

이름에서 한 걸음 더 나아가 '물, 철, 금, 사슴벌레, 벌개미취' 등의 자연종을 지시하는 단어들도 모두 과거의 어떤 사람 혹은 집단이 그렇게 불렀기 때문에 그것들이 세상의 물질이나 사물을 가리킬 수 있다. 때에 따라서 전문가가 특정 사물이 어떤 이름으로 불릴 수 있는지를 결정하기도 한다. "반짝거리는 것은 모두 금이 아니기"(All is not gold that glitters) 때문에 반짝이는 어떤 물건을 금 전문가가 보아야 진짜 금이라는 것을 인정받을 수 있다. 현대적 관점에서 인과 이론도 공격을 받는다고 하나 언어학의 의미론을 공부하는 사람이 더 깊이 들어갈 필요는 없다(철학 전공 학생도 공부할 것이 있어야 한다).

앞에서 지시는 담화상에서 화자가 언어 표현으로 사물을 가리키는 것이 기본이라고 하였고, 파생적으로 표현이 사물을 지시한다고 할 수 있다고 말했다. 한정기술의 경우 그것이 가리키는 사물은 한정기술의 내용이 참인 경우가 일반적이다. 화자가 어떤 사람을 가리키면서 '프랑스의 대통령'이라고 한다면 실제로 '프랑스 대통령이다'라는 술어가 그 사람에게 참으로 적용되는 것이 일반적이다(실제로 그 사람이 프랑스 대통령이다). 그러나 화자가 프랑스 국무총리를 부통령으로 잘못 알고 그를 '프랑스 부통령'이라고 부르면서 지시해도 화자의 입장에서 지시는 성립한다. 왜냐하면 지시는 화자의 의도가 중요하기 때문이다. 이러한 경우에도 청자가 화자가 의도하는 지시물을 식별할 수 있게 되면 지시는 성공적이다. 하나의 예를 더 들자면, 대학교 캠퍼스에서 서적 판매원을 보고 두 학생이 다음과 같이 대화할 수 있다.

(3) ㄱ. 저기 가는 교수 꽤 키가 크네.
ㄴ. 그래. 저 교수 매일 큰 가방을 가지고 다녀.

첫 학생이 서적 판매원을 보고 '저기 가는 교수'로 지시했고, 둘째 학생이 '저기 가는 교수'가 그 서적 판매원을 가리키는 것으로 이해하고 응답을 하였다. 두 학생이 모두 그 사람을 교수로 잘못 알고 있기 때문이다. 말하자면, 언어 표현을 사용한 화자의 지시는 반드시 그 표현의 참에 의존하지는 않으며, 참이든 아니든 화자는 한정명사구로 특정한 사람, 사물을 지시한다. 그러나 보통은 화자와 청자가 공유하는 언어 지식이 정확히 적용되는, 즉 참으로 적용되는 경우에 청자가 지시의 대상을 정확히 식별할 가능성이 커진다.

화자는 한정기술을 반드시 지시적으로만 사용하지는 않는다. 다음 예문들에 나오는, 한정적으로 사용된 '살인범'과 '학생'이 포함된(영어로 'the killer'와 'the student') 명사구들의 의미가 차이가 있는지 구별해 보라. 단, 예문에 나타나는, 사람을 가리키는 명사구는 모두 한정기술로(영어로 'the ~') 간주하라.

(4) ㄱ. 일주일 전에 잡힌 여고생 살인범이 오늘 검찰로 송치되었다.
ㄴ. 아침에 발견된, 단서라고는 없는 잔혹한 사건 현장을 보고, 수사

반정이 그 잔인하고 영악한 살인범을 수배했다.
ㄷ. 우리가 전에 만난 학생이 나에게 찾아왔다.
ㄹ. 이 시험에 100점을 맞은 학생은 대단한 영재이다.

(ㄱ), (ㄷ)의 문장에서 한정기술 명사구 '여고생 살인범', '우리가 전에 만난 학생'은 특정한 사람을 지시한다. 반면에 (ㄴ)의 '잔인하고 영악한 살인범', (ㄹ)의 한정기술 '이 시험에 100점을 맞은 학생'은 한정된 사람을 지시하지 않고, 누구인지 모르지만 그 일을 행한 사람이 어떤 특성을 가지고 있다고 추측하는 것이다. (ㄴ)의 경우, 살인의 현장에 단서가 될 만한 것이 없는 상황에서 그 일을 저지를 만한 사람이 잔인하고 영악하다는 기술을 하는 셈이다. 도넬런(Donnellan 1966)은 이러한 한정기술의 용법을 비지시적, 서술적 사용이라고 하였다.

명사구는 그 특성에 따라 한정적인(definite) 것과 비한정적인 것, 특정적인(specific) 것과 비특정적인 것으로 구분된다. 다음 문장들에서 명사구의 특성을 비교해 보라.

(5)　ㄱ. 민이는 (그) 키 큰 사람을 만났어.
　　　ㄴ. 너는 키 큰 사람을 만난 적 있니?
　　　ㄷ. 나는 공원에서 (한) 여자애를 만났어.
　　　ㄹ. 진이는 키가 큰 여자와 결혼하기를 원해.

(ㄱ)을 말할 때 화자는 '(그) 키 큰 사람'이 누구인지를 알 뿐만 아니라 청자가 그 표현이 누구를 가리키는지 알 것으로 생각하고 이 표현을 사용하며(영어로 'the tall man'), (ㄴ)에는 그러한 제약이 없다('a tall man'). 전자가 한정적이고(definite) 후자가 비한정적이다(indefinite). (ㄷ)에서 화자는 자신이 만난 여자애가 누구인지 청자가 알 것이라고 가정하지 않고 말하지만(비한정, 'a girl'), 그는 자신이 만난 여자애가 누구인지 잘 알고

있다. 반면에 (ㄹ)의 '키가 큰 여자'의 경우(영어로 'a tall woman'), 화자는 청자가 그 여자가 누군지 안다고 가정하지 않고(비한정적) 화자도 그 여자가 누구인지를 알지 못한다. (ㄷ)의 명사구는 특정적(specific)이고 (ㄹ)의 명사구는 비특정적이다(unspecific, non-specific). 물론 화자가 (ㄹ)에서 '키가 큰 여자'가 누구를 가리키는지 알 경우에도(특정적) 이 문장을 사용할 수 있다. 따라서 (ㄹ)은 특정적 혹은 비특정적 의미로 해석되는 중의적인 문장이다.

몬태규(Montague) 등 논리적 의미론을 추구하는 학자들은 특정과 비특정의 중의성을 영향권으로 기술하기도 한다. 말하자면 (ㄹ)을 다음과 같이 두 가지로 의미 해석을 한다.

(6) ㄱ. $\exists x[\text{TALL-WOMAN}(x) \land \text{WANT}(j, \text{MARRY}(j, x))]$
　　ㄴ. $\text{WANT}(j, \exists x[\text{TALL-WOMAN} \land \text{MARRY}(j, x)])$

(ㄱ)에서 존재양화사 $\exists x$는 "진이가-원하다"의 영향권 밖에 있으므로 "어떤 (존재하는) 키가 큰 여자 x에 대하여, 진이가 x와 결혼하기를 원한다"로 해석된다. (어떤) 키 큰 여자가, 진이가 원하는 내용 바깥에, 즉 진이가 원하는 것이 모두 이루어지는 세계 바깥에, 다시 말해, 실제 세계에 존재한다는 특정적 해석이다. 반면에 (ㄴ)의 해석은 "진이가 원하는 것은, 어떤 큰 여자가 있어서 자기가 그 여자와 결혼하는 것이다", 즉 "진이는, 누가 됐든, 키 큰 여자와 결혼하기를 원한다"라는 비특정적 해석이다. '원하다'(WANT) 같은 영향권 요소가 있을 때 이러한 방식의 특정, 비특정 구별이 가능하다. 하지만 영향권으로 특정성을 설명하려고 하는 것은 문제가 있다. 다음과 같이 영향권 요소가 없을 때도 특정, 비특정의 해석은 가능하다.

(7) 진이가 요즘 여자를 만나고 있어.

이 말을 하는 화자는 '여자'(a woman)가 가리키는 대상이 누구인지 알고 있을 수도 있고(특정적) 그렇지 않을 수도 있다(비특정적). 따라서 특정성은 영향권과 관계 없이 성립하는 현상이다. 전자의 해석에서 '여자'는 비한정적이고 특정적이며, 후자의 해석에서 '여자'는 비한정적이고 비특정적이다.

사실 비한정 명사구는 이처럼 지시적으로 볼 수도 있지만, 앞에서 보았듯이 그것을 존재양화로 본다면(∃x[GIRL(x) ∧ ...) 그것은 양화적이므로 비지시적이다. 이처럼 'a girl'과 같은 명사구는 한편으로 지시적, 다른 한편으로 비지시적(양화적)으로 볼 수 있다.

비지시적 명사구에는 양화적 명사구뿐만 아니라 다른 종류의 명사구들도 있다.

(8) ㄱ. 각 학생이 성심껏 숙제를 해야 한다.
　　ㄴ. No student in this class is tall.
　　ㄷ. 공룡은 멸종하였다.

(ㄱ)의 '각 학생'과 같은 양화적 명사구는 어떤 하나의 개체, 즉 사람을 가리키지 않으며, (ㄴ)의 'no student'도 양화 명사구인데 그것이 가리키는 어떤 학생이 있을 수 없다. (ㄷ) '공룡이 멸종하였다'의 '공룡'도 일반적인 지시와 달리 개별적 실체를 가리킬 수는 없다. 여기서 '공룡'은 종류를 가리키며, 따라서 전혀 지시가 아닌 것은 아니고, 개체 지시가 아니라 종류(kind) 지시이다. 세상 속의 어떤 개체 하나를 가리키면서 그 개체가 멸종했다고 하는 것은 이상하다. 다음과 같은 경우도 그렇다.

(9) ㄱ. 진드기는 이 지역에 퍼져 있다.
　　ㄴ. 사과는 전세계적으로 널리 재배된다.

ㄷ. 갈라파고스에 바다이구아나가 서식한다.

펴져 있는 것은 진드기 한 마리 혹은 몇 마리가 아니고, 널리 재배되는 하나의 사과 혹은 몇 개의 사과가 있을 수 없으며, 바다이구아나 한 마리 혹은 몇 마리가 사는 것을 서식한다고 하지 않는다. 이렇게 생물 등의 종류를 가리키는 문장을 총칭(generic) 문장이라고도 한다. 총칭 문장은 종류를 가리키는 명사구를 포함한 것뿐만 아니라 어떤 습관, 또는 경향을 표현하기도 한다('민이는 아침에 운동을 한다'). 총칭은 다음의 10장(양과 수)에서 좀 더 자세히 다룬다.

9.2 뜻

이름과 한정명사구가 이 세상 속의 사람과 사물을 가리키지만, 지시가 언어 표현 의미의 전부는 아니다. 예를 들어 '경찰이 어제 잡은 (그) 범인'이 특정한 사람을 가리키고 '연쇄 살인을 저지른 (그) 살인마'가 같은 사람을 가리킬 때, 두 한정기술 명사구의 지시(지시물)는 같지만 그 의미가 같다고 하기는 힘들다. 일찍이 19세기 말 독일의 프레게(Frege 1892)는 지시와 의미의 문제를 '지시'(reference, 독. Bedeutung)와 '뜻'(sense, 독. Sinn)이라는 용어를 도입하여 부각시켰다. 그가 사용한 예는 '새벽 별'(the morning star)과 '저녁 별'(the evening star)이다. 이 두 표현은 모두 천체 행성인 금성을 가리킨다. 원래 프레게가 사용한 단어는 그리스인들이 사용하던 이름 'Phosphorus'와 'Hesperus'이었으나, 이 절에서 한국어 예는 '새벽 별'과 '저녁 별'이라는 한정기술을 사용한다. 단, 한국어에는 '저녁 별'에 해당하는 고유 이름 '개밥바라기'와 한자어 '태백성'이 있고, '새벽 별'에 해당하는 고유어 이름 '샛별'과 한자어 '계명성'이 있다.[4] 결국 '새벽 별',

'저녁 별', '샛별', '개밥바라기', '계명성', '태백성', 영어의 'the morning star'와 'the evening star', 그리고 그리스어의 'Phosphorus'와 'Hesperus'는 모두 동일한 혹성(행성), 즉 태양계에 존재하는 금성(Venus)을 지시한다. 이런 사실을 염두에 두고, 다음에 나오는 두 개의 문장을 비교해 보자(금성 사진 출처: 위키피디아).

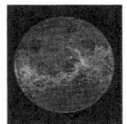

(10) ㄱ. 새벽 별이 저녁 별이다.
　　 ㄴ. 새벽 별이 새벽 별이다.

새벽 별이 저녁 별과 같은 개체(행성)를 지시하므로, (ㄱ)과 (ㄴ)은 모두 참이지만 (ㄱ)의 의미와 (ㄴ)의 의미가 같다고 할 수 없다. (ㄱ)이 참인지 불확실한 사람도 (ㄴ)에 대해서는 그렇지 않다. 이제 참과 거짓의 문제를 다음과 같은 문장들에서 살펴보자(수성과 지구 크기 비교 사진 출처: 위키피디아).

(11) ㄱ. 새벽 별이 지구와 수성 사이에 있다.
　　 ㄴ. 저녁 별이 지구와 수성 사이에 있다.
　　 ㄷ. 새벽 별에 인간이 살고 있다.
　　 ㄹ. 저녁 별에 인간이 살고 있다.
　　 ㅁ. 태양에서 새벽 별까지의 거리가 지구에서 목성까지 거리의 1/2이다.
　　 ㅂ. 태양에서 저녁 별까지의 거리가 지구에서 목성까지 거리의 1/2일이다.

4　'샛별'은 "새벽의 별"에서 유래한 단어는 아니다. 이 경우 '새'는 "동쪽"이나 "희다"의 뜻이라고 한다(「국어생활백서」). '샛바람'은 (뱃사람들의 은어로) 동풍을 이른다. '계명성'은 "닭의 울음소리"라는 뜻의 '계명'이 들어간 이름이다.

이런 문장들은 문체 면에서 다소 이상하다. 이런 문장들은 천문학적 논의에서 나오게 되는데 '금성'이 아니라 '새벽 별', '저녁 별'을 사용하는 것은 좀 이상하다. 하지만 일단 그러한 이상함은 논외로 하고, 이 문장들의 참과 거짓을 살펴보자. 세계의 사실에 비추어, 우리가 아는 대로 (ㄱ)과 (ㄴ)이 모두 참, (ㄷ)과 (ㄹ)은 현재 모두 거짓이다. 또한 (ㅁ)과 (ㅂ)에서, 1/2을 정확히 1/2로 해석하지 않을 때, 보통 사람이 그 참 거짓을 답하기 힘들지만, (ㅁ)이 참이면 (ㅂ)이 반드시 참이고 (ㅁ)이 거짓이면 (ㅂ)이 반드시 거짓이다. '새벽 별', '저녁 별' 대신에 '소행성 A'와 '소행성 B'로 대치하고 그 둘이 동일한 대상을 가리킨다고 가정하면, (ㄱ)과 (ㄴ)은 같은 진리값을 가져야 한다. 이렇게 동일한 개체를 지시하는 서로 다른 표현들이 문장의 진리값을 변화시키지 않고 대치되는 원리를 라이프니츠(Leibniz)의 원리라고 한다. 위의 문장들에서 보는 바와 같이, 이 원리는 일반적으로 성립한다.

이와 대조적으로 '새벽 별'과 '저녁 별'이 다음 문장들에서는 진리값을 바꾸지 않고 대치될 수 없다. 즉, 라이프니츠의 원리가 성립하지 않는다.

(12) ㄱ. 민이는 새벽 별이 지구와 수성 사이에 있다고 생각한다.
ㄴ. 민이는 저녁 별이 지구와 수성 사이에 있다고 생각한다.
ㄷ. 옛날 사람은 새벽 별이 저녁 별이라고 믿었다.
ㄹ. 옛날 사람은 새벽 별이 새벽 별이라고 믿었다.

(ㄱ)이 참이라고 해서 (ㄴ)이 반드시 참이 아니고, (ㄱ)이 거짓이라고 해서 (ㄴ)이 반드시 거짓은 아니다. (ㄷ)과 (ㄹ)에서, 옛날 사람이 새벽 별과 저녁 별이 같은 것인 줄 몰랐더라도 옛날 사람도, 그들이 호모 사피엔스인 이상, 새벽 별이 새벽 별임은 믿었을 것이다(ㄷ은 거짓, ㄹ은 참). 이와 같이 하나의 개체를 지시하는 다른 표현들이 진리값에 영향을 미치지 않고

대치되지 못하는 경우를 불투명 맥락(opaque context)이라 한다. 앞에서 본 '~에 인간이 살고 있다'와 같은 투명 맥락(transparent context)과 대조된다. '새벽 별'에 해당하는 그리스어 'Phosphorus' 같은 이름을 사용하더라도 불투명 맥락은 마찬가지이다.[5]

'태조의 셋째 아들'과 '조선의 4대 왕'과 '세종'은 모두 세종을 가리키는데, (13)과 같은 투명 맥락에서는 대치 가능하지만 (14)와 같은 불투명 맥락에서는 그렇지 않다(그림은 세종 표준 영정).

(13) ㄱ. 태종의 셋째 아들이 한글을 만들었다.
ㄴ. 조선의 4대 왕이 한글을 만들었다.
ㄷ. 세종이 한글을 만들었다.

(14) ㄱ. 그 학생은 태종의 셋째 아들이 한글을 만들었다고 믿는다.
ㄴ. 그 학생은 조선의 4대 왕이 한글을 만들었다고 믿는다.
ㄷ. 그 학생은 세종이 한글을 만들었다고 믿는다.

불투명 맥락은 언어 의미로서 지시의 한계를 보여준다. 즉, 언어 의미는 지시만으로 이해될 수 없다. 프레게는 지시와 다른 의미의 면인 뜻(sense)이 이러한 불투명 맥락에서 필요함을 보인 것이다. 프레게는 뜻이 단지 지시 이상의 어떤 것이라고 말했지만, 언어학자의 관점에서 언어 표현의 의미는 지시(reference)보다는 뜻(sense)이라고 할 수 있다. 참고로 프레

---

[5] 한국어의 '새벽 별', '저녁 별'은 고유명사로 사전에 올라 있지 않으므로 한정기술로 보는 것이 맞을 것이다. 영어의 'the morning star', 'the evening star'도 한정기술이다.

게가 사용한 '지시'와 '뜻'에 대응하는 독일어는 'Bedeutung'과 'Sinn'이다. 실제로 독일어 사전을 찾아보면, 'Bedeutung'이 '의미', 'meaning'에 해당하는 단어이고, 'Sinn'은 영어의 'sense'에 해당하여 "감각, 의식, 감수성, 이해, 생각, 마음" 등과 관련된다. 프레게가 '지시'에 대하여 독일어의 '의미'에 해당하는 단어 'Bedeutung'을 사용한 이유는 그가 지시를 의미의 근본으로 여겼기 때문이다. 프레게 이후 후대의 논리적 의미론 학자들은 우리의 생각에 언어의 의미에 가까운 뜻(Sinn)이 무엇인지를 찾고자 노력했다. 하나만 언급하자면, 카르납(Carnap 1947)의 외연(extension)과 내포(intension) 구별이 그러한 노력 중의 하나이다. 즉 그는 내포가 프레게의 뜻에 해당한다고 보았지만, 그가 내포가 불투명 맥락과 관련된 뜻이라고 하는 데에는 문제가 없지 않다.

앞에서 제시한 불투명 맥락은 소위 명제 태도(propositional attitude) 맥락이다. 이것은 '생각하다, 상상하다, 믿다' 등 동사들의 보문 맥락이다. 다른 불투명 맥락에는 '말하다, 전달하다, 보고하다' 등 보문을 취하는 전달 동사가 있다. 이러한 불투명 맥락은 사람의 심리와 말의 내용이 관련되는 경우이다. 다른 방식의 불투명 맥락이 있다.

(15) ㄱ. 반드시 태종의 셋째 아들이 조선의 4대 왕이다.
ㄴ. 반드시 태종의 셋째 아들이 태종의 셋째 아들이다.

'반드시'의 의미를 아는 한국 사람은 (ㄱ)이 거짓(세종이 아니라 그 형이 왕이 될 수도 있었다), (ㄴ)이 참임을 알 것이다. 이렇게 양상(modality) 표현도 불투명 맥락이다(양상은 11장 참조).

여기서 대표적 지시 표현인 이름에 대하여 생각해 보자. 이름이 한정기술의 집합에 대한 표지라고 말한 러셀의 주장을 크립키가 부인했다는 것은 앞에서 언급하였다. 크립키는 또한, 이름의 지시물이 가지고 있는 어떤 핵심적인 특성이 이름의 지시에 영향을 주지 않는다는 것을 지적하였다. 예를 들어, 이순신이 조선의 해군 장군이었다는 것, 소크라테스가 철학자라는 것을 이순신과 소크라테스의 핵심적 특성으로 볼 여지가 있지만, 그 이름이 가리키는 인물들의 이러한 핵심적 속성을 부인하는 상황을 가정하면 어떻게 되겠는가?

(16) ㄱ. 이순신이 조선의 해군 장군이 되지 않았다면 일본이 임진왜란에서 승리했을 수도 있었다.
　　　ㄴ. 소크라테스가 철학자가 아니었다면 악처를 만나지 않았을 수도 있었다.

우리가 이순신이 조선의 해군 장군이 아니고 소크라테스가 그리스 철학자가 아닌 상황을 가정하더라도, '이순신'과 '소크라테스'는 우리가 알고 있는 조선의 그 해군 장군, 그리고 그리스의 그 철학자를 가리킨다. 크립키는 이름과 사물/사람의 연결이 너무 확고하여 떼어 놓기가 불가능하다고 하는, 이름의 고정성(rigidness)을 주장하였다. 말하자면 이름은, 그것의 뜻이 없이, 특정한 대상을 지시하기만 할 뿐이라는 것이다.

이름이 누군가를, 혹은 무엇인가를 가리키는 기능을 우선적으로 가진 것이 사실이지만, 이름에는 뜻이 전혀 없는가? 이름이 뜻을 가졌다고 할 만한 경우를 생각해 보라.

(17) ㄱ. 박기쁨, 김슬기, 신애(信愛)
　　　ㄴ. 백두산, 미시시피, 매사추세츠
　　　ㄷ. 소월, 루이스 캐럴, 조지 오웰

(ㄱ)의 이름들이 특정한 사람을 가리키는 이름으로 지어졌지만 이름에 전혀 뜻이 없다고 할 수는 없다. 뜻이 없다면, 사람 이름을 '박슬픔', '김멍청',

'불신'(不信)으로 지어도 무방할 것이다. (ㄴ)의 지명은 보통 특정 산, 강, 지역을 가리키기 위해서 사용되고 그 이상의 뜻을 알지 못할 수 있겠지만, 어원적으로 "봉우리가 하얀 산", "큰 강", "큰 언덕에서"의 뜻을 이해하는 사람에게는 그 뜻이 분명할 것이다(미국 사람 중에도 '미시시피'와 '매사추세츠'의 인디언 언어 어원을 아는 사람은 많지 않을 것이다). (ㄷ)의 '소월, 루이스 캐럴, 조지 오웰' 등은 좀 특이한데, 이 이름들이 특정한 사람을 가리키는 것 이외에, 이 필명들은 이 사람들이 작가임을 그 뜻의 일부로 가지고 있다고 할 수 있다(각각 '진달래꽃', '이상한 나라의 앨리스', '1984'의 작가). 물론 '김정식'과 '소월', '찰스 도지슨'과 '루이스 캐럴', '에릭 블레어'와 '조지 오웰'이 각각 같은 사람들을 가리킨다는 사실을 모르는 사람이 많이 있을 것이다. 이렇게 이름은 지시가 그 기본적인 역할이지만 부수적으로 그 뜻이 있을 수도 있다. 이름이 뜻을 가질 수 있으므로 프레게의 예에서 '새벽 별', '저녁 별'에 해당하는 그리스어 고유명사들이 사용되었고, 그것들이 심적 태도 동사의 불투명 맥락에서 대치될 수 없다. 한국어의 '소월'과 '김정식'을 예로 들 수도 있다. 다음의 (ㄱ)과 (ㄴ) 문장들은 그 의미가 다르다. (ㄱ)이 참이고 (ㄴ)이 거짓일 수 있으며 그 반대일 수도 있다.[6]

(18) ㄱ. 민이는 소월이 진달래꽃을 쓴 것을 안다.
ㄴ. 민이는 김정식이 진달래꽃을 쓴 것을 안다.

---

[6] 이름이 다음과 같은 양상 맥락에서 대치 가능할 수 있다.

ㄱ. 반드시 소월이 김정식이다.
ㄴ. 반드시 소월이 소월이다.

말하자면, '소월'과 '김정식'이 지시하는 인물을 먼저 생각한 후에 (ㄱ)이나 (ㄴ) 모두 하나의 개체가 바로 그 개체라고 한다는 동일한 의미를 표현할 수 있다. 말하자면, 고유명사와 관련하여 양상의 맥락이 투명하지만 명제 태도의 맥락은 불투명하다.

9.3 표시의미

지시와 관련되어 그것을 보완하는 세계 속의 의미의 면이 표시의미(denotation), 또는 줄여서 표의이다. 때로 표시의미가 지시와 동일한 개념으로 사용되기도 하는데[7] 여기서는 지시와 구분을 하고 표시의미가 무엇인지 알아보자.

'표시의미'는 '암시의미'(connotation)와 대립하는 용어이다. 암시의미는 연관적이거나 감정적인 부가적 의미를 말하므로 'connotation'을 '부가의미'라고 할 수도 있다. 역사적으로 이 용어들을 처음으로 쓴 사람은 19세기 논리학자이자 철학자인 존 스튜어드 밀(J.S. Mill)이다. 밀(Mill)은 그의 1843년 저서 「논리의 체계」에서 다음과 같이 말했다(라이언스 2011: 278).

(19) 밀(Mill)의 표시의미와 암시의미
'희다'라는 단어는 모든 하얀 것, 즉 눈, 종이, 바다의 거품 등을 표의하고(denote), 하양이라는 특질을 함의하거나, 신학자들이 말하듯이, 암시한다(connote).

밀의 생각은, '희다'와 같은 어떤 표현에 대하여, 표시의미(표의)는 그 표현으로 기술되는 개체들의 집합이고 암시의미(부가의미)는 개체들을 그 집합으로 인식하게 만드는 속성이라는 것이다. 밀의 '표시의미'와 '암시의미'는 각각 현대의 '외연'(extension)과 '내포'(intension)에 대응한다. 밀이 '암시의미'라는 용어를 사용한 것은 속성(특질)이 표시의미에 부가적임을 드러내기 위해 사용한 것이다(라이언스 2011: 279). 그러나 오늘날

---

[7] 사실 8장(의미와 논리)에서도 지시와 표의를 구별하지 않고 '지시하다' 또는 '가리키다'라는 말로 대신하였다.

'암시의미'(connotation)를 이러한 뜻으로 사용하지는 않는다. 사실 '암시의미'라는 단어는 한국어에서 그리 일상적인 단어는 아니지만 영어의 'connotation'은 흔히 사용되는 단어이다. 영어의 'connote', 'connotation'의 용법을 '암시하다', '암시의미'로 바꾸어 표현하면 다음과 같다.

  (20) ㄱ. '빨강'은 따뜻함을 암시한다.
    ㄴ. '고발'이라는 말은 부정적 암시의미를 가진다.
    ㄷ. '장미'는 영국을 암시한다.

 이러한 용법의 '암시의미'는 함축적 뜻, 어감, 관련 뜻 등 부가적 의미를 말한다. 사실 영한사전에서 'connotation'을 '함축(의미)' 또는 '내포'라고 번역하지만 '함축'은 13장(전제, 화행, 함축)에서 소개할 화용론의 특수한 전문적 용법이 있고, '내포'도 '외연'과 대립하는 다른 용법이 있으므로 이 단어들을 피한다.
 그렇다면 표시의미는 객관적인 또는 명시적인 지시적 의미의 일종이고, 암시의미는 함축적인, 어감적인, 혹은 문화적인 부가적 의미이다. 따라서, 라이언스(2011)와 같이, 표시의미를 외연과 내포를 포함하는 것으로 이해하고 암시의미는 감정적인, 부가적인, 암시적인 뜻으로 이해하기로 하자. 사실 이러한 뜻에서의 암시의미(부가의미)는 논리적 의미론에서 주요 관심사가 아니며, 의미 연구의 대상으로 삼지도 않는다. 하지만 마음속의 의미를 지향하는 의미 이론은, 그 반대로, 암시의미(부가의미)를 중요시할 수도 있다.
 이렇게 표의(표시의미)를 객관적인 지시적 의미로 파악할 때 그것은 앞에서 논의했던 지시와 구별된다(표의와 지시를 동일시하는 학자도 있다). 지시는 화자가 발화를 통하여 어떤 것을 가리키는 행위 또는 이때 발화 속의 표현, 즉 단어가 가리키는 대상이다. 표의는, 뜻과 마찬가지로, 발화에 의존하지 않고 어휘소(단어)가 고유하게 가리키는 것이다. 말하자면, 지시는 이름이나 명사구 등에 적용되지만 표의는 보통명사, 동사, 형용사에 적용되는 개념으로서, '고양이', '뛰다', '희다' 같은 어휘소가 가리키는, 세상 속 개체들의 집합이자(외연) 그러한 집합을 가능하게 하는 속성이다(내포).

'희다'가 가리키는 외연, 즉 흰 개체들의 집합에 대응하는, 혹은 그 집합이 가능하게 하는 내포적 속성의 본질은 고대 철학에서부터 그 존재론적 성격에 대한 논의를 불러일으켰다. 고대 그리스의 플라톤은 '희다'의 속성은 그 속성을 가진 개체들과 별개인 이데아로 존재한다고 주장하였다(실재론).[8] 중세의 철학자 오컴(Occam)은 오직 눈에 보이는, 혹은 실체적으로 또는 감각적으로 인식할 수 있는 개체들만이 존재하고, '희다'의 속성은 그러한 개체들의 집합에 붙은 이름에 불과하다고 주장하였다(명목론).[9] 아리스토텔레스는 중간적 입장을 취하여, 속성은 별도로 존재하지 않으나 그 속성을 가진 각 개체 속에 존재한다고 주장하였다.

자연언어의 의미론을 공부하는 학생이나 학자들이 그러한 철학적 논의에 깊숙이 간여할 필요는 없다. 다만 집합, 즉 외연이 있으면 그 집합이 가능하게 하는, 또는 어떤 개체가 그 집합에 속하는지를 우리가 결정할 수 있게 만드는 속성, 즉 내포를 인정할 수 있다. 그것은 어떤 집합을 외연적으로 제시하거나 내포적으로 제시할 수 있는 것으로도 예시된다. 예를

---

[8] 플라톤 철학의 이데아는 사람이 볼 수 없는 것으로, 우리는 물체에서 단지 이데아의 그림자를 볼 뿐이다. 무라카미 하루키의 소설 「기사단장 죽이기」(2017)에는 주인공과 소녀 마리에게만 기사단장의 모습으로 보이는 이데아가 출현한다.
[9] 오컴은 오컴의 면도날(Occam's razor)이라는 원리로 유명하다. 그것은 어떤 현상의 설명을 위해 가장 단순한 것, 즉 필요한 수만큼의 요소들을 포함한 것을 고르라는 원칙이다. 달리 말하자면, 필요 이상으로 대상의 수를 늘리지 말라는 원리이다.

들어, 다음의 (ㄱ)과 (ㄴ) 그리고 (ㄷ)과 (ㄹ)의 집합들은 각각 동일한 것이다. (ㄱ)과 (ㄷ)을 외연, (ㄴ)과 (ㄹ)을 내포로 볼 수 있다. 외연과 내포가 모두 표시의미(표의)이다.

(21) ㄱ. {2, 3, 5, 7}
ㄴ. {x | x는 소수(素數, prime number)이며, x < 10}
ㄷ. {서울, 워싱턴 DC}
ㄹ. {x | x는 한국의 수도이거나 미국의 수도이다}

카르납(Carnap 1947)은 외연(extension)과 내포(intension)를 가능세계를 동원하여 정의하기도 하였다. 또 일부 학자는 카르납의 내포를 뜻(sense)과 동일시하기도 하였다. 자세한 논의는 피하고, 앞에서 말했듯이, 이러한 방식에는 불투명 맥락과 관련하여 문제가 있다는 점만을 언급한다.

형식의미론은 지시와 표의의 구별이 없이, 객관적인 지시적 의미를 의미값(semantic value)으로 간주하기도 한다(Dowty et al. 2011). 예를 들어, m이 민이를 지시하고 SMART가 똑똑한 사람들의 집합을 표의할 때, 그것들의 의미값이 다음과 같다(‖a‖이 표현 a의 의미값을 표시한다).

(22) ㄱ. ‖m‖ = 민이
ㄴ. ‖SMART‖ = {진이, 신애, 민이, 현이}

이때 논리식 SMART(m)의 의미값인 진리값이 결정되는 조건은 앞의 8장(의미와 논리)에서 이미 보았다. 여기에서 반복하면 다음과 같다.

(23) ㄱ. ‖SMART(m)‖은 ‖m‖ ∈ ‖SMART‖이면 그리고 그때에만 참이다.
ㄴ. ‖m‖ = 민이, ‖SMART‖ = {진이, 신애, 민이, 현이}이므로 ‖m‖ ∈ ‖SMART‖이다.

ㄷ. 따라서 ‖SMART(m)‖ 은 참이다.

이제 지시와 뜻과 표의의 관계에 대하여 생각해 보자. 전형적으로 지시 표현은 지시를 가지고 뜻이나 표의를 가지지 않는다. 이름은 세상의 개체를 가리키는 것으로 사용되는 것이 주목적이다. 하지만 앞에서 보았듯이 어느 정도의 뜻이 있을 수도 있다('박기쁨' 대 '박슬픔'). 그러나 이름이 표의를 가지지는 않는다. 지시 표현인 한정기술의 경우는 어떠한가? 이것도 지시가 일차적인 목적이다. 소주를 들고 있는 사람을 가리키며 '물을 들고 있는 사람을 나는 안다'라고 화자가 말하고 청자가 화자가 가리키는 사람이 누구인지 찾을 수 있다. 그러나 '물을 들고 있는 사람'이 뜻과 표의가 없다고 할 수 없다. 모든 명사구가 지시적으로 사용되지는 않기 때문에, 다음과 같이 뜻과 표의가 중요한 명사구도 존재한다.

(24) ㄱ. 물을 들고 있는 사람과 소주를 들고 있는 사람 중에 누가 취했겠냐?
ㄴ. 진이는 키가 큰 여자와 결혼하고 싶어한다.

여기서 '물을 들고 있는 사람', '소주를 들고 있는 사람', '키가 큰 여자'는 특정인을 지시하지 않고 그 뜻과 표의가 중요하다.

한편, 어떤 이름이나 표현은 현실 세계에서 그것이 가리키는 대상이 존재하지 않는다.

(25) ㄱ. 유니콘, 청룡, 불로초, 봉황
ㄴ. 네모난 삼각형, 네 각의 합이 30도인 사각형, 가장 긴 변이 나머지 두 변의 합보다 큰 삼각형, 제곱이 음수인 정수, 세제곱 하여 10이 되는 정수

세상에 존재하지 않는, 혹은 존재할 수 없는 것을 가리키는 표현은 외연적으로 (존재하는 사물들을) 표의를 갖지 않는다. 다만 내포와 뜻이 있을 뿐이다. 만일 공집합을 이용한다면 기술적으로 표의가 있을 수 있는데, 이때 위와 예들과 같은 표현의 표의는 외연적으로 공집합이고, 내포적으로 그 공집합을 정의한 속성이다. 이러한 방식의 설명은 테크닉이지 직관은 아니다.

명사, 동사, 형용사 같은 어휘소는 기본적으로 지시하지 않고 표의와 뜻이 있다. '고양이'는 세계 속의 개체 집합과 속성을 가리키며 그것을 기술하는 뜻이 있다. 다만 뜻이 무엇인지는 지시나 표의처럼 확실하지 않다. 사실 어휘소의 의미는 지시적, 표의적 관점에서 의미를 다루는 논리적 의미론에서는 잘 다루지 못한다. '고양이'의 외연이 어떤 특정한 개체들의 집합인가는 모형에서 정의될 뿐이다. 왜 그러한 집합이 모형에서 외연으로 정의되어야 하는지는 논의의 초점이 아니다. 어휘소의 의미 자체에 관심을 갖기보다는 어휘소의 의미가 외연적으로 결정된 모형(세계)에서 어떤 언어 표현이 그 세계, 즉 모형에 비추어 참인지 아닌지를 조합적으로 보이려고 하는 것이 논리적 의미론의 주 관심사이다. 언어의 어휘소 의미는 제2부(마음속의 의미)의 주요 관심사이다.

더 읽을거리

강범모(2011b). "언어학에서 "의미"와 관련된 용어들의 개념과 번역어," 언어와 정보 15:1, 79–92.
라이언스(2011). 「의미론 1: 의미 연구의 기초」, 강범모 역, 서울: 한국문화사.
Carlson, Gregory (2004). "Reference," in Horn, Laurence R. and Gregory Ward (eds.) (2004). *The Handbook of Pragmatics*, Oxford: Blackwell, 74–96.

10
양과 수

10.1 양화 현상과 양화 구조[1]

언어로 양을 표현하는 양화(quantification) 현상은, 넓게 보면, 세상에 대한 모든 일반 진술과 관련된다. 우리가 세상에 대하여 진술할 때, 앞 장에서 논의한 대부분의 예문들은 특정 개체(개인)에 대하여 그것이 어떤 행동을 한다고 혹은 어떤 상태에 있다고 말한다. 그러나 실제로 우리는 하나의 개체가 아닌 여러 개체에 대하여 진술하기도 한다. 예를 들어, 이미 많이 보았던, 다음과 같은 문장들은 특정한 하나의 개체에 대하여 진술한다.

(1) ㄱ. 진이가 걷고 있다.
　　ㄴ. 민이가 똑똑하다.

---

[1] 이 장의 내용은 강범모(2014) 「양화와 복수의 의미론」의 1장의 내용을 가져와 일부를 빼고 수정하거나 보충하였다. 이 장은 다른 장에 비해 양이 좀 많다. 많이 간략히 한 것이지만 논리적 의미론의 최대 성과가 양과 수에 관한 것이므로 기본적인 주요 연구 내용이 충분히 들어가도록 했다. 일찍이 한국어 수량 표현에 대해 김영희(2002)가 논의하였다.

이와 같이 특정 개체에 대하여 그것이 어떤 일을 하고 있다거나 어떤 상태에 있다고 진술하는 것이 개별 진술이다. 반면에 다음과 같은 문장들은 하나 혹은 둘 이상의 개체에 대한 일반 진술이다.[2]

(2) ㄱ. 모든 학생이 합격하였다.
ㄴ. (한/어떤) 소녀가 노래를 부르고 있다.
ㄷ. 소녀 세 명이 어떤/한 소년을 좋아한다.
ㄹ. 대부분의 학생들이 똑똑하다.

일반 진술의 다른 이름은 양화적 진술이며, 자연언어의 양화문 중 일부 종류는 논리학의 전통에서 두 가지의 양화 기호로 표상되었다. 그것들은 8장(의미와 논리)에서 이미 나왔던, 술어논리의 보편양화(universal quantification) 기호인 ∀와 존재양화(existential quantification) 기호인 ∃이다. 그러나 앞에서 제시한 양화문들 중 일부만이 이 두 양화 기호로 표상될 수 있다. '모든 학생'이 들어간 문장 (ㄱ)이 보편양화로, 그리고 '(한/어떤) 소녀'가 들어간 문장 (ㄴ)이 존재양화로 다음과 같이 표상된다(시제는 다루지 않는다).

(3) ㄱ. ∀x[STUDENT(x) → PASS-EXAM(x)]
ㄴ. ∃x[GIRL(x) ∧ SING(x)]

(ㄱ)의 논리식에는 보편양화사(∀)와 조건 기호(→)가 사용되었는데,

---

[2] 참고로, 같은 의미의 영어 문장은 다음과 같다.
Every student passed the exam.
A/Some girl is singing.
Three girls like a boy.
Most students are smart.

풀어서 말하자면 대략 "모든 개체에 대하여 그 개체가 학생이면 그 개체는 시험에 합격하였다" 같은 의미를 나타낸다. (ㄴ)의 논리식에는 존재양화사 (ㅋ)와 접속 기호(∧)가 사용되어, "소녀이면서 노래 부르는 개체가 존재한다"라고 해석된다.

자연언어를 다루는 의미론에서 양화 구문을 논리적인 방식을 사용하여 본격적으로 접근했던 것은 몬태규(Montague 1973)가 처음이었다. 전통적인 논리학이 양화문에 대한 논리적 표상에 두 가지 양화 기호를 사용한 논리식을 제공하는 것에 그쳤다면, 몬태규는 언어의 명사구 속의 한정사와 명사의 의미, 그리고 문장의 술부를 이루는 동사 및 형용사의 의미로부터 문장 전체의 의미표상(술어논리 식)을 도출하는 조합적(compositional) 방법을 성공적으로 적용하였다.

(ㄱ)의 문제는 이 논리식의 어느 부분도 '모든 학생'(영어의 'every student') 의미에 해당하지 않는다는 것이다. 역시 (ㄴ)의 어느 부분도 '한/어떤 소녀'(영어의 'a/some girl') 의미에 해당하지 않는다. 몬태규의 기여는 '모든'에 적절한 의미를 부여함으로써, 그것을 '학생'의 의미와 결합하여 '모든 학생'의 의미를 도출하고, 궁극적으로 문장 (2ㄱ)의 의미를 (3ㄱ)과 같은 논리적 의미표상으로 귀결되게 만든 것이다. 그 방법은 자세히 논의하지 않는다(각주 참조).[3] 그러나 몬태규의 기여는 어디까지나 보편양화와 존재양화로 표상될 수 있는 양화문의 분석까지이다. 앞의 (2)에서 언급된 여러 다양한 양화문 중에는 문제의 두 양화사로 표상될 수 없는 것들이 있다(ㄷ과 ㄹ).

---

[3] 람다(lambda) 연산자를 이용하여 '모든'의 의미는 $\lambda Q \lambda P[\forall x[Q(x) \rightarrow P(x)]]$로 표상되고 '모든 학생'의 의미는 $\lambda P[\forall x[STUDENT(x) \rightarrow P(x)]]$로 표상된다. 독자가 람다 기호 λ가 생소하면 이 각주는 무시하라. 단 이것에 대해 알고 싶으면 다우티 등(Dowty et al 1981) 또는, 다른 몬태규 의미론(Montague Semantics)을 개관하는 도서를 참조하라.

말하자면, 술어논리가 '모든', '한, 어떤' 같은 언어 표현의 양화 의미를 포착할 수 있지만, 언어 속에는 술어논리의 방식으로 표현할 수 없는 많은 양화 표현들이 있다.

(4) ㄱ. 대부분의 학생이 똑똑하다.
  ㄴ. 적어도 세 명의 학생이 똑똑하다.

이 문장들의 의미는 술어논리, 혹은 술어논리의 단순한 확장으로 표현할 수 없다. 예를 들어 '대부분'이 들어간 (ㄱ) 예문을 술어논리로 표상하기 위해 보편양화사 ∀와 존재양화사 ∃에 더하여, 양화 의미 '대부분' (most)에 해당하는 양화사 M을 포함하는 방식으로 술어논리를 확장한다고 해 보자. 그러면 M을 이용하여 (ㄱ)을 표상할 방법으로 다음과 같은 것들을 생각할 수 있다.

(5) ㄱ. Mx[STUDENT(x) → SMART(x)]
  ㄴ. Mx[STUDENT(x) ∧ SMART(x)]
  ㄷ. Mx[STUDENT(x) ∨ SMART(x)]

그러나 위 식들은 '대부분의 학생이 똑똑하다'의 의미를 표현하지 못한다. (ㄱ)은 "대부분의 개체에 대하여, 그것이 학생이면 똑똑하다"로 해석된다. 예를 들어, 학생이 5명 있고 이 중 1명이 똑똑한 상황에서 이것을 참과 거짓으로 판단한다고 해 보자. 세상에는 개체가 많으니까 영역에 100개의 개체(사람)가 있다고 하면, 대부분의 개체에 대하여(학생 5명을 빼면 95명) 그것이 학생이면 그것이 똑똑하다는 참이다. 왜냐하면 대부분의 개체 x에 대하여 'x가 학생이면'이라는 조건이 거짓이므로 'x가 학생이면 x가 똑똑하다'가 참이고(p → q는 p가 거짓이면 참이다), 따라서 (ㄱ)은 참이 된다. 실제로 이 상황에서 '대부분의 학생이 똑똑하다'는 거짓이므로 (학생 5명 중 1명만이 똑똑함) (ㄱ)의 논리 표현은 진리조건을 제대로 반영하지 않는다. (ㄴ)의 논리식은 "대부분의 개체가 학생이고 똑똑하다"를 의미한다. 학생 5명 중 4명이 똑똑한 상황에서, 100명의 개체에 대하여 대부분의 개체가 학생이고 똑똑하다는 거짓이다(학생의 경우를 빼고 나머지 95명에 대하여 "학생이고 똑똑하다"는 거짓임). 그러나 실제로 이 상황에서(학생 5명 중 4명이 똑똑함) '대부분의 학생이 똑똑하다'는 참이므로 (ㄴ)의 논리식은 이 문장의 진리조건을 반영하지 못한다. (ㄷ)도 적절한 논리식이 아니다. 학생 5명 중 4명이 똑똑하고, 학생이 아닌 똑똑한 사람이 10명 있다면, 100명의 개체(사람) 중 15명만이 학생이거나 똑똑하므로(똑똑하지 않은 학생 1명 + 똑똑한 학생 4명 + 학생이 아닌 똑똑한 사람 10명 = 15명) 대부분의 개체가 학생이거나 똑똑하다는 뜻의 (ㄷ)은 논리적으로 거짓이다. 그러나 실제로 이 상황에서 '대부분의 학생이 똑똑하다'는 참으로 판단된다.

따라서 (ㄱ)-(ㄷ)의 모든 논리식이 '대부분의 학생이 똑똑하다'의 의미를 표현하지 못한다. 결국 양화사 M을 추가하는 것만으로 술어논리가 자연언어의 '대부분'의 양화 의미를 포착할 수 없으며, 따라서 술어논리는 자연언어의 양화 의미를 기술하는 방법으로 부족하다. 1980년대 이후 일반양화사 이론(generalized quantifier theory)이 발전됨에 따라 '대부분' 등 다양한 양화 표현들의 기술이 가능하게 되었다(2절 참조).

명사구가 양화 의미를 나타낼 때, 그 양화 의미의 핵심 부분은 한정사(determiner)이다. '모든 사람'과 '어떤 사람'에서는 '모든'과 '어떤'이라는 한정사의 차이가 전체 명사구의 양화 의미의 차이를 가져온다. 따라서 명사구에 의해 나타나는 양화 현상을 D(determiner, 한정사)-양화라고 부를 수 있다. 한편, 자연언어의 양화 의미는 한정사에 의해서만 나타나는 것이 아니다. 다음의 문장에서 양화 의미는 '항상'이라는 부사 때문에 발생한다.

(6) 남자아이가 장난감을 갖게 되면 항상 그것을 부순다.

부사(adverb) 이외에도 양화는 조동사(auxiliary), 접사(affix)(조사, 어미 포함) 등에 의해서도 나타난다. 예를 들어, '학생마다 열심히 공부한다'의 '-마다'는 조사이다. 이러한 종류의 양화 현상을 앞의 D-양화와 구분하여 A-양화라고 부를 수 있다.[4]

두 종류의 양화 현상 모두 기본적으로 세 부분의 의미 성분을 가지고 있다. 즉, 보편, 존재 등 양화의 종류를 나타내는 (양화) 연산자(operator), 양화의 제한 영역을 나타내는 제약부(restrictor), 그리고 양화의 작용 범위가 되는 (핵심)영향권(nuclear scope, 작용역)이 그것들이다. D-양화, 즉 일반양화사의 경우 다음의 (ㄱ)과 같은 의미 구조를 갖는다고 볼 수 있고, A-양화의 경우 (ㄴ)과 같은 펼쳐진 구조를 갖는다고 볼 수 있는데, 궁극적으로 두 구조는 동일한 의미의 다른 방식의 표상에 불과하다. (ㄷ)은 연산자를 제약부와 작용역 사이의 관계로 표시하여 동일한 의미를 표현한다.

(7) ㄱ. (Operator (Restrictor)) (Nuclear-Scope)
ㄴ. (Operator, Restrictor, Nuclear-Scope)
ㄷ. Operator (Restrictor, Nuclear-Scope)

좀 더 일반적으로 말하자면, 양화 의미 구조는 이와 같은 삼부 구조로 나타나는데, 그 각각에 해당하는 단어 또는 통사적, 의미적(담화적) 성분의 예는 표1과 같다.

---

[4] 'D-양화', 'A-양화'는 바크 등(Bach et al. 1995)이 사용한 용어이다.

〈표 3〉 양화의 삼부 구조의 예

(양화) 연산자	제약부	영향권(작용역)
모든, 대부분의 언제나 대개 일반적으로 반드시 항상 ...	보통명사 조건절 ('-면') 전제 화제 배경 ...	서술부 주절 단언 평언 초점 ...

D-양화 혹은 A-양화가 모든 언어에 존재하는가는 경험적인 문제이다. 한국어의 경우, 영어 및 대부분의 언어와 마찬가지로 D-양화와 A-양화 모두 가능하다.

(8) D-양화: 어떤, 모든, 각, 한, 두, 세, 네, ...

(9) A-양화
  ㄱ. 부사: 언제나, 늘, 반드시, 때로, ...
  ㄴ. 조사: -마다, ...
  ㄷ. 보조용언/구문: -곤 하다, -기도 하다, ...

한국어가 영어만큼 D-양화가 풍부하지 않음은 다음과 같은 문장들의 비교에서 알 수 있다.

(10) No boy arrived.
(11) ㄱ. 소년들이 모두 도착하지 않았다.
  ㄴ. 어떤 소년도 도착하지 않았다.
  ㄷ. 소년들이 아무도 도착하지 않았다.

영어의 'no'는 명사와 결합하여 전체 문장의 부정을 표현한다. 그러나 한국어의 대응 표현에는 '모두, 아무도, 어떤' 등과 함께 (술어) 부정 표현 ('안', '않다')이 있어야 된다. 따라서 영어의 'no'에 해당하는 한국어 한정사는 없다.

양화 의미를 표현하기 위한 통사적 유형을 보면, 어떤 문장에는 연산자, 제약부, 영향권이 구분되어 명시적으로 드러나기도 하지만, 어떤 문장에는 그렇지 않다. 다음과 같은 단순한 문장들은, 비록 연산자와 제약부가 드러나 있지 않고 영향권만 통사적으로 나타나지만, 의미적으로는 그것들이 내재한다.

(12) ㄱ. 저 사람은 게걸스럽게 먹는다.
ㄴ. 그 남자는 커피를 마신다.

이 예문들에서, "언제나, 늘"을 의미하는 연산자가 내재하며, "저 사람이 무언가 먹을 때", "그 남자가 카페에서 무엇인가 마실 때"라는 제약부가 내재한다고 할 수 있다. 사람이 잠도 안 자고 항상 무엇인가 먹거나 마시고 있을 수는 없다.

다음으로, 제약부 절과 영향권 절이 구분되어 있지만 연산자는 명시적으로 드러나지 않는 경우가 있다. 다음과 같은 단순한 절의 병렬이 가장 간단한 예이다.

(13) ㄱ. 궁금한 질문이 있습니까? 인터넷 포털 사이트에 접속하세요.
ㄴ. 구하라, 얻을 것이다. 두드려라, 열릴 것이다. (성경)

이 예문들 모두에서 "언제나, 늘, 항상"의 의미가 내재한다. 또 다른 유형을 보면, 제약부와 영향권 부분이 한 문장 안에서 종속절과 주절로 나타날 수도 있다.

 (14) ㄱ. 학생이 대입 시험에 떨어지면, 그는 재수를 고려하게 된다.
   ㄴ. 여자가 개를 기르면, 그것은 예뻐진다.

한편, 영어의 'every, each'와 'all'의 큰 차이는 통사적(형태적) 단수와 복수의 차이이다. 반면에 한국어의 경우 보편양화 구문은 단수적 혹은 복수적 구문이라고 볼 수 있다(강범모 2007, 2014). 한국어에서 복수 표지 '-들'은 복수에 반드시 필요한 요소는 아니지만 필요한 경우 복수 표지로 사용될 수 있다. 다음과 같이 의미상 배분적이거나 집단적이거나 간에, '모든, 각, 마다' 등은 복수 표지와 함께 쓰일 수 있다. 예문의 동사 '웃다'는 배분적 서술어이고, '모이다'는 집단적 서술어이다.

 (15) ㄱ. {모든 학생이 / 모든 학생들이} 웃었다.
   ㄴ. {모든 학생이 / 모든 학생들이} 모였다.

 (16) ㄱ. {각 학생이 / 각 학생들이} 웃었다.
   ㄴ. {각 학생이 / 각 학생들이} 모였다.

 (17) ㄱ. {학생마다 / 학생들마다} 웃었다.
   ㄴ. ??{학생마다 / 학생들마다} 모였다.

단 (17ㄴ)의 '-마다' 명사구의 경우 '모이다'와 같은 집단 술어와 결합이 상당히 어색하다.

10.2 일반양화사

원래 '양화사'(quantifier)라는 용어는 술어논리의 보편양화사 ∀와 존재양화사 ∃를 가리키는 용어였다. 앞에서 언급하였듯이, 자연언어의 다양한 양화 표현들과 그것들의 양화 의미를 다루기 위해서는 술어논리를 넘어서야 하는데, 그것을 가능하게 하는 것이 일반양화사 이론이다. 영어의 양화사 'every'와 'a'가 보편양화와 존재양화 의미와 연결되는데, 좀 더 시야를 확장하면 'everything', 'something' 등 명사구도 보편양화 및 존재양화 의미를 갖는다. 더욱 확장하여 생각하면 'every boy', 'some girl', 'no student', 'three things', 'more than three things' 등의 명사구도 모두 양화 의미가 포함된, 확장된 의미의 양화사, 즉 일반양화사로 파악할 수 있다.[5]

자연언어의 양화 의미가 연산자, 제약부, 영향권의 삼부 구조로 나타난다는 사실을 상기한다면, 자연언어의 양화가 제약부와 영향권의 두 집합을 고려하는 것이 당연하고 일반적임을 알 수 있다. 실제로 자연언어의 한정사에 대응하는 양화사들의 의미는 다음과 같이 제약부 집합 A와 영향권 집합 B를 기초로 정의된다(집합론 표현을 사용하며, U는 전체 영역 집합, T는 참(true)을 표시한다).

(18) 집합 A, B ⊆ U에 대하여
　　ㄱ. EVERY(A, B) = T iff A ⊆ B
　　ㄴ. SOME(A, B) = T iff A∩B ≠ ∅

---

[5] 피터스와 웨스터스탈(Peters and Westerståhl 2006)은, 일차술어논리의 양화사를 확대하여 일반양화사로 확장하는 이론의 발전 단계에서 모스토우스키(Mostowski 1957)와 린드스트룀(Lindström 1966)이 이정표적 역할을 하였음을 지적한다.

ㄷ. NO(A, B) = T iff A∩B = ∅
ㄹ. MOST(A, B) = T iff |A∩B| > 1/2 × |A|
ㅁ. EXACTLY-TEN(A, B) = T iff |A∩B| = 10
ㅂ. AT-MOST-TEN(A, B) = T iff |A∩B| ≤ 10
ㅅ. AT-LEAST-TEN(A, B) = T iff |A∩B| ≥ 10

예를 들어, EVERY는 한국어의 '각'(또는 '모든'), 영어의 'every'에 해당하고, MOST는 한국어의 '대부분의', 영어의 'most'에 해당하는 양화 연산자라고 할 수 있다. EVERY(A, B)는 제약부 집합 A가 영향권 집합 B의 일부(부분집합)일 때, 즉 모든 A의 원소가 B에 속할 때 참이고, SOME(A, B)는 A와 B의 교집합이 공집합이 아닐 때, 즉 A와 B 모두에 속하는 원소가 하나 이상일 때 참이다. MOST(A, B)는 A와 B의 교집합의 원소 수가 A의 원소 수의 반(1/2)보다 클 때 참이다. 사실 반은 최소한의 조건이고, 어떤 사람들은 더 강한(반보다 많이 큰) 조건, 예를 들어 10 중 7 혹은 8 이상을 요구할 수 있다.

위에서 양화 표상은 [연산자(제약부, 영향권) 형식으로 제시되었는데, 이것은 [(연산자(제약부))(영향권)]과 마찬가지이다. 즉, EVERY(A, B)는 (EVERY(A))(B)와 같이 자연언어의 명사구의 구조가 더 드러나게 표현할 수도 있다. 여기서 (EVERY(A)), 즉 (연산자(제약부)) 부분이 일반양화사이다. SOME, MOST 같은 것들도 '몇몇, 대부분의' 등 그것에 대응하는 자연언어 표현의 양화 연산자이다.

위의 조건을 기반으로, '각 학생, 대부분의 선생들', 그리고 영어의 'no boy' 의미는 다음과 같이 정의된다(영어의 'no'와는 달리 한국어에는 연산자 NO에 해당하는 한정사가 없다).[6]

---

[6] EVERY(STUDENT)를 논리식으로 보면 그 해석을 나타내기 위해, 8장에서와 같이, ‖ ‖ 기호를 사용해서 ‖EVERY(STUDENT)‖ = {X | ‖STUDENT‖ ⊆ X} 같이

(19) ㄱ. EVERY(STUDENT) = {X | STUDENT ⊆ X}
　　ㄴ. MOST(TEACHER)
　　　 = {X | |TEACHER ∩ X| > 1/2 × |TEACHER|}
　　ㄷ. NO(BOY) = {X | BOY ∩ X = ∅}

　　풀어서 말하자면 '각 학생'의 의미는 학생들의 집합을 부분집합으로 가지는 집합들의 집합이고, '대부분의 선생들'은 선생들의 집합과 교집합한 집합의 원소 수가 선생들의 집합들의 원소 수의 과반수인 집합의 집합이다(최소한의 조건). 영어의 'no boy'는 소년들의 집합과 공유하는 원소가 없는 집합들의 집합이다. 이상과 같은 방식으로 파악되는 명사구의 의미(ㄱ-ㄷ), 즉 집합들의 집합을 일반양화사라고 부른다. 명사구 의미가 집합들의 집합이므로(이것을 Ω라고 하자), 서술어가 표의하는 집합 P가 집합 Ω에 들어 있으면(원소이면) 전체 문장은 참이다. 예를 들어 '모든 학생이 똑똑하다'는 '모든 학생'이 가리키는 일반양화사(집합의 집합) EVERY(STUDENT) 속에 '똑똑하다'가 가리키는 집합 SMART가 들어 있으면 그리고 그때에만 참이다.

(20) '모든 학생이 똑똑하다'의 진리조건
　　　SMART ∈ EVERY(STUDENT),
　　　즉 SMART ∈ {X | STUDENT ⊆ X},
　　　즉 STUDENT ⊆ SMART

　　이 조건을 풀어서 말하자면 "학생의 집합이 똑똑한 사람들의 집합의 부분집합이다"이고 이것은 곧 "모든 학생이 똑똑하다"와 마찬가지이다. 다이어그램을 그리면 더욱 분명할 것이다.

　　표현해야 하겠지만, 여기서는 간단하게 ‖ ‖ 기호 없이 해석을 표현한다.

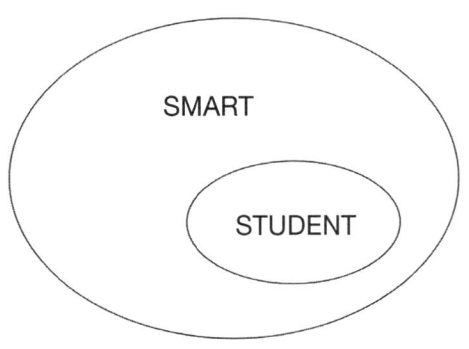

〈그림 4〉 '모든 학생이 똑똑하다'의 집합론적 해석

구체적으로, '모든 학생이 똑똑하다'가 참일 때 EVERY(STUDENT)는, 예를 들어, {SMART, HANDSOME, SLEEP}와 같이 집합 SMART를 원소로 가지는 (집합의) 집합이다: SMART ∈ EVERY(STUDENT). 논리적으로 말하자면, 술어 SMART는 일반양화사 EVERY(STUDENT)의 논항이다. 즉, (EVERY (STUDENT))(SMART). 일차술어논리에서 SMART 같은 술어가 개체 j 같은 논항을 취하는 함수임을 앞의 8장에서 설명했다. 즉, SMART(j)의 술어논리 식으로 표시된다. 따라서 논리식 SMART(j)와 (EVERY(STUDENT))(SMART)이 모두 참이면 다음과 같은 관계가 성립한다: j ∈ SMART ∈ EVERY(STUDENT). j는(j가 가리키는 것은) 개체이고 SMART는(즉 SMART가 가리키는 것은) 개체의 집합이며, EVERY(STUDENT)는 집합의 집합이다. 집합의 집합이 일반양화사이다.

영어, 나아가 자연언어의 모든 명사구 속의 한정사 (양화)의미 D는 몇 가지 특성을 가진다.[7] 그중 하나는 그것이 외연적(extensional)이라는 것이다. 즉, 한정사가 결합하는 명사들의 의미(내포)가 무엇이든지 간에 그것

---

[7] 자연언어의 일반양화사를 구성하는 한정사의 다양한 의미 특성에 대하여 처음으로 본격적 논의를 한 것이 바와이즈와 쿠퍼(Barwise and Cooper 1981)이다.

들이 동일한 집합을 가리킨다면, D 양화문장은 항상 동일하게 해석된다. 예를 들어 EVERY(A, B)는, 집합 A로 해석되는 언어 표현 그리고 A'로 해석되는 언어 표현이 무엇이든지 간에 그것들이 동일한 집합을 가리킨다면(A = A'), EVERY(A', B)과 동일한 진리값을 갖는다.

(21) 외연성(extensionality)
어떤 한정사 양화 의미 D와 두 명사의 의미 A, A'에 대하여 만일 A = A'이면, D(A, B) = D(A', B)

예를 들어, 군인과 학생이 동일한 집합이라면, '모든 군인이 떠났다'와 '모든 학생이 떠났다'가 동일한 진리값을 가진다. '대부분의 군인이 돌아왔다'와 '대부분의 학생이 돌아왔다'도 마찬가지이다. 다만 예외적인 내포적 양화 의미가 존재한다. '충분한, 충분히 많은, 너무 적은' 그리고 영어의 'enough, too many' 같은 것들이 그것들이다. 군인과 학생이 동일한 집합일 경우 '충분히 많은 군인이 참석했다'와 '충분히 많은 학생이 참석했다'는 다르게 해석된다. 그리고 '너무/지나치게 많은 학생이 전쟁에 참여했다'와 '충분히 너무/지나치게 많은 군인이 전쟁에 참여했다'가 다른 진리값을 가질 수 있다.

일반양화사의 특성 중 또 다른 것이 단조성인데, 이것은 다음 절에서 논의한다.

10.3 단조성과 부정극어

단조성(monotonicity)을 논하기 전에, 이 주제가 초보자에게 다소 어려울 수 있으므로, 이 책을 처음 읽거나 의미론을 처음 배울 때에 이 절은

건너뛰어도 좋을 것이다.⁸

부정극어(NPI: negative polarity item)는 부정문 혹은 부정 의미의 술어 '없다, 모르다' 등이 들어간 문장에만 나올 수 있는 언어 표현을 말한다. 한국어의 '전혀, 절대로', 영어의 'any, ever, at all' 같은 것들이 그러한 표현이다.

(22) ㄱ. 현수는 전혀/절대로 그 일을 안 했다/하지 않았다.
ㄴ.*현수는 전혀/절대로 그 일을 했다.
ㄷ. 현수는 그 일을 전혀/절대로 몰랐다.
ㄹ.*현수는 그 일을 전혀/절대로 알았다.
ㅁ. John doesn't have any book.
ㅂ.*John has any book.

(ㄴ)의 '모르다'는 그 의미에 부정적인 내용이 들어 있으므로("알지 못하다") 부정극어가 나타날 수 있다.

'전혀'가 긍정문에 나타나면 아주 이상하게 들린다. '조금도', '하나도' '한번도', '도저히' 또는, 표준 어법에 잘 안 맞지만, 요즘 사용되는 '1도' 또한 '전혀'와 비슷한 뜻의 부정극어이다('남편이 집안일을 하나도/1도 안 한다').⁹

또한 '눈 하나 깜짝 하다', '손가락/손끝 (하나) 까딱 하다', '털끝(만큼)도 건드리다' 같은 표현도 부정극어이다.

(23) ㄱ. 민이는 큰일을 당해도 눈 하나 깜짝 안 한다.

---

8 여러 부정극어의 논의는 남승호(1999) 참조.
9 부정극어 중에는 '하나도'처럼 척도상의 가장 작은 양에 '-도'가 붙은 표현들이 많다. '1cm도 (안 움직인다)', '1g도 안 줄었다', '(온도가) 1도도 (안 내려갔다)', '한 권도 (안 읽었다)' 등.

ㄴ.*현수는 큰일을 당할 때 눈 하나 깜짝 한다.
ㄷ. 진수는 아무리 바빠도 자기 일이 아니면 손가락/손끝 (하나) 까딱 안 한다.
ㄹ.*현수는 바쁠 때 자기 일이 아니어도 손가락/손끝 (하나) 까딱한다.
ㅁ. 영수는 자기 물건을 털끝도 건드리지 못하게 한다.
ㅂ.*영수는 자기 물건을 털끝도 건드리게 한다.

'눈 하나 깜짝하다', '손가락/손끝 하나 까딱하다', '털끝도 건드리다'는 부정문에는 자연스럽지만 긍정문에 나타나면 매우 이상하다. 따라서 이런 관용적 표현들도 부정극어이다. 영어의 'lift a finger', 'bat an eye'도 부정극어이다. 'John didn't lift a finger to help her'(그는 그 여자를 도와주기 위해 손가락 하나 까딱하지 않았다), 'She didn't bat a eye to see the man crying'(그 여자는 그 남자가 우는 것을 보고도 눈 하나 깜짝하지 않았다) 등.

부정극어에 대한 언어학 논의는 크게 보면 통사론적 접근법과 의미론적 접근법으로 나뉜다. 통사론적으로 어떤 통사적 환경에 부정극어가 나타나는지에 대한 논의는 많이 있었으나 모두 어느 정도 문제를 드러냈다. 의미론적인 접근법은 좀 더 일관성 있는 설명을 준다. 그것은 라두소(Ladusaw 1979)가 처음 제시한 방법으로, 부정극어가 나타날 수 있는 환경을 단조성(monotonicity)이라는 의미적 특성으로 설명하는 방법이다. 즉, 단조 감소적 환경에서 부정극어가 나타날 수 있다는 주장이다. 단조성은 다음과 같이 정의된다.

(24) 단조 증가(monotone increasing)
    $A \subseteq B$ 일 때, Q(A)가 Q(B)를 논리함의한다(entail).

(25) 단조 감소(monotone decreasing)
A ⊆ B 일 때, Q(B)가 Q(A)를 논리함의한다.

'어떤 학생'의 의미는 단조 증가적이다. 예를 들어, 빨리 뛰는 사람의 집합이 뛰는 사람의 집합의 부분이고(RUN-FAST ⊆ RUN) '어떤 학생이 빨리 뛴다'(SOME(STUDENT)(RUN-FAST))가 '어떤 학생이 뛴다 (SOME(STUDENT)(RUN))'를 논리함의하기 때문이다(SOME(STUDENT) (RUN-FAST) ⇒ SOME(STUDENT)(RUN)). 반면에 영어의 'no student'는 단조 감소적이다. 'No student runs'가 'No student runs fast'를 논리함의하기 때문이다(NO(STUDENT)(RUN) ⇒ NO(STUDENT)(RUN-FAST)). 부정의 '안, 않다'도, 앞의 정의에서 A ⊆ B를 "임의의 개체 x에 대하여 A(x)가 B(x)를 논리함의한다"(A(x) ⇒ B(x))로 확장하여 이해하면, 문장의 부정('안, 않다, not')에 대해서 단조성을 말할 수 있다. '민이가 빨리 뛴다'(p)가 '민이가 뛴다'(q)를 논리함의하고(p ⇒ q) '민이가 뛰지 않는다'(¬q)가 '민이가 빨리 뛰지 않는다'(¬p)를 논리함의하므로(¬q ⇒ ¬p) 부정(¬)은 단조감소적이라고 할 수 있다..

이상의 관계를 정리하면 다음과 같다. SOME(STUDENT)은 단조 증가적, NO(STUDENT)와 NOT(부정 연산자 ¬)은 단조 감소적이다.

(26) ㄱ. RUN-FAST ⊆ RUN,[10] 즉 RUN-FAST(x) ⇒ RUN(x)
(SOME(STUDENT))(RUN-FAST) ⇒
(SOME(STUDENT))(RUN)

ㄴ. RUN-FAST ⊆ RUN, 즉 RUN-FAST(x) ⇒ RUN(x)
(NO(STUDENT))(RUN) ⇒

---

[10] RUN-FAST의 부사 의미 FAST를 술어 수식어로 보면 FAST(RUN)과 같이 표상할 수도 있다.

(NO(STUDENT))(RUN-FAST)
ㄷ. Mini-run-fast ⇒ Mini-run,
RUN-FAST(m) ⇒ RUN(m)
¬RUN(m) ⇒ ¬RUN-FAST(m)

앞에서 보았듯이, '전혀', 영어의 'any' 같은 부정극어는 'no student' 혹은 '않다'가 나오는 부정문, 즉 단조 감소적 환경에서만 가능하다('No Student likes any apple', '민이가 전혀 뛰지 않는다'). 그런데 영어의 'any'와 한국어의 '전혀'는 다음과 같은 점에서 다르다.

(27) ㄱ. Have you ever read any novel?
ㄴ.*소설을 전혀/절대로 읽은 적 있냐?

영어 부정극어 'ever' 혹은 'any'가 부정문뿐만 아니라 의문문에 나타날 수 있는 데 반하여, 한국어 부정극어 '전혀' 혹은 '절대로'는 부정문에만 나타나고 의문문에는 나타나지 못한다. '전혀'와 '절대로'는 반드시 부정 표현과만 나타날 수 있는 강한 부정극어이고, 'ever'와 'any'는 부정문, 의문문 등 긍정의 단언이 아닌 맥락에서 모두 나타날 수 있는 약한 부정극어이다. 한국어에도 '손가락 까딱하다' 같은, 부정문, 의문문에 모두 나타날 수 있는 약한 부정극어가 있다.

(28) ㄱ. 진이는 그 사람을 도우려고 손가락 (하나) 까딱하지 않았다.
ㄴ. 진이가 손가락 (하나) 까딱하는 거 봤냐?

약한 부정극어는 부정문과 의문문 외에 다른 비단언적 절에 나타나기도 한다.

(29) ㄱ. 진이가 손가락 까딱하기 전에 네가 빨리 해 버려라.
    ㄴ. 진이가 손가락 까딱하면 문제가 풀린다.

이처럼 '-기 전에'의 종속절, 조건('-면')의 종속절 등에도 약한 부정극어가 나타날 수 있다. '전혀'는 이런 환경에 나타날 수 없다.

(30) ㄱ.*진이가 전혀 그것을 하기 전에 네가 빨리 해 버려라.
    ㄴ.*진이가 전혀 오면 문제가 풀린다.

이렇게 부정극어들은 각각 그것이 나타날 수 있는 환경에 차이가 있다.

10.4 복수와 물질

앞 절들에서, D-양화 의미 구조의 제약부를 표의하는 보통 명사를 단복수의 구별을 하지 않고 언급하였다. 형식의미론의 발달 과정에서도 몬태규(Montague 1973) 등 초기의 양화 이론에서는 단수 명사의 의미론만이 다루어질 수 있었다. 이후 'men, boys' 등 복수 명사들에까지 형식의미론을 확장하려는 여러 시도가 있었고, 링크(Link 1983)의 래티스(lattice) 이론이 제시됨에 따라 좀 더 만족스러운 복수 명사구의 의미론이 가능하게 되었다.

링크는, 몬태규가 의미 모형의 영역 D를 단순한 개체 집합으로 제시한 것과 달리, 모형의 영역을 구조화하여 파악함으로써 복수 명사구와 관련된 의미 현상을 파악하려고 시도하였다. 사실, 링크는 복수뿐 아니라 물질명사의 의미론을 동시에 다룰 수 있는 모형 의미론을 추구하였는데, 이는 다음의 예에서 보는 바와 같이 복수 명사구와 물질 명사구가 서술의 면에서 매우 비슷한 양상을 보이기 때문이다.

(31) ㄱ. 아이들이 운동장에 모였다/모여 있다.
ㄴ. 물이 웅덩이에 모였다/모여 있다.
ㄷ. cf. *한 아이가 운동장에 모였다.

복수 명사구를 요구하는 동사인 '모이다/모여 있다'(영어의 'gather')가 물질 명사구와 같이 쓰일 수 있음을 볼 수 있다. 더욱 중요한 것은, 양자가 모두 누적적(cumulative) 지시 속성을 갖는다는 사실이다. 즉, 만일 이 그릇에 들어 있는 것이 물이고 저 그릇에 들어 있는 것이 물이면, 두 그릇에 들어 있는 것을 합한 것도 물이다. 마찬가지로, 이 필통에 들어 있는 것들이 연필들이고 저 필통에 들어 있는 것들이 연필들이면, 두 필통에 들어 있는 것들을 합해 놓은 것들도 연필들이다. 이러한 누적적 지시 속성은 복수로 지시되는 영역과 물질의 영역이 동일한 구조, 즉 래티스(lattice) 구조를 가지고 있음을 암시한다. 구체적으로 래티스 구조가 무엇인지는 엄밀하게 수학적으로 정의되지만, 간략히 해서 말하자면, 영역은 개체들의 집합이면서 다음과 같은 조건을 만족한다.[11]

(32) 집합 속의 원소 a와 b에 대하여 그것의 합(개체합) a⊕b도 그 집합의 원소이다. 여기서 a⊕b는 a와 b를 포함하는(부분으로 갖는) 최소 원소이다.

위 조건을 만족시키는 구조를 합(sum) 세미래티스(semilattice)라고 부른다. 예를 들어, 어떤 집합의 부분집합들의 집합이 그러한 구조이다. 이

---

[11] 아래 래티스 논의 이해가 어려우면, (36) 이후에 나오는 배분성과 집단성 설명으로 건너뛰어도 된다.

집합의 어떤 요소들을 합집합으로 만들어도(합집합 ∪가 합 ⊕에 해당함) 이 집합 내에 속한다. 예를 들어, 집합 {a, b, c}의 부분집합의 집합 Ω = {{}, {a}, {b}, {c}, {a, b}, {b, c}. {a, c} {a, b, c}}에 대하여, 임의의 두 원소, 예를 들어 {a, b}(∈ Ω), {b, c}(∈ Ω)에 대하여, 그 합 {a, b} ∪ {b, c}, 즉 {a, b, c}도 Ω의 원소이다({a, b, c} ∈ Ω이다).

'학생', '사과' 같은 가산명사들의 의미는 여기에 더하여 아래의 원자(atom) 조건을 준수하지만 물질명사에는 이러한 조건이 없다.

(33) 영역 속에는 개체합(복수 개체)뿐만 아니라 원자(단수 개체)들이 존재한다. 원자는 그 자체 이외에는 그것의 부분이 없는 요소이다(어떤 요소 a에 대하여, u가 그것의 부분이면 u = a).

이러한 조건들을 만족시키는 아주 간단한 모형 영역은 다음과 같다.

(34) {a, b, c, a⊕b, a⊕c, b⊕c, a⊕b⊕c}

이 예에서, 단수(원자) 개체는 a, b, c이고 복수(비원자) 개체는 a⊕b, a⊕c, b⊕c, a⊕b⊕c이다. 이러한 구조를 상정한다는 것은 (언어 표현의 해석과 관련하여 보면) 진이, 민이, 현수 등 보통의 (단수) 개체뿐만 아니라 진이와 민이의 합, 민이와 현수의 합 등 (추상적인) 복수적 개체들도 존재한다고 보는 것이다. 이와 같은 영역에는 중요한 연산자(operator)가 있다. 그것은 원자적 개체의 집합을 표의하는 서술어 P에 붙어 그 집합의 원소들로부터 누적적으로 만들어지는 모든 개체합을 포함한 집합(세미래티스)을 표의하는 표현 *P를 만들어 내는 연산자 *이다.

자연언어의 명사와 관련하여, 명사의 논리적 의미는 원자(단수) 개체들의 집합을 지시하는 P에 해당하고, 이것에 기초한 *P는 다음과 같다(여기의 *는 문장의 이상함/비문법성을 표시하는 *와 다른 것이다). P를 'professor' 혹은 '교수'의 논리적 의미에 해당하는 PROFESSOR라고 가정하자.

(35) ㄱ. PROFESSOR = {a, b, c}
ㄴ. *PROFESSOR = {a, b, c, a⊕b, a⊕c, b⊕c, a⊕b⊕c}

이렇게 래티스 구조를 상정할 때, 누적적 지시 속성은 쉽게 포착된다. 어떤 개체 a와 b가 *P에 속한다면, a와 b를 합쳐 놓은 것, 즉 a⊕b도 래티스의 정의상 역시 *P에 속하기 때문이다. 영어의 단수 'professor'는 PROFESSOR를, 복수 'professors'는 *PROFESSOR − PROFESSOR, 즉 {a⊕b, a⊕c, b⊕c, a⊕b⊕c}를 가리키는 것으로 볼 수 있다.[12] 한국어 명사의 경우 단수 명사 '교수'는 의미상 단수로도 복수로도 사용되므로('한 교수, 많은 교수') *PROFESSOR를 가리키는 것으로 볼 수 있고, '-들'이 붙은 복수 명사 '교수들'은 *PROFESSOR − PROFESSOR, 즉 {a⊕b, a⊕c, b⊕c, a⊕b⊕c}에 해당한다고 볼 수 있다(Kang 1994, 강범모 2014).

한국어에서 한 가지 흥미로운 것은 '소년', '아이' 등 명사가 단수, 복수를 모두 가리킬 수 있지만(예: '소년이 하나 있다', '소년이 여럿 있다'), 그것에 한정성이 분명한 직시적 '이', '저', 혹은 대용적 '그'가 붙으면 단수로만 해석된다는 사실이다(혹은 적어도 그런 해석의 경향이 매우 강하다). 다음을 해석해 보라.

(36) ㄱ. 이 아이 참 똑똑하구나.
ㄴ. 그 학생 참 공부 잘해.

---

[12] 영어의 복수의 'the boys'는 (특정 맥락 내의) 소년들 전체, 즉 복수 래티스의 최상위 개체인 a⊕b⊕c를 가리킨다.

(ㄱ)과 (ㄴ)은 한 명의 아이, 한 명의 학생에 대한 기술이다.

복수 명사구가 나타날 때 집단성과 배분성의 문제가 발생한다. 다음 예문들에는 집단적 서술어 '모이다'와 배분적 서술어 '웃다'가 사용되었다.

(37) ㄱ. (그) 아이들이 모여 있다. / The boys gathered.
ㄴ. (그) 아이들이 웃었다. / The boys laughed.

'모이다'의 경우 아이 각자가 모여 있는 것이 아니라 전체가 모여 있는 것이며, '웃다'의 경우 아이 한 사람 한 사람이 웃은 것이다. 집단적 서술어와 배분적 서술어가 한 문장에 함께 사용될 수도 있다.

(38) ㄱ. 소년들이 모여서 웃었다.
ㄴ. The boys gathered and laughed.

위에서 학생 전체가 모여 있다는 집단적 의미와 학생 각자가 웃었다는 배분적 의미가 함께 실현되어 있다.

명사 중에는 집단적 해석만이 가능한 것이 있는데, '위원회'가 그러한 명사에 속한다. 예를 들어, 어떤 위원회가 특정 결정을 한 것은 위원회를 구성하는 개개인이 그렇게 한 것이 아니라 위원회가 집단적으로 그렇게 한 것이다. 이와 관련하여, 한국어에는 '-들'이 붙은 복수형이 있고 또 '-들'이 붙지 않는(무표형) 형식으로 복수의 의미로 쓰이는 경우가 있는데('학생들이 많이 왔다', '학생이 많이 왔다'), 그 의미 해석에서 '들' 복수형이 배분적 해석만 가능하고 무표 복수형이 집단적 해석만 가능하다는 주장이 있다(Kwak 2001, 전영철 2007, 2013 등). 하지만 이에 대해서는 여러 반례가 있다(강범모 2007, 2014 등). 다음과 같이 무표형 복수형과 '들' 복수형은 모두 배분적 서술어, 집단적 서술어와 결합이 가능하다.[13]

(39) 배분적 서술어
ㄱ. 소년이 모두 웃었다/잠을 잔다.
ㄴ. 소년들이 모두 웃었다/잠을 잔다.

(40) 집단적 서술어
ㄱ. 그 과학자가 분자가 서로 어떻게 반응하는지 연구했다.
ㄴ. 그 과학자가 분자들이 서로 어떻게 반응하는지 연구했다.

한편, 한국어의 복수 표지 '-들'과 관련하여 특수한 구문으로 다음과 같은 예들이 있다.

(41) ㄱ. 어서들 오세요.
ㄴ. 아이가 빨리들 뛴다.
ㄷ. 많이 웃었네들.
ㄹ. 물건을 나의 어머니가 빨리들/금방들 치웠다.

이러한 '-들'은 명사 이외의 요소에 붙어 주로 주어의 복수성을 표현하지만, (ㄹ)처럼 간혹 비주어의 복수성을 표현하기도 한다(어색할 수 있다).[14]

영어처럼 가산/비가산(물질)의 구별이 수 일치와 같은 통사적 현상으로 드러나지는 않지만 한국어에서도 가산명사와 물질명사는 구별된다. 우선, '학생'과 같은 가산명사는 '학생들'과 같이 복수형으로 나타나지만 '물'과 같은 물질명사는 원칙적으로 복수형이 사용되지 않는다(*진이가 저기서 물들을 뒤집어썼다). 물론 복수는 종류를 나타내는 '술들'과 같은 용법이 있고(맥주, 소주, 와인, 위스키 등), 물질의 어떤 단위로 사용할 수 있는

---

[13] '들' 복수형과 무표 복수형의 해석에 관한 논의는 Kwak(2001), 전영철(2013), 임동훈(2012), 강범모 (2007, 2014) 참조.
[14] 관련 논의는 임홍빈(1979), 최동주(2000), 강범모(2014) 참조.

용법이 있기는 하다('여기저기 있는 술들을 다 마시자', 'two coffees').
여기서는 기본적인 용법과 의미에 집중한다.
  '-들'과의 결합 여부 이외에도, 가산명사와 수사의 결합이 가능하지만
물질명사와 수사와의 결합은 불가능하다.

  (42) ㄱ. 두/다섯 소년이 걸어왔다.
       ㄴ. 사과 하나를/다섯을 먹었다.

  (43) ㄱ. *한/다섯 물이 있다/물을 마셨다.
       ㄴ. *물 하나가/다섯이 있다.
       ㄷ. *물 하나를/다섯을 마셨다.

영어에서 물질의 양을 표현하기 위해서는 'much, a lot, little'과 같은 대략적인 의미의 한정사를 사용할 수 있지만, 수사로 표현되는 정확한 양을 제공하는 한정사는 없다. 그 대신 물질을 담는 용기 혹은 단위로서 물질의 양을 표시한다('two glasses of water'). 한국어의 경우에도 마찬가지이다.

  (44) ㄱ. 진수가 물 다섯 잔을 마셨다.
       ㄴ. 물 다섯 잔이 놓여 있다.

  (45) ㄱ. 진수가 어제 우유 이 리터를 마셨다.
       ㄴ. 우유 이 리터가 놓여 있다.

'우유 이 리터' 같은 표현은 물질의 양을 의미하고, '두 잔의 맥주'는 두 개의 (표준적) 잔에 해당하는 맥주의 양을 의미할 수도 있고 두 개의 (맥주) 잔에 담겨 있는 맥주를 의미할 수도 있다. 따라서 '잔'의 경우 표준적

인 양과 실제 어떤 잔 두 개에 들어 있는 맥주의 양이 다를 수도 있다. 맥주가 병에 담겨 있어도 그 양이 표준적인 (맥주) 잔 두 개로 잴 수 있는 양이라면 아래와 같은 방식으로 표현할 수 있다.

(46) 이 병에는 맥주 두 잔이 들어 있다.

10.5 명사구와 대명사

명사구의 의미 해석과 관련하여 몬태규(Montague 1973)의 방법은 '민이' 같은 고유명사로 이루어진 명사구와 '각 사람' 같은 양화적 명사구를 동일한 유형의 의미로 기술하는 것이었다. 일반양화사 이론은 방법을 확장하여 모든 명사구를 일반양화사, 즉 개체 집합의 집합을 표현하는 것으로 기술하였다. 이러한 방법은 분명히 장점이 있다. 통사적으로 모두 명사구이므로 명사구가 일관되게 개체 집합의 집합을 가리키는 것으로 가정하면, 통사론과 의미론의 일관성, 즉 같은 품사는 같은 의미 유형을 표의한다는 이상을 추구하는 입장에서 적절한 방법이다. 동일한 통사 범주와 의미 유형을 요구하는 언어의 접속(연접) 구문도 그러한 방식을 정당화한다.

(47) ㄱ. 진이와 모든 여학생들이 찾아 왔다.
　　 ㄴ. 몇몇 남학생과 민이가 노래를 불렀다.

그러나 한 편으로 9장(지시와 뜻)에서 보았듯이 이름, 한정기술 명사구 등 지시 표현과 양화 명사구의 특성이 다른 점은 분명하다. '이순신, 소크라테스'가 가리키는 대상과 '각 학생, 적어도 두 학생'이 가리키는 대상은 직관적으로 다르다. 즉, 개체와 일반양화사(개체 집합의 집합)는 이질적인 것이다. 두 종류의 명사구가 명백히 다른 방식의 통사적(형식적) 특성을 나타내는 경우가 있다.

(48) ㄱ. 진이가 방에서 쉬고 있다. 그는 피곤했다.
ㄴ. (한) 고양이가 방에 들어왔다. 그것은 작았다.
ㄷ.*각 고양이가 방에 들어왔다. 그것은 작았다.
ㄹ.*각 고양이가 방에 들어오면, 그것은 이리저리 헤맨다.

이름('진이')과 비한정 명사구('(한) 고양이')가 지시하는 개체를 '그' 혹은 '그것'으로 다시 지시할 수 있으나 '각 고양이'와 같은 양화 명사구는 개체를 지시하지 않기 때문에 '그것'으로 지시할 수 없다. 여기서 (ㄴ)의 '(한) 고양이'는, 몬태규의 분석과 달리, 양화 명사구가 아닌 지시적 명사구와 유사한 특성을 보임을 알 수 있다.

그러나 다음과 같이 문장 구조에서 대명사가 양화 명사구 아래에 있는, 즉 통사론에서 말하듯이, 양화 명사구가 대명사를 성분지배(c-command)하는 문장에서는 양화 명사구와 '그' 혹은 '그것'이 자연스럽게 같이 사용될 수 있다.

(49) ㄱ. 각 컴퓨터가 그것을 사용할 학생에게 배정되었다.
ㄴ. 각 사람이 그의 모자를 벗었다.

이러한 현상은 다음과 같은 문장에서 좀 다른 양상으로 나타난다.

(50) ㄱ. 어떤 학생이 컴퓨터를 갖게 되면, 그는 그것을 사용한다.
ㄴ. 컴퓨터를 가진 각 학생은 그것을 사용한다.

이러한 문장은 논리학에서 많이 문제가 되었는데, 그 이유는 대명사 사용의 통사적 특성과 의미적 해석의 특성 때문이다. 우선 의미적 해석의 문제를 보면 (ㄱ)에 양화사는 보이지 않지만 이 문장들은 양화적으로 해석된다. 즉, 이 두 문장은 모두 "언제나, 학생 x와 컴퓨터 y에 대하여 x가 y를 가지면, x가 y를 사용한다"라는 의미로 해석된다. 즉, "언제나"라는 양화 의미는 숨어있다. 또 하나의 문제는 통사적으로, 양화사가 포함된 절이나 양화 명사구 밖에서는 대명사가 양화 명사구에 변항적으로 사용될 수 없다는 것이다(*각 학생이 들어오면, 그는 자리에 앉는다). 그런데 (ㄴ)은 "각 학생과 각 컴퓨터에 대하여, 학생이 컴퓨터를 가지면 그 학생이 그 컴퓨터를 사용한다"로 해석된다. (ㄴ)에서 양화 명사구 '컴퓨터를 가진 각 학생' 속의 '컴퓨터'가 양화적이 아님에도 양화적으로 해석되고, 또한 그것이 양화적이라고 하더라도 그 영향권인 명사구 밖의 대명사 '그것'과 연결되어 '그것'이 변항적으로 사용된다. 이것은 일반적인 술어논리에서 이상한 일이다.

이러한 문제의 해결 방법은 다음과 같다. 담화표상이론(discourse representation theory)의 관점에서, 이름과 한정/비한정 명사구는 개체를 지시하고 양화 명사구는 다른 방식으로 의미 해석에 기여한다. 좀 더 자세하게 말하자면, 담화 속에서 고유명사나 비한정 명사구가 개체를 대신하는 담화 지시물을 도입하고, 한정명사구는 이미 도입된 담화 지시물과 연결된다. 따라서 담화 속에서 '고양이가 들어왔다'라는 발화는 "x가 들어왔다, 그리고 x는 고양이다" 같은 의미를 기여한다. 이어서 '그 고양이는 귀여웠다'라는 발화가 이어 나오면 그것은 새로운 담화 지시물을 도입하지 않고 담화 속에 "x가 귀여웠다"라는 의미를 기여한다. 그리고 '-면'으로 연결된 조건문과 (숨겨진) 보편양화, 그리고 '각 학생'과 같은 보편양화 명사구의 양화사는 그 문장 내의 모든 담화 지시물(변항)과 연결된다. 위 (ㄱ)과 (ㄴ) 문장은 담화 속에 모두 대략 다음과 유사한 의미로 표상된다.

(51) ㄱ. ALWAYSx,y[[STUDENT(x), COMPUTER(y), OWN(x, y)]
→ [USE(x, y)]]
ㄴ. EVERYx,y[[STUDENT(x), COMPUTER(y), OWN(x, y)]
→ [USE(x, y)]]

여기서, STUDENT(x)와 COMPUTER(y) 사이의 ','는 명제논리의 접속(∧)과 같은 방식으로 해석된다(즉 STUDENT(x) ∧ COMPUTER(y)). 또한, 보편양화사의 역할을 하는 ALWAYS와 EVERY는 술어논리의 보편양화사 ∀와 조금 다르다. 술어논리의 ∀는 ∀x, ∀y와 같이 하나의 변항과만 연결되지만, ALWAYS와 EVERY는 두 개 이상의 변항과 연결된, 소위 비제한 결속(unselective binding)으로 기능한다. 이런 전문적인 표상에는 관심이 없더라도 중요한 것은, 위 현상들을 설명하기 위해서, 명사구가 모두 한 종류의 의미에 대응되지 않고, 어떤 것은 개체 혹은 개체에 해당하는 담화 지시물을 가리키고 양화 명사구는 다른 방식으로 해석되어야 한다는 점이다.[15]

10.6 총칭

영어의 가산명사의 복수형('boys')이 관사 없이 쓰일 때 그것은 총칭적(generic)으로 사용될 수 있다(Carlson 1995, Carlson and Pelletier 1995).

---

[15] 최근까지 담화표상이론의 발전을 정소우(2011)와 염재일(2011)이 해설하였다. 담화표상이론은 캄프(Kamp 1981)가 시작하였고, 이 이론을 자세히 풀어서 설명한 것은 캄프와 라일(Kamp and Ryle 1993)이다.

(52) ㄱ. Dinosaurs are extinct.
　　　ㄴ. Apples are widespread (in this country).

이 문장들은 종류 지시로서의 총칭의 경우이다. 공룡 한 마리 또는 몇 마리가 멸종되었다고 말할 수 없고 사과 한 개 또는 몇 개가 널리 퍼졌다고 말할 수 없다. 영어와 달리 한국어의 경우에 전형적인 총칭은 '-들'이 붙지 않은 무표 명사형으로 표현된다. 한국어의 예를 제시하면 다음과 같다.

(53) ㄱ. 공룡이 멸종하였다.
　　　ㄴ. (이 지역에) 포도가 전파되었다.

이 문장들의 총칭은 종류(kind)를 표현한다. '멸종하다, 전파되다'는 명백하게 종류 서술어이며 따라서 이 경우 주어인 한국어의 무표 명사형은 종류를 가리킨다고 볼 수밖에 없다. 종류를 복수로 표현하면 어색하다(공룡, 포도의 하위 종류라는 의미를 배제한다).

(54) ㄱ. ??공룡들이 멸종하였다.
　　　ㄴ. *(이 지역에) 포도들이 전파되었다.

물론 위 문장들을 여러 종류의 공룡들 혹은 여러 종류의 포도들이라는 해석이 가능하지만, 여기서 그런 종류 해석은 제외한다. 종류와 다른 것으로 다음과 같은 예에서 나타나는 총칭도 있다.

(55) ㄱ. 개미는 부지런하다.
　　　ㄴ. 늑대는 밤에 다닌다.

이 문장들에서 나타나는 총칭은 일반화 및 특성 표현이다(밤에 다니는 것은 개체이다). 이러한 뜻의 영어 문장에서는, 종류 표현의 경우와 마찬가지로, 관사 없는 복수가 사용된다('ants, wolves'). 이 경우 한국어에서는 단수형뿐만 아니라 '-들' 복수형이 가능하다.

(56) ㄱ. 개미는/개미들은 부지런하다.
ㄴ. 늑대는/늑대들은 밤에 다닌다.

특성을 표현하는 총칭문에는 고유명사와 같이 개체를 지시하는 명사가 사용될 수도 있다.

(57) ㄱ. 민이는 일찍 잔다.
ㄴ. 진이는 시험을 잘 본다.

특성으로서의 총칭의 정확한 해석은 쉽지 않다. 총칭의 의미 해석에 관하여는 크게 보아 두 가지의 이론이 있다. 그 하나는 총칭문이 '물은 위에서 아래로 흐른다' 같은 일종의 규칙을 표현한다는 견해이고, 또 하나의 이론은 그것의 진리조건이 실제로 얼마나 많은 개체가 서술을 만족하는지를 살펴야 한다는 귀납적 이론이다. 후자는 '새가 난다'가 참인지 아닌지에 대한 판단은 실제로 세상에서 각각의 새가 나는지 아닌지에 기초한다는 것이다. 이러한 귀납적 이론은, 총칭문의 규칙적 해석 이론이 다소 추상적인 것에 비하여, 구체적이고 보통의 직관에 가까운 것으로 보인다. 그런데 문제는, 일반적인 양화 의미와 달리, 총칭문의 양화적 진리조건을 정확히 규정하는 것이 어렵다는 것이다. 예를 들어 다음 총칭문의 의미를 살펴보자.

(58) 학생은 공부를 열심히 한다.

학생들 중 적어도 1/2 이상 혹은 더 많은 학생이 공부를 열심히 해야 이 문장이 참일 것이다. 그러나 과반이 절대적인 총칭문 해석의 조건이 되지 않음은 다음과 같은 예들에서 나타난다.

(59) ㄱ. 한국인은 양궁을 잘 한다.
ㄴ. 호주 사람은 훌륭한 수영 선수다.
ㄷ. 미국 과학자는 노벨상을 탄다.

이 총칭문들은, 실제로 한국 사람들 중 과반이 양궁을 잘 하거나, 호주 사람들 과반이 훌륭한 수영 선수이거나, 미국 과학자 과반이 노벨상을 타지 않음에도 불구하고 참이라고 할 수 있다.[16]

더 읽을거리

강범모 (2014). 「양화와 복수의 의미론」, 서울: 한국문화사.
전영철 (2013). 「한국어 명사의 의미론: 한정성/특정성, 총칭성, 복수성」, 서울: 서울대학교 출판문화원.
Carlson, Gregory N. (1995). "Truth Conditions of Generic Sentences," in Carlson, Gregory and Francis Jeffry Pelletier (eds.) (1995) *The Generic Book*, Chicago: University of Chicago Press, 224-237.
Kearns, Kate (2011). *Semantics*, 2nd ed., London: MacMillan Press Ltd.

---

[16] 한국어 총칭 표현에 대한 연구로 전영철(2013), 박철우(2005), 강범모(2014) 등이 있다.

11
시제, 상, 양상

11.1 내포성

앞의 8장(의미와 논리)에서 시제(tense)와 양상(modality)의 논리는 자세히 다루지 않았고, 이전 장들의 논의에서 비록 예문에 시제나 양상이 나타나더라도 그것은 논의의 대상이 아니었다. 이 장의 주제인 시제와 양상은 크게 보면 내포성(intensionality)의 문제이다.

(1) ㄱ. 민이가 똑똑해.
ㄴ. 민이가 미국에 살았어.
ㄷ. 아마도 민이가 똑똑할 거야.
ㄹ. 민이가 똑똑함에 틀림없어.

(ㄱ)이 참인지 거짓인지는 화자가 (ㄱ)을 말하는 시점의 세상 모습을 보고 결정할 수 있다. 다만 현실 세계에서 '똑똑하다'가 적용되는 사람들이 어떻게 구별되고 누구인지는 논의의 초점이 아니며(단어 의미의 문제는 개념적 의미론의 관심사이다), 똑똑한 사람과 그렇지 않은 사람들이 구분된다고 가정할 때 참과 거짓의 판단이 가능하다. 반면에 과거 시제를 포함

한 (ㄴ) 문장은 말을 하는 시점에 참인지 거짓인지 판단할 수 없다. 즉, 민이가 지금 미국에 살고 있는지 아닌지가 관심사가 아니다. 이 문장이 참인지 거짓인지는 지금보다 이전, 즉 과거의 어떤 시점에 민이가 미국에 살고 있었느냐를 판단하는 문제이다. 양상 표현인 (ㄷ)은 불확실한 추측을 표현하고 (ㄹ)은 강한 추정 혹은 믿음을 표현하는데, 우리가 사는 현실 세계에서 민이가 똑똑한지 아닌지에 따라 진리값이 결정되지 않는다. (ㄷ)은 다른 어떤 가능한 세계(상황)에서 민이가 똑똑하면 이 문장은 참이지만 그런 세계가 없다면 이 문장은 거짓이다. (ㄹ)은 현실 세계뿐만 아니라 가능한 모든 세계(상황)에서 참일 때 참이다. 가능세계가 무엇인가는 이후에 설명한다.

이와 같이 지금 현실 세계가 아니라 다른 시점 또는 다른 세계(상황)를 고려해야 문장의 참과 거짓을 판단할 수 있는 현상을 내포성이라고 한다. 학자에 따라서는 내포성을 가능세계의 문제만으로 국한하고, 시간은 현실 세계 내에서의 문제로 보기도 한다. 앞으로 여기서도 그런 견해를 따른다. 그렇다 하더라도 지금의 상황만으로 문장의 참, 거짓이 결정되지 않는다는 특성은 그대로이다.

어떤 면에서 시간은 이해가 쉽다. 시간의 본질이 무엇인지는 알 수 없어도 인간이 과거에 어떤 일이 있었는지 기억하기 때문이다. 그러나 가능한 다른 세계는 어떤가? 이후의 절에서 자세히 논하겠지만, 하나만 언급하자면, 우리가 위의 (ㄷ)이나 (ㄹ)과 같은 문장을 말한다는 것 또는 "민이가 똑똑할지도 몰라", "민이가 똑똑할 것 같은데", "틀림없이 민이가 똑똑해"라고 말하는 것 자체가 우리가 사는 현실 세계(상황)가 전부가 아니라는 것을 드러낸다. 우리는 현실 세계가 아닌 다른 세계(상황)가 있는 것으로 가정하고 그렇게 말한다.

11.2 시제

시제(tense)가 시간(time) 자체는 아니다. 시제는 언어에 나타나는 문법적 현상이지만 시간은 언어 외적이다. 물론 시제 해석은 시간과 관련된다. 즉, 언어는 시제를 이용하여 문장이 표현하는 상태 혹은 사건이 어떤 시간에 성립하는지 표현한다. 다음은 한국어와 영어의 과거 시제 문장이다.

(2) ㄱ. 진이가 그림을 그렸다.
ㄴ. John walked in the park.

이 문장들에 나타나는 시제는 시제의 전형적인 특성을 보인다. 우선 의미의 면에서 이것들은 지금과는 다른, 지금의 시간보다 앞서는 시간의 상황을 기술한다. 형태, 문법적인 면에서, 시제가 동사의 형식으로 드러나는 것도('그렸다', 'walked') 시제의 전형적 특성이다. 한국어와 같은 교착어에서 시제는 동사형 내부의 형태소로 표시된다. 한국어에서 과거 시제는 형태소 '-었'으로 나타나고, 영어에서 과거 시제는, 영어가 전형적인 교착어라고 할 수 없지만, 'walked'처럼 '-ed'라는 형태소로 표시된다. 일부 동사, 예를 들어 'ran, spoke, swam' 등 소위 불규칙 동사의 경우 동사의 굴절 형식 자체가 과거 시제를 표시한다. 영어를 제외한 대부분의 유럽 언어들은 전형적인 굴절어로서 동사의 굴절 형식이 시제를 표시하는 방식이다.

한국어와 영어에서 시간적 과거는 과거 시제의 동사 형식으로 표현되지만 그렇지 않은 언어도 있다. 프랑스어의 복합과거(프. passé composé)는 마치 영어의 완료상과 같은 형식이지만('have' + 과거완료 동사) 의미적으로는 과거로 해석된다. 어제 일어난 일에 대해 영어는 현재완료('have seen')를 'yesterday'와 함께 사용하여 표현할 수 없지만, 프랑스어의 복합

과거 'avoir vu'는 "어제"를 의미하는 'hier'(yesterday)와 함께 사용될 수 있다(프랑스어에 단순과거도 있다). 다음은 "내가 어제 그를 보았다"는 내용을 표현하고자 하는 문장들이다.

(3) ㄱ.*I have seen him yesterday. (영)
ㄴ. Je l'ai vu hier. (프)

한편, 대부분의 언어가 시제(표현)를 가지고 있지만 모든 언어가 시제를 가지고 있는 것은 아니다. 드라이어(Dryer 2005a)에 따르면, 그가 조사했던 1,132개의 언어 가운데서 13%는 시제가 없다. 시제가 없는 언어 중 많은 언어는 중국어처럼 고립어로서 굴절이나 교착 자체가 없는 언어들이다. 시제가 없는 언어들이 시간적 관계를 표현할 수 없는 것은 아니다. 그런 언어들에서는 "어제, 지난번, 작년" 등을 뜻하는 단어를 사용하여 과거의 일을 기술할 수 있다.

한국어와 영어의 과거 시제를 말했지만 미래 시제에 대해서는 언급하지 않았다. 시간적으로 과거보다 미래는 불확실하지만, 시간의 흐름이라는 (비유적) 관점에서 미래는 현재 시점을 중심으로 과거의 반대편에 있는 시간이다. 미래의 일을 기술하는 한국어와 영어 문장을 만들어 보라고 하면 대개 다음과 같은 문장들을 제시할 것이다.

(4) ㄱ. 내일 춥겠다/추울 것이다.
ㄴ. 내가 가겠다.
ㄷ. He will come.
ㄹ. I will do it.

이 문장들은 모두 현재 시점이나 과거에 관한 기술은 아니며, '내일',

'tomorrow'라는 단어가 보이듯이 미래의 일을 기술하고 있다. 그러나 이 문장들은 단순히 미래에 어떤 일이 있다고 단언하는 것이 아니라 미래에 어떤 일이 일어날 것으로 추측하거나(가능성), 혹은 미래에 화자가 어떤 일을 하겠다는 의지를 드러낸다. 이러한 의미는 시간의 문제가 아니라 가능세계와 관련된 양상(modality)의 의미이다. 즉, 우리가 사는 현실 세계가 아닌, 내가 생각하는 가능한 어떤 세계(상황)에서 어떤 일이 일어난다고 추측하거나, 혹은 현실 세계의 지금이 아닌 다른 세계에서 그 일이 일어나게 하려는 나의 의지를 드러낸다. 결과적으로 내일 춥지 않더라도, 또 실제로 미래에 내가 가 보지 않더라도, 현시점에서 내가 말하는 (ㄱ)과 (ㄴ)은 참일 수 있다. 우리의 경험에 비추어, 아침보다 저녁이 쌀쌀해졌고, 기온도 점점 내려가는 중이라면 (ㄱ)은 참이고, 오늘 아침 기온이 섭씨 30도이고 아침보다 저녁이 더 덥고 기온이 점점 올라가는 중이라면 (ㄱ)은 거짓이다(그러할 가능성이 크다). 실제로, 그러한 일이 거의 발생하지 않지만, 추운 날씨가 더 추워지다가 내일 갑자기 푹푹 찌는 더운 날씨가 되거나, 여름 날씨가 돌연 빙하기의 날씨로 바뀌는 일이 있다고 해도, 내가 말하는 현시점의 현 상황에서, 나(우리)의 경험에 비추어, (ㄱ)은 참 혹은 거짓인 것이다. (ㄴ)의 경우에도, 내가 실제로 내일 가지 않게 되어도, 나의 의지가 실현되는 세계들만을 고려한다면 (ㄴ)은 참이다. 따라서 '-겠'이 들어간 문장들은 단순히 미래 시간을 표시하는 미래 시제의 문장들이 아니고 양상을 표현하며, 영어의 경우에도 'will, shall'은 미래의 시간보다는 양상적 의미를 표현한다.

'-겠'이 들어간 다음 문장을 보라.

(5) ㄱ. 땅이 젖은 걸 보니 비가 많이 왔겠다.
    ㄴ. 저 애는 아버지가 부자겠다.

이 문장들은 미래의 일을 단언하거나 미래의 일에 대한 추측을 표현하지 않는다. (ㄱ)은 과거의 상황에 대한 화자의 추측, (ㄴ)은 현재의 상태에 대한 화자의 추측을 표현할 뿐이다.

과거 시제가 과거의 사건을 기술하는 것처럼 현재 시제는 현재의 사건을 기술하는가?

(6) ㄱ. 민이가/는 아름답다.
    ㄴ. 현수가/는 공원에서 산책을 한다.

(ㄱ)은 현재의 상태를 기술하는 것으로 보인다. 그러나 (ㄴ)이 현재, 지금, 이 시점에 현수가 산책을 한다는 의미, 말하자면 "현수가 공원에서 산책하고 있다"의 의미로만 받아들여지지는 않는다. (ㄴ)은 현수가 공원에서 산책하는 습관을 가지고 있다는 의미로도 해석될 수 있는데, 이 경우 화자가 말하는 시점에 현수가 산책을 하고 있는가의 여부는 문장의 참, 거짓에 영향을 주지 않는다.[1]

어떤 경우에는 현재 시제가 과거 사건 혹은 미래의 (나의 관점에서 확실한) 사건을 기술하기도 한다.

(7) ㄱ. 이순신 장군이 거북선을 끌고 나간다.
    ㄴ. 나는 미국에 간다.

(ㄱ)은 이순신 장군이 거북선을 타고 바다로 나아가는 장면을 현장감 있게 표현하지만, 그것은 과거의 사건을 기술한다. (ㄴ)은 내일 혹은 한

---

[1] '지금' 같은 표현을 포함하면 현재의 동작 기술 의미가 두드러지고('현수가 지금 공원에서 산책을 한다'), 습관의 의미는 주어에 화제 조사 '-는'을 사용하면 더 자연스럽다('현수는 아침에 공원에서 산책을 한다').

달 뒤의 (예정된) 일을 말하기 위해서 사용될 수 있다. 따라서, 동사의 경우, 현재 시제는 단순하게 발화를 하는 시점의 어떤 사건을 기술하는데 사용되는 것만이 아니다. 현재 시제는 단지 과거 시제와의 대립 관계에 있는 시제이고 그 해석은 다양하다.

고전적인 시제논리는 논리적인 관점에서는 시제가 과거, 현재, 미래의 일을 기술하는 논리 체계를 제시한다. 간단한 시제논리는 발화시(utterance time)와 사건시(event time)만을 고려하여, 현재, 과거, 미래를 표현하는 문장을 시제 연산자를 이용하여 논리적으로 표현한다. 아래의 논리식은 아주 단순화한 것으로, 조금 전에 언급했던 현재 시제의 해석 문제라든지 미래 표현의 양상적 특성 문제는 논외로 한 것이다(미래 시제를 인정하는 것은 아니고, 단지 문장 뜻이 미래의 일과 관련된 해석의 논리식이라고 보면 된다).

(8) ㄱ. 민이가 걷는다. ⇒ WALK(m)
　　ㄴ. 민이가 걸었다. ⇒ PAST[WALK(m)]
　　ㄷ. 민이가 걸을 것이다. ⇒ FUT[WALK(m)]

PAST는 과거 연산자, FUT는 미래 연산자이다. (ㄷ)은 추측의 의미가 강하지만 미래와 관련된다. 영향권(scope)을 갖는 과거 연산자 PAST와 미래 연산자 FUT가 없는 (ㄱ)의 논리 표현의 해석은 일반적인 논리 해석과 같다. 과거 또는 미래의 연산자가 있는 논리 표현의 해석은 시간 변항 t를 이용하여 정의되고, 논리식은 발화시인 t_0와 관련하여 해석된다.

(9) ㄱ. $\|PAST[p]\|^{t_0}$ = T iff t_0보다 앞에 지나간 어떤 시점 t에서 $\|p\|^t$ = T.
　　ㄴ. $\|FUT[p]\|^{t_0}$ = T iff t_0보다 뒤에 오는 어떤 시점 t에서 $\|p\|^t$ = T.

풀어서 말하자면, PAST[p]는 발화 시점 이전의 어떤 시점에서 p가 참이면 그리고 그때에만 지금(발화 시점에서) 참이다. 앞의 예를 들자면, '민이가 걸었다'는 '민이가 걷는다'가 참인, 지금보다 앞선 어떤 시점이 있을 때 참이라는 해석이다. 미래도 유사하게 해석된다. FUT[p]는 발화 시점 이후의 어떤 시점에서 p가 참이면 그리고 그때에만 지금 참이다.

그런데 발화시와 사건시만으로는 시간을 표현하는 문장의 해석이 가능하지 않을 수 있다.

(10) ㄱ. 어제 내가 숙제를 마치기 전에 민이가 숙제를 했다.
ㄴ. 준이가 왔을 때 민이는 숙제를 다 했었다.
ㄷ. (결국 현수가 졌지만,) 민이는 현수가 경기에서 이길 것이라고 생각했다.

(ㄱ)에서 시간상으로 보면 내가 숙제를 마친 것과 민이가 숙제를 한 것은 모두 과거이지만, 민이가 숙제를 한 것은 내가 숙제를 한 시점 이전이다. 이 경우 영어로는 과거완료로 의미가 명시된다('had done homework'). (ㄴ)도 민이가 숙제를 한 시점이 준이가 온 시점보다 더 앞선 시점의 상황을 표현한다. (ㄷ)은 과거의 시점, 예를 들어 일주일 전의 어떤 시점에, 그 이후이지만 지금보다는 앞선 시점, 예를 들어 어제의 어떤 시점의 상황이 어떻다고 생각했다는 의미이다. 생각하는 것과 이기는 것이 모두 과거의 일이지만, 민이가 생각하는 시점이 현수가 이기는 시점보다 앞선다. 사실 (ㄱ)과 (ㄴ)은 기준시와 사건시만 도입해도 직관에 맞게 표상이 된다. 즉 과거 연산자 PAST를 두 번 사용함으로써(PAST[... PAST[...]) 앞의 시제논리로 표상할 수도 있다. 그러나 발화시와 사건시만으로 (ㄷ) 의미의 핵심 부분을 논리적으로 표현한다면 다음과 같은 식이 될 것이다(m은 민이, h는 현수에 해당한다).

(11) PAST[THINK(m, FUT[WIN(h)])]

이 논리식은 발화시보다 앞선 어떤 시점에, 그 시점보다 뒤에 오는 시점에(어제, 내일 등) 현수가 이기는 것으로 생각했다는 의미로 해석된다. 즉, 이 논리식은 현수가 이기는 시점이 발화시 이전인지 그 이후인지에 대해서 언급하지 않으므로 (10ㄷ)의 의미를 표상하지 못한다.

라이헨바흐(Reichenbach 1947)는 발화시와 사건시에 더하여 기준시(reference time)를 고려할 것을 제안하였다. 그렇다면 (ㄷ)의 의미는 발화시 이전 기준시, 즉 민이가 그렇게 생각한 시점이 있고, 그 기준시 이후의 그러나 발화시에 앞서는 사건시에(기준시<사건시<발화시) 현수가 이기는 것으로 표상할 수 있다. 이것을 시각적으로 표시하면 다음과 같다.

(12) 시간의 흐름

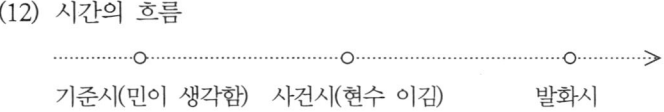

기준시(민이 생각함)   사건시(현수 이김)   발화시

이러한 해석과 표상이 (10ㄷ)의 의미를 잘 반영한다. (10ㄱ), (10ㄴ)과 같은 과거의 과거 의미는 발화시 이전의 기준시가 있고 그 기준시 이전의 사건시로 표상할 수 있다. 발화시, 기준시, 사건시의 시점을 이용하여 라이헨바흐는 영어의 현재, 과거, 미래, 대과거, 과거보다 후에 오는 사건 등 9가지의 시간적 해석을 제시하였다. 사실 이러한 복잡한 논리적 경우가 모두 영어 해석 속에 성립하는지는 불확실하지만, 앞의 예에서처럼 기준시가 중요한 경우가 존재한다.

시제논리의 해석 방식은 시제를 일종의 영향권으로 해석하는 것이다. 이와는 다른 방식의 시제 해석이 문장의 의미 해석에 더 중요할 수 있다. 그것은 시제를 지시적으로, 정확히 말하자면 직시적(deictic)으로 파악하는 것이다. 과거 시제의 문장을 보자.

(13) ㄱ. (아차) 문을 안 잠갔어!
ㄴ. 나는 시험에 떨어졌어.

이 문장들은 시제논리의 해석과 같이 발화시보다 앞선 과거의 어떤 한 시점에 "문을 안 잠그다", "시험에 떨어지다"로 해석한다면 문제가 있다. 과거 연산자 PAST를 사용한다면 영향권이 있는 부정과 상호 작용하여 (ㄱ)에 대하여 대략 두 가지의 표상이 가능하다(¬는 부정 기호).

(14) ㄱ. PAST[¬[I-lock-the-door]
ㄴ. ¬[PAST[I-lock-the-door]]]

(ㄱ)의 해석은 "내가 문을 잠그지 않는 시점이 과거에 있다"이다. 내가 잠도 자지 않고 평생 모든 시간에 문을 잠그는 일을 하고 있는 것이 아니라면 이것은 참일 수밖에 없다. (ㄴ)의 해석은 "내가 문을 잠그는 일은 과거에 일어난 적이 없다"이다. 이것은, 내가 평생 문을 한 번이라도 잠갔다면, 명백히 거짓이다. 그러나 '내가 문을 안 잠갔다'가 이렇게 해석되지는 않는다. (ㄱ)의 뜻은 과거의 어떤 특정한 시점에, 예를 들어 오늘 아침 내가 집을 나설 때, 문을 잠그지 않았다는 뜻이다. 이러한 해석은 시제가 과거의 한정된 특정 시점을 지시하는(refer) 해석, 즉 직시적인(deictic, 14장 참조) 해석이다. 다시 말하여 이 경우 시제는 연산자 PAST와 같이 영향권을 가진 의미가 아니라 '이 사람, 저 사람'이 발화의 맥락에서 화자가 특정하는, 그리고 청자가 특정할 수 있는 사람을 직시적으로 지시하는 것과 같이 특정한 시점을 직시적으로 지시하는 지시 표현이다.

물론 지시적으로 해석되지 않는 과거 시제도 있다. '나는 여기 살았다'라고 하면, 그것은 화자가 특정 시점을 가리키며 그 시점에 여기 살았다는 뜻으로 해석되기도 하지만, "내가 과거에 여기 산 적이 있다"라는 뜻으로도 해석이 된다. 이렇게 자연언어의 시제 표현은 단순히 영향권을 갖는 연산자 의미(과거의 한정되지 않은 어떤 시점) 혹은 직시적 의미(과거의 한정된 특정 시점) 중에서 상황에 따라 하나로 해석된다.

11.3 어휘적 상

시제는, 그것을 시제 연산자 PAST, FUT의 영향권으로 해석하든 직시적으로 해석하든, 발화시와 사건시의 관계가 중요하다. 시간과 관련된 다른 문법 범주인 상(aspect)은 서술어 또는 문장이 기술하는 상황 혹은 사건의 시간적 내적 구조에 대한 관점을 표현한다(Comrie 1976). 상황의 내적 구조는 '덥다', '뛰다', '(빵을) 만들다'의 차이에서 보는 것처럼 개별 서술어(동사, 형용사) 또는 서술구가 표현하는 상황의 내적 구조이기도 하고, 완료, 진행 등 문법적 형식으로 구현되는 "화자에 의한, 상황의 주관적 구성"(Stephen 2016: 338)이기도 하다. 전자를 어휘적 상, 후자를 문법적 상이라고 부른다. 이 절에서는 먼저 어휘적 상을 설명하고, 다음 절에서 문법적 상을 논의한다.

어휘적 상(lexical aspect)에 대한 본격적인 논의는 벤들러(Vendler 1957)로부터 시작한다. 그는 어휘적 상에 의해 표현되는 상황의 내적 구조를 지속성(duration), 역동성(dynamicity), 종결성(telicity)을 고려하여 분류하였다. 여기서 '종결성'은 '목적성'이라고도 하는데, 어떤 목표를 향하여 진행하여 그 정점이 있는 특성이다. 구체적으로, '똑똑하다' 등 형용사, 그리고 '알다, 믿다' 등으로 표현되는 동사가 표현하는 상은 지속성이 있으나 역동성과 종결성이 없는 상황인 상태(state)를 표현한다. '뛰다, 걷다,

수레를 밀다' 같은 동사, 동사구는 지속성과 역동성이 있으나 종결성이 없는 상황인 활동(activity)를 표현한다. '(집 한 채를) 짓다, (빵을) 만들다, 원을 그리다' 같은 동사와 동사구는 지속성과 역동성, 그리고 종결성을 모두 가진 상황인 완성(accomplishment)을 표현한다. 마지막으로 '태어나다, (역에) 도착하다, (물건을) 발견하다, 깨닫다' 등의 동사(구)는 지속성은 없으나 역동성, 종결성을 가진 상황인 성취(achievement)를 표현한다.[2] 스미스(Smith 1997)는 이 네 가지 종류의 상적 부류에 더하여 '기침하다, (침을) 뱉다' 같은 동사와 동사구를 역동성이 있지만 지속성과 종결성이 없는 상황인 순간(semelfactive)을 또 하나의 상적 부류로 제시하였다.[3] 상태 이외의 다른 상황은 '사건'이라는 단어가 더 어울린다. 이상의 논의를 표로 요약하면 다음과 같다.

〈표 4〉 어휘적 상의 부류

어휘 상적 부류	지속성	역동성	종결성	예
상태	+	−	−	아름답다, 믿다
활동	+	+	−	뛰다, 걷다
완성	+	+	+	(빵을) 만들다
성취	−	+	+	(역에) 도착하다
순간	−	+	−	기침하다

종결성은 (진행되는 일의) 끝점, 곧 정점(culmination) 또는 최고점이 있음을 말한다. 그러니까 완성 동사, 예를 들어 '빵을 만들다'에서 빵을

---

[2] 'accomplishment'와 'achievement' 각각에 대한 한국어 용어로 여기서는 '완성', '성취'를 사용하지만, 학자에 따라 두 한국어 용어를 반대로 사용하기도 하고, '달성'을 어느 하나에 사용하기도 하는 등 혼란이 있다.
[3] 'semelfactive'는 "한 번, 일 회"를 뜻하는 'semel'에서 온 용어이다.

만드는 사건은 역동적으로 지속되는 시간(빵을 만드는 과정)과 그 정점 혹은 끝점(빵을 다 만든 시점)이 있는 사건이다. (역에) 도착하는 사건은 지속적은 아니지만 역동적이고 순간적으로 정점에 도달하는 사건이다. 마지막으로, 기침의 사건은 순간적으로 일어나 역동적일 뿐 정점이 없는 사건이다.

어휘적 상의 부류, 혹은 간단하게 상적 부류(aspectual class)는[4] 각 부류에 속하는 형용사/동사, 동사구가 보이는 여러 가지 통사적 특성을 설명해 준다. 먼저 상태와 다른 부류의 차이, 즉 역동성의 유무는 문법적 상인 진행의 가능성 차이로 나타난다.

(15) ㄱ.*민이는 아름답고 있다.
ㄴ. 진이는 뛰고 있다.
ㄷ. 현수는 빵을 만들고 있다.
ㄹ. 기차가 역에 도착하고 있다.
ㅁ. 민이가 기침하고 있다.

(ㄱ)의 상태 서술어는 진행을 허용하지 않고 나머지는 진행이 가능하다. 단, 활동과 완성을 표현하는 (ㄴ)과 (ㄷ)이 실제 동작의 진행을 표현하지만 성취를 표현하는 (ㄹ)은 도착 이전의 상황을, 순간을 표현하는 (ㅁ)은 기침이 반복되는 상황을 표현한다.

상태는 형용사뿐만 아니라 '사랑하다' 같은 동사로도 표현된다. 상태를 표현하는 형용사 문장은 진행의 문법적 상이 일반적으로는 어색하다. 그러나 '살다, 사랑하다' 같은 동사로 표현되는 상태는 진행이 가능할 때가

---

[4] 상적 부류를, "행동 혹은 동작의 특성 또는 종류"라는 뜻의 독일어 용어를 빌려서, 'Aktionsart'(독 'aktion' 행동, 'art' 특성/종류)라고 부르기도 한다. 일본 언어학에서는 이것을 '동작류'라고 부른다.

있다.

(16) ㄱ. 민이는 미국에 산다.
ㄴ. 민이는 미국에 살고 있다.
ㄷ. Min lives in the U.S.
ㄹ. Min is living in the U.S.

영어의 경우 상태 동사의 비진행상(ㄷ)과 진행상(ㄹ)은 어느 정도 의미의 차이가 있을 수 있다. 진행상은 상태의 일시성을 표현하는 경향이 있지만 비진행상은 그러한 특수한 의미가 없다. 즉, 진행상의 문장은 어느 정도의 기간 동안 어떤 장소에 살고 있다는 뜻으로 해석된다. 'John loves Mary'와 'John is loving Mary'도 유사한 차이를 보인다. 한국어의 경우에는 그러한 차이가 아주 명확하지는 않지만 미세한 차이를 드러낼 수 있다.

(17) ㄱ. 민이는 전에 한국에서 살았고 지금 미국에서 잠시 {??살지만, 살고 있지만} 한국에 올 것이다.
ㄴ. 민이는 한국인이고 한국에서 {산다, ?살고 있다}

진행상의 해석과 관련하여, 활동 사건인 '민이가 뛰고 있(었)다'가 참이면 '민이가 뛰었다'도 참이다. 반면에 완성 사건인 '민이가 빵을 만들고 있다', 성취 사건인 '기차가 역에 도착하고 있다'가 참이라고 해도 '민이가 빵을 만들었다', '기차가 역에 도착했다'는 참이 아니다. 빵을 만드는 행위를 하고 있다는 것은 빵을 만드는 전체 행위에서 끝점(정점) 이전의 단계를 진행하고 있다는 것이다. 또한, 기차가 도착하고 있다는 것은, 완성의 경우와 달리, 도착하는 사건의 끝점 이전 단계의 진행이 아니고, 도착이 이루어지기까지 다른 과정, 즉 기차의 느린 움직임이 진행되고 있다는 뜻이다. 기차가 도착하고 있다가 정지해도 도착 사건의 일부가 진행된 것은 아니지만, 빵을 만들고 있다가 정지한다면, 빵을 만들지는 않았지만, 빵을 만드는 사건의 일부가 진행되었다. 순간 사건과 관련하여, '민이가 기침하고 있다'가 참이면, 민이가 여러 번의 순간적인 기침 행위를 수행하는 사건이므로, '민이가 (한 번 이상의) 기침을 했다'도 참이다.

어휘적 상의 차이는 부사어 표현의 사용에서도 드러난다. '한 시간 동안' 과 '한 시간 만에'라는 부사어가 들어간 문장을 생각해 보라. '한 시간 동안' 은 "한 시간 내내 죽"의 뜻이고, '한 시간 만에'는 "한 시간이 지난 후에"의 뜻이다(영어로는 전자가 'for an hour', 후자가 'in an hour').

(18) ㄱ. 민이가 한 시간 {*동안, *만에} 똑똑했다.
ㄴ. 민이가 한 시간 {동안, *만에} 뛰었다.
ㄷ. 민이가 한 시간 {동안, 만에} 빵을 만들었다.
ㄹ. 민이가 한 시간 {*동안, 만에} 집에 도착하였다.
ㅁ. 민이가 한 시간 {동안, 만에} 기침을 했다.

'동안'은 지속 시간, '만에'는 정점까지의 시간을 표현하기 때문에 '똑똑 하다'(상태)는 '한 시간 동안/만에' 부사어와 사용될 수 없다. '뛰다'(활동)의 경우, 한 시간 동안 뛰는 것은 뛰는 활동의 지속 시간을 표현하지만 '한 시간 만에 뛰었다'가 뛰는 활동의 지속 시간을 의미할 수 없다.[5] 완성 사건 인 빵을 만드는 일은 한 시간 만에 해낼 수 있는데, '한 시간 동안'은 빵을 만드는 사건의 정점 이전 부분에만 적용된다. '도착하다'(성취)의 경우 한 시간 동안 도착할 수 없고, 도착하는 사건 이전에 어떤 상황이(예: 기다림)

---

[5] '뛰었다'를 "특정 거리를 뛰었다"로 이해하면 '한 시간 만에 (다) 뛰었다'가 가능하다. 특수한 상황에서, 민이가 뛰고 싶었지만 엄마가 허락을 안 해서 못 뛰다가 한 시간이 지난 후에 허락을 받아 뛰기 시작하는 상황을 '민이가 한 시간 만에 뛰었다'로 표현할 수도 있다. 이 경우에 '민이가 한 시간 만에 뛰기 시작했다'가 더 자연스러운 표현이다.

한 시간 진행한 후에('한 시간 만에') 도착할 수 있다. '기침을 하다'(순간)의 경우, 한 시간 동안 한 번의 기침을 하는 것은 불가능하고 여러 번의 기침을 할 수는 있다. 한 시간 만에 기침을 했다면 그것은 기침하는 행위의 시작까지 다른 상황이 한 시간 지속하였다는 뜻이다('한 시간 만에 기침을 시작했다'). 이렇게 어휘적 상 부류에 따라 문법적 상, 부사구와의 결합의 가능성 유무 그리고 (가능한 경우) 그 해석이 결정된다.

한 가지 유의할 점은 어휘적 상이 단어 층위에서만 결정되는 것이 아니라는 것이다. '뛰다'는 기본적으로 활동 사건을 기술하지만 '집에서 직장까지 뛰다', '100미터를 뛰다'는 완성 사건을 기술한다. 마찬가지로 '밥을 먹다'는 활동이지만 '밥 한 그릇을 먹다'는 완성이다. '병이 낫다'는 성취이지만 '병이 조금씩 조금씩 낫다'는 완성으로 볼 수도 있다. 다른 단어와의 결합이 아니더라도 관점에 따라서는 완성과 성취의 정점 순간성의 특성이 약화될 수도 있다. 예를 들어, '도착하다'는 성취로서 순간성을 가지고 있는데, 올림픽 육상 100m, 200m 경기의 결승선 장면의 1/1000초 단위 사진 판독 혹은 슬로우비디오에서 선수가 결승선에 조금씩 닿는 장면을 보면서 '미국 선수가 가장 먼저 결승선에 도착하고 있다'는 도착의 과정을 표현하는 말일 수 있다. 이 경우 '도착하다'는 성취라기보다는 완성으로 해석된다. 그러나 이 경우에도 '선수가 0.02초 동안 결승선에 도착했다'가 불편한 사람에게 도착은 정확히 한 순간이다(성취). 실제로 경기에서 등수를 결정하는 심판의 입장에서 가슴이 결승선에 닿는 그 순간만이 도착이고 '도착하고 있다'는 도착 이전의 뛰는 상황의 기술일 뿐이다.

〈그림 5〉 런던 올림픽(2012) 200m 경기 결승선 사진 판독.
[http://www.zimbio.com]

　어휘적 상을 다른 관점에서 보기도 한다. 예를 들어, '녹다, 마르다, 깨뜨리다, 죽다' 같은 상태 변화 사건, '동그라미를 그리다, 밭을 갈다' 같은 증가적 대상(incremental theme) 사건이 있다.[6] 상태 변화는 하나의 상태에서 다른 상태로 바뀌는 것을 말한다. 예를 들어, 온전한 상태의 창문에서 산산이 조각난 창문 상태로의 변화와 같은 것이다. 증가적 대상 사건인 '농부가 (그) 밭을 갈다'가 기술하는 행위가 진행되는 정도가 농부가 간 밭의 면적 증가와 동일시되는데, 이때 밭이 증가적 대상이다. 밭의 반이 갈린 시점에, 밭을 갈기 시작한 후 시간이 얼마가 지났든지 간에(전체 밭 가는 시간의 1/3이 걸렸을 수 있음), 그 사건의 반이 진행된 것이다. 다른 예를 들자면, '(한 컵의) 물을 마시다'가 가리키는 사건의 진행이 그 컵에서 없어지는 물의 양과 동일시된다.[7]

---

[6] '증가적 대상'(incremental theme)이라는 용어는 다우티(Dowty 1991)가 전형적인 피행위자(Patient)의 특성을 논의하면서 제시한 것이다. 의미역에 대해서는 12장(사건과 의미역) 참조.
[7] 이익환·이민행(2005)이 '무섭다, 기쁘다' 등의 심리 형용사를 어휘적 상의 관점에서 논의하였다. 다만, 해당 책에서는 심리 형용사를 심리동사라고 부른다.

11.4 문법적 상

어휘적 상과 달리 문법적 상은 화자가 사건의 시간적 구조를 어떻게 인식하고 표현하는가의 문제이다. 문법적 상의 전형은 러시아어, 체코어 등 슬라브어 언어들의 동사 형식의 차이에서 나타나는 것과 같은 완결(perfective)과 비완결(imperfective)의 대립이다. 슬라브어학에서 보통 'perfective'를 '완료', 'imperfective'를 '불완료'로 부르지만, 여기서는 영어의 완료상(perfect)과의 구별을 위해 '완결'로 부른다.

예를 들어, 다음과 같이 러시아어에는 비완결상과 완결상 동사가 있다.

(19) 비완결상 동사 : 완결상 동사 (러시아어)
 ㄱ. pisat : napisat "쓰다"
 ㄴ. čitat : pročitat   "읽다"
 ㄷ. delat : sdelat "하다"

이처럼 슬라브어들 대부분의 단어는 비완결상과 그것에 대응하는 완결상 형식이 있다. 의미적으로, 완결상은 하나의 완전한, 그것을 구성하는 부분들이 구별되지 않는 상황/사건을 표현한다(Comrie 1976). 달(Dahl 1985)에 따르면, 완결상은 전형적으로 1) 하나의, 분석되지 않는 것으로 보이는 사건, 2) 잘 정의된 결과 혹은 마지막 상태를 가진 사건, 3) 과거의 사건, 4) 대개 순간적인 사건, 또는 5) 하나의 상태에서 반대 상태로의 한 번의 변화로 간주되는 사건을 표현한다. 이에 비하여 비완결상은 지속되고 진행되거나 습관적으로 반복되는 상황/사건을 표현한다. 이러한 의미가 영향을 미쳐 통사적인 제약으로 나타나는데, 완결 동사는 "무엇을 하고 있니?"라는 물음의 응답으로 나타날 수 없고, 또한 "시작하다" 또는 "끝내다"를 의미하는 동사의 보어로 나타날 수 없다(Dickey 2016).

완결과 비완결의 상은 동사와 명사가 유사한 면이 있음을 보여준다. 명사 중 '사과, 아이'와 같은 가산명사가 하나의 완전한 개체를 가리키는 것에 비하여, '물, 흙' 같은 비가산명사는 그러한 특성이 없다. 이것은 동사의 완결상과 비완결상의 특성과 유사하다. 동사의 상이 하나의 완전한 상황과 그렇지 않은 상황을 구별하고, 명사의 가산성이 개체와 물질을 구분한다. 즉 개체(가산명사) : 물질(비가산명사) = 완결상 : 비완결상.

한국어와 영어에 완결상이나 비완결상은 존재하지 않는다. 영어의 대표적 문법적 상은 완료(perfect)와 진행(progressive)이다.

(20) ㄱ. John has done his homework.
ㄴ. John is doing his homework.

중고등학교 영어 시간에 배운 것처럼, 영어의 완료는 완료, 계속, 경험, 결과로 해석될 수 있는데, 이것들 모두를 포괄하여 말하자면 현재완료는 현재 시점과 연결된 상태, 그리고 현재 시점과 연관된 과거 시점에 일어나는 사건을 표현한다(Dahl 1985). 즉 현재완료는 현재 보다 앞서는 시점에 일어나지만 현재와의 관련성이 있는 상황을 기술한다. 마찬가지로, 과거완료는 과거의 어떤 시점보다 앞서 일어나지만 과거의 그 시점과 관련성이 있는 상황을 표현한다. 현재 진행은 지금, 이 시점에 진행되고 있는 사건을 표현한다.

한국어의 경우 진행 상황/사건을 표현하는 것은 하나의 동사 어미가 아니라 '-고 있다, -는 중이다' 등으로 표현되는 구문이다('밥을 먹고 있다, 밥을 먹는 중이다'). 현재 시제가 진행을 표현할 수도 있는데, '민이가 지금 우유를 먹는다'가 진행되고 있는 상황/사건을 표현한다. 그런데 '-고 있다'는 진행을 표현하기도 하지만 완료적인 뜻을 표현하기도 한다.

(21) ㄱ. 민이가 지금 책을 읽고 있다.
ㄴ. 민이가 옷을 입고 있다.

(ㄱ)은 진행의 상으로만 이해되지만 (ㄴ)은 진행, 완료/결과의 상 두 가지로 해석된다. 이 두 가지 경우의 '-고 있다'를 진행과 완료의 서로 다른 표현으로, 즉 중의적으로 보기도 한다.

한국어의 '-었'이 과거 시제로 기능하는 경우가 많으나 어떤 경우에는 완료/결과의 뜻이 드러나기도 한다.

(22) ㄱ. 옷을 (다) 입었니?
ㄴ. 진이가 이미 떠났다.
ㄷ. 꽃이 피었다.
ㄹ. 그 사람은 늙었다.
ㅁ. 이 옷은 낡았다.
ㅂ. 가뭄 때문에 올해 농사 다 지었다.

(ㄱ), (ㄴ), (ㄷ)은 어떤 행위 혹은 사건이 이미 끝나서 그 결과가 있다는 뜻을 가진 완료적 의미 해석이 가능하다(옷을 입은 상태, 떠나고 없는 상태, 꽃이 피어있는 상태). (ㄹ)과 (ㅁ)의 '늙다', '낡다' 동사는 대개 선어말 어미 '-었' 혹은 관형형 어미 '-은'과 사용되어('사람이 늙었다', '늙은 사람') 그 동사로 표현되는 사건이 완료된 결과 상태의 뜻으로 해석된다(영어의 형용사 'old'와 같은 뜻이다). (ㅂ)의 경우와 같이 특수하게 미래 일의 완료로 해석되기도 한다. 결론적으로, 한국어 '-었'은 본래 과거 시제 형태소이기는 하지만 경우에 따라 완료적으로 해석되는 특성이 있다.[8]

---

[8] 역사적으로 '-었'은 완료의 뜻을 가진 '-어 있'에서 유래한다.

11.5 양상

양상(modality)은 언어의 내포성을 드러내는 전형적인 문법 범주이다. 화자가 현실 세계가 아닌 다른 가능한 세계에서의 상황을 고려하는 양상은 여러 가지로 표현될 수 있다.

(23) ㄱ. 민이는 틀림없이 합격했어.
ㄴ. 민이는 틀림없이 합격했을 거야.
ㄷ. 진이는 놀러 갔을지도 몰라.
ㄹ. 진이는 놀러 간 것 같아.

이 문장들은 전형적인 양상, 즉 필연성과 가능성을 표현한다. (ㄱ, ㄴ)의 진리값이 현재 민이가 합격했는지에 달려 있지 않고, (ㄷ, ㄹ)의 진리값도 진이가 놀러 갔는지 아닌지에 달려 있지 않다. (ㄱ, ㄴ)은 내가 아는 것에 비추어 생각할 수 있는, 즉 나의 지식과 일관된 모든 가능세계(또는 가능한 상황)에서 '민이가 합격했다'가 참일 때 참이고, (ㄷ, ㄹ)은 나의 지식에 비추어 생각할 수 있는 어떤 (적어도 하나의) 가능세계에서 '진이가 놀러 갔다'가 참일 경우 참이다. 이 조건들이 만족되지 않으면 (ㄱ, ㄴ)과 (ㄷ, ㄹ)은 거짓이다.

양상은 해석 방식에 따라 인식 양상(epistemic modality), 의무 양상(deontic modality), 동적 양상(dynamic modality)으로 구별될 수 있다. 다음의 문장들은 모두 필연성을 표현하는데 어떻게 의미가 다른가?

(24) ㄱ. 민이는 반드시 좋은 사람이야/사람일 거야.
ㄴ. 진이는 반드시 엄마 말을 들어야 해.
ㄷ. 내가 그 일을 반드시 하겠어.

(ㄱ)은 내(화자)가 아는 지식에 비추어, 혹은 내가 아는 것과 일관된 모든 가능한 상황(세계)에서 민이가 좋은 사람이라는 뜻으로, 이것을 인식 양상이라고 한다(인식적 필연성). (ㄴ)은 우리가 마땅히 그래야만 한다고 생각하는, 혹은 바람직한 모든 가능한 상황, 즉 세계에서 진이가 엄마 말을 듣는다는 뜻으로, 이것을 의무 양상이라고 한다(의무적 필연성). 마지막으로 (ㄷ)은 내가 행하려고 하는 일이 실제로 일어나는 모든 세계(상황)에서 내가 그 일을 한다는 뜻이고, 이것이 동적 양상이다(동적 필연성). 가능성도 마찬가지로 세 가지로 표현된다.

(25) ㄱ. 이 사건의 범인은 여자일 수 있다.
ㄴ. 이제 네가 이 일을 할 수 있다(해도 된다/좋다).
ㄷ. 내가 그 일을 할 수 있다.

(ㄱ)과 같이 인식적 필연성에 대응하는 가능성이 인식적 가능성이고, (ㄴ)과 같이 의무적 필연성에 대응하는 것이 의무적 가능성, 즉 허락이며, (ㄷ)과 같이 동적 필연성(의지)에 대응하는 것이 동적 가능성, 즉 능력이다.[9] 각각 "내가 알고 있는 사실과 일관된 적어도 하나의 세계에서", "도덕적으로 바람직한 적어도 하나의 세계에서", "내가 하려고 하는 일이 모두 일어나는 적어도 하나의 세계에서" 그렇다는 의미이다.

이러한 여러 종류의 양상이 위 예문들에서는 한 가지 형식으로 표현될 수 있다('반드시', '-ㄹ 수 있다' 등). '반드시'가 붙은 문장들은 동사 부분이 다르게 표현되어 있지만, '민이는 반드시 좋은 사람이다', '착한 아이는 반드시 엄마 말을 듣는다'(다짐), '이제 내가 그 일을 반드시 한다'(결심) 등과 같이 동일한 형식을 사용할 수도 있다. 반 데어 오웨라 등(Van der

---

[9] 다른 관점에서, '내가 가겠다'와 대비되는 동적 가능성 문장을 '내가 갈 수도 있다'로 생각할 수 있다. 이것은 능력이 아니라 약한 의지이다.

Auwera et al. 2005)이 조사한 241개의 언어 중에서 반 정도가 필연성, 가능성 중에 적어도 하나를 표현하는 형식을 가지고 있고 반 정도는 그렇지 않다.

인식 양상, 의무 양상, 동적 양상은 우리가 일상에서 늘 사용하는 양상이지만 또 다른 종류의 양상을 생각할 수 있다. 다음 문장은 어떤 종류의 양상인가?

(26) ㄱ. 1 더하기 1은 반드시 2이다.
ㄴ. 반드시 삼각형의 각의 합은 180도이다.
ㄷ. 틀림없이 태양이 태양이다.
ㄹ. 모든 학생이 똑똑하고 민이가 학생이면, 반드시 민이는 똑똑하다.

여기서 표현되는 필연성은 인식 양상보다 더 강한 뜻이다. 우리가 알고 있는 것과 일관된 모든 가능세계 이상으로, 우리가 이성적으로 고려할 수 있는 모든 가능한 세계에서 참을 말한다. 이러한 가능세계들은 인간의 이성에 어긋나지 않는, 수학과 논리적 사실이 성립하는 세계들이다. 이것을 진리 양상(alethic modality)이라고 부른다. 진리 양상은 수학 시간이나 논리학 시간에 많이 사용되지만 일상에서도 수학적, 논리적 발화가 있을 수 있다. 예를 들어, 진이가 범인인 것도 같고 아닌 것도 같은 복잡한 상황에서 자조적으로 '(분명히) 진이가 범인이거나 범인이 아니다'라고 말할 수 있다.

진리 양상은 양상논리에서 필연의 연산자 □와 가능의 연산자 ◇로 표시된다.

(27) ㄱ. □p
ㄴ. ◇p

(ㄱ)은 p가 필연적으로 참이고 (ㄴ)은 p가 참일 가능성이 있다는 양상논리 식이다. 그 해석은 (논리적 이성이 통하는) 가능세계를 동원하는데, p가 모든 가능세계에서 참일 때 □p가 참이고, p가 적어도 하나의 가능세계에서 참일 때 ◇p가 참이다.[10]

진리 양상의 논리식에서 필연(□)과 가능(◇)의 연산자 중 어느 하나는 부정을 이용하여 다른 하나를 표현할 수 있다.

(28) ㄱ. □p ≡ ¬◇¬p
　　　ㄴ. ◇p ≡ ¬□¬p

말하자면, p가 필연적라는 것은 p가 아닐 가능성이 없다는 것이고, p가 가능하다는 것은 p가 아닌 것이 필연적이 아니라는 것이다. 자연언어에서도 이러한 관계가 성립한다.

(29) ㄱ. 민이는 반드시 좋은 사람이야/사람일 거야.
　　　ㄱ'. 민이는 좋은 사람이 아닐 수 없어.
　　　ㄴ. 진이는 반드시 엄마 말을 들어야 해.
　　　ㄴ'. 진이는 엄마 말을 안 들어도 되지 않아/안 들어도 되는 건 아냐.

(30) ㄱ. 이 사건의 범인은 여자일 수 있다.
　　　ㄱ'. 이 사건의 범인은 반드시 여자가 아니라고 할 수 없다.
　　　ㄴ. 이제 네가 이 일을 해도 돼/좋아.
　　　ㄴ'. 이제 네가 이 일을 하지 말아야 하는 것은 아니야/안 해야 하는 것은 아니야.

---

[10] 진리 양상 연산자 □와 ◇, 그리고 앞에서 도입한 시제 연산자 PAST와 FUT는 모두 양화적으로 해석된다. 즉, '모든/최소 하나의 가능세계에서', '과거(미래)의 적어도 하나의 시점' 등의 해석은 '모든/최소 하나의 개체가'의 해석 방식과 같다.

(29)와 (30)에서, (ㄱ)과 (ㄱ')은 같은 뜻이고 (ㄴ)과 (ㄴ')도 그렇다.[11] 이상과 같이 부정을 사용하면 가능 표현과 필연 표현 중 하나만으로 필연, 가능 두 가지를 모두를 표현할 수 있다.

좁은 뜻으로 양상은 이렇게 필연성과 가능성을 말하지만, 좀 더 넓게 이해하면 양상은 기술 내용을 사실로(즉 현시점, 현 세계의 상황으로) 제시하지 않는 모든 표현 형식이다. 이러한 넓은 의미의 양상은 단언이 아닌 의문, 명령, 제안의 '-냐/니'('먹었냐?', '좋니?'), '-어라'('먹어라'), '-자'('먹자') 등으로 표현되는 서법(mood)을 포함한다. 다만 보통 문장 끝에 어말 어미로 표현되는 서법과 다른 방식으로 표현되는 양상을 구별하여 기술하는 것이 보통이다.

넓은 의미의 양상으로 볼 수 있는 또 다른 것이 증거성(evidentiality)이다. 증거성이란 어떤 진술을 할 때 그것의 근거 혹은 그 말의 근원을 표현하는 것이다. 다음과 같이 명시적으로 그 근거를 표시할 수도 있다.

(31) ㄱ. 남들이 그러는데, 민이는 똑똑해.
ㄴ. 진이가 떠났다고 민이한테 들었어.
ㄷ. Reportedly, Mary is smart.

그러나 이렇게 명시적으로 부사 혹은 인용 구문을 사용하여 표현하는 것은 문법적 증거성이 아니다. 어떤 언어에서는 모든 문장의 주동사에 증거성이 표현되는데, 이 경우 증거성은 고유한 문법 범주가 된다. 예를 들어, 에스키모어인 포모어(Pomo)에서 "불탔다"를 표현하는 단어는 단언의 근거에 따라 여러 형식이 된다.

---

[11] 동적 양상과 관련하여, '내가 그 일을 (반드시) 하겠다'와 '내가 그 일을 안 할 수 없다'가 같은 뜻이지만, '내가 그 일을 할 수 있다'와 '내가 그 일을 안 하겠지 않다'는 같은 뜻이 아니다. 마지막 문장은 어색하다.

(32) 포모어의 "불탔다"를 의미하는 단어(McLendon 2003, Wikipedia 에서 재인용)
ㄱ. pʰa·békʰ-ink'e   (화자가 감각을 느낌)
ㄴ. pʰa·bék-ine   (화자가 상황적 증거를 봄)
ㄷ. pʰa·békʰ-·le   (화자가 다른 사람이 말한 것을 들음)
ㄹ. pʰa·bék-a   (화자가 직접 봄)

한국어에도 증거성을 표현하는 어미가 있다.

(33) ㄱ. 민이가 참 우아하더라.
ㄴ. 종이 울리더라.
ㄷ. 냄새가 지독하더라.
ㄹ. 벌레가 내 등뒤로 기어가는데 끔찍하더라.
ㅁ. 샌프랜시스코에 지진이 났대.
ㅂ. 준서가 합격했대.

(ㄱ-ㄹ)의 '-더'는 '민이가 참 우아하다'에 대한 화자의 (과거의) 경험적 근거(지각)를 드러낸다(직접 보는 것, 듣는 것 등).[12] (ㅁ, ㅂ)은 다른 사람의 말임을 표현하는데, '-대'가 '-다고 해'의 준말이므로, 원래부터 어미는 아니지만 이미 축약되어 하나의 어미처럼 사용되는 것으로 볼 수 있다. 이 문장들은 현재 상태로만 참, 거짓을 판단할 수 없고 그 근거까지 고려해야 한다.

그밖에 습관을 표현하는 총칭문(5장 참조), 조건절 등도 모두 발화시의 현실 상황(세계)으로는 진리값을 알 수 없는, 넓은 뜻의 양상의 일종으로 볼 여지도 있다.

---

[12] 한국어 '-더'를 증거성의 실현으로 본 연구로 송재목(2015)이 있다.

(34) ㄱ. 진이는 빨리 뛴다.
ㄴ. 현수가 키가 크면 농구를 해도 될 텐데.

(ㄱ)의 총칭문(습관, 능력)은 모두 지금의 상황에서 참, 거짓을 알 수 없고, (ㄴ)의 '현수가 키가 크면' 같은 조건절 문장도 현실의 상황으로 참, 거짓을 판단할 수 없다.

양상의 필연성 및 가능성과 관련하여, 화용적인 면에서, 우리가 가능성을 의미하는 표현을 사용하면서 필연성을 의도할 수 있고, 그 반대일 수도 있다. 예를 들어, 회사 면접장에서 면접관이 입사 희망자에게 다음과 같이 말했다고 하자.

(35) 이제 가도 됩니다.

이 말의 뜻을 가능성, 즉 꼭 안 따라도 되는 허락으로 알아듣고 입사 희망자가 자리를 뜨지 않고 있으면 곤란할 것이다. 이것은 가야 한다는 필연(의무)의 뜻으로 이해되어야 한다. 반면에, 친구 집에 초대되어 갔을 때 친구의 어머니가 상다리가 부러지게 차린 밥상을 보이며 다음과 같이 하는 말은 꼭 그렇게 해야 한다는 뜻은 아니다.

(36) 여기 있는 음식 다 먹어야 해.

이 말을 도덕적 필연(의무)으로 알아듣고 배가 터지건 말건 끝까지 먹으려는 사람은 없을 것이고, 친구 어머니도 그런 상황을 원하지 않는다. 손님이 음식을 너무 많이 먹어 배탈이 나기를 원하는 사람은 없을 것이다.

이 장에서는 시제, 상, 양상을 세계 속의 의미의 관점에서 논의하였지만, 마음속의 의미의 관점에서도 시제, 상, 양상의 현상에 접근할 수 있다.

제2부에서 논의하는 인지적, 개념적 관점에서, 시제와 상은 화자가 시간의 위치와 사건의 시간적 구조를 일종의 은유적 관점으로 해석/이해하는 (construe) 것이다(Janda 2015). 즉 사건의 시간 선 위의 위치를 어떻게 이해하는가(시제), 그리고 사건을 요약적으로(완결상) 혹은 시간상에 펼쳐진 것으로 관찰하고 이해하느냐가(미완결상) 화자의 관점으로 결정된다. 인지적 관점에서 서법이나 상은 화자가 개념화하는, 현실을 넘어선 사건을 가리키고 해석하는 방식이다.

▶▶ 더 읽을거리

고영근, 구본관 (2008). 「우리말 문법론」, 서울: 집문당.

홍종선, 박주원, 백형주, 정경재, 정연주, 정유남 (2009). 「국어의 시제, 상, 서법」, 서울: 박문사.

Depraetere, Ilse (2016). "Modality," in Riemer (ed.) *The Routledge Handbook of Semantics*, London: Routledge, 370–386.

12

사건과 의미역

12.1 사건과 논리함의

 문장은 세계의 상태 혹은 사건을 기술한다. 동사가 들어간 문장은, '믿다', '생각하다' 등의 상태적 동사를 제외하면, 대부분 사건(event)을 기술한다.[1] 그러나 기본적인 논리적 방법은, 8장(의미와 논리)에서 보는 것처럼, 사건 자체를 문장 의미의 일부로 논리식에 표상하지는 않는다. 문장에 해당하는 논리식과 관련하여, 일차술어논리에서 변항은 x, y 등 사람이나 사물을 지시하는 개체 변항만이 존재하고, 따라서 양화도 ∀x, ∃y 등 개체에 대해서만 정의된다. 앞에서 소개한 일반양화사는 개체 집합의 집합을 말하며, 이 점에서 그것도 개체들만을 기초로 정의된다('대부분의 학생, 다섯 (명) 이상의 군인' 등). 그러나 어떤 의미 현상은 사건을 고려해야 적절한 분석이 가능하다.
 가장 간단한 사실은 어떤 명사들은 사람, 물체들의 집합이 아니라 사건들의 집합을 표의한다는(denote) 것이다. 예를 들어, '음악회', '운동회',

---

[1] 앞 장의 어휘적 상으로 생각하면, 사건은 상태를 제외한 부류인 활동, 완성, 성취 동사(구)가 서술어인 문장이 기술하는 것이다.

'회의', '재판', '체육대회', '시합', '콘서트', '패션쇼' 등은 개체들의 집합이 아니라 사건들의 집합을 표의한다. 이런 기초적인 사실 이외에도 다음과 같은 문장의 의미는 그 논리함의(entailment) 면에서 사건을 고려할 때 잘 설명된다.

(1) ㄱ. 민이가 공원에서 빨리 뛰었다.
ㄴ. 어제 현수가 진이를 부엌에서 고의로 때렸다.

이 문장들은 사건을 고려하지 않는 일차술어논리로 대략 다음과 같이 표상된다. '빨리', '운동장에서' 등 부사적 표현의 의미가 동사, 동사구 또는 문장의 의미를 수식하는 형식이다.

(2) ㄱ. in-a-park(FAST(RUN)(m))^2
ㄴ. in-the-kitchen(INTENTIONALLY(HIT)(h, j))

(ㄱ)의 논리식은, '빨리'가 동사를 수식하고 '공원에서'가 문장을 수식하는 통사적 특성을 의미적 합성에 반영하여, '빨리'의 의미(FAST)가 동사 의미(RUN)를, '공원에서'의 의미(in-a-park)가 문장 의미(FAST(RUN)(m))를 논항으로 취하는 함수로 표상한다. (ㄴ)도 마찬가지이다. 여기서는 위 예문들의 '공원에서, 부엌에서', 그리고 아래의 예문에 나오는 '막대기로' 같은 부사어의 명사와 조사를 따로 분석하지는 않고 전체를 부사어로 표상한다.
이러한 논리 표상은 다음 예문 (3)이 (4)의 각 문장을 논리적으로 함의한다는 것, 즉 논리함의한다는 것을 잘 설명하지 못한다(⇒가 논리함의를 나타냄).

---

2 FAST(RUN)(m)은 FAST(RUN)이 m을 논항으로 취하여 결합한 것을 표사한다. 좀 더 분명히 하기 위해 (FAST(RUN))(m)과 같이 표시할 수 있다.

(3) 현수가 진이를 부엌에서 막대기로 때렸다.
(4) ㄱ. ⇒ 현수가 진이를 때렸다.
    ㄴ. ⇒ 현수가 진이를 부엌에서 때렸다.
    ㄷ. ⇒ 현수가 진이를 막대기로 때렸다.

데이비드슨(Davidson 1967)은 이러한 논리함의들을 관찰하고, 사건 논항을 동사 문장의 논리식에 도입하여 현상을 설명하고자 하였다. 그의 분석에서는 다음 식과 같이 논리식에 사건 변항 e가 도입되고, 부사의 의미는 동사의 의미를 수식하는 것이 아니라 동사가 기술하는 사건에 대한 서술어이다.

(5) 현수가 진이를 부엌에서 막대기로 때렸다.
    $\exists e[\text{HIT}(e, h, j) \land \text{in-the-kitchen}(e) \land \text{with-a-stick}(e)]$

이 식에서 사건 논항 e가 HIT 등 술어의 논항들 중 맨 처음 혹은 맨 끝에 오는가는 중요하지 않다(즉 HIT(e, h, j) 대신 HIT(h, j, e)로 표현할 수도 있다), 여기서 ∧는 명제논리의 접속(conjunction)이다('그리고' 또는 'and'에 해당). 풀어서 말하자면, "어떤 사건 e에 대하여, e는 현수가 진이를 때리는 사건이고, e는 부엌에서 일어났고, e는 도구가 사용되어 일어났다" 또는 "현수가 진이를 때린, 부엌에서 일어난, 막대기가 도구로 사용된 사건이 존재한다"이다. 이러한 분석에서 앞의 논리함의는 문제가 없이 설명된다. 그것은 접속(연접)으로 연결된 논리식이 참이면 그것을 구성하는 모든 접속 항 명제, 그리고 그것들의 일부 또는 전부의 접속이 참이기 때문이다.

(6) p ∧ q ∧ r ...
    ⇒ p
    ⇒ q

⇒ r
⇒ p ∧ q
⇒ q ∧ r
⇒ p ∧ r
...

따라서 '현수가 진이를 부엌에서 막대기로 때렸다'의 의미로부터 앞에서 보인 여러 가지 논리함의가 발생한다는 사실을 논리적으로 자연스럽게 설명할 수 있다.[3] 사건 논항을 이용한 분석과 그 논리함의들은 다음과 같다.

(7) ∃e[HIT(e, h, j) ∧ in-the-kitchen(e) ∧ with-a-stick(e)]
ㄱ. ⇒ ∃e[HIT(e, h, j)]
ㄴ. ⇒ ∃e[HIT(e, h, j) ∧ in-the-kitchen(e)]
ㄷ. ⇒ ∃e[HIT(e, h, j) ∧ with-a-stick(e)]

(ㄱ)-(ㄷ)은 각각 "현수가 진이를 때렸다", "현수가 진이를 부엌에서 때렸다", "현수가 진이를 막대기로 때렸다"를 표상한다.

좀 더 많은 부사어가 들어간 문장 '현수가 진이를 부엌에서, 천천히, 고의로, 막대기로 때렸다'의 경우에도, 사건 논항을 이용한 분석이 여러 논리함의를 자연스럽게 설명한다.

(8) ∃e[HIT(e, h, j) ∧ in-the-kitchen(e) ∧ with-a-stick(e)
∧ INTENTIONALLY(e) ∧ SLOWLY(e)][4]

---

[3] (7)에 제시된 논리함의 외에도 ∃e[in-the-kitchen(e)] 같은 논리함의도 성립한다. 이것은 "부엌에서 일어난 사건이 있다(존재한다)" 또는 "어떤 사건이 부엌에서 일어났다"의 의미이다.

[4] INTENTIONALLY(e), SLOWLY(e)를 INTENTIONAL(e), SLOW(e)로 표상할 수도 있다.

ㄱ. ⇒ ∃e[HIT(e, h, j)]
ㄴ. ⇒ ∃e[HIT(e, h, j) ∧ in-the-kitchen(e)]
ㄷ. ⇒ ∃e[HIT(e, h, j) ∧ with-a-stick(e)]
ㄹ. ⇒ ∃e[HIT(e, h, j) ∧ INTENTIONALLY(e)]
ㅁ. ⇒ ∃e[HIT(e, h, j) ∧ SLOWLY(e)]
ㅂ. ⇒ ∃e[HIT(e, h, j) ∧ INTENTIONALLY(e) ∧ SLOWLY(e)]
ㅅ. ⇒ ∃e[HIT(e, h, j) ∧ in-the-kitchen(e) ∧ SLOWLY(e)]
ㅇ. ⇒ ∃e[HIT(e, h, j) ∧ with-a-stick(e) ∧ INTENTIONALLY(e) ∧ SLOWLY(e)]

문장 '현수가 진이를 부엌에서, ...'의 의미를 표상한 논리식으로 보면, "현수가 진이를 때린, 부엌에서 일어난, 천천히 일어난, 고의로(의도적으로) 일어난, 막대기가 도구로 사용되어 일어난 사건이 존재한다"로 해석된다. 이것으로부터 (ㄱ) "현수가 진이를 때린 사건이 존재한다", (ㄴ) "현수가 진이를 때린, 부엌에서 일어난 사건이 존재한다", (ㄷ) "현수가 진이를 때린, 막대기를 도구로 발생한 사건이 존재한다", (ㄹ) "현수가 진이를 때린, 고의적으로 일어난 사건이 존재한다" 등이 논리적으로 함의된다. (ㄱ)-(ㅇ)을 언어의 문장으로 표현하면 '현수가 진이를 때렸다', '현수가 진이를 부엌에서 때렸다', '현수가 진이를 막대기로 때렸다', ... '현수가 진이를 부엌에서, 고의로, 천천히 때렸다'이다. 위 논리함의는 일부만을 제시한 것이다. 부사어 4개 중에서 0, 1, 2, 3개를 뽑는 방법의 수(부사어 4개를 뽑는 것은 원래 문장과 동일하므로 제외), 따라서 논리함의되는 것들의 수는 1+4+6+4=15로서, 15가지의 논리함의가 가능하다. 달리 계산하자면, 4개의 부사어 각각에 대하여 선택 여부를 허용하면 2^4(= 16)개이다. 이 중에서 모든 부사어를 선택하는 전체 문장의 의미를 논리함의에서 제외하면 논리함의는 15(= 2^4-1)개이다.

12.2 술어와 사건 논항

부사 수식의 논리함의 외에도, 여러 가지 술어의 통사적 행태를 설명하기 위해서도 학자들은 사건을 논항으로 가지고 있는 술어와 그렇지 않은 술어를 구별하였다. 단계 층위(stage-level) 술어와 개체 층위(individual-level) 술어가 이러한 구분인데, 단계 층위 술어만 사건 논항을 가지고 있다(Kratzer 1995). 예를 들어, '아프다, 배부르다, 목마르다, 즐겁다, 힘들다'와 '똑똑하다, 어리석다, 근면하다, 딱딱하다' 중에서 전자는 한 개인/개체의 어떤 단계, 즉 상태에 대하여 기술하는 술어이고, 후자는 하나의 개인/개체 자체에 대하여 기술하는 술어이다. 여기서 단계(stage)는 일종의 시간적 변화 상태 또는 한시적 상황을 의미한다. 어떤 사람이 아프거나 배부른 상황은 한시적이지만(PAINFUL(e, x)), 똑똑하거나 어리석은 것은 (적어도 상당히 오랫동안) 개인/개체에 대하여 성립한다(SMART(x)).

영어의 경우, 이러한 단계와 개체 층위 구분이 'there' 구문과 지각 술어 구문에서 차이를 보인다.

(9) ㄱ. There are three students available. (단계 층위 술어)
    ㄴ.*There are three students intelligent. (개체 층위 술어)

(10) ㄱ. I saw Bill exhausted. (단계 층위 술어)
     ㄴ.*I saw Bill smart.   (개체 층위 술어)

영어의 'available, exhausted, sick'는 사건(상태 포함) 논항을 포함한 술어로(AVAILABLE(e, x), EXHAUSTED(e, x), SICK(e, x)), 'intelligent, smart'는 사건 논항이 없는 술어로 분석된다(INTELLIGENT(x), SMART(x)).

한국어의 경우에도 지각 술어가 단계와 개체 층위 술어의 차이를 보이고, '지금'이라는 부사의 사용도 그 차이를 보인다.

(11) ㄱ. 나는 현수가 아픈 것을 보았다
ㄴ.*나는 현수가 똑똑한 것을 보았다.

(12) ㄱ. 지금 다섯 학생이 아프다.
ㄴ.*지금 다섯 학생이 똑똑하다.

이 밖에도 한정사 없는 복수 명사의 존재양화적 또는 총칭적 해석에서 술어의 차이가 나타난다. 영어에서 'boys' 같이 한정사 없이 사용되는 복수 명사가 주어인 'Professors are sick'과 'Professors are smart'가 해석 차이를 보이는데, 전자는 일부 교수가 아프다는 의미이고(존재양화 의미) 후자는 일반적으로 교수는 똑똑하다는 의미이다(총칭 의미). 한국어 문장들도 같은 해석의 차이를 보이는지 알아보자.

(13) ㄱ. 교수들이/은 아프다.
ㄴ. 교수들이/은 똑똑하다.

개체 층위 술어인 '똑똑하다'가 들어간 (ㄴ)은 교수가 일반적으로 똑똑하다는 총칭적 뜻이 강한 반면(실제로 정말 그럴까?), 단계 층위 술어인 '아프다'가 들어 있는 (ㄱ)은 총칭적 뜻보다는 일부의(몇 사람의) 교수가 아프다는 존재양화의 해석이 강하다. 다만 한국어의 경우 조사 '-이'와 '-은'의 영향이 커서 '-이' 명사구가 존재양화, '-는' 명사구가 총칭으로 해석되는 경향이 있다. 따라서 다음과 같이 위 문장들을 보문으로 만들어서 조사의 영향력을 약화시켜 보자.

(14) ㄱ. 민이는 교수들이 아프다고 말했다.
　　　ㄴ. 민이는 교수들이 똑똑하다고 말했다.

양화 해석과 총칭 해석의 가능성을 잘 생각해 보라. (ㄱ)은 존재양화로, (ㄴ)은 총칭으로 해석될 것이다.[5]

일반적으로 형용사에는 진행상이 적용되지 않지만 진행상이 가능한 경우가 있는데, 단계 층위 술어인지 개체 층위 술어인지에 따라, 즉 사건 논항이 있는지 없는지의 차이로 그 문법성의 섬세한 차이를 설명할 수 있다.

(15) ㄱ. ?민이는 아프고 있다/아픈 중이다.
　　　ㄴ. *민이는 똑똑하고 있다/똑똑한 중이다

또한 단계 층위 술어 '아프다'와 개체 층위 술어 '영특하다'는 다음과 같이 차이를 보일 수도 있다.

(16) ㄱ. 민이가 아픈 상태에서(도) 바이올린을 아주 잘 연주했다.
　　　ㄴ.*민이가 영특한 상태에서(도) 바이올린을 아주 잘 연주했다.

'상태'라는 단어를 넣지 않더라도 차이가 난다.

(17) ㄱ. 민이가 {아프면서(도), 아픈 중에(도)} 바이올린을 아주 잘 연주했다.
　　　ㄴ.*민이가 {영특하면서(도), 영특한 중에} 바이올린을 아주 잘 연주

---

[5] 다만 여기서 '교수들'의 한정적 해석("그 교수들")은 배제하자. 한국어에는 관사가 없어서 한정, 비한정 해석이 가능하기 때문에 명사구를 해석할 때 혼동이 될 수 있다.

했다.

단계 층위와 개체 층위의 차이, 즉 사건 논항의 유무에 따른 술어의 차이는 형용사, 동사뿐만 아니라 명사에서도 찾을 수 있다.

 (18) ㄱ. 단계 층위 명사: 환자, 행인, 수험생
   ㄴ. 개체 층위 명사: 교수, 아들, 한국인

단계 층위와 개체 층위의 차이가 다음 문장들의 대비되는 문법성의 원인이다.

 (19) ㄱ. 그는 환자인 중에(도) 시험을 보았다.
   ㄴ.*그는 한국인인 중에(도) 시험을 보았다.

영어의 'singer, dancer, driver' 등은 한국어와 달리 단계 층위와 개체 층위 두 가지로 해석될 경우가 있다. 'beutiful singer'가 "(얼굴이) 아름다운 가수"(개체 층위) 또는 "아름답게 노래부르는 사람"(단계 층위)이라고 해석될 수 있다. 마찬가지로, 'beutiful dancer', 'beautiful dreamer'도 두 가지 뜻으로 해석된다.

동사나 형용사와 달리 명사의 경우는 단계 층위, 개체 층위의 차이가 잘 드러나지 않을 수 있다.

 (20) ㄱ. *진이는 그 시기에 현수의 아들이었다.
   ㄴ. ?진이는 그 시기에 한국인이었다.
   ㄷ. 진이는 그 시기에 교수였다.
   참고: 진이는 그 시기에 환자였다.

아들인 사람이 어떤 시기에만 아들일 수 없으므로 (ㄱ)은 이상하지만, 국적은, 흔한 일은 아니지만, 바뀌기도 하므로 (ㄴ)은 덜 어색하고, 꽤 많은 사람이 교수였다가 정치가, 관료로 변신하므로 (ㄷ)은 평범하게 들린다.

이렇게 의미 표상에 사건을 도입하게 되면 사역(causation)과 같은 두 사건의 관계를 명시적으로 표상할 수도 있다. 다음 문장은 명시적인, 또는 비명시적인 사역 의미를 표현한다.[6]

(21) ㄱ. 진이가 민이를 떠나게 했다.
　　　ㄴ. 진이가 문을 열었다.

이러한 사역 문장은 원인이 되는 사건 e와 결과로 나타나는 사건 e´의 두 사건으로 구성된 복합적 사건이다. 이 두 사건의 관계를 다음과 같이 표상할 수 있다.

(22) ㄱ. CAUSE(e, j, LEAVE(e´, m))
　　　ㄴ. CAUSE(e, j, BE-OPEN(e´, the-door))

따라서 '열다' 동사의 의미는 대략 다음과 같이 분석된다(x는 주어, y는 목적어가 가리키는 대상).

(23) CAUSE(e, x, BE-OPEN(e´, y))

이것은 단어 의미 분해의 일종이다. 여러 가지 종류의 단어 의미 분해는

---

[6] '떠나게 하다', '먹이다' 같은 일반적 사역 구문 또는 사역 동사뿐만 아니라, '열다', '깨다', '꺽다', '깎다', '썰다', '끊다' 등과 같이, 동사의 주어가(주어가 가리키는 것이) 대상에 어떤 일을 하여 대상의 상태가 변하는 것도 광의의 사역에 해당한다.

개념적 문제일 수도 있다. 한편, 사건 논항이 사역의 의미 분해에 반드시 필요한 것은 아니다. 7장(의미의 분해)에서 사건 논항을 사용하지 않고 의미 분해를 다루었다.

12.3 의미역

앞의 절들에서처럼 사건 변항 e를 의미 표상에 도입하든지 그렇게 하지 않든지 간에, 문장이 기술하는 사건에 대하여 생각해 보면 사건 내부에서 문장의 특정 논항이 가리키는 대상이 행하는 역할이 있다. 그것은 사건의 행위자, 피행위자(피해자), 도구 같은 것들이다. 이것이 그 논항 또는 그 논항이 가리키는 대상의 의미역(semantic role)인데, 의미역은 '주제역'(thematic role, theta role) 또는 '참여자역'(participant role)으로 불리기도 한다.

의미역은 문장 내의 요소들 사이의 문법 관계, 즉 주어, 목적어 등 문법적 역할과 독립적이다. 다음 예들에서 문법적 역할과 의미적 역할을 구별해 보자.

    (24) ㄱ. 소년이 창문을 망치로 깨뜨렸다.
          ㄴ. 망치가 창문을 깨뜨렸다.
          ㄷ. 바람이 창문을 깨뜨렸다.
          ㄹ. 창문이 깨뜨려 졌다(깨졌다).

문법적으로 보면, (ㄱ)에서 '소년'과 '창문'은 각각 문장의 주어, 목적어이고 '망치로'는 문장에서 부사어의 역할을 한다. (ㄴ)-(ㄹ)에서 주어는 각각 '망치', '바람', '창문'이고, (ㄴ)과 (ㄷ)의 목적어가 '창문'이다. 즉, '창문'은 문장에 따라 주어, 목적어로, '망치'는 주어, 부사어/수식어(의 일부)로 문법적 역할을 수행한다. 그런데 의미면에서는 어떠한가? 의미적으로 (ㄱ)-(ㄹ)의 모든 문장이 기술하는 상황, 즉 사건들에서 창문은, 문장에서 목적어이든 주어이든, 그 역할이 같고, (ㄱ)과 (ㄴ)이 기술하는 사건들에서 망치의 역할은, 문장에서 부사어이든 주어이든, 역시 그 역할이 같다. 그리고 (ㄱ)-(ㄹ)의 주어는 문장들이 기술하는 각각의 상황에서 서로 다른 역할을 수행한다.

명사구의 역할, 엄밀히 말하자면 명사구가 지시하는 사물이 문장이 기술하는 사건에서 수행하는 역할을 보자. 명사구의 문법적 관계가 무엇이든, '소년'은 어떤 사건을 일으키는 행위자(Agent), '창문'은 어떤 사건에서 영향을 받아 그 상태가 변하는 피행위자(Patient),[7] '망치'는 어떤 사건에서 사용되는 도구(Instrument), '바람'은, 행위자가 의도적으로 사건을 일으키는 것과 달리, 비의지적인 (자연적) 힘(Force)이다.[8]

이처럼 문장의 주어, 목적어, 수식어 등 문법 관계, 또는 문법 기능과는 독립적인, 문장이 기술하는 사건 속에서 사건에 참여 개체들이 수행하는 행위자, 피행위자, 도구 등의 역할이 존재한다. 후자가 의미역 혹은 참여자역이다.

일반적으로 수동문은 능동문에서 피행위자의 역할을 하는 목적어를 주어로 바꾸어 표현하는 방식이다(수동문에서 주어가 피행위자이다). 이러한 문법 현상을 전통적으로 '태'(voice)라고 불렀다. 능동태(능동문)에서 행위자 역할을 하는 주어 요소는 수동태(수동문)에서 나타나지 않거나, 한국어어에서는 '-에게', '-에 의해서' 등으로, 영어에서는 'by NP'로 나타나

---

[7] Patient를 한국어 용어로 '피행위자' 혹은 '피해자'라고 한다.
[8] 의미역을 'agent'와 같이 소문자로만 표시할 수도 있지만 'Agent'라고 첫 글자를 대문자로 표시하는 것이 일반적인 관행이다. 'Force'가 인간의 힘이 아님은 영화 '스타워즈'에 나오는 대사 'May the Force be with you'에서 드러난다.

는 부사어이다. 말하자면, 태는 문장 속 명사구의 의미역을 유지한 채 문법적인 관계(기능)를 바꾸는 문법 현상이다.

문장 속에는 문장이 기술하는 사건에서 비핵심적 역할을 하는 요소가 있을 수 있다.

(25) ㄱ. 어제 오후에 소년이 창문을 깨뜨렸다.
ㄴ. 소년이 그 집에서 창문을 깨뜨렸다.
ㄷ. 소년이 화가 나서 창문을 깨뜨렸다.
ㄹ. 소년이 집에 몰래 들어가려고 창문을 깨뜨렸다.

이 문장들에서 (ㄱ)의 '어제 오후에'는 사건의 발생 시간, (ㄴ)의 '그 집에서'는 사건의 발생 장소, (ㄷ)의 '화가 나서'는 사건이 발생한 이유, 즉 행위자가 사건을 일으킨 이유, (ㄹ)의 '집에 몰래 들어가려고'는 사건의 목적, 즉 행위자가 사건을 일으킨 목적을 표현한다. 이러한 것들도 의미역이라고 할 수 있으나 이것들은 앞에서 제시한 행위자, 피행위자, 대상 등과는 성격이 다르다. 행위자, 피행위자 등의 의미역들은 어떤 사건의 특성을 결정짓는 핵심적인 것들이다. (무엇인가) 깨뜨리는 사건에서 행위자와 피행위자는 그러한 그 사건의 특성을 규정한다. 살인이 일어나는 사건에서는 행위자(살인자)와 피행위자(피해자)가 그 사건의 핵심이다. 또 어떤 사건, 예를 들어 물이나 돌이 떨어지는 사건에서 행위자나 피행위자는 존재하지 않고 물이나 돌이라는 대상만이 존재한다. 이런 면에서 행위자, 피행위자, 대상 등의 핵심적 의미역은 동사로 기술되는 사건의 종류를 규정한다. 그러나 시간과 장소는 거의 모든 사건의 발생과 관련된 부가적인 정보이다. 어떤 사건이든지 그 사건이 일어나는 시간과 장소가 있는 법이며 그 시간과 장소를 부사어로 지시할 수 있다. 이유 또는 목적도 행위자가 있는 많은 사건에 존재한다.

개별 단어의 핵심적 의미역과 비핵심적 의미역은 통사적인 논항 및 부가어와 대개 일치한다. 통사적 논항은 문장이 온전한 형식을 갖추기 위해서 꼭 필요한 요소이고, 부가어는, 문장에 반드시 필요한 것은 아니지만, 문장에 나타날 수도 있는 부수적인 요소이다. 다음 문장들에서 통사적 논항과 부가어를 구분해 보자.

(26) ㄱ. 어제 광화문에서 강도가 행인을 죽였다.
ㄴ. 거리에서 상인이 비싸게 옷을 팔았다.

(ㄱ)에서 '죽이다'의 통사적 논항은 '강도'(주어)와 '행인'(목적어)이고 '어제'와 '광화문에서'는 부가어이다. (ㄴ)에서 '팔다'의 통사적 논항은 '상인'(주어)과 '옷'(목적어)이고 '거리에서', '비싸게'는 부가어이다. 한국어에서는 맥락에서 분명한 경우 문장 요소의 생략이 자유롭게 허용되므로, 어떤 요소가 꼭 있어야 하는지를 보고 논항 여부를 판단하기는 힘들다.

(27) 가: 많이 했니?
나: 아니, 조금밖에.

이와 같은 대화는 주어가 생략되어 있고 목적어도 생략되어 있다. 상황에 따라 시험공부에 관한 대화일 수도 있고 요리에 대한 대화일 수도 있다. 영어의 경우 논항으로 반드시 명사구 혹은 'I, you, he, she, it, me, him, her' 같은 대명사가 필요하지만 한국어는 명시적인 대명사를 요구하지는 않는다. 그러나 위의 (가) 화자가 아무런 맥락 없이 그의 말을 했다면 대화는 이어지지 못했을 것이다. 논항은 적어도 맥락 속에서 생략된 것이 무엇인지 이해될 수 있어야 하는 요소이다. 말하자면, 한국어에서 통사적 논항의 생략은 대화의 맥락에서 대화자들에게 분명한 것들을 가리키는 것들이 있어야 한다. 이러한 방식에 따라 정해진 전통적인 동사 구분에서 자동사는 주어만이 논항인 동사이고('죽다' 등), 타동사는 주어와 목적어 논항을 가진 동사이며('죽이다' 등), 이중타동사는 주어, 목적어, 제2목적어(간접목적어) 논항을 가진 동사이다('주다' 등).

'죽이다'가 들어간 문장 '어제 광화문에서 강도가 행인을 죽였다'가 기술하는 사건의 경우, 행위자(강도)와 피행위자(행인)가 통사적 논항이자 핵심적 의미역이고 시간(어제)과 장소(광화문)가 통사적 부가어이자 비핵심적 의미역이므로 통사적 논항과 핵심적 의미역이 일치한다. '팔다'가 들어간 문장 '거리의 가게에서 상인이 고객에게 3만원에 옷을 팔았다'가 기술하는 사건에서는 행위자(상인), 대상(옷)은 통사적으로 논항이면서 핵심적 역할(의미역)을 하고, 장소(거리)는 통사적 부가어이면서 부가적 역할을 한다. 수령자(고객), 돈/가치(3만원)는 통사적으로 표현될 필요는 없는 부가어인데, 파는 사건에서 중요한 역할을 하는 의미적 논항이라고 볼 수 있다(이론에 따라 다름).

의미역은 앞에서 제시한 것들 외에 어떤 것들이 있는가? 의미론 연구자들이 고려한 주요 의미역 중에는 대상(Theme), 경험자(Experiencer), 출발점/근원(Source), 도착점/목표(Goal), 경로(Path) 등이 있다.

(28) ㄱ. 준이가 공을 민이에게 던졌다.
　　　ㄴ. 공이 길을 굴러갔다.

(ㄱ)이 표현하는 사건에서, 준이의 행위 관점에서 보면 준이는 행위자이지만, 공의 이동 관점에서 보면, 준이는 대상(Theme)인 공의 이동에서 출발점이고 민이는 도착점/목표(Goal)이다. (ㄴ)이 기술하는 사건에서 대상인 공은 특정 경로(Path)인 길을 통하여 굴러간다.

(29) ㄱ. 신애는 눈앞에 펼쳐진 풍경을 보았다.
　　　ㄴ. 민이는 방울이 딸랑거리는 소리를 들었다.

'보다'와 '듣다'가 들어가는 위 문장들이 기술하는 사건에서 신애와 민이는 행위자가 아니라 어떤 지각적 자극을 경험하는 경험자(Experiencer)이고 '풍경'이나 '소리'는 자극(Stimulus) 역할을 한다. 이 밖에도 다음 문장에서 민이가 하는 역할은 수혜자(Beneficiary)이다.

(30) 민이가 진이에게/진이를 위해 숙제를 해 주었다.

지금까지 일반적으로 사용되는 핵심적, 비핵심적 의미역들을 논의하였다. 몇 가지를 더 열거하면 다음과 같다. 다만 개별 동사에서 핵심적 의미역 여부는 달라진다.

(31) ㄱ. 핵심적 의미역(참여자역)
　　　　행위자(Agent), 피행위자(Patient), 대상(Theme), 경험자(Experiencer), 자극(Stimulus), 도구(Instrument), 힘(Force), 수령자(Recipient), 수혜자(Beneficiary)
　　　ㄴ. 비핵심적 의미역(환경역)
　　　　시간(Time), 장소(Location), 원인(Cause), 목적(Purpose), 방법/방식(Manner)

방법(방식)은 일반적으로 비핵심적 의미역이지만, 어떤 경우에는 핵심적 의미역일 수 있다.

(32) ㄱ. 진이는 신사답게 행동했다.
　　　ㄴ. John behaved badly.

이와 같은 문장들에서, 한국어의 '행동하다'와 영어의 'behave'에는 통사적으로 부사 논항이 필요하고('신사답게', 'badly'), 이 문장들이 기술하는 사건에서 방식(Manner)의 의미역을 필요로 한다.

위에 열거한 의미역들은 주요 의미역들만을 열거한 것이다. 사실 의미역들은 남김없이 나열하는 것은 불가능하다. 언어 속의 동사가 수없이 많은데 그 동사들이 기술하는 사건의 성격이 다 다르기 때문이다. 다음 두 문장을 비교해 보자.

(33) ㄱ. 오스왈드가 케네디 대통령을 저격했다.
ㄴ. 진이가 밥을 먹었다.

위 두 문장의 주어는 이 문장들이 기술하는 사건에서 행위자 역할을 하는 사람을 지시한다(의도적). 그러나 저격 사건의 행위자와 밥을 먹는 사건의 행위자는 그 성격이 다르다. 전자의 행위자는 확고한 의지, 치밀한 조사, 정확한 계산 하에 움직이지만, 후자는 그렇지 않을 것이다. 식사 때가 되어 배가 고파 밥을 먹으며, 그때 행위자는 늘 그렇듯이 집에서 상을 차리거나(또는 차려진 밥상 앞에 앉거나) 혹은 그저 식당에 들어가서 음식을 주문하면 된다. 그러한 면에서 (ㄱ)과 (ㄴ)의 주어는 다른 종류의 의미역을 수행하는 개체를 지시한다고도 볼 수 있다. 나아가 어떤 면에서 각 동사는 그것 자체의 의미역을 가지고 있다고 할 수 있고, 그렇다면 극단적으로 말해서 의미역의 수는 동사의 수만큼이나 많다. 다만 저격 사건과 식사 사건을 행하는 사람에게 공통적인 면도 있는데, 최소한의 의도성을 가지고 있다는 것, 몸을 움직인다는 것 스스로 안 할 수도 있다는 것과 같은 것이다.

일찍이 다우티(Dowty 1991)는 의미역의 이러한 특수성 그리고 무한성에 주목하였다. 그는 의미역은 앞에서 열거한 것처럼 행위자, 피행위자,

대상 등 일정한 수로 정해지는 것이 아니고, 단지 전형적인 행위자와 전형적인 피행위자의 특성을 가진 원형적 의미역이 있을 뿐이라고 주장하였다.

다우티(Dowty 1991)가 제시하는 원형적 행위자(Proto-Agent)의 특성들은 다음과 같다.

(34) 원형적 행위자 x
ㄱ. x가 의도적 행위를 수행한다.
ㄴ. x가 지각(감각)이 있거나 다른 참여자를 인식한다.
ㄷ. x가 어떤 사건을 일으키거나 다른 참여자의 상태를 변화시킨다.
ㄹ. x가 움직인다(이동한다).

이 특질들을 전부 가진 행위자가 원형적 행위자이고, 이 특질들 중 중요한 특질을 가질수록(의도가 가장 중요하다), 그리고 더 많은 특질을 가질수록 원형적 행위자에 가까운 행위자이다. 예를 들어, '현수가 진이를 때렸다'의 '현수'는 위 특성들 중 (ㄱ, ㄴ, ㄷ) 세 개를 가지고 있는 행위자이다. 그러나 (ㄴ) 특성을 가진 '민이가 현수를 보았다'의 '민이'는 (ㄱ)의 특성을 가질 수도 그렇지 않을 수도 있다. 민이의 특별한 의도 없이 현수가 민이의 눈에 보이는 상황이나(영어의 'see') 민이가 의도적으로 현수를 보는 상황(영어의 'watch') 모두 가능하다. '민이가 음악 소리를 들었다'의 '민이'도 마찬가지이다. (ㄷ)은 '죽이다, 때리다' 같은 동사로 표현되는, 의도적 상황에서 확실히 드러나기도 하지만 '진이의 슬픔이 스스로를 고립시켰다'와 같이 의도가 배제된 상황에서도 나타날 수 있다('진이의 슬픔'은 행위자를 가리키지 않음). (ㄹ)은 '달리다'와 같이 의지와 이동을 동반한 상황에서 나타날 수도 있지만 '돌이 굴러갔다' 같이 물체의 비의도적 이동에서도 나타난다('돌'은 행위자를 가리키지 않음). (ㄱ)-(ㄹ)의 특성들 중 여러 개가 빠진, 특히 (ㄱ)이 빠진 참여자는 전형적인 행위자가 아니다.

다음은 다우티가 제시하는 원형적 피행위자(Proto-Patient)의 특성들이다.

(35) 원형적 피행위자 x
ㄱ. x가 변화된다.
ㄴ. x가 누적적 대상(incremental theme)이다.
ㄷ. x가 다른 참여자에 의해 인과적으로 영향을 받는다.
ㄹ. x가 다른 참여자에 대하여 고정적이다.

다른 특성들은 자명하지만, (ㄴ)의 누적적 대상은 설명할 필요가 있다(앞에서 이미 설명했지만 반복한다). 이것은 '민이가 우유 한 잔을 마셨다'의 상황에서 나타난다. 이 문장이 기술하는 사건의 진행 정도는 민이가 마신 우유의 양, 즉 잔에서 없어지는 우유의 양과 동일시될 수 있다. 우유가 가득 차 있던 잔이 지금 반 혹은 1/4 정도 비어 있다면 민이가 우유 한 잔을 마시는 사건의 반 혹은 1/4 정도 진행된 것이고, 우유가 완전히 없어지는 시점에 그 사건도 정점(끝점)에 이른다. 이처럼 사건의 진행과 동일시되는, 변화하는 대상이 누적적 대상이다. (ㄷ)의 인과적 영향은 '불이 연기를 발생시켰다'에서 '연기'에서 나타나고, (ㄹ)의 고정성은 '화살이 과녁을 맞혔다'에서 '과녁'의 역할이다. (ㄱ)-(ㄹ)의 모든 특성이 의도적 행위자 없는 자연적 현상에 의해서도 나타난다. 다음 예문들에서 목적어에 집중하여 그 역할을 보자.

(36) ㄱ. 바람이 종이를 날려 버렸다. [종이: 변화됨, 인과적 영향]
ㄴ. 파도가 해안의 모래를 없애버렸다. [모래: 변화됨, 누적적 대상, 인과적 영향]
ㄷ. 바람이 나무를 스쳐 갔다. [나무: 고정적]

또한 피행위자가 목적어로만 나타나는 것도 아니다. 수동문은 말할 것도 없고 자동문의 주어도 피행위자의 특성을 가질 수 있다.

 (37) ㄱ. 물이 얼었다.
   ㄴ. 음식이 상했다.

이상과 같이 전형적 행위자와 전형적 피행위자만을 인정하는 것의 적절성이 인정된다고 하더라도, 행위자, 피행위자, 대상, 도구 등 개별적인 의미역을 사용하는 것이 언어 기술을 위해 편리하므로 이런 개별적인 의미역은 언어학, 특히 의미론 문헌에서 늘 나타난다.

앞에서 사건 논항을 이용하여 부사어가 있는 문장의 의미 분석에서 사건 논항을 인정하는 것이 논리함의를 설명하기 위하여 편리함을 설명하였다. 예를 들어, '현수가 진이를 부엌에서 막대기로 때렸다'를 사건 논항을 포함한 논리식으로 분석한 것을 반복하면 다음과 같다.

 (38) $\exists e[\text{HIT}(e, h, j) \wedge \text{in-the-kitchen}(e) \wedge \text{with-a-stick}(e)]$

파슨스(Parsons 1990)는 사건의 구성 요소의 역할, 즉 의미역을 술어로 명시한, 다음과 같은 의미 표상을 제시하였다.

 (39) $\exists e[\text{HIT}(e) \wedge \text{Agent}(e, h) \wedge \text{Patient}(e, j) \wedge \text{Location}(e, \text{the-kitchen}) \wedge \text{Instrument}(e, \text{a-stick})$

이러한 논리식은 대략, "어떤 때리는 사건이 존재하는데, 그 사건의 행위자는 현수이고 피행위자는 진이이고 장소는 부엌이고 도구는 막대기이다"의 의미이다. 이와 관련하여 7장(단어 의미의 분해)을 참조하라.

12.4 의미역의 문법적 구현

앞에서 문장이 기술하는 사건에서 하는 역할과 문장 내의 문법 관계는 독립적이라고 하였다. 예를 들어, 주어로 행위자, 대상, 도구, (자연적) 힘 등이 나타날 수 있다. 그렇다면 의미역의 문법적 구현, 즉 소위 연결 (linking)에는 아무런 제약이 없는가?

문장의 기술하는 사건의 의미역과 명사의 격의 연결 문제를 논의했던 초기의 학자가 필모어(Fillmore 1968)이다. 그는 다음과 같은 순서로 문장의 주어로 실현될 가능성이 많다고 주장하였다.

(40) 주어로 실현되는 의미역 위계 (Fillmore 1968)
행위자 〉 도구 〉 대상(피행위자)

예를 들어, 행위자, 도구, 대상(피행위자)이 지정되는, 혹은 행위자와 대상이 지정되는 문장에서 주어는 행위자이고, 도구와 대상이 지정되는 문장에서 주어는 도구이고, 대상만이 존재하는 문장에서 도구가 문장의 주어이다. 다음의 (ㄱ), (ㄴ), (ㄷ)이 그러한 경우들을 각각 예시한다.

(41) ㄱ. 소년이 (망치로) 유리창을 깼다.
ㄴ. 망치가 유리창을 깼다.
ㄷ. 유리창이 깨졌다.

한국어의 (ㄷ)은 수동적 표현인데, 능동문에 대하여 제시된 위계를 보면, 한국어의 '죽다' 그리고 영어에서 자동사 또는 타동사로 쓰이는 'break'는 그러한 위계에 정확히 맞는다.

(42) ㄱ. The boy broke the window with a hammer.

ㄴ. A hammer broke the window.
ㄷ. The window broke.

이미 언급한 바와 같이, 수동과 같은 태(voice)는 행위자와 대상 또는 피해자가 문법적으로 실현되는 양상을 바꾸는 기제이다. 능동 문장에서 목적어(대격)로 구현되는 대상이('The boy broke the window') 수동 문장에서는 주어(주격)로 구현되며('The window was broken by the boy') 의미역을 유지한다. 그러나 동일한 의미역을 유지한 채 문법적 구현이 다른, 태로 연결되지 않은 구문들이 존재한다. 이러한 현상이 다양하게 관찰되는 영어의 예를 들어 보자(구문 의미를 3.4절에서도 논의하였다).

(43) ㄱ. John gave the book to Mary.
ㄴ. John gave Mary the book.

이 두 문장에서 모두 'John'이 출발점, 'the book'이 대상, 'Mary'가 도착점이다. (ㄱ)은 여격(Dative) 구문, (ㄴ)은 이중목적어(Double Object) 구문이다. (ㄱ)을 [V NP PP] 구문, (ㄴ)을 [V NP NP] 구문이라고 부르기도 한다. 이러한 이중목적어 교체 현상은 영어에서 흔히 일어나는 일이며 두 문장은 같은 사건을 기술한다. 그러나 어떤 경우에는 이런 교체가 가능하지 않다.

(44) ㄱ. Mary sent a letter to New York.
ㄴ.*Mary sent New York a letter.

(45) ㄱ. Mary threw a ball to John.
ㄴ.*Mary threw John a ball.

브레즈넌과 니키티나(Bresnan and Nikitina 2009)는 이러한 교체 현상을 기술하기 위해, 사람이 아닌 장소의 도착점/목표(Goal)이 있는 사건은 [V NP PP] 구문으로만 기술될 수 있다는 제약을 상정한다. 아울러 앞의 'give'의 경우처럼 소유권이 바뀌는 사건은 양 구문이 다 가능하지만 [V NP NP] 구문을 선호한다는 제약이 있다고 한다. 실제로 그들의 조사에서 소유권 변화 사건의 경우 87%가 [V NP NP] 구문으로, 13%가 [V NP NP] 구문으로 나타난다. 이 이외에도 짧은 요소가 긴 요소보다 앞에 오는 경향이 있다는 제약이 있다. 브레즈넌 등(Bresnan et al. 2007)은 나아가 정보성, 대명사 형식, 한정성, 수, 유정성 등의 다양한 요인들을 고려하여 두 구문이 나타나는 실례들을 다변량 통계분석인 로지스틱 분석(logistic analysis)으로 연구하였다. 로지스틱 분석은 어떤 요인들이 실제로 영향을 미치는지, 그리고 실질적인 요인들 중 어떤 것이 상대적으로 더 중요한지를 제시한다.[9] 참고로, Kang(2019)은 한국어의 부정 구문 [안 V] 구문과 [V-지 않다] 구문 사이의 선호를 로지스틱 분석으로 연구하였다. 구체적으로, 부정 구문 속 V의 여러 특성들을 고려하여(동사 대 형용사, 고유어 대 한자어, 사용 빈도 등) 분석하였다. 근래 이처럼 의미론과 통사론 분석에 (다변량) 통계 분석 방법을 이용하는 추세이다.

한국어에서는 영어처럼 구문 교체가 활발하지는 않지만, 다음과 같은 예들이 있다.

(46) ㄱ. 민이가 노란 물감을 도화지에 칠했다.
　　　ㄴ. 민이가 도화지를 노란 물감으로 칠했다.

---

[9] Bresnan and Nikitina(2009)의 출판일은 Bresnan et al.(2007)보다 늦지만 실제로는 두 논문의 작성 순서가 반대이다. Bresnan et al.(2007)이 사용한 통계적 방법인 로지스틱 분석(logistic analysis)의 통계적 방법은 Baayen(2008), Johnson(2008) 참조.

이 두 문장에서 '노란 물감'과 '도화지'는 다른 문법 관계로 구현된다. 즉 구문이 다르다. 또한, 이 문장들이 기술하는 사건에서 노란 물감과 도화지는 (ㄱ)과 (ㄴ)에서 각각 대상-처소, 대상-도구로 달라지는 것으로 보인다. (ㄱ)에서 노란 물감이 대상이고 도화지가 처소인 반면에, (ㄴ)에서는 노란 물감이 도구이고 도화지가 대상이다. 위 문장들에 대하여 사건의 참여자들이 각기 다른 역할을 하고, 다른 문법 관계로 실현되지만 같은 사건을 기술하는 것으로 보인다. 그러나 좀 더 세밀하게 보면, (ㄱ)은 그것이 기술하는 사건에서 민이가 도화지의 일부에 노란 물감을 칠하는 것으로 이해되고, (ㄴ)은 그것이 기술하는 사건에서 민이가 도화지 전체에 노란 물감을 칠하는 것으로 이해되는 경향이 있다. 다만 이것은 일종의 경향으로서 이러한 경향을 명시적으로 부정하는, 다음에 제시된 문장들이 어색하지는 않다.

(47) ㄱ. 민이가 노란 물감을 도화지에 칠했는데, 전체에 칠했다.
ㄴ. 민이가 도화지를 노란 물감으로 칠했는데, 일부에만 칠했다.

다음의 문장들도 유사한 특성을 보인다.

(48) ㄱ. 여자아이가 종을 크리스마스 트리에 장식했다.
ㄴ. 여자아이가 크리스마스 트리를 종으로 장식했다.

(ㄱ)은 여자아이가 한 개 혹은 몇 개의 종을 크리스마스 트리에 붙여 트리를 장식한 것으로 해석되지만, (ㄴ)은 여자아이가 아주 많은 종을 크리스마스 트리에 붙여 트리를 장식한 것으로 해석되는 경향이 있다(크리스마스 트리를 종으로 완전히 덮는 일은 별로 없다).

이와 같이, 어떤 사건이 언어로 기술될 때, 문장 속의 구문에 따라 구문

속 명사구의 의미역이 유지되거나 달라지기도 하고, 의미역이 실현되는 문법 관계가 달라지기도 한다. 또한, 유사한 의미의 문장들에서 구문에 따라 의미 해석의 차이가 나타나기도 한다. 이러한 여러 가지 장치들을 통하여 자연언어는 세상 속에서 일어나는 다양한 사건의 미세한 차이를 언어로 표현한다.

더 읽을거리

김의수 (2006). 「한국어의 격과 의미역: 명사의 문법기능 획득론」, 서울: 국어학회.

라이언스 (2013). 「의미론 2: 의미와 문법, 맥락, 행동」, 강범모 역, 서울: 한국문화사.

Primus, Beatrice (2016). "Participant Roles," in Nick Riemer (ed.) *The Routledge Handbook of Semantics*, London: Routledge, 403-418.

Kratzer, Angelika (1995). "Stage-Level Predicates and Individual-Level Predicates," in G. Carlson and F.J. Pelletier (eds.) *The Generic Book*, Chicago: The University of Chicago Press.

제4부

언어 사용과 의미

13

전제, 화행, 함축

13.1 화용론

기호학에서 의미론과 화용론의 영역을 정의한 것은 모리스(Morris 1946)이다. 그는 통사론(syntax), 의미론(semantics), 화용론(pragmatics)을 다음과 같이 정의하였다.

(1) ㄱ. 통사론: 기호들 사이의 형식적 관계
ㄴ. 의미론: 기호와 그것이 대신하는(가리키는) 사물 사이의 관계
ㄷ. 화용론: 기호와 그것의 사용자와의 관계

이것은 오늘날의 언어학에서 통사론, 의미론, 화용론을 정의하는 것과 크게 다르지는 않다. 다만 모리스의 정의가 기호에 관한 것이지만 언어학의 통사론, 의미론, 화용론은 기호가 아니라 언어 표현을 연구 대상으로 한다는 것, 언어학의 의미론이 지시뿐만 아니라 개념을 중요시한다는 것, 그리고 화용론이 언어의 사용에서 발생하는 의미에 관한 것임을 간과한 것이 다를 뿐이다. 다만, 모리스도 나중에는 기호의 화용론을 기호와 그것의 사용과의 관계로 확장하였다.

화용론의 발전은 철학 분야에서 시작하였다. 20세기 중반 이후, 논리형식주의에 반대한 일상언어학파의 철학자들이 철학적 분석에 일상 언어가 중요함을 주장하였다.

일상언어학파가 나타나기 이전에 논리형식주의자 러셀(Russell 1905)은 한정기술 이론을 제시하면서 'the present king of France'(현재 프랑스 왕)와 같은 한정명사구가 프랑스 왕의 존재를 그것이 들어간 문장의 명제에 포함된다고 주장하였다. 러셀에게는, (2)의 문장의 의미가 왕의 존재를 포함한 여러 명제의 접속(conjunction)이다.

(2) 현재 프랑스 왕은 대머리이다
　ㄱ. 현재 프랑스 왕이 존재한다.
　ㄴ. 왕이 한 사람이다.
　ㄷ. 왕이 대머리이다.

러셀에게는 '현재 프랑스 왕이 대머리이다'라는 문장의 의미가 (ㄱ)-(ㄷ)의 모든 문장 또는 명제의 접속이므로, (ㄱ), (ㄴ), (ㄷ) 각각이 참이어야 이 문장이 참이다. 러셀이 한정기술에 관한 논문을 발표한 20세기 초에는 프랑스에 왕이 없었으므로 (ㄱ)이 거짓이고, 따라서 위 문장 전체가 거짓이라는 것이 러셀의 주장이다.

이후 스트로슨(Strawson 1950)은 이러한 논리적 분석이 언어 사용자의 직관에 맞지 않으며, 위의 (ㄱ)과 (ㄴ)이 전제된(presupposed) 것이고 (ㄷ)이 단언된(asserted) 것이라고 하며, 전제가 충족되어야 문장의 단언이 참이든 거짓이든 진리값을 갖는다고 주장하였다. 이러한 입장에서 (ㄱ)과 (ㄴ)이 참이 아니므로 (2)의 문장은 참도 거짓도 아니다. 이러한 스트로슨의 주장이 오늘날 화용론에서 다루는 전제(presupposition) 연구의 시작이다.

일상언어학파의 본격적인 활동은 오스틴(Austin)의 1955년 하버드대학교 연설의 내용에서 시작했다(Austin 1962). 오스틴은 인간이 언어로 세상에 대해 참과 거짓으로 판정되는 진술을 할 뿐만 아니라, 참과 거짓을 따질 수 없는 여러 가지 행위를 수행한다는 것을 자세히 설명하였다. 오스틴은 말로 하는 행위, 즉 화행(speech act)이 질문, 명령, 약속, 협박 등과 같은 인간의 수많은 행위를 포함하며, 이러한 화행이 언어의 중요한 부분임을 강조하였다. 이후 설(Searle)이 여러 저작을 통하여(Searle 1969 등) 화행 이론을 발전시켰다.

한편 그라이스(Grice)는 논문 '논리와 대화'(Logic and Conversation, 1975)에서, 일상 대화의 과정에서 사람들이 명시적으로 말하지 않은 내용을 전달하고 이해하는 과정을 대화의 협동 원리로 설명하였다. 그는 말로 표현되지 않으나 대화 중에 전달되는 내용을 '함축'(implicature)이라고 명명하고, 이것이 실질함의(material implication)나 논리함의(entailment)와는 다른 성격의 추론임을 주장하여, 오늘날의 함축 이론의 기반을 마련했다.

앞에서 언급한 전제, 화행, 함축에 대하여는 다음의 절들에서 자세히 논의한다. 이러한 화용론적 주제들 이외에도 직시(deixis)는 의미론뿐만 아니라 화용론에서도 다루는 문제인데, 이것은 다음의 14장(맥락과 의미)에서 논의한다.[1]

---

[1] 한국어의 여러 화용적 현상을 다룬 장석진(1987)이 화용론을 깊이 알기 위해 유용하다. 라이언스(2013)와 근래의 그런디(2016)도 참고할 만하다.

13.2 전제

다시 앞의 러셀과 스트로슨의 예를 보자.

(3) 현재 프랑스 왕이 대머리이다.

러셀에게 이 문장은 거짓이다. 그의 분석에서 '현재 프랑스 왕'이라는 한정명사구가 프랑스에 (유일한) 왕이 존재한다는 명제를 이 문장의 의미 속에 포함하고, 이것이 거짓이기 때문이다. 그러나 이 문장은 스트로슨에게 참도 거짓도 아닌, 즉 진리값이 없는 문장이다. 그의 분석에서, "현재 프랑스에 (유일한) 왕이 있다"는 주장의 일부로 들어 있는 것이 아니라 전제되어(presupposed) 있고, 전제가 참이어야 전체 문장이 진리값을 갖는데 이 전제가 거짓이기 때문이다.

일상적인 언어 사용에서는 전제를 인정하는 것이 보통 사람의 직관에는 좀 더 맞는 듯하다. 물론 '현재 프랑스 왕이 존재한다'와 같이 거짓인 문장의 '현재 프랑스 왕'을 러셀처럼 분석하는 것이 옳을 것이지만(즉 러셀의 분석이 필요할 경우가 있다),[2] '현재 프랑스 왕이 대머리이다' 같은 일반적

---

[2] 러셀의 분석에서, '현재 프랑스 왕이 존재한다'의 의미는 한정기술('현재 프랑스 왕') 때문에 "현재 프랑스 왕이 있다(존재한다)"를 포함한다. 이것이 거짓이므로 전체 문장은 거짓이다. 스트로슨의 분석에서, 위 문장은 "현재 프랑스 왕이 있다"를 전제하므로 전체 문장이 참도 거짓도 아니다. 실제로 '현재 프랑스 왕이 존재한다'가 거짓이므로, 이 문장에 관한 한, 전제 분석에는 문제가 있다. '현재 프랑스 왕이 존재하지 않는다'는 러셀의 분석과 스트로슨의 분석 모두에 문제가 있다. 러셀의 분석에서 이 문장은 거짓이며("현재 프랑스에 왕이 있다"가 거짓) 스트로슨의 분석에서 이 문장은 참도 거짓도 아니다(전제가 거짓). 실제로 '현재 프랑스 왕이 존재하지 않는다'가 참이므로 두 분석에 모두 문제가 있다. 다만 전제 분석에서, 존재의 주장 또는 그 부정의 주장에 대해서는 전제를 취소한다고 하면 전제 분석이 괜찮을 것이다. 전제는 깊이 들어가면 섬세하고 복잡한 문제이다.

문장들의 경우, 사람들이 그 참, 거짓에 대하여 의문을 가지는 것이 보통이다. 예를 들어, 어떤 사람이 "현재 프랑스 왕이 대머리야"라고 말한다면, 대화자가 "아니야"라는 대답을 하기보다는 "프랑스 왕이 어디 있어?"라고 반응할 것이다.

전제의 특징 중 하나는 어떤 문장에서 성립하는 전제가 그 문장을 부정문으로 만들거나 의문문으로 만들어도 성립한다는 것이다. 앞의 예문을 부정문과 의문문으로 만들어 보자.

(4) ㄱ. 현재 프랑스 왕이 대머리가 아니다.
ㄴ. 현재 프랑스 왕이 대머리냐?

(ㄱ)과 (ㄴ)에서도 역시 프랑스 왕이 있다는 전제가 성립한다.

한정기술에서 발생하는 존재적 전제 이외에도 다양한 종류의 전제가 있다. 다음에 제시되는 가상의 대화가 이상한 것도 전제와 관련되어 있다.

(5) 학생1: 신애가 민이가 1등을 한 것을 기뻐해.
학생2: 맞아. 그런데 동수는 민이가 1등을 하지 못한 것을 좋아해.

학생1이 말한 내용에서 "민이가 1등을 했다"라는 명제는 참으로 전제되어 있고, 학생2는 그 전제가 참임을 받아들이기 때문에 학생1의 말을 수용한다("맞아"). 그런데 곧 이어서 "민이가 1등을 하지 못했다"라는 전제가 들어간 문장을 함으로써 학생2는 앞뒤가 맞지 않는 모순적인 발화를 한 셈이다.

이렇게 전제는 한정기술의 존재 전제, 그리고 '-ㄴ 것을 기뻐하다', '-는 것을 좋아하다' 같은 소위 사실 동사(factive verb) 보문의 내용의 전제 등 여러 가지 구문을 통하여 나타난다. 사실 동사와 대립되는 비사실 동사의 경우를 보자.

> (6) 학생1: 신애가 민이가 1등을 했다고 말했어.
> 학생2: 맞아, 그렇지만 동수는 민이가 1등을 하지 못했다고 믿고 있어.

학생1의 말이 "민이가 1등을 했다"라는 명제를 전제하고 있지 않으므로 학생2는 학생1의 말을 인정하고, 역시 "민이가 1등을 하지 못했다"를 전제하지 않는 말을 할 수 있다. 한국어에서 사실 동사와 비사실 동사가 요구하는 보문의 구조에 차이가 있다('한 것을' 대 '했다고'). '알다'와 같은 동사의 경우, 보문 구조의 차이에 따라 전제가 성립하기도 하고 성립하지 않기도 한다.

> (7) ㄱ. 진이는 민이가 최우수상을 받았다는 것을 알고 있어. (전제 성립)
> ㄴ. 진이는 민이가 민이가 최우수상을 받았다고 알고 있어. (전제 성립하지 않음)

'-ㄴ 것'이라는 보문 구조와 '-고'로 연결되는 보문 구조의 차이에 따라 보문의 내용이 전제로 성립하기도 하고 성립하지 않기도 한다.
전제는 또한 시간과 이유의 절에서도 성립한다.

> (8) ㄱ. 진이는 동수가 민이를 좋아하기 때문에 동수를 좋아한다.
> ㄴ. 동수가 집에 들어온 후에 진이가 나갔다.
> ㄷ. 동수가 집 안에 있을 때 진이가 식사를 했다.

이 문장들을 부정해도 전제가 성립한다.

(9) ㄱ. 진이는 동수가 민이를 좋아하기 때문에 동수를 좋아하지 않는다.
    ㄴ. 동수가 집에 들어온 후에 진이가 나가지 않았다.
    ㄷ. 동수가 집 안에 있을 때 진이가 식사를 하지 않았다.

그런데 이 부정 문장들은 전제가 성립하지 않는 방식으로 해석될 가능성이 있다. 즉, 부정의 범위가 하위절을 포함한 전체 문장에 걸쳐 있을 때에는 전제가 성립하지 않을 수 있다. 다음 문장들을 보면 그것을 알 수 있다.

(10) ㄱ. 진이는 동수가 민이를 좋아하기 때문에 동수를 좋아하지 않는다. 진이는 다른 이유로 동수를 좋아한다.
    ㄴ. 동수가 집에 들어온 후에 진이가 나가지 않았다. 진이는 동수가 집에 오기 전에 나갔다.
    ㄷ. 동수가 집 안에 있을 때 진이가 식사를 하지 않았다. 동수가 집안에 없을 때 진이가 식사를 했다.

이와 같이, 보통 부정문이 전제를 유지시키지만, 부정문이 전제가 포함된 내용까지를 부정하는 방식으로 해석되는 경우가 있다. 후자를 '외적 부정'(external negation)이라고 부른다.

앞에서는 전제를 문장이 참이든 거짓이든 진리값을 갖기 위해 참이어야 하는 명제라는 관점에서 설명하였다. 반면에, 화용적인 관점에서 전제를 이해할 수도 있다. 즉, 대화의 참여자들은 그들이 이미 공유하고 있는 지식에 기초하여 새로운 정보를 주고받는데, 이때 대화 참여자들의 공통 지식이 전제이다. 물론 새롭게 주고받는 정보들도 서로 받아들이면 공통 지식의 일부로 들어온다. 처음 소개받는 사람 사이에는 공통의 지식이 별로 없다. 그렇다 하더라도 같은 나라 사람으로서, 스마트폰을 가장 많이 만드는 국내 기업이 어떤 기업인지, 한국에 지상파 방송국이 어떤 것들이 있는지, 지금 여당 혹은 야당 중에 어떤 당이 다수당인지 등의 지식은 공통의 지식이다. 물론, 물이 위에서 아래로 떨어진다든지, 태양의 빛 때문에 식물이 자랄 수 있다든지 하는 상식적인 많은 지식들도 사람들의 공통 지식에 포함된다. 또한, 요즈음 날씨도 서로 잘 알고 있고, 자기 나라의 대통령이 누구인지도 알고 있다. 그래서 처음 만난 사이에도 다음과 같은, 전제가 포함된 말들을 할 수 있다.

(11) ㄱ. 요즘 비가 안 와서 농사가 안 될 것 같네요.
ㄴ. 요즘 대통령이 잘못하고 있는 걸 사람들이 몰라.

물론 서로의 정치적 성향에 대한 공통 지식이 없는 상태에서 (ㄴ)은 꺼내기 어려운 말이다. 하지만 이런 말을 하기 힘든 것은 존재하는 대통령에 대한 공통 지식이 없어서가 아니라, "대통령이 잘못하고 있다"라는 전제 부분에 대한 상대방의 동의에 대한 불확실성 때문에 그런 것이다. 다음과 같은 말들은 화자와 청자가 공통의 지식을 공유하지 못하면 할 수 없는 말이다.

(12) ㄱ. 그 학생 참 공부를 잘 해요.
ㄴ. 요즘 영국 프리미어 리그에서 그 한국 선수 잘 하고 있어서 다행이네요.

이와 같이 '그 학생', '그 한국 선수'라는 한정기술로 누구를 가리키는지에 대한 공통의 지식이 없다면 동의나 부정을 할 수는 없고, 그 대신 "누구를 말하십니까" 하고 물어볼 수밖에 없다. 그러나 다음과 같은 경우는 좀 다르다.

(13) ㄱ. 요즘 영국 프리미어 리그에서 손흥민 선수 잘하고 있어서 사람들

이 좋아해요.
ㄴ. 내가 어제 본 영화를 만든 박찬욱 감독은 영화 미장셍에 특기가 있어요.

(ㄱ)을 들을 때 청자가 축구에 관심이 없어 손흥민 선수가 영국 프리미어 리그에서 뛰고 있는지 모른다고 하자(국가대표 축구 선수 손흥민을 안다고 가정). 이 경우 공통의 지식은 없지만, 즉 전제는 성립하지 않지만 청자는 손흥민 선수가 프리미어(라는) 리그에서 뛰고 거기서 잘하고 있다는 전제를 받아들이고, 그가 잘하고 있다는 내용을 자신의 지식 속에 저장한 다음 대화를 계속 이어갈 수 있다. (ㄴ)의 경우 청자는 화자가 어제 영화를 보았는지 모르고 박찬욱 감독을 모르더라도, 화자가 본 어떤 영화가 있고 그 영화를 박찬욱 감독이 만들었다는 전제를 인정하고 대화를 이어간다. 일반적으로 (ㄱ)이나 (ㄴ)의 예들에서 보는 것 같은 말을 화자가 한다면, 청자는 공통의 지식에 없는 내용을 일일이 질문하면서 확인하기보다는, 화자가 전제로 하는 내용을 받아들이고 대화를 진행하는 것이 보통이고, 그러한 대화가 자연스럽다. 이런 현상을 조정(accommodation)이라고 한다. 대화자들은 대화 속에서 끊임없이 공통의 지식을 조정해 가면서 자연스럽게 대화를 이어가는 것이다. 물론 자신의 상식과 어긋나는, 도저히 조정할 수 없는 전제도 있다. 다음과 같은 말을 들은 사람은 화자의 전제를 자신과 화자의 공동 지식으로 조정할 수 없을 것이다.

(14) ㄱ. 나는 어제, 목성에 착륙해서 지구상에 없는 광물을 채취해 온 사람을 만났어.
ㄴ. 영수는 삼각형의 내각의 합이 200도인 것을 중요하게 생각하지 않아.

아직 목성에 착륙한 인간이 없음을 아는 청자는, 화자가 아무리 그런 사람을 만났다고 해도, 그런 사람이 있다는 사실을 받아들일 수 없다. 또 초중학교 시절부터 삼각형 내각의 합이 180도임을 진리로 알아 온 사람이 "삼각형 내각의 합이 200도이다"라는 화자의 전제를 받아들일 수 없다. 그 말을 하는 화자가 세기적인 발견을 해 온, 젊었을 때 필즈 메달을 받은 위대한 수학자라면 몰라도.[3]

13.3 화행

오스틴(Austin)과 설(Searle)이 발전시켜 온 화행(speech act) 이론은 사람이 언어로 행하는 행위에 관한 연구이다. 물론 사람이 하는 행위는 말로 하지 않는 것들이 많다. 바이올린 연주, 피카소의 미술 작품 감상, 자동차 운전, 다른 사람을 때리는 행위, 밥을 먹는 행위, 운동장을 뛰는 행위 등 수많은 인간의 행위는 말과 상관이 없다. 이와 대조적으로, 말로 하는 행위도 종류가 많다. 선언, 진술, 질문, 대답, 명령, 요청, 약속, 제안, 계약, 낭독, 협박, 고소, 고발, 판결, 변호, 기소, 비판, 칭찬, 나무람, 격려 등 온갖 종류의 말로 하는 행위, 즉 화행이 존재한다. 언어가 없다면 이러한 행위들을 할 수 없을 것이다.[4] 이 중에는 계약, 선언, 판결 등 말보다는, 또는 말과 함께 문서로 하는 행위가 있고, 저술이나 기소와 같이 글로 써야 하는 경우도 있다. 그러나 문서의 글은 결국 글로써 언어를 사용하는 행위, 혹은 말을 글자로 적어 놓은 것이기 때문에 이러한 행위들도 모두 화행에 속한다.

---

[3] 공통 지식이 대화자들이 공유하는 여러 명제들로 이루어져 있다는 의미로 이것을 맥락 집합(context set)이라고 부르기도 한다.

[4] 가상적으로, 언어가 없을 때 상대방을 때려서 나무람에 해당하는 행위를 할 수 있을까? 이 행위는 때리는 행위이지 그것이 나무라는 것인지 비판하는 것인지 보복하는 것인지 구분할 수가 없다.

이런 여러 가지 화행은 아무나가 아무에게나 말을 한다고 성립하지는 않는다. 어떤 화행을 하기에 적절한 사람이 적절한 사람들 사이에서, 그리고 어떤 적절한 상황에서 하는 말이 화행을 성립시킨다. 이러한 적절한 사람들, 적절한 상황을 화행의 적절 조건, 혹은 적정 조건(felicity condition)이라고 한다. 예를 들어 명령의 화행이 이루어지는 조건은 적어도 다음 사항을 포함한다.

(15) 명령의 적정 조건
ㄱ. 어떤 상하 관계의 상황이다(군대, 나이, 직책 등).
ㄴ. 명령을 하는 사람이 명령을 받는 사람보다 상위에 있다.
ㄷ. 명령을 받는 사람이 명령을 기꺼이 수행할 수 있는 내용이다.

예를 들어, 어떤 사람이 버스에 타서 운전수든 승객이든 아무에게나 명령을 할 수는 없고, 회사에서 부장이 다른 부서에 있는 사람에게 명령을 할 수 없고, 대통령이 나에게 모르는 여자에게 키스하라고 명령할 수 없다. 일상생활에서 발생하는, 다른 여러 가지 화행들과 그것들의 대략적인 조건을 생각해 보자.

(16) 약속의 적정 조건
ㄱ. 약속을 하고 받는 사람들은 어떤 일에 대하여 관심사가 공통적이다.
ㄴ. 약속을 하는 사람은 그 약속을 지킬 의도가 있다.
ㄷ. 약속을 받는 사람은 약속을 하는 사람이 약속을 지킬 것이라고 믿는다.

(17) 계약의 적정 조건
ㄱ. 약속의 모든 적정 조건을 만족한다.
ㄴ. 계약은 법적 구속력이 있다.

ㄷ. 계약은 후에 대개 그 계약을 증명할 녹음이나 문서 등 입증 자료를 남긴다.

(18) (아기) 이름을 정하는 적정 조건
　　ㄱ. 새로 태어난 아기에게 친권자가 이름을 붙인다.
　　ㄴ. 친권자가 아기의 이름을 관공서에 신고한다.

(19) (직책) 임명의 적정 조건
　　ㄱ. 임명을 할 권한을 가진 사람이 임명을 받는 사람에게 특정 직책을 가지게 한다.
　　ㄴ. 임명을 받는 사람은 명시적, 암묵적 자격을 충족해야 한다.
　　ㄷ. 임명이 공적으로 다른 사람들의 인정을 받아야 한다.

(20) 청혼의 적정 조건
　　ㄱ. 청혼을 하는 사람과 받는 사람은 이성(남녀) 성인이어야 한다(동성 결혼을 인정하지 않는 사회에서 그렇다).
　　ㄴ. 두 사람은 모두 결혼을 하지 않은 상태여야 한다(일부일처제 사회에서 그렇다). 그렇지 않다면 거짓(사기) 청혼이다.
　　ㄷ. 청혼을 하는 사람은 결혼의 의도를 가져야 한다.
　　ㄹ. 청혼을 받는 사람은 청혼을 수락하면 결혼하게 된다는 것을 안다(나중에 파혼하지 않을 경우).

(21) 판결의 적정 조건
　　ㄱ. 재판정에서 이루어져야 한다.
　　ㄴ. 피고와 원고가 있어야 한다.
　　ㄷ. 해당 재판의 재판관이 판결을 한다.
　　ㄹ. 공적 구속력이 있다.

여기서 제시한 적정 조건들은 완전하지 않을 수 있다. 독자들이 위의 화행에 대한 적정 조건을 보충해 보고, 다른 화행의 적정 조건도 생각해 보라.

한편, 말을 하는 순간 화행이 이루어지는 경우가 있다. 다음과 같은 말들이다.

(22) ㄱ. 나는 너에게 연병장 열 바퀴를 뛸 것을 명령한다.
ㄴ. (나는) 너에게 내일 5만원을 줄 것을 약속한다.
ㄷ. (나는/본 재판관은) 피고에게 징역 10년을 판결한다.
ㄹ. 나는 그대에게 청혼합니다.

이러한 문장들을 수행문(performative sentence)이라고 하는데, 화자가 이 말들을 하는 순간 명령, 약속, 판결, 청혼의 화행이 이루어진다. 이러한 문장의 조건은 '나', 즉 주어가 화자여야 하고(한국어에서 주어가 생략될 수도 있고 '나' 대신 화자를 나타내는 '본 재판관' 같은 표현을 쓸 수도 있다), 경우에 따라 '너, 당신, 피고' 등 청자가 드러나고, 동사는 화행을 명시적으로 드러내는 것이어야 하고('명령하다'가 화행 이름 '명령'을 포함), 그 동사가 현재형이어야 한다. 물론 말과 함께 이러한 화행을 하는 사람과 상황은 적정 조건을 만족해야 한다. 예를 들어 (ㄷ)의 '나'는 재판관이어야 하고, 이러한 말을 하는 장소는 원고와 피고가 출정한 법정이어야 판결의 화행이 수행된다. 이러한 수행문은 화행의 수행이므로 참, 거짓으로 판단할 수 없다.

위 문장의 주어를 바꾸거나 시제를 바꾸면 수행문이 아니다.

(23) ㄱ. 나는 너에게 연병장 열 바퀴를 뛸 것을 명령했었다.
ㄴ. 나는 준이에게 5만원을 줄 것을 약속했다.
ㄷ. 판사는 피고에게 징역 10년을 판결한다.
ㄹ. 진이는 영희에게 청혼한다.

과거 시제의 문장들은 어떤 화행이 있었다는 사실은 진술할 뿐이고, 일인칭 주어가 아닌 진술은 다른 화행이 아니라 진술일 뿐이다.

문장의 형식과 화행의 종류는 서로 대응하는 경우가 많다. 다음의 예들에서 보는 것처럼, 일반적으로 평서문(declarative)은 진술 혹은 단언, 의문문(interrogative)은 질문, 명령문(imperative)은 명령 혹은 요청의 화행과 연결된다. 그리고 청유문(suggestive)은 제안이나 요청의 화행과 연결된다(영어에는 청유문이 없다).

(24) ㄱ. 나무가 아주 크다. [평서문－진술]
ㄴ. 미국이 한국에서 머니? [의문문－질문]
ㄷ. 어서 먹어라. [명령문－명령]
ㄹ. 오늘 밥 먹으러 같이 갑시다. [청유문－제안/요청]

그러나 어떤 경우에는 평서문이나 의문문이 요청의 화행을 수행할 수 있다.

(25) ㄱ. 교실이 너무 덥네.
ㄴ. 거기 있는 후추병 집어 줄 수 있으십니까?

이러한 말들은 형식적으로 평서문과 의문문으로 되어 있지만, (ㄱ)은 진술이 아니고, 이것이 선생이 창가에 앉은 학생에 한 말이라면, 창문을 열어달라는 요청, 이 말이 밖에서 운동하자는 말에 대한 답으로 나왔다면(관련이 없는 말을 함─다음 절 참조), 거절 또는 하지 말자는 제안이다. (ㄴ)은, 보통 식사 자리에서 발화되어, 질문이 아니라 후추병을 집어서 달라는 요청으로 해석하는 것이 정상적이다. 이러한 현상을 간접화행(indirect speech act)이라고 부른다. (ㄴ)에서 명령문보다는 의문문으로 간접적인 요청을 하는 것은 상대방에 대한 공손함을 드러내는 수단이기도 하다.

또한, 누가 말을 하느냐에 따라 화행이 결정되기도 한다. 한국의 기업에서, "이제 밥 먹으러 갑시다"라는 말을 직장 상사가 했다면 제안보다는 거의 명령에 가깝고, 직장 상사가 "이제 퇴근합시다"라고 말한다면 이것 또한 제안보다는 허락에 가깝다(경우에 따라서는 명령?).

간접화행의 성립 과정은 다음 절에서 논의할 함축과 관련이 있어서 그 때 다시 논의한다.[5]

13.4 대화상의 함축

대화상의 함축(conversational implicature), 혹은 간단히 함축이라고 부르는 현상은 그라이스(Grice 1975)에서 시작된 연구 주제로서 전형적인 비논리적, 화용적 현상이다. 즉, 함축은 논리함의(entailment)는 아니지만 대화 속에서 청자가 암묵적으로 추론하는 내용이다. 이것은, 그라이스에 따르면, 대화자들이 따르는 협동 원리(cooperative principle)로 인하여 발생한다.

   (26) 대화의 협동 원리(Grice 1989: 26)
       당신의 기여를, 그것이 일어나는 단계에서 그리고 당신이 참여하고 있는 말의 교환에서 그 목적이나 방향에 맞게, 요구되는 대로 하라.

협동 원리를 좀 더 세분화하면 양, 질, 관계, 방법의 네 가지 격률로 구분된다.

---

[5] 장경희(1998)가 한국어의 화행 이론을 정리하였다.

(27) 대화의 격률(maxims of conversation)
ㄱ. 양(quantity)
(i) 대화에서 요구되는 것만큼 충분히 정보를 제공하라.
(ii) 대화에서 요구되는 것 이상의 정보를 제공하지 말라.
ㄴ. 질(quality)
(i) 거짓이라고 믿는 것은 말하지 말라.
(ii) 충분히 근거가 있지 않은 것은 말하지 말라.
ㄷ. 관련성(relevance)
관련된 말을 하라.
ㄹ. 방법(manner)
(i) 모호함을 피하라.
(ii) 중의성을 피하라.
(iii) 간결하게 말하라.
(iv) 순서대로 말하라.

대화상의 함축은 대화자들이 대화의 협동 원리, 즉 대화의 격률을 모두 지키고 있다는 가정 하에서, 그 격률들에 맞게끔 (드러나지 않은) 의미를 추론하면서 발생한다. 몇 가지 예를 들어 보자.

접속(conjunction, 연접)은 두 개의 명제가 모두 참일 때 참인 명제논리의 한 요소이다. 다음의 예를 보자.

(28) ㄱ. 진이가 아침에 늦게 일어났고 학교에 늦었다.
ㄴ. 진이가 학교에 늦었고 아침에 늦게 일어났다.

명제논리에 따르면, 접속의 진리조건은 명제의 순서에 상관이 없으므로 (ㄱ)과 (ㄴ)은 진리값이 동일한 명제로서, 둘 다 참이든지 둘 다 거짓이다. 그러나 우리는 보통 일상에서 (ㄱ)이 참이고 (ㄴ)이 거짓이라고 생각한다. 왜냐하면, 어떤 사람이 아침에 늦게 일어나는 일이 먼저 일어나고 그 다음에 그 사람이 학교에 늦는 것이 일반적인 순서이고, 일반적으로 그러한 순서가 문장의 접속에 반영되기 때문이다. 이 경우 자연언어의 접속이 명제논리의 접속과 다르다고 할 수도 있지만, 이러한 현상을 대화상의 함축으로 설명할 수 있다. 대화의 격률 중 방법의 "순서적으로 말하라"에 따르면 먼저 일어난 일을 앞에 말하고 나중에 일어난 일을 뒤에 말하는 것이 대화의 원리에 맞는다. 대화자들이 대화의 협동 원리를 준수한다고 서로 믿고 있기 때문에 일이 발생한 순서대로 말하고, (ㄱ)이 그 순서를 제대로 반영하고 있으므로 참이고, (ㄴ)은 그렇지 않기 때문에 거짓이라고 판단할 수 있다.

양의 격률과 관련된 다음의 예를 보자.

(29) 민이가 사과 다섯 개를 샀다.

이 문장은 논리적으로 민이가 사과를 정확히 다섯 개 산 상황에서 참이고 또한 민이가 사과를 다섯 개보다 많이, 예를 들어 일곱 개를 산 상황에서도 다섯 개는 산 셈이니까 참이다. 즉, 이 문장의 논리적 의미는 "민이가 사과를 적어도 다섯 개 샀다"이다. 그러나 사람들은 위 문장을 "민이가 사과를 정확히 다섯 개 샀다"로 이해한다. 이러한 대화상의 함축이 발생하는 이유는 양의 격률과 관련이 있다. 양의 격률 중 하나가 "대화에서 요구되는 것만큼 충분히 정보를 제공하라"이다. 실제로 사과를 일곱 개 샀는데 일곱 개 샀다고 말하지 않고 다섯 개 샀다고 하는 것은 충분한 양의 정보를 제공하지 않는 것이므로 양의 격률에 어긋난다. 청자는 화자가 대화의 격률을 지키고 있다는 가정 하에 이러한 상황은 아닐 것이라고 생각하기 때문에 다섯 개보다는 많지 않을 것이라고 추론하여, 결국 "민이가 사과를 정확히 다섯 개 샀다"라는 함축이 발생한다. 이러한 함축을 척도상의 함축(scalar implicature)이라고 한다. 어떤 척도가 있을 때 척도의 어떤 위치를 언급하면 그것보다 척도상으로 위에 있는 것은 부정하게 된다는 것이다. 수의 경우 ⟨1, 2, 3, 4, 5, … ⟩의 척도가 있을 때 수 n을 언급하면 n+1 이상을 부정한다. 다음과 같은 이접의 해석도 마찬가지로 척도상의 함축으로 볼 수 있다.

(30) 민이가 똑똑하거나 진이가 똑똑하다.

명제논리에서 이접의 해석은 두 명제 중 하나라도 참이면 전체가 참이므로 두 명제가 모두 참이어도 전체가 참이다. 그러나 사람들은 보통 이접의 해석을 배타적 이접, 즉 명제 하나만이 참이라고 해석한다. 이러한 함축은 ⟨이접, 접속⟩의 척도에서 발생한다. 이 척도에서 접속이 이접보다 더 세밀한(충분한) 정보이고, 두 명제가 모두 참이라면 접속을 사용해야 충분한 양의 정보를 제공하는 셈이다. 대화자들은 양의 격률을 지키고 있으므로, 둘이 모두 참이라면 접속을 사용했을 것이라고 생각하기 때문에, 이접은 접속, 즉 두 명제가 모두 참의 경우를 배제한다는 함축이 발생한다.
다음 대화는 질의 격률과 관련이 있다.

(31) 학생1: 미국의 수도가 뉴욕이야.
학생2: 그러면 한국의 수도가 부산이야.

"미국의 수도가 뉴욕이다"라는 명제를 학생1이 믿고 그렇게 말했지만, 학생2는 "한국의 수도가 부산이다"라는, 한국 사람이라면 모두가 거짓으로 판단할 명제를 말했다. 질의 격률에는 "거짓을 말하지 말라"는 것이 있다. 학생1은 학생2가 명백히 거짓을 말하고 있다는 것을 알지만 그가 대화의 격률(질)을 지키고 있다는 것도 믿고 있다. 그렇다면 이렇게 명백한 거짓을 말한 것은 무엇인가 이유가 있을 것이고 그것은 학생1 자신이 말한 것과 상관이 있으며, 미국의 수도가 뉴욕이 아니기 때문일 것이라고 추론한다. 이러한 함축은 질의 격률을("거짓말하지 말라") 고의로 위반함으로써 발생한다.

한 가지 예를 더 보자.

(32) 학생1: 우리 심심한데 공원에나 놀러 갈까?
학생2: 요즘 「헤어질 결심」 영화의 평이 좋던데.

학생2의 대답은 표면적으로 관계의 격률, 즉 "관련된 말을 하라"에 어긋난다. 공원에 놀러 가자는 학생1의 제안에 가타부타 말을 하는 것이 아니라 공원과는 상관이 없는 영화 이야기를 하는 것은 서로 관련되어 있지 않다. 하지만 서로 협동 원리를(관계의 격률) 준수하고 있다고 생각하는 학생1은 학생2가 공원에 가는 것을 거절한다고 생각할 것이며, 나아가 대신 영화를 보는 것이 어떻겠냐는 제안으로 이해할 수도 있다. 이러한 함축은 겉으로는 관련성이 없는 말이 실제로는 간접적으로 관련이 있는 경우이다. 함축은 대화에서 늘 일어난다. 독자는 여러 다른 함축 발생의 예들을 제시해 보라.

이제 앞의 절에서 본 간접화행에 대해 알아보자. 앞에 나온 다음 예를 반복하여 제시한다.

(33) 거기 있는 후추병을 집어 줄 수 있으십니까?

이 말의 문장은 의문문이며, 그 축자적인 뜻은 "당신은 거기 있는 후추병을 집어 줄 능력이 있습니까"이다. 즉, 상대방의 능력을 물어보는 것이다. 거기 있는 사람이 손이 있는 성인이라면 후추병을 들 만한 능력이 있음은 화자나 청자 모두가 잘 알고 있다. 이렇게 명백한 답이 있는 문제에 대하여 답을 달라고 하는 것은 양의 격률에("대화에서 요구되는 것 이상의 정보를 제공하지 말라") 어긋난다. 대화에서 요구되지 않는 뻔한 답이 예상되는 질문을 하는 것이 문제이다. 그래서 청자는, 화자가 대화의 협동 원리를 지키고 있다는 가정 하에, 다른 의도가 있을 것이라고 추론하고, 그 질문이 청자가 그러한 능력이 있는지를 물어보는 것이 아니라 후추병을 집어 달라는 요청이라는 것을 이해하게 된다. 이러한 간접화행은 대화의 협동 원리를 지키는 대화자들이 쉽게 추론할 수 있는 것이지만, 직접적인 명령이나 요청보다는 적어도 상대방의 의향을 물어보는 형식을 취함으로써 공손함을 드러낸다.

함축은 일종의 추론이지만 논리적 추론, 즉 논리함의(entailment)와는 다르다. p가 참이면 q도 반드시 참이라는 것이 논리함의이다(p가 q를 논리적으로 함의한다). 논리적 추론은 취소될 수 없다.

(34) 강도가 행인을 죽였어. ??그런데 그 행인이 살아 있어.

어떤 사람이 다른 사람을 죽였다는 것은 후자의 사람이 죽었음을 논리적으로 함의한다. 그런데 그 논리함의를 취소하고 그 사람이 살아있다고 할 수는 없으므로, 예문의 말은 이상하다. 반면에 함축은 취소될 수 있다.

(35) ㄱ. 민이가 사과를 다섯 개 샀어. 정확히 말하면 일곱 개야.
ㄴ. 진이가 학교에 늦었고 늦게 일어났어, 순서는 물론 반대로야.
ㄷ. 민이가 똑똑하거나 진이가 똑똑해. 사실 둘 다 똑똑해.

각 예문에서는 앞의 문장에서 발생하는 함축을 두 번째 문장이 취소한다. 즉 함축은 취소될 수 있다(cancellable).

또한, 우리가 논리함의를 명시적으로 말하게 되면 잉여적인 인상을 주지만(할 필요가 없는 말을 함), 함축은 우리가 그것을 명시적으로 말함으로써 강화할 수 있다.

(36) 강도가 행인을 죽였어. ??그 사람이 죽었어.

논리함의를 명시적으로 말하는 두 번째 문장은 앞에서 이미 한 말을 반복하여 필요 없는 말이라는 인상을 준다. 하지만 함축의 경우 다음과 같이 그 함축 내용을 명확히 할 수 있다.

(37) ㄱ. 민이가 사과를 다섯 개 샀어. 정확히 다섯 개야.
 ㄴ. 진이가 늦게 일어났고 학교에 늦었어. 당연히 이 순서대로야.
 ㄷ. 민이가 똑똑하거나 진이가 똑똑해. 한 사람만 똑똑해.

이와 같이 함축은 강화될 수 있다(reinforceable).

13.5 함축 이론의 발전

그라이스 이후 함축 이론은 격률들을 단순화시키는 방향으로 전개되었다. 1980년대부터 여러 학자들이 격률을 단순화했다. 우선, 혼(Horn)은 격률을 두 개의 원리로 환원하였다..

(38) 혼의 Q와 R 원리(Horn 2004)
 ㄱ. Q 원리
  당신의 기여가 충분하도록 하라.
  당신이 말할 수 있는 만큼 하라(R 원리를 준수하면서).
 ㄴ. R 원리

당신의 기여를 필요한 만큼만 하라.
당신이 말해야 하는 것보다 많이 하지 마라(Q 원리를 준수하면서).

말하자면 Q 원리는 청자의 관점에서 필요한 것이고, R 원리는 화자의 관점에서 요구된다. 청자는 가능한 한 많은(확실한) 정보를 원하고 화자는 가능한 경제적으로 말하고자 하기 때문이다.

레빈슨(Levinson 2000)은 대화 원리를 발견적 원리(heuristic)라고 부르며 다음과 같은 Q, I, M 원리를 제시한다.

(39) 레빈슨의 발견적 원리(Levinson 2000)
ㄱ. Q 원리
화자: 요구되는 것보다 적게 말하지 말라 (I 원리를 지키면서)
청자: 말해지지 않은 것은 사실이 아니다.
ㄴ. I 원리
화자: 요구되는 것보다 많이 말하지 말라 (Q 원리를 지키면서)
청자: 말해진 것은 전형적인 것으로 해석된다.
ㄷ. M 원리
화자: 이유 없이 특이한 표현을 사용하지 말라.
청자: 특이하게 사용된 말은 특이한 상황을 가리킨다.

레빈슨의 I와 M 원리는 경제성과 관련되어 있고, Q 원리는 그라이스의 첫 번째 양의 격률과 관련되며, I 원리는 그라이스의 두 번째 양의 격률과도 관련되어 있다.

관련성 이론(relevance theory)은 스퍼버와 윌슨(Sperber and Wilson 1995)이 만든 이론으로서 관련성이라는 하나의 원리를 중요시한다. 관련성 이론에서 관련성 원리는 인지적인 원리와 커뮤니케이션의 원리로 구성된다.

(40) 관련성 원리 (Sperber and Wilson 1995)
    ㄱ. 인지적 관련성 원리
       인간의 인지는 관련성의 최대화에 맞추어져 있다.
    ㄴ. 커뮤니케이션 관련성 원리
       모든 명시적인 커뮤니케이션은 그것 자체의 최적의 관련성을 추구한다.

인간은 인지적으로 관련된 것을 인식하고, 말을 할 때 관련된 말을 한다는 원리로서, 관련성 원리로 모든 인간의 인지적 행위와 대화상의 함축이 설명된다는 이론이다. 달리 말하자면, 함축(내재된 전언)은 추론될 만큼 충분히 관련성이 있고, 화자는 그렇게 추론 가능한 것을 말하지 않아도 될 수 있게 경제적으로 말을 한다.

여기서 혼, 레빈슨의 이론과 관련성 이론을 더 자세히 설명하지는 않는다. 관심 있는 독자는 직접 혼, 레빈슨, 관련성 이론의 저작들을 참고할 수 있다.

더 읽을거리

그런디, 피터 (2016). 「화용론의 실제」, 박철우 역, 서울: 커뮤니케이션북스.
라이언스 (2013). 「의미론 2: 의미와 문법, 맥락, 행동」, 강범모 역, 서울: 한국문화사.
장석진 (1987). 「화용론 연구」, 서울: 탑출판사.
Horn, Larry R. (2004). "Implicature," in L. R. Horn and G. Ward (eds.) *The Handbook of Pragmatics*. Oxford: Blackwell, 3–28.
Jaszczolt, K. M. (2002). *Semantics and Pragmatics: Meaning in Language and Discourse*, London: Longman.

14

맥락과 의미

14.1 의미 해석과 맥락

앞의 2장(언어 이론 속의 의미)에서 조합성(compositionality)의 원리를 언급하였다. 전체의 의미가 부분들의 의미, 그리고 그 부분들이 (통사적으로) 결합하는 방식에 의해 결정된다는 취지의 조합성은 19세기 말에 프레게(Frege)가 처음 주장한 것으로 알려져 있다. 하지만 실제로 프레게의 저술에 그것이 명시적으로 언급되어 있지는 않다고 한다. 조합성(합성성)은 논리적 의미론을 추구하는 학자들에 의해 본격적으로 주장되었다. 몬태규(Montague 1970)는 조합성을 통사론과 의미론 사이의 동형성(homomorphism), 즉 구조를 유지하는 사상(mapping)으로 정의하였다. 몬태규의 이론에서, 각 문법(통사) 규칙에는 그것에 대응하는 의미 해석 규칙이 존재한다.

일반적으로 조합성은 한정된 단어로 무한한 문장의 의미를 생성하고 이해하는 중요한 원리이다. 그러나 조합성은 몇 가지 현상에서 도전을 받는다. 우선 '알아서 기다' 같은 숙어는 실제 '기다'의 의미가 전체 뜻에 기여하지 않는 숙어이다. 숙어는 일반적으로 그것을 구성하는 성분의 의미로부터 전체의 의미를 구성할 수 없는 것을 말하고,[1] 따라서 숙어는 조합성에 어긋나는 현상이다. 다만 숙어를 하나의 단어처럼 독립된 의미를 가진 요소로 간주한다면 조합성이 유지된다.

또 다른 문제는 구문문법(Construction Grammar)에서 주장하듯이 구문 자체가 의미를 가질 수 있다는 점이다(Goldberg 2006). 한국어의 어휘적 사역과 통사적 사역은 진리조건적으로 같을 수 있지만 다른 해석도 가능하다.

(1) ㄱ. 민이가 진이에게 밥을 먹였다.
ㄴ. 민이가 진이에게 밥을 먹게 했다.

대체로 같은 뜻으로 보이고, 조합성을 준수하는 논리적 의미론에서는 같은 진리 조건을 가진 것으로 보지만(같은 의미로 봄), (ㄱ)은 직접적인 사역, (ㄴ)은 간접적인 사역으로 해석된다. 예를 들어, 밥을 숟갈로 떠서 입어 넣어 주는 상황이라면 (ㄴ)보다는 (ㄱ)으로 표현하는 것이 적절하고, 진이가 배가 고플 때 민이가 음식을 주어 진이가 수저를 들고 먹는 상황이라면 (ㄴ)이 더 적절하다.

마지막으로, 언어 사용의 맥락(context)이다. 맥락이 없이는 해석 자체가 불가능한 경우가 많다.

(2) ㄱ. 나는 너를 좋아해.
ㄴ. 모든 학생이 똑똑하다.
ㄷ. 왕이여 영원하라!

'나'와 '너' 같은 직시적 표현의 맥락이 주어지지 않는 한 (ㄱ)은 참과

---

1 한국어학에서 숙어 관용어 연구는 꾸준히 수행되어 왔다. 문금현(1997), 민현식(2003), 김문창(2003) 등.

거짓을 판단할 수 있는 명제가 아니다. (ㄴ)의 '모든 학생'은 이 세상에 존재하는 모든 학생이 아니라 특정 맥락, 예를 들어, 어떤 담임 선생이 가르치는 반의 모든 학생일 수도 있고 어떤 학교의 모든 학생일 수도 있다. 역시 언어 사용 맥락이 주어져야 의미 해석이 가능하다. (ㄷ)의 '왕'은 화자와 청자가 공유하는 맥락 속에서(예를 들어, 그들이 한 나라의 백성임) 대상이 결정된다. 위 문장의 '나, 너, 모든, 왕' 등의 의미(가리키는 것)들은 미리 정해질 수 없고, 말을 하는 맥락에서만 의미 해석이 가능하므로 조합성에 어긋난다. 이러한 문제에서 벗어나는 방법은 맥락을 인정하고 맥락 속에서의, 약한 의미의 조합성을 인정하는 것이다. 달리 말하자면 인간이 문장이나 표현의 의미를 이해하기 위해서는 단어의 의미나 통사 구조뿐만 아니라 맥락이 주어져야 한다. 그만큼 맥락은 중요한 의미 해석의 요소이고, 맥락은 의미론과 화용론 모두에서 역할을 수행한다.

14.2 인칭 대명사의 해석

맥락이 일차적으로 해석에 영향을 미치는 것은 직시(deixis) 표현들이다. 직시 표현은 발화의 맥락이 주어지지 않으면 그것의 해석, 즉 그것이 가리키는 것이 무엇인지 알 수 없는 표현들이다. '나, 우리, 너, 너희' 같은 인칭 대명사는 대표적인 직시 표현이다. 발화의 맥락에서 발화자가 누구인지 청자가 누구인지에 따라 인칭 직시 표현들의 해석이 달라진다. 만일 맥락을 고려하지 않고 '나'를 '발화자' 또는 '말하는 사람'과 동의의 표현으로 이해한다면 문제가 생긴다.

(3) ㄱ. 나는 과일을 좋아한다.

ㄴ. 발화자는 과일을 좋아한다.

문장의 진리값만을 보면 (ㄱ)과 (ㄴ)의 진리값이 동일할 수 있다. 그러나 다음과 같은 예를 비교해 보라.

(4) ㄱ. 내가 발화자이다.
　　ㄴ. 내가 나이다.
　　ㄷ. 발화자가 발화자이다.
　　ㄹ. 내가 발화자로서 제안할 권리가 있다.
　　ㅂ. 내가 나로서 제안할 권리가 있다.

(ㄴ)과 (ㄷ)은 항상 참인 항진명제이지만 (ㄱ)은 아니다. '나'는 말을 하고 있는 그 맥락에서 정해져야 하는 발화자이기 때문이다. 예를 들어 내가 여러 사람 중에서 어떤 말을 했는데 다른 사람이 "누가 발화자입니까(그 말을 한 사람입니까)?"라고 한다면 그 질문에 대한 답으로 (ㄱ)이 나올 수 있다. 실제로는 다른 사람이 처음의 말을 했다면 (ㄱ)은 거짓이다. 또한 (ㄹ)과 (ㅂ)은 같은 의미가 아니다.

이인칭 대명사는 말을 하는 맥락에서 그 말을 듣는 특정인이 될 수도 있고 다수의 사람들일 수도 있다. 말을 하는 사람과 말을 듣는 사람, 즉 화자와 청자 사이의 사회적 관계에 따라 대명사의 종류는 달라질 수 있다. 한국어에서 '너'는 친한 사람이나 아래 사람에게만 사용할 수 있는 이인칭 대명사이고, '당신'은 경우에 따라서는 부부 관계의 상대방 또는 보통의 이인칭 대명사일 수 있지만, 어떤 경우는 싸움의 대상일 수 있다('당신이 참견할 일이 아니잖아!'). '그대'는 둘 사이가 연인이면서 약간 시적으로 말을 하는 맥락이 필요하고('그대는 나의 태양!'), '자네'는 화자가 아랫사람인 청자에게 사용할 수 있는 이인칭 대명사이다.

한국어의 이인칭 대명사는 존대법과 연결되어 복잡한 양상을 보이지만 영어는 'you' 하나로 통일되어 있어 어떤 경우에도 'you'를 사용하면 된다. 다른 여러 유럽 언어, 예를 들어 프랑스어와 독일어에는 두 가지 종류의 이인칭 대명사가 있다. 프랑스어의 'tu'는 가까운 사이의 사람들, 즉 가족이나 친구나 연인 사이에 사용하는 이인칭 대명사이고('Je t'aime) 'vous'는 그렇지 않은 좀 더 공적인 사이의 대화자들 사이에 사용하는 이인칭 대명사이다. 독일어의 'Du'와 'Sie'도 마찬가지이다('Ich liebe dich'). 따라서 프랑스어에서 서로 'vous'를 사용하다가 어느 날 'tu'를 사용하게 된다면 그만큼 친한 사이가 되었다는 의미이다. 마치 한국어에서 '너'를 사용하는 사이는 (상하 관계가 아니라면) 가까운 친구와 연인 사이인 것과 유사하다 ("너 이것 좀 먹어 봐", "너를 사랑해").

영어의 'he, she, they' 같은 대명사들은, 'He is really handsome'과 같이, 맥락 속의 특정 사람을 가리키는 직시적 사용이 가능하고, 또한 대용적 사용, 즉 공지시적 사용도 가능하다. 대화의 맥락에서 발화자가 어떤 사람을 가리키면서(대개 손가락으로, 또는 시선이나 다른 방법으로) 'he' 또는 'she'를 사용하면 그것은 직시적 사용이지만, 다음과 같은 삼인칭 대명사의 사용은 대용적 사용이다.

(5) ㄱ. John entered the room. He stayed for a while.
    ㄴ. A woman wants to see you. Do you want to meet her?

다음과 같이 양화사의 변항과 같은 역할을 하는 대명사 용법도 있다.

(6) ㄱ. Everybody thinks that he will pass the exam.
    ㄴ. Every woman did not say that she would stay.

한국어의 경우 사람을 가리키는 삼인칭 대명사는 구어에서 극히 제한적으로 사용된다. 우선, 삼인칭 대명사의 직시적인 사용은 불가능하다. 어떤 남자나 여자가 방에 들어오는 것을 보고 "그/그녀를 보세요"라고 하기 힘들다("저 남자/저 여자 보세요"가 가능함). 대화 가운데 나오는, 대용적인 '그' 혹은 '그녀'를 보자. 약간 어색하다.

(7) ㄱ. 영수가 합격했대. ?너는 그를 아니?
ㄴ. 민이는 예뻐. ?나는 그녀를 좋아해.

어머니, 아버지, 딸, 아들에 대하여 '그녀, 그'라고 말한다면 아주 이상할 것이다.

(8) ㄱ. 어머니가 아프셔. ??그녀의 병은 가볍지 않다고 하네.
ㄴ. 아버지 지금 집에 안 계셔. ??그는 밖에 나가셨나 보다.
ㄷ. 엄마가 왔어? ???그녀가 뭐 사왔어?
ㄹ. 우리 딸 민이가 저기 오네. ???나는 그녀가 예뻐 죽겠어.

대화에서의 이런 '그'와 '그녀'의 사용은 앞에서 언급된 사람을 가리키는 대용적 용법을 의도하지만, 한국어에서 이질적이거나 잘못된 방식이다. 다만 소설 같은 특수 장르에서 '그'와 '그녀'가 자유롭게 사용된다. 다음은 소설 텍스트의 일부이다.

(9) 그때, 갑자기 안방 문이 열리고 다급한 발자국 소리와 함께 나타난 나의 어머니. 그녀는 나에게서 재빨리 사진첩을 빼앗더니, 정확히 나의 뺨을 두 대, 짝, 짝, 갈겼다. 히스테리컬한 여자. 내 뺨을 때릴 때도 그녀의 왼손에는 타고 있는 담배가 쥐어져 있었다. 나는 그녀에게 뺨 두 대를 맞고 멀뚱멀뚱하게 있다가 나도 모르게 갑자기 훌쩍훌

쩍 울었다. [박일문, 「살아남은 자의 슬픔」]

이렇게 소설에서는 '나의 어머니'가 지시하는 대상을 지시하기 위해 '그녀'가 자연스럽게 사용된다. 이러한 경우는 '그' 혹은 '그녀'의 대용적 용법이다. 그렇지만 소설에서도 '그'와 '그녀'를 직시적으로는 사용할 수 없다("저기 그녀가 나의 어머니야"는 이상한 말이다).

'그'나 '그녀' 대신 '그 남자', '그 여자'를 사용하면 대화는 자연스럽다(단, 자신의 부모나 상급자에 대하여 사용할 수는 없다).

(10) ㄱ. 영수가 합격했대. 너는 그 남자(아이)를 아니?
ㄴ. 민이는 예뻐. 나는 그 여자(애)를 좋아해.
ㄷ. 저기 아버지가 오셨어. ???그 남자는 키가 커.
ㄹ. 교장선생님이 너를 부르셔. ???그 여자가 너한테 화가 났나 봐.

'그 남자, 그 여자'는 한정사 '그'를 이용한 한정기술이다. 이러한 한정기술 혹은 소설 속의 '그'와 '그녀'는 대개 대용적으로 사용되지만, 직시적 사용에서는 '이, 저, 그'가 쓰인다. 다만 모두 가능한 것은 아니다. '이'는 단수와 복수 모두 가능하고('이를/이들을 보시오'), 삼인칭의 '저'는 복수만 가능하고('저들을/*저를 보세요'), '그'는 직시적으로 사용할 수 없다(*그를/*그들을 보라). 해석상의 제약도 있어서 '이를 보라'의 '이'는 사람에 적용되지 않고 '이들'은 사람에만 적용되며, '저들'도 사람에만 적용된다. 보통 일반적으로 사용 가능한 것은 직시적 관형사로, 그것은 뒤에 나오는 명사에 따라 사물과 사람에 모두 사용될 수 있다.

(11) ㄱ. 이 책 재미있어. / 이 사람 소개할게.
ㄴ. 저 책 누가 갖다 놓았는지 아니? / 저 사람 누구지?
ㄷ. 그 책 언제 샀니? / 그 아이 누구니?

이 말들이 직시적으로 사용될 때 '이 책'은 화자와 가까이 있는 책, '저 책'은 화자와 청자 모두에게서 떨어져 있는 책, '그 책'은 청자와 가까이에 있는 책을 가리킨다.

한국어에서 사람에 대해서는 '그'의 삼인칭 대명사의 사용이 항상 적합한 것은 아니지만, '그'와 '것'이 결합하여 굳어진 사물 삼인칭 대명사 '그것', 그리고 '이'와 '것'이 결합한 대명사 '이것'이나 같은 구조의 '저것'은 직시적 사용이 가능하다. '이것'과 '그것'은 대용적 사용도 가능하다('저것'은 대용적 사용이 불가능). 그리고 사람에 적용되는 '그분', '이분', '저분'도 직시적 사용이 가능하다.

(12) ㄱ. 이것 가지고 싶니?
ㄴ. 저것 보이니?
ㄷ. 그것이 무엇이니?

'이, 그, 저'의 특성을 이어받아 '이것'은 화자 주변의 사물, '저것'은 화자 및 청자와 떨어져 있는 사물, '그것'은 청자 주변에 있는 사물을 직시적으로 가리킬 수 있다. 이렇게 복합적인 삼인칭 대명사까지 고려하면, 자연스럽게 사람을 가리키는 직시적 삼인칭 대명사도 있다. 그것은 '이분, 저분, 그분', '이자, 저자, 그자' 같은 표현들이다. 그런데 이러한 직시적 사용이 가능한 대명사들은, 사람에 대하여 쓸 때 존대 혹은 하대하는 표현이다. '이분'은 '이 사람'을 높여서 부르는 대명사이고 '이자'는 '이 사람'은 낮잡아 부르는 대명사이다. 이렇게 경어법적인 요소가 들어간 삼인칭 대명사는 직시적 사용이 가능하다("여기서 이분을 소개하겠습니다"). '이이, 저이, 그이'도 그러한 삼인칭 대명사인데 '이분'보다는 그 높이는 정도가 약한, 조금 높여 부르는 삼인칭 대명사이다.

한국어의 삼인칭 대명사 '그, 그녀'가 변항적으로 사용되는 것이 불가능하지는 않지만, 소설 이외에서는 대용적, 직시적 용법과 마찬가지로 잘 사용되지는 않는다.

  (13) ㄱ. ?모든 남자가 그가 훌륭한 사람이라고 생각한다.
    ㄴ. ?모든 여자가 그녀가 예쁘다고 생각한다.

사물을 가리키는 '그것'은 변항적 용법이 자연스럽다.

  (14) ㄱ. 모자마다 그것의 주인이 있다.
    ㄴ. 모든 책은 그것을 읽는 사람에 따라 가치가 달라진다.

사람에 대해서는 '자기'라는 재귀사가 변항의 역할을 자연스럽게 수행한다.

  (15) ㄱ. 모든 남자가 자기가 잘생겼다고 생각한다.
    ㄴ. 모든 여자가 자기가 예쁘다고 생각한다.

특수하게 일인칭 대명사 '나'가 '자기'와 유사한 역할을 할 수도 있다.

  (16) ㄱ. 모든/각 학생이 내가 그 일을 하겠다고 말했다.
    ㄴ. 모든/각 사람이 내가 제일이라고 생각한다.

이 현상은 어느 정도 직접 화법과 간접 화법이 섞인 것이라고 볼 수 있다. 일종의, 직접 화법과 간접 화법의 혼성(blending)된 경우라고 할 만하다.

대명사의 용법 중에는 소위 게으름 대명사(pronoun of laziness)가 있다.

(17) ㄱ. 자기의 지식을 대단하게 생각하는 사람은 그것을 대단하게 생각하지 않는 사람보다 어리석다.
ㄴ. 자기의 일상을 기록하는 사람은 그것을 기록하지 않는 사람보다 현명하다.

이 문장들에서 '그것'이 가리키는 바는 공지시적(대용적)이라고 하기 힘들다. (ㄱ)에서 어떤 사람 A가 대단하게 생각하는 자기의 지식은 A의 지식이다. '그것'이 A의 지식과 공지시적이라고 하면, 다른 사람 B는 A의 지식을 대단하게 생각하지 않는 것이고 이때 A가 B보다 어리석다는 뜻이다. 그것은 올바른 해석이 아니다. (ㄴ)에서 A가 기록하는 자기의 일상은 A의 일상이다. '그것'이 A의 일상과 공지시적이라면, B는 A의 일상을 기록하지 않는 사람이고 그렇게 하는 A가 B보다 현명하다는 뜻이다. 이것 또한 그릇된 해석이다. 사실상 (ㄱ)은 A의 지식을 대단하게 생각하는 A가 B의 지식을 대단하게 생각하지 않는 B보다 어리석다는 뜻이고, (ㄴ)은 A의 일상을 기록하는 A가 B의 일상을 기록하지 않는 B보다 현명하다는 뜻이다. 다시 말해 (ㄱ)과 (ㄴ)의 '그것'은 일반적인 조응 관계로 해석할 수 없고 '자기의 지식', '자기의 일상'을 반복하지 않고 대신에 사용하는 표현이다. 풀어서 말하자면 (ㄱ)과 (ㄴ)은 다음과 같은 문장과 해석이 같다.

(18) ㄱ. 자기의 지식을 대단하게 생각하는 사람은 자기의 지식을 대단하게 생각하지 않는 사람보다 어리석다.
ㄴ. 자기의 일상을 기록하는 사람은 자기의 일상을 기록하지 않는 사람보다 현명하다.

긴 표현을 반복하지 않고 짧은 대명사를 사용한다는 뜻에서 이러한 종류의 대명사 용법에 '게으름 대명사'라는 이름이 붙었다.

14.3 시간 및 공간 직시

직시는 시간과 공간 표현에서도 많이 나타난다.[2] 시간적으로, '지금'은 발화의 시간, '어제'는 발화의 시점을 포함한 날보다 앞선 하루의 시간, 또 '내년'은 발화 시점 이후 해가 바뀐 뒤에 오는 일 년의 시간을 가리키는 데, 모두가 발화 시간이 시간 해석의 기준이라는 면에서 직시적이다.

'그때'는 직시적으로 사용될 때도 있지만('그때가 좋았지') 대용적으로 (공지시적으로) 또는 변항적으로 사용될 때가 많다.

(19) ㄱ. 동수가 공원에 도착했다. 그때 민이는 아직 1킬로미터쯤 떨어져 있었다.
ㄴ. 그 사람과 만날 때마다, 그때 기분이 좋지 않았다.

(ㄱ)의 '그때'는 대용적인 공지시적 사용(동수가 공원에 도착한 시간을 가리킴), (ㄴ)의 '그때'는 변항적 사용의 예이다. '이때'는 직시적으로 사용되거나('이때 기회를 잡아야지') 혹은 대용적으로 사용되기도 한다('그 사람이 문을 열고 들어왔고, 이때 다른 문이 열렸다'). 하지만 변항적 용법이 어색하다('??그 사람과 만날 때마다, 이때 기분이 좋았다'). '저때'는 자주 사용되지 않기 때문에 사전에 단어로 올라 있지 않고, '저 때'로 띄어써야 한다. '저 때'는 직시적 사용만이 가능하다("저번 때"의 뜻으로). 이 경우 '접때'가 한 단어로 적절하다('접때 우리 만났었지').

'지금', '어제', '내년' 등 시간 표현뿐만 아니라 시제가 발화 시점을 기준으로 하므로 직시적이다.

---

[2] 시제와 시간의 논리적 해석 문제는 11장(시제, 상, 양상)에서 다루고 그 인지적 해석은 그 장의 끝에 간단히 언급하였다. 여기서는 시간 표현의 직시적 성격에 초점을 두어 기술한다. 중복되는 부분이 있을 수 있다.

(20) ㄱ. 아이가 놀고 있다.
    ㄴ. 아이가 놀았다.

(ㄱ)은 발화 시점에서 일어나는 일을 기술하는 문장이고 (ㄴ)은 발화 시점 이전에 일어난 일을 기술하는 문장이다.

한국어와 영어에 미래 시제 자체는 없지만, 여러 가지 방법으로 미래의 일을 추정하거나 언급할 수 있다.

(21) ㄱ. 비가 오려고 한다.
    ㄴ. 비가 올 것이다.

이러한 문장들이 순수하게 시간적 개념만을 표현하는 것은 아니지만 발화의 시점 이후의 일에 대하여 말하는 것은 사실이다. 이와 같이 과거, 현재의 시제와 미래를 말하는 문장은 모두 발화 시점을 기준으로 한다는 점에서 직시적이다.

시제는 발화 시점의 문제뿐만 아니라 특정 시간을 가리킨다는 면에서도 직시적일 수 있다(11장에서 언급한 내용을 반복함).

(22) ㄱ. 내가 문을 잠갔어.
    ㄴ. 내가 불을 안 껐어.

(ㄱ)과 (ㄴ)은 과거 시제로서 발화 시점보다 앞서는 시점의 사건이라는 점에서 직시적이지만, 또한 맥락에서 결정되는 특정한 과거의 시점을 가리킨다는 면에서도 직시적이다. 다시 말해, (ㄱ)은 발화 시점 이전에 문을 잠근 적이 있다는 의미가 아니라 특정 시점, 예를 들어 2024년 9월 1일 9시 집을 나서는 그때 문을 잠갔다는 의미이다. 이 경우 과거 시제는 특정

시점을 직시적으로 지시한다. (ㄴ)도 마찬가지이다. 이것은 발화 시점보다 앞서서 내가 불을 안 끈 시점이 있다는 의미가 아니고, 과거의 특정 시점에 내가 불을 안 껐다는 의미로서 과거 시제는 그 특정 시점을 직시적으로 가리킨다.

공간의 직시적 표현들도 많이 있다.

(23) ㄱ. 여기 있는 음식 좀 먹어 보세요.
ㄴ. 저기 있는 물건 좀 가져다주세요.
ㄷ. 거기 있는 가위 좀 집어 주세요.

'여기'는 화자의 위치 근처, '저기'는 화자와 청자로부터 떨어진 위치, '거기'는 청자의 위치 근처이다. '여기 있는 음식'을 먹기 위해 청자는 화자 근처로 가야 하고, '저기 있는 물건'을 청자가 집기 위해서는 화자와 청자로부터 떨어진 곳으로 가야 하고, '거기 있는 가위'는 청자가 위치를 바꾸지 않고, 혹은 조금만 움직여서 잡을 수 있는 위치에 있다. '이곳', '저곳', '그곳'도 같은 방식으로 해석된다.

'거기'는 공지시적으로, 또는 변항적으로 사용될 수도 있다.

(24) ㄱ. 지난번에 대천 해변에 갔다 왔어. 거기 참 좋아.
ㄴ. 모든 명승지는 거기 나름의 멋이 있다.

(ㄱ)의 '거기'는 공지시적 사용이고 (ㄴ)의 '거기'는 변항적으로 사용된 것이다.

시간 직시와 공간 직시는 흥미로운 차이가 있다. 서울에 있는 현수와 워싱턴(DC)에 있는 민이 사이의 전화 대화 상황이라고 가정하자. 다음 대화의 '지금'과 '여기'는 어떻게 해석되는가?

(25) 현수: 지금 여기 눈이 오고 있어.
　　　민이: 여기는 지금 비가 오고 있어.

　두 사람의 말의 '지금'은 동일한 시점이다. 물론 서울이 아침이라면 워싱턴이 저녁이겠지만 '지금'은 바로 이 순간, 즉 현수와 민이가 말을 하고 있는 공통의 시점이다. 반면에 두 사람이 말하는 '여기'는 다르게 해석되는데, 현수가 말하는 '여기'는 서울이고 민이가 말하는 '여기'는 워싱턴이다. 이러한 현상은 두 사람이 동시에 대화를 하고 있으나 같은 장소에 존재하지 않기 때문이다. 서로 마주 보면서 대화하는 상황이라면 화자, 청자의 '여기'는, 조금 넓은 의미로, 같은 장소를 가리킬 수 있다. 물론 완전히 동일한 위치에 두 사람이 겹쳐 있을 수는 없다.
　공간 직시가 나타나는 동사들이 있다. '오다'와 '가다'는 말하는 사람의 위치를 중심으로 정해진다.

(26) ㄱ. 민이가 올 거야.
　　　ㄴ. 민이가 갈 거야.

　(ㄱ)은 민이가 화자 쪽으로 가까이 이동할 것이라는 말이고, (ㄴ)은 민이가 화자에게서 멀어지게 이동할 것이라는 말이다. 그런데 '오다, 가다'를, 화자와 청자가 떨어져 있을 때, 청자를 중심으로 사용할 수 있는가 하는 문제가 있다. 한국어에서는 청자 중심의 이동 표현은 불가능하다(청자에게 접근하는 것을 '오다'로 표현하는 것).

(27) ㄱ. 내가 너한테 갈 거야.
　　　ㄴ.*내가 너한테 올 거야.
　　　ㄷ. 당신이 나한테 오세요.
　　　ㄹ.*당신이 나한테 가세요.

반면, 영어에서는 청자 중심의 "오다", 즉 'come'이 가능하다.

(28) ㄱ. I will go to you.
ㄴ. I will come to you.
ㄷ. You come to me.
ㄹ.*You go to me.

(ㄴ)과 같은 말이 가능한 것은 'come'의 기준점을 청자의 위치로 이동할 수 있기 때문이다. (ㄹ)에서 보는 것처럼 'go'의 경우에는 기준점의 이동이 불가능하다. 다만 한국어에서도 제3자 이동의 경우 '그 사람이 너한테 올 거야'처럼 이동의 기준을 청자로 하는 것은 가능하다('그 사람이 너에게 갈 거야'도 가능하다).

언어에 따라 이런 기준점의 이동 가능성은 서로 다른 것으로 보인다. 하지만, 화자와 청자가 떨어져 있을 때, 한국어의 '여기, 저기'뿐만 아니라 영어에서도 'here, there'는 기준점의 이동이 불가능하다.

(29) ㄱ. 내가 거기 당신한테 가겠어.
ㄴ.*내가 여기 당신한테 가겠어.

(30) ㄱ. I will go to you there.
ㄴ. I will come to you there.
ㄷ.*I will come to you here.

위 예들에서 보는 것처럼, 한국어의 '여기'뿐만 아니라 영어의 'here'도 화자 위치가 아닌 청자 위치를 기준으로 할 수는 없다.

'여기'와 '저기'가 표면에 나타나지 않더라도, '오다'와 '가다' 같은 공간적(공간 이동) 표현들이 화자 위치를 중심으로 하는 직시적 해석을 갖는다.

먼저 거리를 나타내는 '교회가 가깝다', '집이 멀다'는 모두 화자가 존재하는 장소로부터의 거리를 가리킨다. 한편, 여러 가지 상대적 공간 표현, '앞'과 '뒤', '오른쪽'과 '왼쪽' 등은 화자 중심으로 혹은 물체 중심으로 해석될 수 있다. '교회가 앞/뒤/왼쪽/오른쪽에 있다'는 화자를 중심으로(화자가 바라보는 방향을 기준으로) 앞, 뒤, 왼쪽, 오른쪽에 있다는 직시적 해석과 물체 중심의 해석을 갖는다. 다음 문장들의 해석을 살펴보자(교회 사진 출처: 교회협동신문).

(31) ㄱ. 나무가 교회 앞에 있다.
　　　ㄴ. 나무가 교회의 왼쪽에 있다.

(ㄱ) 문장은 화자가 바라보는 방향으로 화자, 나무, 교회가 차례로 있다는 직시적인 해석, 그리고 교회의, 사람이 드나드는 정문이 있는 부분(앞부분)에 인접한 공간에 큰 나무가 있다는 비직시적 해석을 갖는다. 화자가 교회 옆을 바라보고 있다면, 두 해석은 다른 상황과 연관된다. (ㄴ) 문장은 화자가 교회를 바라보는 방향에서 교회의 왼쪽에 나무가 있다는 화자 중심의 직시적 해석, 그리고 교회의 앞(전면)의 왼쪽에 나무가 있다는 교회 중심의 해석을 갖는다. 위의 사진과 같이 교회와 나무가 있을 때, (ㄴ)을 화자 중심으로 해석하면 이 문장이 거짓이고, 교회 중심으로 해석하면 이 문장이 참이다.[3]

---

[3] 이 절의 내용 중 일부 예는 라이언스(2013)를 참고하였고 거기에는 더 많은 관련 내용이 논의되어 있다.

14.4 정보 구조

문장을 문법적으로 분석하면 주어 부분과 술어 부분으로 나눌 수 있다. 주어(subject)는 일치(agreement)의 중심이 된다든지 하는 문법적인 관점에서 정의될 수 있다. 영어에서 삼인칭 단수 주어는 삼인칭 단수 형식의 동사와 일치하고 한국어에서는, 완전히 문법만의 문제는 아니지만, 주어가 가리키는 사람을 화자가 높이고자 할 때 '-시'를 사용한다.

    (32) ㄱ. The man likes grapes.
          ㄴ. 선생님이 학생을 부르셨다.

유형적, 기능적인 관점에서는 주어를 화제(topic)와 행위자(agent)의 통합 개념으로 파악하기도 한다(Comrie 1989). 주어는 문법적 문제이지만 화제는 담화 맥락과 관련된 문제이다. 이제 화제 등 담화 맥락에서 결정되는 정보 구조를 논의하자.

화제(topic)는 문장의 진술이, 담화 맥락 속에서, 어떤 사람, 어떤 것에 대한 것인가의 문제이다. 한국어에서는 화제가 '-는'이라는 특수조사로 표시되고, 화제는 대개 문장 앞에 나타난다.

    (33) ㄱ. 어제 진이를 만났어. 진이는 항상 행복한 것 같아.
          ㄴ. 어제 진이를 만났어. 진이는 민이가 좋아해.

(ㄱ)의 두 번째 문장의 '진이'는 주어, (ㄴ)의 두 번째 문장에서 '진이'는 목적어이지만, 두 경우 다 '진이'는 그 문장으로 하는 진술의 화제이다. 그리고 '항상 행복한 것 같아'와 '민이가 좋아해'는 화제에 대해 진술하는 평언(comment)이다. [화제-평언] 같은 것이 담화의 정보 구조이다. (ㄱ)

과 (ㄴ) 각각에서 앞 문장에 나오는 '진이'는 화제가 아니고, 이 문장의 화제라고 할 만한 요소가 명확하지 않지만, 굳이 찾자면, 주어인 표현되지 않은 '나'가 이 문장 진술의 화제 역할을 한다. 앞 문장이 진이에 대한 어떤 사실을 진술했기 때문에 뒤 문장에서는 진이가 화제가 될 수 있다. 다만 대화자가 서로 잘 아는 인물들 중에 진이가 있으면 대화 앞부분의 언급이 반드시 필요하지는 않다. 즉, 대화자 사이에 이미 알려진, 즉 대화자들의 공통 맥락 속의 사람, 사물이 화제가 되는 것이 자연스럽다.

처음으로 어떤 사람을 언급하면서 그 사람을 화제 표지인 '-는'으로 표시하는 것은 이상하다.

(34) ??옛날에 한 어부는 바닷가에 살았다.

자연스러운 문장은 '한 어부'에 화제 표지를 안 붙인 것이다.

(35) 옛날에 한 어부가 바닷가에 살았다.

앞에서 '어제 내가 진이를 만났어'의 '나'가 화제가 될 수 있음은 다음과 같이 화제 표지 '-는'을 붙일 수 있는 것에서도 나타난다.

(36) 나는 어제 진이를 만났어.

이렇게 '나'가 화제가 될 수 있는 것은 대화자 사이의 맥락에서 화자는 이미 서로 알려진 존재이기 때문이다. 앞에서 언급했듯이, 대화자 사이에 서로 알고 있는 사람의 이름도 대화의 첫 부분에 나오면서 화제가 될 수 있다.

(37) 진이는 요새 공부를 열심히 한다고 하네.

화제와 평언의 정보 구조 관점은 누구 또는 어떤 것에 대하여 진술을 하는 것이므로 예-아니오 의문문은 화제-평언 전체라기보다는 그 정보 구조에서 평언 내용에 대한 질문이다.

(38) 진이(는) 요새 공부 잘 하니?

이 예문에서 진이가 화제이고, 문장 첫 요소로 나타나는 화제에는 '-는'이 나타나지 않을 수도 있다. 이 문장은 화제에 대한 평언 진술의 진위를 질문한다.

한국어에서는 '-는'이라는 명시적인 화제 표지가 있지만, 영어에는 그러한 표지는 없고 문장의 맨 앞 위치가 그러한 역할을 한다. 특히 대개 주어가 문장 앞에 오지만, 목적어 등 다른 부분이 문장 앞에 오면 그것은 화제임이 명백하다.

(39) ㄱ. Mary really likes him.
ㄴ. John, everybody likes.
ㄷ. As for John, everybody likes him.

(ㄷ)처럼 'as for' 같은 표현을 사용하는 경우도 있지만, 한국어의 '-는' 같은 일상적인 표현은 아니다. 그것보다는 문장의 앞에 위치시켜서 화제를 나타내는 것이 더 흔하다.

한국어의 '-는'은 문장 가운데에서 사용될 때 대조적 화제(contrastive topic)를 드러낸다.

(40) ㄱ. 민이가 사과는 좋아해.
　　ㄴ. 민이와 진수 중에 민이는 똑똑해.

　(ㄱ)의 '사과는'과 (ㄴ)의 '민이는'은 단순히 화제가 아니라 그것이 가리키는 대상과 동류의 어떤 다른 대상(들)과 대조를 드러내는 화제이다. (ㄱ)은 민이가 다른 과일은 좋아하지 않지만 사과를 좋아한다는 뜻이고, (ㄴ)은 민이가 진수와 달리 똑똑하다는 의미이다.[4]
　앞에서 화제가 대개 대화자들에게 이미 알려진 대상이라고 말하였다. 이미 알려진 내용이냐 혹은 새로운 내용이냐의 관점에서, 정보 구조를 알려진 정보(given information)와 새로운 정보(new information)로 구성할 수도 있다. 전자를 '구정보', 후자를 '신정보'라고 하기도 한다. 앞의 예와 유사한 예를 보자.

(41) 영수가 어제 진이를 만났어. 진이는 항상 행복한 것 같아.

　처음 문장에는 알려진 정보를 표현하는 부분이 없고, 전체가 새로운 정보이다. 두 번째 문장에서는, 이미 '진이'가 앞 문장에서 언급되었으므로, '진이'는 내가 만난 진이로 이해되어 화제 표지 '-는'이 사용되었다(영어에서는 이때 대명사가 사용된다). 두 번째 문장에서 '진이'는 구정보이고 '(진이가) 항상 행복한 것 같아'의 정보는 새로운 정보이다. 알려진 정보를 '배경'(background), 새로운 정보를 '초점'(focus)이라는 말로 부르기도 한다. 여기서, 알려진 정보와 새로운 정보가 좀 더 명확하게 드러나는 구문을 살펴보자.

---

[4] 본문에서 언급한 대조 화제의 '-는'에 대하여, 그것이 대조 초점이라고 하는 견해, 대조 화제와 대조 초점이 다 있다는 견해가 있다. 한국어의 화제와 초점, 대조의 문제를 이정민(1992, 2020), 박철우(2014)가 논의하였다.

(42) 진이가 어제 한 일은 구덩이를 판 것이었다.

이 문장의 진술 앞에 다른 진술이 없지만, 이 문장에서 "진이가 어제 무슨 일인가 했다"는 알려진 정보로 제시되고 "구덩이를 팠다"는 새로운 정보로 제시된다. 물론 청자는 진이가 어제 한 일을 구체적으로 알고 있을 수도 있다. 다만 화자는, 이 문장을 말할 때, 청자가 "진이가 어제 무슨 일인가 한" 것을 알지만 "진이가 구덩이를 판" 것을 모른다고 생각하고, 구정보와 신정보를 구별하여 문장으로 표현한다. 영어에서도 비슷한 구문으로 배경(알려진 정보)과 초점(새로운 정보)을 구별한다.

(43) It is John that Mary likes.

이 문장에서 "매리가 누군가 좋아한다"는 것은 알려진 정보이고 "바로 그러한 사람이 존이다"라는 것이 새로운 정보이다.
또한, 한국어나 영어에서 운율적인 방법을 사용하여 알려진 정보(배경)와 새로운 정보(초점)를 구별할 수 있다.

(44) ㄱ. **민이**가 사과를 좋아해.
ㄴ. 민이가 **사과**를 좋아해.

(45) ㄱ. **Mary** likes apples.
ㄴ. Mary likes **apples**.

위 예문들에서 굵은, 그리고 약간 더 큰 글자로 표시된 곳은 운율적으로 두드러지는 부분, 즉 더 높고 더 큰 소리로 발음되는 부분이다. 한국어나 영어에서 모두 운율적으로 두드러지는 부분이 새로운 정보, 즉 초점(focus)이다. 이렇게 운율적인 두드러짐으로 초점을 표시하는 것은 한국어나 영어만의 방법이 아니라 대개의 언어에서 사용되는 보편적인 방법이다. 새로운 정보를 더 두드러지게 해서 상대방이 알아듣기 쉽게 해야 하기 때문이다.

지금까지 '초점'(focus)을 새로운 정보와 같은 뜻으로 사용하였다. 이것은 정보 구조의 관점에서 이 용어를 사용하는 방식이다. '초점'은 운율적으로 정의되기도 하는데, 이때 초점은 운율적인 두드러짐 자체를 말한다. 대개 운율적 초점이 정보적 초점이므로, 실제로는 두 가지의 정의가 적용되는 표현이 일치하는 경우가 많다. 하지만 운율적인 초점은 새로운 정보의 부분 중 어느 한 부분에 나타나기도 한다.

(46) ㄱ. 내가 어제 한 일은 **영화**를 본 것이었어.

운율적으로 두드러진 '영화'가 운율적 초점이지만, 정보적으로 "(내가) 영화를 보았다"의 내용 전체가 정보적 초점, 즉 새로운 정보이다. 말하자면 새로운 정보로서의 초점 중 일부 요소가 운율적 초점으로 나타나는 것이 일반적이다.

정보 구조의 관점에서 화제와 평언, 배경(알려진 정보)과 초점(새로운 정보)이 짝을 이루는 개념이지만, 대개 화제는 알려진 정보에서 나오고 평언 부분에 새로운 정보가 있기 때문에 화제와 초점을 짝을 이뤄 언급하기도 한다.[5]

이 장에서 다룬 맥락과 의미는(정보 구조 포함) 넓게 보아 인지언어학과 관련된다. 정보 구조는 대화 속에서 결정되지만 그 결정에 인지적 영향이 있다. 또한 인지적 관점에서 의미는 언어 사용과 관련되고 언어 사용은

---

[5] 건덜과 프라이하임(Gundel and Freiheim 2004)은 '초점'의 여러 가지 해석에 대하여 보다 자세히 논의하고 있다.

맥락 속에서 발생한다.

▶▶ 더 읽을거리

라이언스 (2013). 「의미론 2: 의미와 문법, 맥락, 행동」, 강범모 역, 서울: 한국문화사.

이정민 (2020). 「의미 통사 구조와 인지」, 서울: 한국문화사.

Gundel, Jeanette K. and Thorstein Freiheim (2004). "Topic and Focus," in Horn, Laurence R. and Gregory Ward (eds.) (2004) *The Handbook of Pragmatics*, Oxford: Blackwell, 175-196.

15
텍스트와 의미

15.1 텍스트 맥락

앞의 14장(맥락과 의미)에서 '나', '너', '지금', '여기' 같은 직시적 표현은 언어 사용의 맥락이 필수적이라고 하였다. 따라서 부분의 의미와 그 결합 방식이 전체의 의미를 결정한다는 조합성의 원리는 언어 사용 맥락을 고려할 때에만 지켜질 수 있음도 설명하였다. 이렇게 언어의 의미 결정에 중요한 것으로 소개한 맥락(context)은 언어 외적 맥락이다. 다른 한 편으로 언어 사용의 내적 맥락, 즉 단어나 표현이 사용되는 문장, 문단, 대화, 텍스트가 언어 표현의 의미 결정에 중요한 역할을 한다. 이러한 언어 사용의 내적 맥락을 외적 맥락과 구별하기 위해 '텍스트 맥락'(co-text)이라는 용어를 사용하기로 하자.[1] 한국어 단어 '문맥'이 텍스트 맥락에 해당한다. 이번 장은 텍스트 맥락과 의미의 관계를 논의하는 장이다. 굳이 '텍스트 맥락'이라고 하지 않고 '맥락'이라고만 말해도 이 장에서의 '맥락'은 텍스트 맥락을

---

[1] 'co-text'는 영어의 단어가 아니다. 학자들이 'context'와 대비시켜 텍스트 안의 맥락이라는 의미로 만든 말이다.

말한다.

직시적 표현이 그 의미 해석에 외적 맥락이 중요한 것과 대조적으로,[2] 내용어, 즉 명사, 동사, 형용사, 부사 등은 외적 맥락이 그 의미 결정에 영향을 주지 않는다. '사람'은 어떤 외적 맥락에서 사용되든지 표의(denotation) 혹은 개념(concept)이 같다.

여러 뜻이 있는 내용어의 경우 사전에서는 단어에 어떤 뜻들이 있는지 풀이를 하는데, 사전을 자세히 보면 단어의 각 뜻을 정의하면서 그 뜻이 사용될 때의 용법, 즉 내적 맥락을 제시한다. 예를 들어, '곱다'라는 형용사를 「고려대 한국어대사전」(민족문화연구원 2009)에서 찾으면 여러 개의 뜻이 정의되어 있는데, 그중 앞의 세 뜻의 풀이를 그대로 가져와 보자. 단, "얼어서 감각이 둔하다"의 뜻인, '손이 곱다'의 '곱다'는 다른 항목의 단어인 동음이의어이다.

(1) '곱다'의 정의 일부 (고려대 한국어대사전)
ㄱ. (무엇의 모양이나 빛깔이) 보기 좋게 산뜻하고 아름답다.
¶ 우리는 말없이 곱게 물든 단풍을 바라보았다. / 복녀는 상아의 곱고 예쁜 비단옷을 부러운 듯 바라보았다.
ㄴ. (마음씨나 말씨가) 상냥하고 순하다.
¶ 오는 말이 고와야 가는 말이 곱다. / 덕칠이는 마음씨 고운 아가씨를 아내로 맞았다.
ㄷ. (물체의 표면이나 결이) 거칠지 않고 매끄럽다.
¶ 이 경대는 특별히 결이 고운 나무로 만들었다. / 그녀는 살결이 곱고 살빛이 창백할 정도로 투명하다.

---

[2] '그것' 등 직시적으로 사용될 수 있는 대명사가 대용적, 즉 공지시적으로 쓰일 때의 맥락은 담화로 형성되는 텍스트 맥락과 관련된다. 다만 '그것'은 텍스트 맥락 속의 다른 단어가 가리키는 세상의 사물을 가리킨다는 면에서 텍스트 맥락을 넘어선다.

각 뜻의 풀이는 괄호 속에 '무엇의 모양이나 빛깔이' 등 가능한 주어의 단어 혹은 그 의미를 제시하여 텍스트 맥락을 제시하고, 아울러 몇 개의 예문을 제시함으로써 단어('곱다')의 실제 사용 텍스트 맥락을 통해 단어의 해당 뜻을 분명하게 드러낸다. 이와 같이, 언어 사전은 그 의미를 확실하게 지정하고 전달하기 위해서는 텍스트 맥락이 필요하다. 일찍이 퍼스(Firth 1957)는 "단어의 의미는 그것과 함께 나타나는 단어들로 알 수 있다"라는[3] 유명한 말을 하여, 단어의 의미와 관련하여 텍스트 맥락의 중요성을 강조하였다. 이보다는 덜 유명하지만, 미국 구조주의 언어학자 해리스(Harris 1970)도 "의미의 차이는 분포의 차이와 상관되어 있다"고 하였다. 여기서 분포는 텍스트 맥락 내 단어(표현)의 발생 분포이다. 역시 텍스트 맥락과 의미의 밀접한 관계를 명시적으로 주장한 말이다.

사전의 뜻풀이를 생각하지 않더라도, 우리는 일상에서 텍스트 맥락 없이 동음이의어의 의미를 알기 힘든 경우를 체험한다. 맥락이 없이 주어지는 '신부'가 어떤 사람인지 판단하기 힘들지만, 문장 '결혼식장의 신랑과 신부가 아름답다'의 '신부'와 '성당에서 신부가 미사를 집전하고 있다'의 '신부'가 어떤 사람을 의미하는지는 명백하다. 이렇게 문장의 맥락이 단어의 의미를 구별해 준다. 나아가 단어가 사용되는 좀 더 큰 텍스트 맥락, 예를 들어 문단에서 함께 사용되는 여러 단어들도 두 가지 '신부'를 잘 구별해 준다. '결혼, 반지, 예물, 부케, 화장, 신랑, 결혼식, 예쁘다, 아름답다, 웨딩마치' 등의 단어들이 '신부'와 같은 문단에서 사용되었다면, 이때의 '신부'는 "결혼하는 여자"의 의미일 것이다. 반면에 '미사, 신도, 고해성사, 성당, 가톨릭, 교회, 바티칸, 세례, 거룩하다, 신실하다' 등의 단어가 사용되는 문단에 있는 '신부'는 "가톨릭의 주교 다음가는 성직자"의 의미로 사용된 단어이다.

---

[3] "You shall know a word by the company it keeps."

단어 의미와 텍스트 맥락의 밀접한 관계가 이미 사전의 뜻풀이에 반영되어 있고, 퍼스 같은 선각자들의 주장이 있었지만, 텍스트 맥락을 이용한 단어 의미 분석이 정밀하게 시작된 것은 코퍼스언어학(corpus linguistics)이 발전하면서부터였다(Teubert and Krishnamurthy 2007, 강범모 2011a 등). 텍스트 내에서 한 단어와 다른 단어가 함께 쓰이는 현상을 코퍼스언어학에서 '연어'(collocation)라고 부른다. 연어는 다음 절의 주제이다.[4] 한편, 오늘날의 전산의미론(computational semantics)도 단어가 사용되는 텍스트 맥락에 의존한다.

15.2 연어

연어는 두 개의 단어가 텍스트에서 자주 함께 나타나는 현상이고, 한 단어와 연어 관계에 있는 다른 단어도 '연어'라고 한다. 영어 용어로는, 현상으로서의 연어를 'collocation', 어떤 단어와 연어 관계에 있는 다른 단어를 'collocate'라고 하여 구분하지만, 한국어 용어로는 모두 '연어'이다. 다만 영어에서도 'collocate'의 뜻으로 'collocation'을 사용하기도 한다. 연어가 텍스트에서 자주 함께 나타나는 혹은 사용되는 단어들, 혹은 그러한 현상이라고 할 때, '자주'와 '함께'는 학문적으로 세밀하게 고려할

---

4 텍스트 및 코퍼스언어학의 관점에서 의미의 문제는 김진해(2006), 강범모(2010) 참조. 여기서 논의하는 텍스트 맥락과 의미의 문제와는 다른, 텍스트를 대상으로 텍스트의 의미를 연구하는 학문인 텍스트언어학이 있다. 후자에 대해서는 보그란데·드레슬러(1995), 고영근(2011) 참조. 또한 담화나 대화 텍스트를 연구하는 담화/대화 분석도 있으며(이기갑 2015), 코퍼스를 이용해서 담화를 분석하기도 한다(신서인 2017). 통계를 이용한 코퍼스 연구로 최운호(2015), 홍정하(2010) 등이 있다. 한국의 코퍼스언어학 초기의 입문서로 서상규·한영균(1999)이 있고, 좀더 넓은 주제의 국어정보학에 관해 홍윤표(2002)가 논의하였다.

사항이다.

먼저 '함께'는 바로 옆을 말할 수도 있지만, 그것보다는 더 넓은 범위를 의미할 수 있는데, 싱클레어(Sinclair 1991)는 영어 단어로 앞뒤 네 단어의 범위가 적절하다고 주장한다. 에버트(Evert 2009)는 '함께' 또는 '가까이'를 좀 더 여러 종류로 해석한다. 에버트는 우선 연어 개념의 종류를 구분한다. 첫째, 연어는 퍼스(Firth 1957)나 싱클레어(Sinclair 1991)가 말하는, 텍스트에서 같이 사용되는 단어들이다. 둘째, 연어는 사전에 나올 만한, 정해진 단어의 결합, 극단적으로는 숙어나 관용어 같은 개념으로 이해된다. 코퍼스언어학에서 말하는 연어는 대개 첫 번째의 의미이지만 그 결과가 두 번째의 의미에서의 연어와 유사하게 나타나기도 한다.

'함께, 가까이'의 문제 즉 연어의 범위와 관련하여, 에버트는 연어의 범위를 1) 표면적인 텍스트에서의 연속된 일정 범위(앞뒤 n 단어 등), 2) 텍스트 단위의 범위(문장, 문단, 책의 절, 장, 또는 텍스트 전체), 또는 3) 통사적 관계(주어, 목적어, 수식어 등) 세 가지로 파악한다. 퍼스나 싱클레어가 생각했던, 전통적인 코퍼스언어학에서 생각하는 연어의 범위는 앞뒤 n 단어, 즉 텍스트 내의 연속된 일정 범위이다. 하지만 연구 목적에 따라 다른 종류의 범위를 채택하는 것은 충분히 고려해 볼 만한 일이다. 문단 단위의 범위를 통한 연어는 다음 절에서 논의하고 여기서는 표면적 텍스트 거리의 연어만을 다루도록 한다.

다음으로, 연어의 '자주'(나타난다)는 단순히 그 빈도가 높음을 의미하지 않는다. 그것은 우리의 기대보다 많이 나타남을 의미한다(Sinclair 1991, Stubbs 1995). 예를 들어, 특정 단어 w의 앞뒤 n 단어를 공기 범위라고 할 때, 범위에 나타나는, 즉 공기하는 단어 w'이 w와 얼마나 밀접한 연어인지 확인하기 위해서는 w의 범위인 앞뒤 n 단어 내에 나타나는 w'의 빈도, 즉 관찰빈도(O: observed frequency)뿐만 아니라, w'이 w와 관련이 없다면 나타날 것으로 예측되는 빈도, 즉 기대빈도(E: expected frequency)를 구하여 그것들을 비교하여야 한다. 이때 관찰빈도가 기대빈도보다 훨씬 많이 나타난다면 w′은 w의 연어이다(혹은 w′과 w이 연어이다). 관찰빈도와 기대빈도의 비교에는 여러 가지 방법이 있다. 그것들은 잠시 후에 설명하기로 하고, 우선 w에 대한 w′의 관찰빈도와 기대빈도를 구해 보도록 하자.

w가 코퍼스에 나타나는 빈도를 f(w)라고 하면, 그것의 앞뒤 n 단어를 범위라고 할 때, 그 범위의 크기는 다음과 같이 계산된다.

(2) S = f(w) × n × 2

예를 들어, n = 4, 곧 앞뒤 네 단어가 범위라고 할 때, 텍스트 내 전체 범위의 크기 S는 f(w) × 4 × 2 = f(w) × 8 이다. 코퍼스의 크기(단어 수)를 C라고 하고, w′이 코퍼스에서 나타나는 빈도를 f(w′)이라고 하자. 실제로 w′이 w의 범위 내에 나타난 빈도가 관찰빈도 O이다. w′이 w와 관련이 없다면 w′이 w의 범위 내에서 같이 나타날 기대빈도 E는 다음과 같이 계산된다.

(3) $E = \dfrac{f(w') \times S}{C}$

관찰빈도 O가 기대빈도 E에 비하여 클수록 더 밀접한 연어이다. O와 E를 비교하는 방법은 여러 가지이지만 자주 사용되는 두 가지 방법만 제시한다.[5]

---

[5] Brezina et al.(2015)는 지금까지 여러 문헌에서 사용된 20여 가지의 O와 E 비교 방법을 정리하여 제시한다. 한영균(2002)는 한국어의 연어 추출에서 중심어 단어형(굴절형)을 중심어로 하는 것이 의미가 있다고 주장하였다.

(4) 자주 사용되는 연어도 계산 방법

ㄱ. 상호정보　　　$MI = \log_2 \dfrac{O}{E}$

ㄴ. t 점수　　　　$t-score = \dfrac{O-E}{\sqrt{O}}$

상호정보(MI)는 컴퓨터과학의 정보 검색 분야에서 많이 사용하였는데, 특수한 연어를 찾아주는 성격이 있고 특히 빈도가 낮은 단어들의 연어도 수치를 높이는 경향이 있다(전문 용어 등). 연어에 대한 언어학적 직관은 빈도에 영향을 많이 받으므로, 상호정보는 사람들의 직관에 어긋나는 것들을 연어로 제시하는 경우가 많다.

t 점수는 언어학에서 가장 많이 사용하는 방법으로, 빈도가 높은 단어의 연어도가 높게 나타나는 경향이 있다. 여기서 유의할 점은 t 점수가 원래 사회적, 심리적 조사나 실험에서 두 집단의 값들을 비교하면서 그 차이가 유의미한지를 검증하는 방법이지만, 코퍼스언어학에서 연어도를 산출하기 위해서 사용할 때 t 점수는 연어 여부를 검증하는 수단으로는 사용할 수 없다는 것이다. t 검증의 전제가 되는, 자료의 t 분포를 언어 분포가 만족시키지 않기 때문이다(t 분포는 정상분포와 유사). 연어도로서의 t 점수는, 연어 여부(유의성)가 아니라, 단어들을 연어도가 높은 순서로 보여주는 데에만 사용한다. 에버트(Evert 2009)는 몇 가지 실험을 통하여 t 점수가 사람의 연어에 대한 직관을 반영하는 것을 보였다. 따라서 언어학자들이 연어도의 순서를 보기 위해 t 점수를 사용하는 것은 정당성을 갖는다. t 점수 이외에 로그가능성비/로그공산비(log likelihood ration)[6] 방법으로 연어를 계산하는 경우도 많다. 이것 또한 화자의 직관을 어느 정도

---

[6] 'log likelihood'를 '로그가능성비' 혹은 '로그공산비'라고 부를 수 있다. 다만 로지스틱 분석에서 사용되는 'log odds'를 '로그공산비'라고 하므로 혼동을 피하려면 '로그가능성비'가 더 편리할 것이다.

반영한다고 한다.[7]

강범모(2011a)가 분석한, 소설 「토지」 1권을 대상으로 '얼굴을' 어절에 대하여 앞뒤 네 어절을 범위로 한 t 점수 순서는 다음과 같다.

〈표 5〉「토지」 1권에서 '얼굴을'과 공기하는 어형의 t 점수(강범모 2011a)

순위	연어	t점수	순위	연어	t점수
1	씻고	2.21	11	내밀었다	1.68
2	들었다	2.13	12	쓴	1.66
3	손으로	1.93	13	김훈장의	1.65
4	쳐다본다	1.86	14	쳤다	1.64
5	용이	1.82	15	용이는	1.47
6	쳐들었다	1.71	16	하고	1.46
7	찡그렸다	1.71	17	같은	1.46
8	성난	1.70	18	있던	1.38
9	수건을	1.69	19	있었다	1.30
10	닦고	1.69	20	것	1.14

제시된 연어 순위에서 보는 것처럼 '얼굴을'과 관련된 동사가 연어로 나오는 것을 알 수 있다('씻고, 들었다, 쳐다본다, 찡그렸다, 닦고, 내밀었다' 등). 이러한 연어 목록은 단어의 사용법을 잘 보여주지만('얼굴을 씻다, 얼굴을 들다, 얼굴을 손으로 (씻다), 얼굴을 쳐들다' 등) 의미적으로 드러내는 내용은 많지 않다. 다음 절에서는 단어의 의미와 좀 더 깊은 관계가 있는, 더 큰 범위의 연어를 제시한다.

---

[7] Kang(2018)은 t 점수와 로그가능성비가 단어 연상(word association), 즉 사람의 심리를 상호정보 등 다른 방법들보다 더 잘 반영함을 밝혔다.

15.3 화제 의미 관계

에버트(Evert 2009)가 제시한 연어의 범위 중에는 텍스트 단위가 있다. 강범모(2010)는 한국어 텍스트의 문단 단위에서 공기하는 연어(공기어)를 추출하였다. 이 경우 문단이 범위이다. 이때 단어 w에 대한 단어 w′의 연어도 계산을 위한 공기 빈도, 즉 관찰빈도(O)는 w가 나타나는 모든 문단에서 w′이 나타나는 빈도이고, 기대빈도(E)는 역시 w′의 코퍼스 빈도 f(w′), 코퍼스 크기(단어 수) C와 전체 범위의 크기 S를 이용하여 계산된다. 범위 S는 w가 나타나는 모든 문단들의 크기(단어 수)를 합한 것이다. 앞에서 제시한 기대빈도 계산의 식을 다시 제시하면 다음과 같다.

(3) $E = \dfrac{f(w') \times S}{C}$

강범모(2016, 2017)는, 문단이 하나의 화제를 중심으로 형성된다는 점에 주목하여, 이렇게 문단의 범위에서 발생하는 연어 관계를 '화제 의미 관계', 연어(공기어)를 '화제관련어'라고 불렀다. 예를 들어, 1500만 어절 크기의 세종 형태의미분석 코퍼스에서 '병원'의 문단 내 공기어, 즉 화제관련어를 t 점수로 추출한 예를 50개까지 보이면 다음과 같다.

〈표 6〉 '병원'의 화제관련어 (강범모 2010, 2017)

순위	관련어 (명사)	'병원' 문단 내 빈도 (O)	코퍼스 빈도	기대 빈도(E)	t 점수
1	환자	637	4049	40.04	23.65
2	의사	488	3201	31.65	20.65
3	의료	394	3092	30.58	18.30
4	치료	287	2006	19.84	15.77
5	수술	241	1384	13.68	14.64

6	단체	311	7023	69.46	13.69
7	진료	164	562	5.55	12.37
8	약	182	1753	17.33	12.20
9	정신	245	6120	60.53	11.78
10	비영리	131	738	7.29	10.80
11	병	157	2360	23.34	10.66
12	어머니	302	12388	122.52	10.32
13	집	434	22227	219.83	10.28
14	종합	136	2009	19.87	9.95
15	노인	148	3398	33.60	9.40
16	남편	198	6703	66.29	9.36
17	검사	116	1696	16.77	9.21
18	입원	84	229	2.26	8.91
19	아내	164	5348	52.89	8.67
20	보험	110	2248	22.23	8.36
21	경찰	139	4243	41.96	8.23
22	응급	71	233	2.30	8.15
23	암	80	738	7.29	8.12
24	간호사	72	315	3.11	8.11
25	엄마	173	6814	67.39	8.02
26	약국	72	411	4.06	8.00
27	진단	76	787	7.78	7.82
28	건강	97	2059	20.36	7.78
29	응급실	62	116	1.14	7.72
30	아이	307	17472	172.80	7.65
31	아버지	230	11754	116.25	7.50
32	서비스	111	3301	32.64	7.43
33	기관	142	5432	53.72	7.40
34	아들	137	5199	51.42	7.31
35	돈	215	10912	107.92	7.30
36	차	122	4215	41.68	7.27
37	원장	62	713	7.05	6.97
38	치료비	50	110	1.08	6.91
39	병실	52	232	2.29	6.89
40	사고	95	2832	28.01	6.87
41	날	229	12645	125.06	6.86

42	가족	138	5803	57.39	6.86
43	증세	57	564	5.57	6.81
44	아기	98	3171	31.36	6.73
45	몸	209	11294	111.70	6.73
46	혈액	55	515	5.09	6.72
47	시설	97	3116	30.81	6.72
48	딸	100	3397	33.59	6.64
49	임신	55	758	7.49	6.40
50	진찰	42	120	1.18	6.29

표에서 보는 것처럼 '병원'과 '의사, 의료, 치료, 수술, 단체, 진료, 약, 정신, 비영리, 병' 등은 화제적으로 관련이 있는 단어들이고, 이러한 단어들이 단어 '병원'의 의미 일부를 형성한다고 할 수 있다. 화제관련어 중에는 '어머니, 남편, 아내, 엄마, 아이' 등 가족 관계 단어들이 있는데, 왜 그럴까? 이것은 병원이 사람, 특히 가족의 건강과 밀접한 관련이 있다는 것을 보이며 이 점도 '병원'의 (사회문화적) 의미에 기여한다.

이런 방법으로 여러 단어의 화제관련어들을 네트워크로 구성하면 단어들 사이의 의미 관련성이 드러난다(강범모 2010 등). 다음은 '병원, 은행, 회사, 학교'의 화제관련어 네트워크이다. 서로 공유하는 화제관련어와 그렇지 않은 화제관련어들이 나타난다.[8]

---

[8] 화제관련어를 통하여 특정 범위의 명사나 다른 품사의 단어들의 특성을 연구할 수 있고(김혜영·강범모 2010, 정유진·강범모 2015) 유의어를 분석할 수도 있다(도재학·강범모 2012). 화제관련어가 아니더라도, 연어 등 코퍼스를 이용하여 유의어 등 의미적 관계를 기술하는 것이 가능하다(남길임 2014, Glyn and Robinson 2014, 정성훈 2016). 나아가 코퍼스는 은유 연구에 활용될 수도 있다(최운호 외 2006).

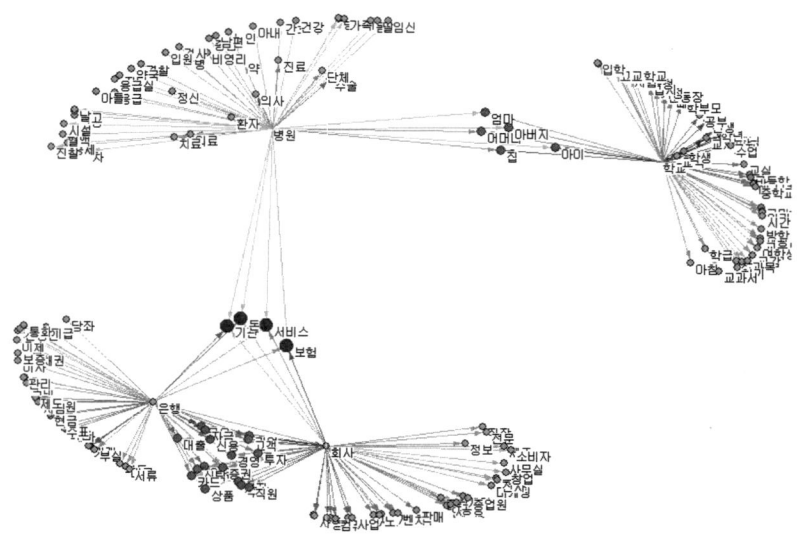

〈그림 6〉 '병원, 학교, 은행, 회사'의 화제관련어/네트워크 (강범모 2010)〉

이 네트워크를 통해서, '병원', '은행', '학교'의 상호 관련성('돈, 서비스' 등), 특히 '회사'와 '은행'의 밀접한 관련성('신용, 대출, 투자, 상품' 등), '병원'과 '학교'의 가족 관계를 통한 관련성이('엄마, 아이, 아버지' 등) 드러난다. 학교의 학생과 학부모는 가족을 이루고, 병원에는 특히 가족과 관련된 일이 있다는(가족의 건강, 병, 입원 등) 점을 반영한다.

15.4 분포의미론

앞 절에서 본 화제관련어를 통한 단어 의미의 관련성은, 넓게 보면, 단어들이 텍스트에서 분포하는 양상으로부터 단어들의 의미상의 거리를 측정하는 분포의미론(distributional semantics)의 일종이다.

단어 사이의 의미 거리를 보는 다른 방법은 n차원의 텍스트 공간에서의 거리를 측정하는 방법이다. 아주 간단한 가상적인 예로, 일부 형용사 각각이 수식하는 몇몇 명사들의 빈도를 생각하여 보자(〈표 7〉). 가상적인 예이지만 텍스트에서 나타날 가능성이 큰 방식으로 표를 구성하였다. 예를 들어, '손수건'은 '하얀, 빨간, 더러운' 등으로 수식이 될 가능성이 크지만, '맛있는, 재미있는'으로 수식될 가능성은 거의 없다. 반면에 '음식'은 '맛있는, 향기로운'으로 수식될 가능성이 아주 크다.[9]

〈표 7〉 형용사의 명사 수식 빈도(가상 예)

	손수건	음식	책	꽃	바다
빨간	10	10	15	15	5
하얀	20	5	5	13	6
향기로운	5	20	2	25	2
더러운	8	4	6	2	10
맛있는	0	25	0	0	0
재미있는	1	4	30	3	2
새로운	6	10	15	3	4

이것은 각 형용사가 다섯 명사를 수식하는 빈도표이므로 형용사에 대한 5차원 데이터이다. 이 표의 5차원을 더 줄여서 표의 일부인, 형용사가 '손수건'과 '음식'를 수식하는 빈도인 2차원의 자료만을 선택하면 평면적 그래프에 그 위치를 표시할 수 있다.

---

[9] 여기서는 형용사의 분포적 의미 연구를 위해 가상적으로 예시한 것이지만, 실제로 한국어 형용사의 일반적 특성을 연구한 것으로 유현경(1998) 등이 있다. 형용사와 명사의 결합을 통하여 형용사의 다의성을 연구하는 것도 가능하다(김건희 2011, 강범모 2024).

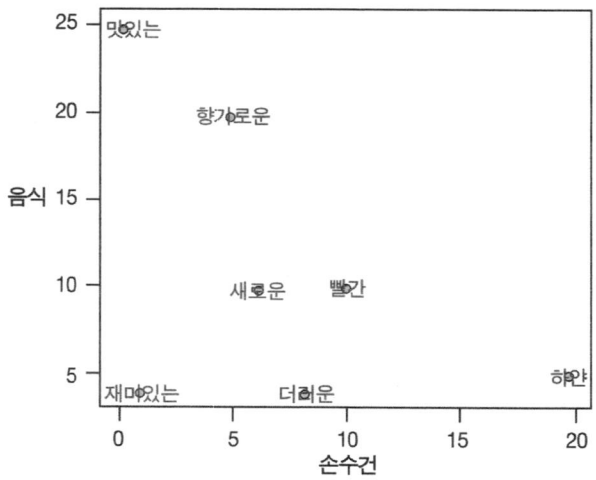

〈그림 7〉 '음식'과 '손수건'의 수식어 형용사 빈도 위치

이런 2차원의 그래프에서는 형용사들의 거리, 즉 의미 거리를 쉽게 측정할 수 있는데 그 방법은 여러 가지이다. 그 방법들을 제시하기에 앞서 '빨간'과 '하얀'과 '맛있는'의 거리를 직관적으로 살펴보자. '빨간'은 상대적으로 '맛있는'보다 '하얀'에 가깝고, '맛있는'과 '하얀'이 가장 멀리 떨어져 있다.

의미 거리를 측정하기 위해 두 단어 A와 B의 이차원 그래프 x축, y축 위치를 각각 (a_1, a_2), (b_1, b_2)라고 하자. 여러 가지 거리를 측정하는 방법 중에 많이 사용되는 것으로 유클리드 거리(Euclidian distance), 맨해튼 거리(Manhattan distance), 코사인 유사도(cosine similarity)가 있다. 유클리드 거리와 맨해튼 거리는 그 값이 클수록 두 (벡터) 위치가 서로 멀고, 값이 작을수록 두 위치가 서로 가깝다. 반면에 코사인 값은 그 값이 클수록 두 위치가 서로 가깝다. 두 위치 사이의 각이 0도, 즉 완전히 일치하면 코사인은 1이다. 유사성이 전혀 관련 없는 것들은 90도의 관계, 즉 코사인 0이다. 따라서 '코사인 거리'보다는 '코사인 유사도'라고 부르는 것이 더 일반적이다. 유클리드 거리, 맨해튼 거리, 그리고 코사인 유사도는 아래의 같이 계산된다.

(5) 2차원 공간의 A(a_1, a_2), B(b_1, b_2) 사이의 거리
ㄱ. 유클리드 거리: $\sqrt{(a_1-b_1)^2+(a_2-b_2)^2}$
ㄴ. 맨해튼 거리: $|a_1-b_1|+|a_2-b_2|$
ㄷ. 코사인 유사도: $\dfrac{(a_1 \cdot b_1 + a_2 \cdot b_2)}{\sqrt{a_1^2+a_2^2} \cdot \sqrt{b_1^2+b_2^2}}$

각 거리를 그래프에 표시하면 다음과 같다.

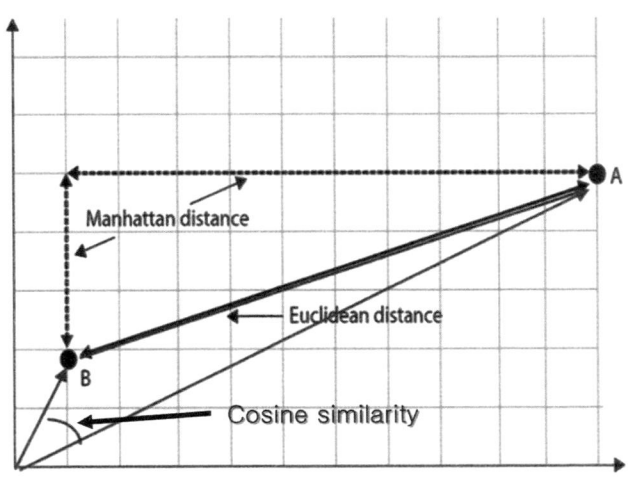

⟨그림 8⟩ 2차원 공간의 두 위치 A(a_1, a_2)와 B(b_1, b_2)의 거리 (Divjak and Fieller 2014: 417 그래프에 코사인 유사도를 덧붙여 수정함)

코사인은 원점으로부터 A와 B로 선을 그었을 때 그 사이의 각을 반영한다. 코사인 유사도는 빈도의 차이가 큰, 즉 유클리드나 맨해튼 거리가 먼 단어들이 유사할 수도 있는 가능성을 열어 놓는다. 유클리드 거리와 맨해

튼 거리의 값은 클수록 거리가 멀다. 반면에 코사인의 계산 방법은 원점으로부터 두 단어 사이의 각이 좁을수록, 즉 두 단어의 방향이 유사할수록 값이 커지기 때문에(최대 1, 최소 0) '유사도'라고 불린다는 것을 앞에서 언급했다. 예를 들어, A(10, 11)과 B(1, 1)은 유클리드 거리로 보면 상대적으로 멀지만, 코사인 유사도로 보면 거의 같은 방향이기 때문에 원점에서의 각도가 아주 작고, 따라서 유사도가 크므로 서로의 거리가 아주 가깝다.

이 그래프와 앞의 계산 방식은 2차원 공간에 대해서만 보인 것인데, n차원 공간에 위치한 $A(a_1, a_2, ... a_n)$와 $B(b_1, b_2, ... b_n)$ 사이의 거리는 다음과 같이 계산된다.

(6) n차원 공간의 $A(a_1, a_2, ... a_n)$, $B(b_1, b_2, b_n)$의 거리
ㄱ. 유클리드 거리: $\sqrt{\sum(a_i - b_i)^2}$
ㄴ. 맨해튼 거리: $\sum|a_i - b_i|$
ㄷ. 코사인 유사도: $\dfrac{\sum(a_i \cdot b_i)}{\sqrt{\sum a_i^2} \cdot \sqrt{\sum b_i^2}}$

3차원 이상은 평면 그래프로 그릴 수 없다. 아주 많은 공기 단어, 즉 높은 차원의 데이터가 있을 때 그 데이터에서 바로 거리를 구할 수도 있지만, 차원을 줄여서 거리를 구함으로써 더 적절한 결과를 얻을 수 있다. n차원의 자료, 즉 다변량의 자료는 다변량 통계분석의 방법으로 n보다 훨씬 작은 차원의 공간에 단어들의 위치를 제시할 수 있다. 이런 방법이 사람이 각 단어 의미 사이의 거리를 계산하고 표시하는 데 적절하며, 직관도 어느 정도 반영한다.[10] 근래 전산언어학에서는 이와 유사한 방식의 분석

---

[10] 코퍼스를 이용한 공시적 의미 연구의 예들만을 언급하였으나, 통시적 관점에서도 역사 코퍼스의 빈도 변화를 통한 의미 연구가 가능하다(이영제·강범모 2014 등).

을 '워드 임베딩(word embedding)'이라고 부르기도 한다.

더 읽을거리

강범모 (2011a). 「언어, 컴퓨터, 코퍼스언어학」, 개정판, 서울: 고려대출판부.
홍종선, 강범모, 최호철 (2001). 「한국어 연어 관계 연구」, 서울: 월인.
Evert, Stefan (2009). "Corpora and Collocations," in A. Lüdelinging and M. Kytö (eds.) *Corpus Linguistics: An International Handbook* 2, Berlin: Walter de Gruyter, 1212-1248.
Sinclair, John (1991). *Corpus, Concordance, Collocation*, Oxford: Oxford University Press.

16
의미 유형론

16.1 유형론과 의미론

유형론(typology) 또는 언어 유형론(linguistic typology)은 언어의 어떤 면 혹은 현상이 세계의 언어들에서 어떻게 나타나는가를 살펴서, 세계 언어들의 유형을 발견하고 해당 유형 특성을 밝히는 연구 분야이다.[1] 예를 들어, 일찍이 19세기부터 언급되었던 고립어, 교착어, 굴절어의 유형적 분류가 있다. 세계 언어들의 단어 구조를 보면 중국어와 같이 단어가 더 이상 분석되지 않는 고립어, 한국어나 튀르키예어와 같이 단어가 여러 문법 및 의미 요소, 즉 형태소로 구성된 교착어, 라틴어나 독일어와 같이 단어의 어떤 굴절 형식이 여러 가지 문법적 기능을 표현하는 굴절어로 분류된다. 이와 같이 언어들이 어떤 면에서 어떻게 다른가를 연구하는 유형론은, 한편으로는, 언어들이 어떤 면에서 어느 정도까지 변이할 수

---

[1] 의미 유형론은 제4부의 주제인 언어 사용과 의미에만 해당되지는 않지만, 다른 하나의 부에만 해당하지도 않기 때문에 제4부의 마지막 장으로 들어가 있다. 세계 속의 의미 관점에서 의미 유형론을 볼 수도 있고 마음속의 의미 관점에서 의미 유형론을 볼 수도 있다. 어떤 의미의 영역(범주)을 단어 혹은 표현으로 드러내는 양상을 의미 유형론에서 연구할 수 있는데, 관점에 따라 의미의 영역이나 범주를 세계 속에서 찾을 수도 있고 마음속에서 찾을 수도 있기 때문이다.

있는가, 즉 논리적으로 허용되는 가능한 유형들 중에서 실제로 세계의 언어 속에 나타나는 것들이 어떤 것들인가를 파악함으로써 언어의 보편소를 찾는 일이기도 하다(Comrie 1989).

의미 유형론은, 의미의 면에서, 의미를 언어 표현으로 구현하는 방법의 유형에 대한 연구이다. 대개 언어 표현은 단어인데 이 경우 어휘 유형론이고 불린다. 의미 유형론을 예시하기 위해, 앞의 10장(양과 수)에서 논의한 양화 의미의 삼부 구조를 살펴보자.

(1) 양화의 삼부 구조
 [(양화) 연산자] [제약부] [영향권]

이러한 양화 의미의 구조는 양화 연산자가 한정사로 나타날 때 통사적으로도 동일한 구조를 갖는다.

(2) ㄱ. [모든] [학생이]] [똑똑하다]
 ㄴ. [한] [아이가] [울고 있다]

앞에서 말했듯이 이렇게 한정사로만 양화 연산자의 의미가 실현되지는 않는다. '항상, 반드시' 같은 부사, '-마다' 같은 조사, '-는' 같은 화제 조사 등 여러 가지 방법이 가능하다. 또한 세계의 모든 언어가 양화 연산자, 제약부, 영향권을 각각 단어나 표현으로 표시하는 동일한 방법을 가지는 것은 아니다. 예를 들어 '-마다' 같은 조사(접사)는 영어에 존재하지 않는다. 또한, 한국어와 영어가 모두 한정사로 양화 연산자를 표시할 수 있는데, 영어의 'no'에 해당하는 한국어 한정사는 없다.

(3) ㄱ. No student went out.

ㄴ. 아무/어떤 학생도 나가지 않았다.
ㄷ. *아무/안 학생이 나갔다.

(ㄴ)과 (ㄷ)에서 보는 것처럼 한국어에서 부정의 양화 의미는 한정사가 아니라 [아무/어떤 N도 안 V/V-지 않다] 구문으로 표현되어야 한다. 이와 같이 의미적 양화 구조가 어떻게 형태, 통사적으로 실현되는가를 논의하는 양화 의미 유형론을 바크 등(Bach et al. 1995)이 연구하였다.

4장(개념과 범주)에서 언어 상대주의를 논의하면서 언급한 색채어와 관련하여, 의미적으로 일정한 색채의 스펙트럼을 언어들이 어떻게 범주화하고 어휘화하는가의 문제도 의미 유형론에 속한다. 베를린과 케이(Berlin and Kay 1969)가 다음과 같은 순서로 색채가 어휘화된다는 것을 이미 언급했다.

(4) 색채어 계층
WHITE   GREEN
      〉 RED 〉   〉 BLUE 〉 BROWN
BLACK   YELLOW

반복하자면, 베를린과 케이는 어떤 언어에 색채어가 두 개 있으면 WHITE와 BLACK, 세 개 있으면 여기에 RED까지 포함하고, 다섯 개의 색채어가 있으면 여기에 GREEN과 YELLOW를 포함하는 등 색채어에 따른 언어의 유형을 제시하였다.

의미 유형론 중에는 이와 같이 "언어 속에서 … 의미 내용을 단어들로 묶는 특징적 방법"(Lehrer 1992)과 관련된 어휘 유형론(lexical typology)이 포함된다. 그리고 이것은, 구체적으로, 어떤 특정 영역을(신체, 수, 색깔 등) 어떻게 범주화하는가의 문제이다(Koptjevskaja-Tamm et al. 2016).

다음 절부터는 의미 유형론 및 어휘 유형론의 몇 가지 예를 하스펠마트 등(Haspelmath et al. 2005)의 「언어 구조의 세계 지도」(*The World Atlas of Language Structures*)에[2] 나온 내용에 기초하여 소개하고 설명한다.[3]

16.2 수사

수사(numeral)와 관련하여, 먼저 수사 기반(base)의 유형을 보자(이 부분은 Comrie 2005에 따름). 한국어나 영어를 포함한 대부분의 언어는 '열, 백, 천, 만' 등 10진수를 기본으로 한다. 그러나 세계의 언어가 모두 10진수 기반의 수사를 가지고 있는 것은 아니다. 수사가 20진수 기반의 언어, 10진수와 20진수를 포함하는 언어, 60을 기초로 하는 수사를 가진 언어, 특정 신체 부분을 수사로 이용하는 언어, 그 밖에 수사가 없거나 3 이하의 수에 대한 수사만 가진 언어들이 있다. 컴리(Comrie 2005)에 따르면 그가 조사한 196개 언어 중 10진수 언어가 125개로 대부분이고 20진수 언어가 20개, 20진수와 10진수가 섞여 있는 언어가 22개, 그리고 나머지 소수의 언어들이 다른 유형에 속한다. 대부분의 언어가 10진수인 것은 손가락이 10개인 것과 관련이 있는데, 수를 셀 때 손가락으로 꼽으며 세는 것이 자연스럽기 때문이다. 10진수 언어는 한국어나 영어와 같은 완전한 10진수 언어가 대부분이지만, 어떤 10진수

---

[2] 「언어 구조의 세계 지도」의 온라인 사이트인 WALS Online 사이트의 주소는 www.wals.info이다.
[3] 한국어로 작성된, 일부 구문에 대한 자세한 유형론적 분석은 송경안 외(2008)가 있다. 홍재성(2015)은 사전 편찬과 어휘 유형론의 관계를 연구했다. 한국어 구문의 유형론적 연구는 연재훈(2011), 고영근(2018), 목정수(2023)가 시도하였다.

언어에서는 일부 수사에서 다른 방식으로 나타나기도 한다. 예를 들어, 프랑스어는 10진수 언어로 분류되어 있지만 81~99의 수는 [n×20 + 1~19의 쉬 형식으로 나타난다.

(5) 프랑스어의 99 표현
quatre-vingt-dis-neuf
4   20   10   9   (즉, 4×20 + 10 + 9)

영어에도 일부 그런 표현이 있다. 다음 링컨의 게티스버그 연설의 첫 부분 "Four score and seven years ago our fathers brought forth on this continent, a new nation"(87년 전 우리의 선조가 이 대륙에 새로운 국가를 세웠습니다)에서 'score'는 20이다. 혹시 독자가 이 연설의 유명한 마지막 부분을 아는지?

다음으로 서수(ordinal numeral)의 어휘화 유형을 살펴보자(이 부분은 Stolz and Veselinova 2005에 따름). 서수가 표현되는 언어의 방식은 다음과 같다.

(6) 서수의 표현 유형
ㄱ. 서수가 없음.
ㄴ. One, two, three: 기수와 서수의 구별이 없음
ㄷ. First, two, three: one과 first 이외에는 기수와 서수가 같다.
ㄹ. One-th, two-th, three-th: 서수가 기수로부터 파생된다.
ㅁ. First/one-th, two-th, three-th
ㅂ. First, two-th, three-th
ㅅ. First, second, three-th
ㅇ. Others

이 중에서 가장 많은 언어들이 First, two-th, three-th 유형의 언어들인데, 321개의 조사 언어들 중 110개의 언어가 여기에 속한다. 두 번째로 많은 유형은 61개의 언어가 속한 First, second, three-th 언어이다. 영어는 'first, second, third, fourth, fifth, …' 등의 서수를 가지고 있는데, 'third, fourth, fifth, …' 등이 'three, four, five, …' 등의 형식과 유사하므로, 이 유형에 속한다. 그 다음이 First/one-th, two-th, three-th' 유형으로 54개의 언어가 여기에 속하고, 또 그 다음이 One-th, two-th, three-th 유형으로 41개 언어가 여기에 속한다. 서수가 없는 언어도 33개로 많다. 나머지들은 해당 언어가 10개 정도나 그 이하로 많지 않다.

스톨츠와 베셀리노바(Stolz and Veselinova 2005)는 한국어를 'One-th, two-th, three-th' 언어, 즉 기수로부터 규칙적으로 서수가 파생되는 언어로 분류하고 있다. 사실 한국어의 서수는 고유어와 한자어의 체계가 있다.

(7) 한국어의 서수
　　ㄱ. 고유어: 첫째, 둘째, 셋째, 넷째 …
　　ㄴ. 한자어: 제일, 제이, 제삼, 제사 …

한자어 서수는 분명히 One-th, two-th, three-th 유형에 속하지만 고유어 서수는 First, two-th, three-th 유형에 속한다. 한국어를 유형적으로 분류할 때 우선적으로 고유어를 고려해야 하므로 한국어는 First, two-th, three-th 언어로 보아야 한다. 다만 '첫째'의 '첫'은 의미적으로 원래부터 서수의 의미, 즉 "맨 처음의"라는 뜻을 가진 관형사이다.

마지막으로, 배분적 수사의 유형을 보자(이 부분은 Gil 2005a에 따름). 배분적 수사란 한국어의 '하나씩, 둘씩, 셋씩'과 같이 배분적 의미로 해석되는 수사이다. 예를 들어,

(8) 아이들이 사과를 둘씩 먹었다.

이 문장의 해석은 "아이들이 사과 두 개를 나누어 먹었다"가 아니라 "아이들 각각이 사과 두 개를 먹었다"이다. 다섯 명의 아이가 있다면 사과 열 개가 소비되었을 것이다. 유형적으로, Gil(2005a)이 조사 언어 251개의 언어 중에 수사 반복 유형의 언어가 85개로 가장 많고, 그 다음은 배분적 수사가 없는 유형의 언어가 62개, 접미사로 표시하는 유형의 언어가 32개, 접두사로 표시하는 유형의 언어가 23개, 수사 앞에 다른 단어가 오는 유형의 언어가 21개이다. 나머지 몇 가지 방법으로 배분적 수사를 표현하는 언어들이 조금 있다. 영어는 배분적 수사가 없는 언어로 분류된다.

한국어는 '하나씩, 둘씩'처럼 접미사 '-씩'이 배분성을 표시하므로, 길(Gil)이 한국어를 접미사 표시 유형으로 분류하는 것이 맞지만, 고려할 점이 있다. 사실 '-씩'은 수사와 관련을 맺고 있지만 '수사 + 분류사'의 복합 표현에 '-씩'이 붙기도 한다.

(9) ㄱ. 아이들이 사과를 두 개씩 먹었다.
　　ㄴ. 학생들이 상자를 세 개씩 옮겼다.

그러니까 한국어에서 '-씩'은 수사가 아니라 [수사 (+ 분류사)] 구문에 붙는 접미사라고 볼 수 있다.

16.3 복수

먼저, 일반적인 명사의 복수 표시 방법의 유형을 알아보자(이 부분은 Dryer 2005b에 따름). 세계의 언어 중 대부분의 언어가 복수 접미사를 사용하고(513개), 복수 단어를 사용하는 언어(170개), 복수 접두사를 사용하는 언어(126개), 복수 표시가 없는 언어(98개), 복수 클리틱(clitic)을 사용하는 언어(81개), 여러 가지 형태적 방법으로 복수를 표시하는 언어(60개)가 있고, 나머지 몇 가지 방법의 극히 일부 언어들이 있다. 영어와 한국어는, 대부분의 언어와 마찬가지로, 복수 접미사를 사용하는 유형의 언어로 분류된다. 영어의 '-s'('boys'), 한국어의 '-들'('학생들')이 그 형식이다. 그러나 사실 영어의 경우 일부 단어들의 복수는 다른 방법으로 나타나기도 한다('mice, children, oxen, alumni, opera' 등).

다음으로 명사 복수의 실현 유형에 대하여 알아보자(이 부분은 Haspelmath 2005에 따름). 일반적으로 명사의 복수 표지는 사물 명사보다는 사람 명사에 더 잘 붙는 경향이 있고, 복수가 표시되면 복수 표지가 의무적이 아니라 수의적으로 붙는 경향이 있다. 복수 표시의 전체 계층은 다음과 같다. 제시되는 계층 중 상위, 즉 앞에 있는 것일수록 복수 표지가 붙는 경향이 있다.

 (10) 복수 표시의 계층
   화자 〉 청자 〉 제삼자 〉 친족어 〉 다른 인간 명사 〉 상대적으로 고등 동물 〉 상대적으로 하등 동물 〉 개별적 무정물 〉 연속적 무정물

이 계층은 유정성(animacy)의 계층과 같다(Comrie 1989). 가산명사에 대한 복수 표지 실현의 유형은 다음과 같다(비가산명사는 복수가 없다).

 (11) 가산명사의 복수 표지 실현의 유형
   ㄱ. 표지 없음
   ㄴ. 인간 명사에만 복수 표지, 수의적
   ㄷ. 인간 명사에만 복수 표지, 의무적
   ㄹ. 모든 명사에 복수 표지, 항상 수의적

ㅁ. 모든 명사에 복수 표지, 무정(inanimate) 명사에 수의적
ㅂ. 모든 명사에 복수, 전부 의무적

하스펠마트의 조사 대상 290개 언어 중에서 모든 (가산적) 명사가 복수로 표시되고 항상 의무적인 언어(ㅂ)가 133개로 제일 많다. 그 다음으로 모든 명사가 복수로 표시되고 항상 수의적인 언어(ㄹ)가 55개, 인간 명사만 복수로 표시되고 의무적인 언어(ㄷ)가 39개, 복수 표지가 없는 언어(ㄱ)가 28개, 인간 명사만 복수로 표시되고 수의적인 언어(ㄴ)가 20개, 모든 명사가 복수가 가능하고 비인간 명사에서만 수의적인 언어(ㅁ)가 15개이다. 영어는 모든 명사가 복수 표시가 되고 의무적으로 나타나는 언어이다. 하스펠마트(Haspelmath 2005)는 한국어를 분류하고 있지 않다. 실제로 한국어를 살펴보면, '많은 학생들이 다녀갔다'라고 할 수 있지만 '많은 학생이 다녀갔다'라고도 할 수도 있다. 즉, 복수인 '학생들'뿐만 아니라 단수와 같은 형식인 '학생'도 복수 의미로 사용이 가능하다. 또한 '많은 돌이 쌓여 있다'와 '많은 돌들이 쌓여 있다'가 모두 가능하다. 그러므로 한국어의 복수 표지는 모든 (가산적) 명사에 붙을 수 있으며, 그 표시가 수의적인 언어라고 할 수 있다.

다음으로 연관적 복수(associative plural)의 유형에 대해서 알아보자 (이 부분은 Daniel and Moravcsik 2005에 따름). 연관적 복수는 '고유명사 X+복수 표지'의 형식인데, 고유명사 X의 연관적 복수는, 보통명사(N)의 복수가 "둘 이상의 N"을 의미하는 것과 달리, "X 그리고 X와 연관된 다른 사람들"이라는 뜻을 갖는다. 다니엘과 모라프식은 일본어로 그 예를 들지만 여기서는 한국어로 예를 들어 보자. '학생들'은 두 명 이상의 학생을 표시하는 일반적인 복수이지만 다음과 같이 사용되는 '민이들'은 여러 명의 '민이'를 표시하지는 않는다.[4]

(12) ㄱ. 오늘 민이들이 온다고 했어.
ㄴ. 민이들은 항상 학교에서 몰려다녀.

(ㄱ)의 '민이들'은 "민이와 그 친구들", 혹은 "민이와 그 엄마, 아빠 등 가족"으로 해석할 수 있고, (ㄴ)의 '민이들'은 "민이와 학교 친구들"로 해석할 수 있다. 연관적 복수 표시 방법은 유형적으로 다음과 같이 분류할 수 있다.

(13) 연관적 복수의 표시 유형
ㄱ. 보통의 복수 표지가 연관적 복수 표지로 사용됨
ㄴ. 특수한 연관적 복수 표지 의존 형태소
ㄷ. 특수한 연관적 복수 표시 독립 형태소
ㄹ. 연관적 복수 없음

조사된 언어 중 연관적 복수 표시를 위해 보통의 복수 표지를 사용하는 언어가 104개로 제일 많고, 특수한 연관적 복수 표시 형태소를 사용하는 (ㄴ)과 (ㄷ)의 언어가 각각 48개씩이며, 연관적 복수가 없는 언어는 37개이다. 이러한 통계는 연관적 복수가 생각보다 많은 언어들에서 사용되고 있음을 보여준다. 영어 등 유럽어는 연관적 복수를 사용하지 않고, 한국어와 일본어는 앞에서 본 것처럼 보통의 복수 표지와 같은 표지 '-들'과 'たち(tachi)'를 사용하여 연관적 복수를 표시한다. 다만, 다니엘과 모라프식이 언급하지는 않는 것으로, 한국어에서 일반적인 복수 표지가 아닌 '-네'도 '민이네'와 같이 사용되어 가족이나 친척을 표현할 수 있다('민이네가 내일 온다고 했어').

---

4 '민이들'과 같이 이름에 '-들'이 붙은 형식을 어색하게 여기는 사람도 있다. 나에게는 문제가 없다.

마지막으로 복수와 관련이 있는 수 분류사(numeral classifier)의 유형을 살펴보자(이 부분은 Gil 2005b에 따름). 영어에서는 어떤 수의 사물을 표시하기 위하여 'one boy, two boys' 등 수사만을 사용하면 된다. 그런데 어떤 언어에서는 명사의 수를 표시하기 위하여 수사만이 아니라 분류사를 사용한다. 길(Gil 2005b)은 다른 언어의 예를 들지만, 여기서는 한국어의 예를 들어 보자.

(14) ㄱ. 연필 한 자루
ㄴ. 책 한 권
ㄷ. 집 두 채
ㄹ. 나무 다섯 그루

여기서 '자루, 권, 채, 그루' 등이 종류 수 분류사(numeral classifier)이다. '끈 1미터, 물 2리터, 고기 한 근'의 '미터, 리터, 근' 등은 수 분류사가 아니라 사물의 양을 재는 단위(분류사)이다. 영어에서도 'one meter of cloth, two liters of water' 같은 표현이 가능하다.
유형적으로 수 분류사의 표시는 다음과 같이 분류된다.

(15) ㄱ. 수 분류사 없음
ㄴ. 수 분류사 수의적
ㄷ. 수 분류사 의무적

이 중에서 수 분류사가 없는 언어가 영어를 포함하여 가장 많다(260개). 그리고 수 분류사가 의무적인 언어가 78개, 수 분류사가 수의적인 언어가 62개로 큰 차이가 없다. 길(Gil 2005b)은 한국어를 일본어, 중국어와 함께 수 분류사가 의무적인 언어로 분류한다. 그러나 사실 한국어에서 분류사는 의무적이지 않다(강범모 2014). 다음과 같이 수 분류사 없이 사물의 수를 나타낼 수 있다.

(16) ㄱ. {학생 다섯이, 다섯 학생이} 찾아 왔다.
ㄴ. {기자 둘이, 두 기자가} 보도합니다. (TV뉴스에서)
ㄷ. {사과 셋을, 세 사과를} 먹었다.
ㄹ. {물방울 넷이, 네 물방울이} 튀었다.

'학생 다섯이'를 '학생이 다섯'으로 표현할 수도 있다. '사과를 셋' 등 다른 것들도 마찬가지이다. 대개 사람 명사의 경우, 특히 수가 작을 때는 분류사 없이 수를 표시하는 것은 전혀 문제가 없다. 다만 사람 명사가 아닌 명사들, 그리고 큰 수에 대해서는 약간 어색할 수 있다. 그렇다 하더라도 한국어가 수 분류사가 의무적인 언어로 분류하는 것은 맞지 않는다.[5]

16.4 신체 : 팔, 손, 손가락

신체(몸)는 모두 연결되어 있지만 구조적으로 어느 정도 구분이 된다. 그렇지만 세계의 언어들이 그 구분을 동일하게 하지는 않는다. 여기서는 서로 연결되어 있는 팔과 손, 손과 손가락의 구분에 대해서 유형적으로 살펴본다.

먼저 팔과 손의 구분을 알아보자(이 부분은 Brown 2005a에 따름). 팔과 손 구별의 유형은 간단하다. 팔과 손을 구분하지 않고 한 단어로 표현하느냐 혹은 그 둘을 다른 단어로 구별하여 표현하느냐 하는 유형적 분류이다. 영어의 'arm'과 'hand', 한국어의 '팔'과 '손'은 영어와 한국어가 모두 팔과

---

[5] 한국어의 수량사 구문의 통사 구조에 대해서는 최기용(2001), 한국어의 분류사에 대해서는 우형식(2000)을 참조하라.

손을 구분하는 유형에 속함을 보인다. 수로 보면 팔과 손을 구별하여 부르는 언어가 389개, 구별하지 않고 한 단어로 부르는 언어가 228개로, 전자가 더 많지만 후자도 꽤 많다. 언어 사용의 지역으로 보면, 팔과 손을 구별하지 않는 언어들이 적도 근처에 많다. 브라운(Brown 2005a)을 따라 굳이 설명을 시도하면, 추운 지방은 더운 지방과 달리 팔을 가리고 손이 나오는 옷을 입고, 손에 장갑을 끼는 것 같은 이유를 찾을 수는 있지만 확실하지는 않다.

다음으로 손과 손가락의 구분을 살펴보자(이 부분은 Brown 2005b에 따름). 이것 또한 손과 손가락이 두 단어로 구별되는 언어와, 그렇지 않고 두 부분을 모두 한 단어로 부르는 언어 두 가지 유형이 있다. 둘을 다른 단어로 구별하는 언어가 521개, 구별하지 않는 언어가 72개로, 전자가 훨씬 많다. 'hand'와 'finger'의 두 단어가 있는 영어와 '손'과 '손가락' 두 단어가 있는 한국어는 모두 이 둘을 구별하여 부르는 언어 유형에 속한다. 다만 한국어의 경우, 형식적으로 완전히 다른 두 단어가 아니라, 손가락에 해당하는 단어가 '손'+'가락'이라는, 파생 접사를 이용하는 형태적 구성을 갖는다는 점이 영어와 다르다. 손과 손가락을 두 단어로 구별하는 언어 중 33%가 전통적으로 농경만을 하거나 농경과 수렵을 하는 사회의 언어이고, 손과 손가락을 구별하지 않는 언어는 10%만이 전통적으로 농경을 포함한 사회의 언어라고 한다. 브라운(Brown 2005b)은 손가락이 반지와 같은 손가락 장신구가 있는 문화와 관련이 있고, 대개 농경사회에서 그러한 문화가 있다는 사실을 언급하여 언어적 분포를 설명하려고 한다. 하지만 이러한 시도도 단지 그럴듯한 추측 이상은 아니다.

더 읽을거리

고영근 (2018). 「한국어와 언어 유형론」, 서울: 월인.
연재훈 (2021). 「언어유형론 강의」, 서울: 한국문화사.
Comrie, Bernard (1989). *Language Universals and Linguistic Typology*, 2nd ed., Chicago: University of Chicago Press.
Haspelmath, M., M.S. Dryer, D. Gil, B. Comrie (eds.) (2005). *The World Atlas of Language Structures*, Oxford: Oxford University Press. (웹사이트 WALS Online: www.wals.info)

참고문헌

강범모 (2002). "생성어휘부 이론의 다의어 기술 방법과 그 적용: '사다'와 '팔다'," 어학연구 38-1, 275-293.
강범모 (2007). "복수성과 복수 표지: '들'을 중심으로," 언어학 47, 3-31.
강범모 (2010). "공기 명사에 기초한 의미/개념 연관성의 네트워크 구성," 한국어 의미학 32, 1-28.
강범모 (2011a). 「언어, 컴퓨터, 코퍼스언어학」, 개정판, 서울: 고려대출판부.
강범모 (2011b). "언어학에서 "의미"와 관련된 용어들의 개념과 번역어," 언어와 정보 15-1, 79-92.
강범모 (2011c). "형용사와 명사의 의미운율," 언어 36-1, 1-23.
강범모 (2014). 「양화와 복수의 의미론」, 서울: 한국문화사.
강범모 (2016). 한국어 화제관련어: 명사 5000 항목」, 서울: 한국문화사.
강범모 (2017). 「한국어 명사의 화제 의미 관계와 네트워크」, 서울: 한국문화사.
강범모 (2020). 「언어: 풀어 쓴 언어학 개론」, 개정4판(초판 2005), 서울: 한국문화사.
강범모 (2021). "통사적 사역 구문과 어휘적 사역 구문의 의미," 언어학 89, 3-27.
강범모 (2024). 「한국어 [형용사 명사] 수식 구문 기반의 의미 연구」, 서울: 한국문화사.
고경태 (2009). "연어 관계를 통한 한국어 성분 부사 선정에 대한 시론,"

한국어 의미학 28, 29-48.

고려대학교 민족문화연구원(2009).「고려대 한국어대사전」, 서울: 고려대학교 민족문화연구원.

고영근 (2011).「텍스트 과학」, 서울: 집문당.

고영근 (2018).「한국어와 언어 유형론」, 서울: 월인.

고영근, 구본관 (2008).「우리말 문법론」, 서울: 집문당.

국립국어연구원 (1999).「표준국어대사전」, 서울: 두산동아.

권연진 (2017).「인지언어학에서 은유의 보편성과 상대성」, 서울: 한국문화사.

권재일 (1992).「국어 통사론, 서울: 민음사.

그런디, 피터 (2016).「화용론의 실제」, 박철우 역, 서울: 커뮤니케이션북스

김건희 (2011). "국어 형용사의 다의성에 대한 기초적 논의," 언어학 61, 87-114.

김건희 (2015). "형용사의 의미 특성과 관련된 형태·통사적 제약에 대한 재고," 한국어 의미학 47, 129-165.

김광해 (1993).「국어 어휘론 개설」, 서울: 집문당.

김광해 (1998). "유의어의 의미 비교를 통한 뜻풀이 정교화 방안에 대한 연구," 선청어문 26, 5-36.

김동환 (2013).「인지언어학과 개념적 혼성이론」, 서울: 박이정.

김문창 (2003). "한국어 관용표현 연구 약사," 한국어 의미학 13, 13-22.

김민수 (1981).「국어의미론」, 서울: 일조각.

김성도 (1998).「현대 기호학 강의」, 서울: 민음사.

김양진, 최정혜 (2010). "유의어의 경계 탐색: 채소류 및 곡류, 과일류의 구별을 중심으로," 한국어 의미학 33, 19-40.

김영희 (2002). "수량 표현," 새국어생활 11-4, 127-134.

김윤신 (2013). "생성 어휘부 이론과 합성성의 기제," 한국어 의미학 41,

1-25.

김윤신, 이정민, 강범모, 남승호 (2000). "한국어 피동 동사의 의미구조와 논항 실현," 인지과학 11-1, 25-32.

김의수 (2006). 「한국어의 격과 의미역: 명사의 문법기능 획득론」, 서울: 국어학회.

김종도 (2004). 「인지언어학적 관점에서 본 은유의 세계」, 서울: 한국문화사.

김종택 (1992). 「국어 어휘론」, 서울: 탑출판사.

김주식 (2013), 「의미론의 본질」, 서울: 한국문화사.

김지홍 (2014). 「국어 통사 의미론의 몇 측면: 논항구조적 접근」, 서울: 경진.

김진해 (2006). "코퍼스언어학적 관점에서 본 의미의 본질," 한국어 의미학 21, 75-104.

김형배 (1997). 「국어의 사동사 연구」, 서울: 박이정.

김혜영, 강범모 (2010). "구어 속 강조적 정도부사의 사용과 의미," 한국어학 48, 101-129.

나덕렬 (1992). "실어증 환자의 언어 장애 검사와 치료," 새국어생활 2-3.

나찬연 (2019). 「현대 국어 어휘론의 이해」, 서울: 경진출판.

남경완 (2014). "국어 동사 다의성 연구의 흐름과 쟁점," 한국어 의미학 46, 111-139.

남경완, 이동혁 (2004). "틀의미론으로 분석한 '사다'와 '팔다'의 의미 분절 양상," 언어 29-1, 1-24.

남기심, 고영근 (1987). 「표준 국어문법론」, 서울: 탑출판사.

남길임 (2014). "언어 사용의 경향성과 유의어 기술: 인내동사를 중심으로," 한국어 의미학 43, 59-82.

남승호 (1999). "부정과 부정극어," 강범모 외, 형식 의미론과 국어 기술, 서울: 한신문화사, 206-262.

도원영 (2012). "다의어의 단의 간 역학 관계에 관한 시고," 한국어 의미학 37, 103-130.

라이언스 (2011). 「의미론 1: 의미 연구의 기초」, 강범모 역, 서울: 한국문화사.

라이언스 (2013). 「의미론 2: 의미와 문법, 맥락, 행동」, 강범모 역, 서울: 한국문화사.

레이코프, 존슨 (2006). 「삶으로서의 은유」, 노양진, 나익주 옮김, 수정판, 서울: 박이정.

로빈스 (2007). 「언어학의 역사」, 강범모 역, 서울: 한국문화사.

류성기 (1998). 「한국어 사동사 연구」, 서울: 홍문각.

목정수 (2023). 「한국어 구문 연구: 유형론적 접근」, 서울: 박이정.

문금현 (1997). "신문에 나타난 관용표현의 특징," 국어국문학 120, 47-75.

민현식 (2003). "관용 표현의 범위와 유형에 대한 재고," 한국어 의미학 12, 17-50.

박만규 (2002). "다의어의 의미 분할과 의미 부류," 한글 257, 201-242.

박영순 (2000). 「한국어 은유 연구」, 서울: 고려대 출판부.

박영순 (2004). 「한국어 의미론」, 서울: 고려대 출판부.

박정운 (2003). "한국어 사동구문의 의미- 원형의미론적 접근," 언어 28-3, 345-371.

박종갑 (1996). "언어의 도상성과 그 의미적 대응물에 대하여 - 국어 사동문을 중심으로-," 한민족어문학 30, 33-53.

박종갑 (2007). 「토론식 강의를 위한 국어의미론」, 서울: 박이정.

박철우 (2005). "국어 총칭문의 의미 해석과 문장 구조 분석," 이정민 외 편, 「의미구조와 통사구조 그리고 그 너머」, 서울: 한국문화사, 131-146.

박철우 (2014). "'대조' 의미의 언어학적 성격: 정보구조와 관련하여," 한국어 의미학 45, 129-159.

배도용 (2002). "사전에서의 다의의 배열 순서 연구: 다의어 '손'을 중심으로," 한국어학 15, 53-76.

배해수 (1990). 「국어내용연구」, 서울: 고려대 민족문화연구소.

보그란데, 드레슬러 (1995). 「텍스트 언어학 입문」, 김태옥, 이현호 역, 서울: 한신문화사.

서상규, 한영균 (1999). 「국어정보학 입문」, 서울: 태학사.

소쉬르, 페르디낭 드 (1990). 「일반언어학 강의」, 원전 출판 1916, 샤를 바이, 알레르 세슈에 엮음, 최승언 옮김, 서울: 민음사.

손남익 (1998). "국어 상징부사어의 공기어 제약," 한국어 의미학 3, 119-134.

송경안 외 (2008). 「언어유형론」 1~3, 서울: 월인.

송재목 (2015). "증거성과 인칭의 상호작용," 언어학 73, 111-132.

신서인 (2017). "코퍼스를 이용한 담화 분석 방법론," 한국어 의미학 55, 53-79.

신현숙 (1986). 「의미분석의 방법과 실제」, 서울: 한신문화사.

심재기 (2000). 「국어 어휘론 신강」, 서울: 태학사.

심재기, 이기용, 이정민 (1984). 「의미론 서설」, 서울: 집문당.

양명희 (2007). "국어사전의 유의어에 대하여," 한국어 의미학 22, 165-184.

양정석 (1992). 「국어동사의 의미 분석과 연결이론」, 서울: 박이정.

연재훈 (2011). 「한국어 구문 유형」, 파주: 태학사.

연재훈 (2021). 「언어유형론 강의」, 서울: 한국문화사.

염재일 (2011). "비표상적 이론에서의 동적 의미론," 염재일 외, 영어의미론, 서울: 종합출판, 277-324.

염재일, 강범모, 남승호, 송민영, 위혜경, 정소우, 홍민표 (2011). 「영어의미론」, 서울: 종합출판.

오예옥 (2004). 「형식의미론과 인지의미론에서 본 어휘의미론」, 서울: 역락.

우형식 (2000). "한국어 분류사의 기능과 범위," 한글 248, 49-84.

유현경 (1998). 「국어 형용사 연구」, 서울: 한국문화사.

윤영은 (2002). 「언어의 의미 현상」, 서울: 한국문화사.

윤평현 (2008). 「국어의미론」, 서울: 역락.

윤평현 (2020). 「새로 펴낸 국어의미론」, 서울: 역락.

이광호 (2009). "형용사 반의어쌍 공기 패턴(co-occurrence pattern)의 사전 편찬 및 어휘 교육적 활용 연구," 한국어 의미학 30, 205-230.

이광호 (2004). 「국어 어휘의미론」, 서울: 월인.

이기갑 (2015). 「국어 담화 문법」, 서울: 태학사.

이기동 (편저) (2000). 「인지언어학」, 서울: 한국문화사.

이동혁 (2004). "어휘 의미 관계의 저장과 규범화에 대하여," 한글 263, 95-124.

이소현 (2007). "외국인 학습자를 위한 형용사 '부끄럽다'의 유의어 의미 변별 기초 연구 및 지도방안: '부끄럽다, 창피하다, 쑥스럽다, 수줍다, 수치스럽다'를 중심으로," 언어와 문화 3-1, 121-142.

이영제, 강범모 (2014). "현대국어 역사 코퍼스를 이용한 언어 변화의 계량적 연구: 가칭 《동아일보 역사 코퍼스》에 기초한 접속부사 사용 분석을 중심으로," 한국어학 63, 267-303.

이윤영 (2003). 「한국어 명사의 다의적 해석 - 생성어휘부 이론에 입각한 연구」, 서울대 박사학위 논문.

이익환 (2002). 「영어의미론」, 수정 재판(초판 2000), 서울: 한국문화사.

이익환, 이민행 (2005). 「심리동사의 의미론, 서울: 역락.

이정민 (1992). "(비)한정성/(불)특정성 대 화제(Topic)/초점 : 개체 층위/단계 층위 술어와도 관련하여," 국어학 22, 397-424.

이정민 (2020). 의미 통사 구조와 인지, 서울: 한국문화사.

이정민, 강범모, 남승호 (1997). "한국어 술어 중심의 의미구조-생성어휘부

　　　　이론과 관련하여," 한국인지과학회 '97 춘계 학술 발표 논문집, 32-40.
이현주, 김계성, 이상조 (1996). "한국어 구문분석에서의 '-게 하-' 사동문 처리," 한국정보과학회 학술발표논문집 23(A), 561-564.
이희자, 우재숙 (2006). "국어사전의 '관련어' 연구," 한국사전학 7, 161-189.
임동훈 (2012). "복수의 형식과 의미," 한국어 의미학 39, 25-49.
임유종 (1998). "국어 부사의 하위 분류," 어학연구 34-1, 175-204.
임지룡 (1997). 「인지의미론」, 서울: 탑출판사.
임지룡 (2009). 「비유의 인지언어학적 탐색」, 서울: 태학사.
임채훈 (2009). "반의관계와 문장의미 형성: 형용사, 동사 반의관계 어휘의 공기 관계를 중심으로," 한국어 의미학 30, 231-256.
임홍빈 (1979). "복수 표지 '들'과 사건성," 애산학보 24, 3-50.
장경희 (1998). "화행의미론," 한국어 의미학 2, 41-56.
장석진 (1987). 「화용론 연구」, 서울: 탑출판사
전수태 (1997). 「국어 반의어의 의미 구조」, 서울: 박이정.
전영철 (2007). "한국어 복수 표현의 의미론: '들'의 통합적 해석," 언어학 49, 325-347.
전영철 (2013). 「한국어 명사구의 의미론: 한정성/특정성, 총칭성, 복수성」, 서울: 서울대학교출판문화원.
정경일 외 (2000). 「국어의 탐구와 이해」, 서울: 박이정.
정성훈 (2016). "2원 네트워크 분석을 이용한 한국어 강조정도부사의 의미 거리 연구," 한국어 의미학 52, 197-222.
정소우(2011). "담화표상이론," 염재일 외, 영어의미론, 서울: 종합출판, 325-368.
정연주, 이영제, 이화자 (2011). "대상 이동 동사의 낱말밭 연구," 어문논집 63, 77-111.
정유진, 강범모 (2015). "성별 명사와 관련어의 의미특성," 언어 40-4, 675-

701.

정유진, 황유미, 홍정하 (2022). "의미범주 구성원 전형성의 명명 순서 기반 연구," 언어 47-1, 107-127.

차재은, 강범모 (2002). "다의 설정의 방법에 대하여," 한국어학 15, 259-284.

차준경 (2004). 「국어 명사 다의 현상의 체계성 연구」, 고려대 박사학위 논문.

채완 (2006). "바둑 용어의 은유," 한국어 의미학 20, 231-255.

최경봉 (2015). 「어휘의미론: 의미의 존재 양식과 실현 양상에 대한 탐구」, 서울: 한국문화사.

최기용 (2001). "국어 수량사 구성의 구조와 의미: 비속격형을 중심으로," 어학연구 37:3, 445-480.

최동주 (2000). "'들' 삽입 현상에 대한 고찰," 국어학 35, 67-92.

최운호 (2015). "한국어 '용언 어간 + 어미' 결합의 양상: 용언별 결합 어미 분포의 집중화 경향에 대하여," 언어학 71, 17-47.

최운호, 강범모, 차재은 (2006). "코퍼스를 이용한 은유 표현의 추출과 어휘데이터베이스 확장 연구," 한국어 의미학 20, 257-279.

최현배 (1977). 「우리말본」, 깁고고침, 서울: 정음사.

최호철 (1995). "의소와 이의에 대하여," 국어학 25, 77-98.

크루즈, 크로프트 (2010). 「인지언어학」, 김두식, 나익주 옮김, 서울: 박이정.

테일러 (1996). 「인지언어학: 언어학과 원형 이론」, 조명원, 나익주 역, 서울: 한국문화사.

트라반트, 위르겐 (1998). 「훔볼트의 상상력과 언어」, 안정오, 김남기 옮김, 서울: 인간사람.

한유석 (2014). "한국어 유의어사전 구축에 관한 연구," 언어 22-1, 169-182.

한영균 (2002). "어휘 기술을 위한 연어정보의 추출 및 활용과 관련된 몇 가지 문제," 국어학 39, 137-171.

한정한, 고석주, 김진해, 이동혁 (2008). 「한국어 동사 의미망 구축을 위한 기초 연구」, 서울: 보고사.

한정한, 유소영 (2011). "'돈' 관련 유의어들의 의미와 결합 정보," 국어학논집 11, 357-391.

홍윤표 (2002). "국어학 연구와 정보화," 한국어와 정보화, 서울: 태학사, 15-53.

홍정하 (2010). "문법관계와 한정성에 기반한 조사 분류," 한국어학 47, 295-318.

홍재성 (2015). "언어 사전 편찬과 어휘 유형론 연구," 한국사전학회 학술대회 발표논문집, 60-78.

홍재성, 김원근, 김현권, 류시종, 박만규, 박진호, 심봉섭, 안근종, 우순조, 임준서 (1997). 「현대 한국어 동사 구문 사전」, 서울: 두산동아.

홍종선, 강범모, 최호철 (2001). 「한국어 연어 관계 연구」, 서울: 월인.

홍종선, 박주원, 백형주, 정경재, 정연주, 정유남 (2009). 「국어의 시제, 상, 서법」, 서울: 박문사.

홍사만 (1985). 「국어어휘의미연구」, 서울: 학문사.

Austin, John L. (1962). *How to Do Things with Words*, The William James Lectures delivered at Harvard University in 1955, (eds. J. O. Urmson and Marina Sbisà), Oxford: Clarendon Press.

Baayen, R. Harald (2008). *Analyzing Linguistic Data: A Practical Introduction to Statistics Using R*, Cambridge: Cambridge University Press.

Bach, Emmon, Eloise Jelineck, Angelika Kratzer, and Barbara H. Partee (eds.) (1995). *Quantification in Natural Languages*, Dordrecht: Kluwer Academic Publishers.

Barcelona, Antonio (2015). "Metonymy," in Dąbrowska, Ewa and Eagmar Divjak (eds.) *Handbook of Cognitive Linguistics*, Berlin: Walter de Gruyter, 143-167.

Barwise, Jon and Robin Cooper (1981). "Generalized Quantifiers and Natural Language," in *Linguistics and Philosophy* 4, 159-219.

Bergen, Benjamin (2016). "Embodiment, Simulation and Meaning," in Nick Riemer (ed.) *The Routledge Handbook of Semantics*, London: Routledge, 142-157.

Berlin, Brend and Paul Kay (1969). *Basic Color Terms: Their Universals and Evolution*, Berkeley: University of California Press.

Boas, Franz. (1911). "Introduction to the Handbook of North American Indians," in *Bulletin* 40, part 1, Smithsonian Institution

Bréal, M. (1897). *Essai de Sémantique*, Paris: Librairie Hachette et C. English translation: Semantics - Studies in the Science of Meaning, 1900.

Bresnan, Joan and Tatiana Nikitina (2009). "The Gradience of the Dative Alternation," in Linda Uyechi and Lian-Hee Wee (eds.) *Reality Exploration and Discovery: Pattern Interaction in Language and Life*, Stanford: CSLI Publications, 1-23.

Bresnan, Joan, Anna Cueni, Tatiana Nikitina, and R. Harald Baayen (2007). "Predicting the Dative Alternation," in G. Bouman, I, Kraemer, and J. Zwarts (eds.) *Cognitive Foundations of Interpretation*, Royal Netherlands Academy of Science, 69-94.

Brezina, Vaclav, Tony McEnery, and Stephen Wattam (2015). "Collocations in Context: A New Perspective on Collocation Networks," in *International Journal of Corpus Linguistics* 20:2,

139-173.

Brown, Cecil H. (2005a). "Hand and Arm," in M. Haspelmath, M.S. Dryer, D. Gil, B. Comrie (eds.) *The World Atlas of Language Structures*, Oxford: Oxford University Press, 522-525.

Brown, Cecil H. (2005b). "Finger and Hand," in M. Haspelmath, M.S. Dryer, D. Gil, B. Comrie (eds.) *The World Atlas of Language Structures*, Oxford: Oxford University Press, 526-529.

Carlson, Gregory (1995). "Truth Conditions of Generic Sentences," in G. Carlson and F. J. Pelletier (eds.) (1995) *The Generic Book*, Chicago: University of Chicago Press, 224-237.

Carlson, Gregory (2004). "Reference," in Laurence R. L. Horn and G. Ward (eds.) (2004) *The Handbook of Pragmatics*, Oxford: Blackwell, 74-96.

Carlson, Gregory and Francis Jeffry Pelletier (eds.) (1995). *The Generic Book*, Chicago: University of Chicago Press.

Carnap, Rudolf (1947). *Meaning and Necessity*, Chicago: University of Chicago Press. Enlarged edition 1956.

Casasanto, Daniel (2016). "Linguistic Relativity," in Nick Riemer (ed.) *The Routledge Handbook of Semantics*, London: Routledge, 158-174.

Chierchia, Gennaro and Sally McConnel-Ginet (2000). *Meaning and Grammar*, 2nd edition (1st ed. 1990), Cambridge: The MIT Press.

Choi, Sooja and Melissa Bowerman (1991). "Learning to Express Motion Events in English and Korean: the influence of language-specific lexicalization patterns," in *Cognition* 41, 83-121.

Comrie, Bernard (1976). *Aspect*, Cambridge: Cambridge University

Press.

Comrie, Bernard (1989). *Language Universals and Linguistic Typology*, 2nd ed., Chicago: University of Chicago Press.

Comrie, Bernard (2005). "Numeral Bases," in M. Haspelmath, M.S. Dryer, D. Gil, B. Comrie (eds.) *The World Atlas of Language Structures*, Oxford: Oxford University Press, 530-533.

Croft, William and D. Alan Cruse (2004). *Cognitive Linguistics*, Cambridge: Cambridge University Press.

Cruse, D. Alan (1986). *Lexical Semantics*, Cambridge University Press, Cambridge.

Dahl, Östen (1985). *Tense and Aspect Systems*, Oxford: Basil Blackwell.

Daniel, Michael and Edith Moravcsik (2005). "The Associative Plural," in M. Haspelmath, M.S. Dryer, D. Gil, B. Comrie (eds.) *The World Atlas of Language Structures*, Oxford: Oxford University Press, 150-153.

Davidson, Donald (1967). "The Logical Form of Action Sentences," in Nicholas Rescher (ed.) *The Logic of Decision and Action*, Pittsburgh: University of Pittsburgh Press, 81-95.

Depraetere, Ilse (2016). "Modality," in Nick Riemer (ed.) *The Routledge Handbook of Semantics*, London: Routledge, 370-386.

Depraetere, Ilse and Raphael Salkie (2016). "Tense," in Nick Riemer (ed.) *The Routledge Handbook of Semantics*, London: Routledge, 354-369.

Dickey, Stephen (2016). "Lexical and Grammatical Aspect," in Nick Riemer (ed.) *The Routledge Handbook of Semantics*, London: Routledge, 338-353.

Divjak, Dagmar and Nich Fieller (2014). "Cluster Analysis: Finding Structure in Linguistic Data," in D. Glynn and J.A. Robinson (eds.) *Corpus Methods for Semantics*, Amsterdam: John Benjamins Publishing Company, 405-441.

Donnellan, Keith S. (1966). "Reference and Definite Descriptions," in *The Philosophical Review*, 75:3, 281-304.

Dowty, David. (1979). *Word Meaning and Montague Grammar*, Dordrecht: Kluwer.

Dowty, David. (1991). "Thematic Proto-roles and Argument Selection," in *Language* 67, 547-619.

Dowty, David, Robert E. Wall, and Stanley Peters (1981). *Introduction to Montague Semantics*, Dordrecht: D. Reidel.

Dryer, Matthew S. (2005a). "Position of Tense-Aspect Affixes," in M. Haspelmath, M. S. Dryer, D. Gil, and B. Comrie (eds.) *The World Atlas of Language Structures*, Oxford: Oxford University Press.

Dryer, Matthew S. (2005b). "Coding of Nominal Plurality," in M. Haspelmath, M.S. Dryer, D. Gil, B. Comrie (eds.) *The World Atlas of Language Structures*, Oxford: Oxford University Press, 138-141.

Evert, Stefan (2009). "Corpora and Collocations," in A. Lüdelinging and M. Kytö (eds.) *Corpus Linguistics: An International Handbook* 2, Berlin: Walter de Gruyter, 1212-1248.

Fillmore, Charles J. (1968). "The Case for Case," in Emmon Bach and R.T. Harms (eds.) *Universals in Linguistic Theory*, New York: Holt, Rinehart and Winston.

Fillmore, Charles, J. (1982). "Frame Smantics," in The Linguistic Society of Korea (Ed.), *Linguistics in the Morning Calm*, Seoul: Hanshin, 111-137.

Firth, J. R. (1957). *Papers in Linguistics*, London: Oxford University Press.

Frege, Gottlob (1892). "Über Sinn und Bedeutung"(On Sense and Reference), *Zeitschrift für Philosophie und philosophische Kritik* 100, 25-50.

Geeraerts, Dirk (2010). *Theories of Lexical Semantics*, Oxford: Oxford University Press.

Gil, David (2005a). "Distributive Numerals," in M. Haspelmath, M.S. Dryer, D. Gil, B. Comrie (eds.) *The World Atlas of Language Structures*, Oxford: Oxford University Press, 222-225.

Gil, David (2005b). "Numeral Classifiers," in M. Haspelmath, M.S. Dryer, D. Gil, B. Comrie (eds.) *The World Atlas of Language Structures*, Oxford: Oxford University Press, 226-229.

Glynn, Dylan and Justyna A. Robinson (eds.) (2014). *Corpus Methods for Semantics: Quantitative Studies in Polysemy and Synonymy*, Amsderdam: John Benjamins Publishing Co.

Goddard, Cliff and Wierzbicka, Anna (eds.) (2002). *Meaning and Universal Grammar: Theory and Empirical Findings,*. Amsterdam/ Philadelphia: John Benjamins.

Goldberg, Adele E. (2006). *Constructions at Work: The Nature of Generalizations in Language*, Oxford: Oxford University Press.

Grady, Jeseph E. (2007). "Metaphor," in D. Geeraerts and H. Cuyckens (eds.), *The Oxford Handbook of Cognitive Linguistics*, Oxford: Oxford University Press, 1241-1265.

Grice, H. Paul (1975). "Logic and Conversation," in P. Cole and J. Morgan (eds.) *Syntax and Semantics 3: Speech Acts*, New York: Academic Press, 41-58.

Grice, H. Paul (1989). *Studies in the Way of Words*, Cambridge: MIT Press.

Gundel, Jeanette K. and Thorstein Freiheim (2004). "Topic and Focus," in Horn, Laurence R. and Gregory Ward (eds.) *The Handbook of Pragmatics*, Oxford: Blackwell, 175-196.

Hampton, James A. (2016). "Categories, Prototypes and Exemplars," in Nick Riemer (ed.) *The Routledge Handbook of Semantics*, London: Routledge, 125-141.

Harris, Zellig S. (1970). *Papers in Structural and Transformational Linguistics*, Dordrecht: D. Reidel.

Haspelmath, Martin (2005). "Occurrence of Nominal Plurality," in M. Haspelmath, M.S. Dryer, D. Gil, B. Comrie (eds.) *The World Atlas of Language Structures*, Oxford: Oxford University Press, 142-145.

Haspelmath, Martin. Matthew S. Dryer, David Gil and Bernard Comrie (eds.) (2005). *The World Atlas of Language Structures*, Oxford: Oxford University Press.

Horn, Laurence R. (2004). "Implicature," in L. R. Horn and G. Ward (eds.) *The Handbook of Pragmatics*, Oxford: Blackwell, 3-28.

Horn, Laurence R. and Gregory Ward (eds.) (2004). *The Handbook of Pragmatics*, Oxford: Blackwell.

Jackendoff, Ray (2002). *Foundations of Language*, Oxford: Oxford University Press.

Jakobson, Roman (1960). "Linguistics and Poetics," in T. Sebeok (ed.) *Style in Language*, Cambridge, MA: M.I.T. Press, 350-377.

Janda, Laura A. (2015). "Tense, Aspect and Mood" in Ewa Dąbrowska and Dagmar Divjak (eds.) *Handbook of Cognitive Linguistics*, Berlin: De Gruyter Mouton. 616-634.

Jaszczolt, K. M. (2002). *Semantics and Pragmatics: Meaning in Language and Discourse*, London: Longman.

Johnson, Keith (2008). *Quantitative Methods in Linguistics*, Oxford: Blackwell Publishing.

Kamp, Hans (1981). "A Theory of Truth and Semantic Representation," "A theory of truth and semantic representation", in J.A.G. Groenendijk, T.M.V. Janssen, and M.B.J. Stokhof (eds.), *Formal methods in the Study of Language*, Amsterdam: Mathematisch Centrum, 277-322.

Kamp, Hans and Uwe Ryle (1993). *From Discourse to Logic: Introduction to Modeltheoretic Semantics of Natural Language, Formal Logic and Discourse Representation Theory*, Dordrecht: Kuwer Academic Publishers.

Kang, Beom-mo (1994). "Plurality and Other Semantic Aspects of Common Nouns in Korean," in *Journal of East Asian Linguistics* 3:1, 1-24.

Kang, Beom-mo (2018). "Collocation and Word Association," in *International Journal of Corpus Linguistids* 23, 85-113.

Kang, Beom-mo (2019). "The Alternative Negative Constructions in Spoken and Written Korean: Logistic Regression Analysis," in *Linguistic Theory and Coprus Linguistics* 15-1, 419-442.

Kearns, Kate (2011). *Semantics*, 2nd ed., London: MacMillan Press Ltd.

Koptjevskaja-Tamm, Maria, Ekaterian Rakhilina and Marian Vanhove (2016). "The Semantics of Lexical Typology," in Nick Riemer (ed.) *The Routledge Handbook of Semantics*, London: Routledge, 434-454.

Kratzer, Angelika (1995). "Stage-Level and Individual Level Predicates," in G.N. Carlson and F.J. Pelletier (eds.) *The Generic Book*, Chicago: The University of Chicago Press, 125-175.

Kripke, Saul (1980). *Naming and Necessity*, Cambridge, Mass.: Harvard University Press.

Kwak, Eunju (2001). "The Semantics of Bare-formed Plurals in Korean," in *Korean Journal of Linguistics*(언어) 26:2, 311-330.

Ladusaw, William A. (1979). *Polarity Sensitivity as Inherent Scope Relations*, Ph.D. dissertation, The University of Texas at Austin.

Lakoff, George (1987). *Women, Fire, and Dangerous Things: What Categories Reveal about the Mind*, Chicago: University of Chicago Press.

Lakoff, George and Mark Johnson (1980). *Metaphors We Live By*, Chicago: The University of Chicago Press.

Langacker, Ronald W. (1987). Foundations of Cognitive Grammar. Vol 1, Theoretical Prerequisites. Stanford: Stanford University Press.

Langacker, Roland W. (2013). *Essentials of Cognitve Grammar*, Oxford: Oxford University Press.

Lehrer, Adrienne J. (1992). "A Theory of Vocabulary Structure: Retrospectives and Prospectives," in M. Putz (ed.) *Thirty Years of Linguistic Evolution*, Amsterdam: John Benjamins, 243-256.

Levinson, Stephen C. (1983). *Pragmatics*, Cambridge: Cambridge University Press.

Levinson, Stephen C. (2000). *Presumptive Meanings: The Theory of Generalized Conversational Implicature*, Cambridge, MA: MIT Press.

Lindström, P. (1966). "First-Order Predicate Logic with Generalized Quantifiers," in *Theoria* 32, 186-195.

Link, Godehard (1983). "The Logical Analysis of Plurals and Mass Terms: A Lattice-theoretical Approach," in R. Bäuerle, C. Schwarze, and A. von Stechow (eds.) *Meaning, Use, and Interpretation of Language*, Berlin: de Gruyer, 302-323.

McLendon, Sally. (2003). "Evidentials in Eastern Pomo." in A. Y. Aikhenvald & R. M. W. Dixon (eds.) *Studies in Evidentiality, Typological Studies in Language*, Vol. 54, Amsterdam: John Benjamins Publishing Company.

Mill, John Stuart (1843). *A System of Logic*, Rationative and Inductive, London: Harrison and Co.

Montague, Richard (1970). "English as a Formal Language," in Bruno Visentini et al. (eds.) *Linguaggi nella Società e nella Tecnica*, Milan: Edizioni di Comunita, 189-224.

Montague, Richard (1973). "The Proper Treatment of Quantification in Ordinary English," in J. Hintikka, J. Moravscik, and P. Suppes (eds.) *Approaches to Natural Language*, D. Reidel, Dordrecht.

Morris, Charles W. (1946). *Signs, Language and Behavior*, New York: Prentice-Hall.

Mostowski, A. (1957). "On a Generalization of Quantifiers," in

Fundamenta Mathematicae 44, 12-36.

Nunberg, Geoffrey (2004). "The Pragmatics of Deferred Interpretation," in Horn, Laurence R. and Gregory Ward (eds.) (2004) *The Handbook of Pragmatics*, Oxford: Blackwell, 344-364.

Ogden, C.K. and I.A. Richards (1989). *The Meaning of Meaning*, 1st ed. 1923, Orlando: Harvest/HBJ.

Panther, Klaus-Uwe and Linda L. Thornburg (2007). "Metonymy," in D. Geeraerts and H. Cuyckens (eds.), *The Oxford Handbook of Cognitive Linguistics*, Oxford: Oxford University Press, 236-263.

Parsons, Terence (1990). *Events in the Semantics of English: A Study in Subatomic Semantics*, Cambridge: MIT Press.

Peirce, C.S (1982). T*he Writings of Charles S. Peirce: A Chronological Edition*, Volumes 1-6. And 8. eds. Peirce Edition Project. Bloomington I.N: Indiana University Press.

Peters, Stanley and Dag Westerståhl (2006). *Quantifiers in Language and Logic*, Oxford: Clarendon Press.

Porzig, W. (1934). "Wesenhafte Bedeutungsbeziehungen," *Beiträge zur deutschen Sprache und Literatur* 58, 70-97.

Primus, Beatrice (2016). "Participant Roles," in Nick Riemer (ed.) The *Routledge Handbook of Semantics*, London: Routledge, 403-418.

Pustejovsky, James (1995). *The Generative Lexicon*, Cambridge: The MIT Press.

Pustejovsky, James (2013). "Type Theory and Lexical Decomposition," in James Pustejowsky et al. (eds.) *Advances in Generative Lexicon Theory*, Dordrecht: Springer, 9-38.

Reichenbach, Hans (1947). *Elements of Symbolic Logic*, New York: Macmillan & Co.

Riemer, Nick (2016a). "Internalist Semantics: Meaning, Conceptualization and Expression," in Nick Riemer (ed.) *The Routledge Handbook of Semantics*, London: Routledge, 30-47.

Riemer, Nick (2016b). "Lexical Decomposition," in Nick Riemer (ed.) *The Routledge Handbook of Semantics*, London: Routledge, 213-232.

Rosch, Eleanor and Carolyn B. Mervis (1975). "Family Resemblances: Studies in the Internal Structure of Categories," in *Cognitive Psychology* 7, 573-605.

Russell, Bertrand (1905). "On Denoting," in *Mind*, New Series 14-56, 479-493.

Saeed, John (2015). *Semantics*, 4th ed., Chichester: Wiley-Blackwell.

Saussure, Ferdinand de (1916). *Cours de linguistique générale*, C. Bally and A. Sechehaye (eds.), Paris: Payot. English trans.: W. Baskin (1977) *Course in General Linguistics*, Glasgow: Fontana/Collins.

Searle, John (1969). *Speech Acts*, Cambridge: Cambridge University Press.

Sinclair, John (1991). *Corpus, Concordance, Collocation*, Oxford: Oxford University Press.

Smith, Carlota S. (1997). *The Parameter of Aspect*, Dordrecht: Kluwer Academic Publishers.

Sperber, Dan and Deirdre Wilson (1995). *Relevance: Communication and Cognition*, 2nd edition, Oxford: Blackwell.

Stolz, Thomas and Ljubna N. Veselinova (2005). "Ordinal Numbers," in M. Haspelmath, M.S. Dryer, D. Gil, B. Comrie (eds.) *The World Atlas of Language Structures*, Oxford: Oxford University Press, 218-221.

Stubbs, Michael (1995). "Collocations and Semantic Prosodies," in *Foundations of Language* 2:1, 23-55.

Taylor, John R. (2015). "Prototype Effects in Grammar," in Ewa Dąbrowska and Dagmar Divjak (eds.) *Handbook of Cognitive Linguistics*, Berlin: De Gruyter Mouton, 562-579.

Teubert, Wolfgan and Ramesh Krishnamurthy (eds.) (2007). *Corpus Linguistics: Critical Concepts in Linguistics*, London: Routledge.

Trier, Jost (1931). *Der Deutsche Wortschatz im Sinnbezirk des Verstandes*, Heidelberg: Winter.

Turner, Mark (2015). "Blending in Language and Communication," in Ewa Dąbrowska and Dagmar Divjak (eds.) *Handbook of Cognitive Linguistics*, Berlin: De Gruyter Mouton. 211-232.

Van der Auwera, Johan, Cornelia Hamann and Saskia Kindt (2005). "Modal Polyfunctionality and Standard Average European," in A. Klinge and H.H. Müller (eds.) *Modality. Studies in Form and Function*, London: Equinox, 247-272.

Vendler, Zeno (1957). *Linguistics in Philosophy*, Ithaca: Cornell University Press.

Weisgerber, Leo (1950). *Vom Weltbild der Deutschen Sprache*, Düsseldorf: Schwann.

Wierzbicka, Anna (1972). *Semantic Primitives*, Frankfurt: Athenäum.

Zwarts, Frans (1998). "Three Types of Polarity Items," in F. Hamm and E. Hinrichs (eds.), *Plurality and Quantification*, Dordrecht: Kluwer, 177-238.

찾아보기

ㄱ

가능성(possibility) 243, 259, 260, 261, 263, 265
가능세계(possible world) 23, 182, 240, 243, 259, 261, 262
가산명사 227, 230, 231, 257, 365
간접 화행(indirect speech act) 308, 309, 313, 314, 326
감정적(emotive) 기능 24
감정적 의미 25
강한 부정 극어 224
개 짖는 소리 80
개념(concept) 38-41, 46, 50, 51, 55, 58-65, 83-92, 95, 98, 100, 102, 106, 118, 120, 134, 142, 145, 157, 203, 295, 329, 334, 339, 342, 345
개념 영역(conceptual domain) 120, 123, 130
개념장(conceptual field) 61
개념적 은유(conceptual metaphor) 120-127
개념적 의미론 51, 58, 142
개념적 혼성(conceptual blending) 127
개념화(conceptualization) 58, 85-94, 101, 104, 266
개별 진술 208
개체 178, 181, 207, 237
개체 쌍의 집합 178
개체 층위(individual-level) 275
개체 층위(individual-level) 명사 275
개체 층위 술어 272, 273, 274
개체변항 177, 267
개체상황 177, 179
개체합(individual sum) 226, 227
개체항 177
거짓(false) 48, 49, 50, 157, 158, 159, 161, 163, 166, 167, 177, 180, 296
게으름 대명사(pronoun of laziness) 327
격구조(case structure) 151, 153
격률(maxim) 310
결과(result) 112, 258
결과 상태 258
결과절 163
결합적(syntagmatic) 관계 61, 63, 101
경로(Path) 281
경어법 325
경험자(Experiencer) 68, 83, 281,

282
경험적 근거   264
경험적 지각(Perception_experience)
　70
계약   305
계열적(paradigmatic) 관계   61, 101
고립어   358
고유명사   131, 186
고유어   96, 363
공간   330
공간 직시   330, 331
공기어(co-occurring word)   349
공손함   314
공지시적(coreferential)   322, 327,
　328, 330
공통의 지식   301, 302, 303, 304
과거(past)   242, 244, 246, 329
과거 시제   239, 241-245, 248, 258,
　308, 329, 330
과거 연산자   245
과거완료   241, 246, 257
과거의 과거   247
관계   46
관계의 격률   313
관련성(relevance)   170, 172, 310,
　316
관련성 원리   317
관련성 이론(relevance theory)   316,
　317
관습성   43
관용구   75

관용어   345
관점/시각(perspective)   89
관찰빈도(observed frequency)   345,
　346, 349
교감적(phatic) 기능   24
교감적 의미   26
교착어   241, 358
교체(alternation)   72, 288, 289
교체 구문   72
구문(construction)   33, 59, 70-76,
　88, 113, 151, 213, 230, 232, 257,
　288-291, 299, 337, 338, 361
구문문법(Construction Grammar)
　70, 71, 319
구성(Constitutive)   147
구성원   116
구정보(old information)   337
구조   101
구조의미론   31, 64
구조주의(structuralism)   61, 79
구조주의 의미론   100, 101, 134
국어 문법   30
국어 의미론   30
굴절어   241, 358
귀환적(recursive) 규칙   33
그라이스(Grice)   297
그림자 논항(shadow argument)   63
근원(source)   130
근원 영역(source domain)   121, 124,
　126
긍정성   74

긍정적　74
기능(Telic)　147
기능역　150
기대빈도(expected frequency)　345, 349
기본 어휘　164, 165, 177, 178
기본 층위(basic level)　91
기술 이론(description theory)　187, 188
기준시(reference time)　246, 247
기준점　332
기호(sign)　40, 44, 71, 295
기호 논리(symbolic logic)　157
기호의 삼각형　39
기호학(semiotics)　295
끝점　250, 252

ㄴ

내용어(content word)　58, 342
내적 맥락　341
내적 부정　168, 169
내포(intension)　89, 198, 201-204, 206
내포성(intensionality)　239, 240, 259
내포적 속성　203
내포적 양화 의미　220
네트워크(network)　104, 351, 352
논리식　37, 160, 166, 167, 175, 176
논리언어　37
논리적 의미　162
논리적 의미론　34, 37, 48, 49, 50, 51, 55, 87, 158, 159, 206, 319
논리학　56
논리함의(entailment)　50, 56, 157, 163, 222, 223, 267-272, 286, 297, 309, 314, 315
논리형식주의자　296
논항(argument)　173, 174, 176, 219, 269
논항 구조　150, 151
뇌　92, 94, 95
누적적 대상(incremental theme)　285
누적적 지시 속성　226
능동 구문　88
능동문　88
능력　260

ㄷ

다변량 통계분석　289, 356
다의/다의성(polysemy)　63, 102-105, 133, 353
다의어　69, 104
다의적　104
단계 층위(stage-level)　275
단계 층위 명사　275
단계 층위 술어　272-274
단수(singular)　82, 186, 215, 228, 324
단수 개체　227
단수형　237
단순과거　242
단어　39, 71
단어 부정　168

단어 의미 32, 35, 55, 57, 58, 59, 60, 65, 344
단어형 27, 28, 30
단음절어 83
단조 감소(monotone docreasing) 223, 224
단조 증가(monotone increasing) 222, 223
단조성(monotonicity) 220, 222, 223
단형태소 44
담화(discourse) 186, 189, 234
담화 맥락 334
담화 영역 177
담화 지시물(discourse referent) 234, 235
담화표상이론(discourse representation theory) 234
당연논항(default arguement) 152
대립 60, 61
대명사 325
대부분 210, 211
대상(Theme) 44, 186, 187, 279, 281, 287, 290
대상언어(object language) 20, 21
대용적 323, 324, 325, 328
대용적 사용 322
대응분석(correspondence analysis) 356
대조 초점(contrastive focus) 337
대조적 화제(contrastive topic) 336
대화 280, 313

대화상의 함축(conversational implicature) 309, 311
대화의 격률(maxims of conversation) 310
대화의 맥락 322
대화의 협동 원리 297, 309, 311, 314
대화자 335, 337
도구(Instrument) 277, 278, 279, 287, 290
도상(icon) 41-45
도상성(iconicity) 43-46, 78, 81, 82, 83
도상적 45, 83, 84
도상적 관계 42, 44
도착점/목표(Goal) 72, 281, 289
독일어 322
동기(motivation) 42, 43, 81
동위어(co-hyponym) 114
동음이의어(homonym) 102, 343
동의/동의성(synonymy) 48, 61, 101, 105, 106, 162
동적 양상(dynamic modality) 259, 260, 261
동적 필연성(dynamic necessity) 260
동치 165
두드러짐(prominence) 89, 339
'들' 복수형 229, 230
뜻(sense) 56, 61, 100, 194-200, 204, 205, 206
뜻 관계 100
뜻풀이 35, 344

ㄹ

라이프니츠(Leibniz)의 원리　196
람다(lambda) 연산자　209
래티스(lattice)　225, 226, 228
러셀(Russell)　187, 296, 298
로그가능(성)비(log likelihood ratio)　347
로지스틱 분석(logistic analysis)　289

ㅁ

마음(mind)　38, 50, 51, 95
마음속　358
마음속의 의미　58, 161
맥락(context)　19, 34, 44, 49, 51, 65, 66, 91, 92, 101, 102, 161, 186, 187, 224, 228, 248, 280, 318-322, 329, 335, 339, 341, 342
맥락 집합(context set)　304
맨해튼 거리(Manhattan distance)　354, 355, 356
메타언어(metalanguage)　19, 20, 21, 37
메타언어적 기능　24
메타언어적 기술　20
메타언어적 부정　169
메타언어적 용법　21
메타언어적 의미　24
면(phase)　105
명령　305
명령문　160, 308
명목론(nominalism)　203

명사　228, 275
명제(proposition)　162, 166, 170, 171, 300
명제 기호　164, 165, 166
명제 태도(propositional attitude)　198
명제논리(propositional logic)　238, 162-174, 176, 235, 269, 310, 311, 312
명제논리의 통사부　164
모리스(Morris)　295
모순(contradiction)　50, 157
모형(model)　51, 57, 101, 159, 160, 177-182, 206, 225, 227
모형이론적 의미론　51, 160
모호성(vagueness)　49, 103, 160, 161
목적　279
목적어　83, 277, 278, 286, 288
목표 영역(target domain)　121, 124, 130
몬태규(Montague)　192, 209, 225, 318
몬태규 의미론(Montague Semantics)　209
몸　92, 94, 95
무표　109
무표 명사형　236
무표 복수형　229, 230
무표적(unmarked)　109, 110
문단　343, 345, 349
문맥(co-text)　341

문맥적 의미론 64
문법 30, 76
문법 관계 63, 277, 287, 291
문법성 71
문법적 상(grammatical aspect) 249, 251, 256
문장 162
문장 의미 32, 58
문화적 동기 42
물질 225, 226, 231
물질명사 225, 227, 230, 231
물체 중심 333
미래(future) 242, 243, 244, 258, 329
미래 연산자 245
밀(Mill) 201

ㅂ

반의(antonymy) 48, 107
반의 관계 105, 111, 136
반의어 107, 108, 112, 113, 135, 136
발화(utterance) 185, 187, 245
발화 상황 186
발화시(점)(utterance time) 245, 246, 247, 328, 329, 330
발화자 321
방법(manner) 310
배경(background) 337, 338, 339
배경(ground) 86, 88
배당 함수 178, 182
배분성(distributivity) 229, 364
배분적 서술어 229, 230

배분적 수사 363, 364
배분적 의미 229, 363
배분적 해석 229
배타적 이접 171, 312
백과사전적 지식 58, 59
범위(span) 345, 346, 348, 349
범주(category) 51, 65, 85, 88-92, 103, 360
범주화 91, 92, 360
베르니케(Wernicke) 실어증 93, 94
변별적 자질(distinctive feature) 65, 134
변항(variable) 175, 235, 322, 326, 328
변항적 328, 330
보문(complement sentence) 299, 300
보문 구조 300
보편소 359
보편양화(universal quantification) 208, 209, 216, 234
보편양화사 175, 235
복수(plural) 30, 82, 83, 186, 215, 225-230, 235, 236, 237, 273, 324, 364-368
복수 개체(plural individual) 227
복수 명사구 225
복수 접미사 364
복수 표지 365, 367
복수 표지 '들' 82, 215, 230
복수성 230

복수형   235, 237
복합과거   241
복합적 타입   149
부가어(adjunct)   280, 281
부가의미   201, 202
부분   130, 131
부분 관계(meronymy)   113, 115, 116
부분 부정   176
부분어(meronym)   115
부분집합   218, 226
부사   253
부사 논항   283
부사어   277, 278
부정(negation)   163, 164, 166, 168, 174, 176, 221, 223
부정 구문   289
부정 극어(negative polarity item)   221, 222, 224, 225
부정 문장   301
부정 연산자   223
부정문   163, 221, 222, 224, 299, 301
부정성   74
부정의 범위   301
부정적   74
분류사(classifier)   368, 369
분포   343, 347
분포의미론(distributional semantics)   352
분해(decomposition)   134, 140
불투명 맥락(opaque context)   197, 198

브레알(Bréal)   55, 60
브로카(Broca) 실어증   93
브로카(Broca) 영역   92, 93
비가산명사   257
비단언적   224
비사실 동사   300
비완결(imperfective)   256, 257
비완결상   256, 257
비이행적(non-transitive)   116
비적형   176
비제한 결속(unselective binding)   235
비특정적(unspecific)   191, 192, 193
비틀즈(Beatles)   179, 180
비한정 명사구   233
비한정적(indefinite)   186, 191, 192, 193
비핵심적 의미역   280, 281, 282
빈도(frequency)   83, 345, 347
빈도 효과   92

ㅅ

사건(event)   139-144, 147, 148, 149, 151, 152, 244, 245, 246, 249-258, 266-288, 290, 291
사건 구조(event structure)   147, 151
사건 논항   139, 272, 274, 277, 286
사건 변항   269
사건시(event time)   245, 246, 247, 249
사랑   121

사물　50, 51, 157, 158, 185
사실 동사(factive verb)　299, 300
사역(causation/causative)　71, 72, 129, 138, 140, 141, 276, 277, 319
사역 관계　138
사역 구문　71
사역 동사　141
사용(use)　20, 102, 295
사용 기반(usage-based)　59, 70, 76, 78
사용역(register)　107
사용의 맥락　343
사은유(dead metaphor)　119, 120
사전　35
사피어-훠프(Sapir-Whorf) 가설　95
사회적 의미　26
삼부 구조　212, 213, 359
삼인칭 대명사　323, 325
삼항술어　178
상(aspect)　249, 265
상대적 반의어　111
상보적 반의 관계　107
상의어(hypernym)　114
상적 부류(aspectual class)　251
상징(symbol)　41, 43, 44, 45
상징적　45
상태(state)　149, 249, 251, 255, 256, 258
상태 동사　252
상태 변화　255
상하 관계　58, 113, 114, 116

상호정보(MI)　347
상황　117, 249, 257
새로운 정보(new information)　337, 338, 339
새벽 별　194, 195
색채어　96, 97, 360
색채어 계층　97, 360
샛별　194, 195
생득적 관념　78
생략　280
생성문법(generative grammar)　71
생성어휘부(Generative Lexicon)　146, 147, 153
생성언어학(generative linguistics)　59, 60, 70, 78
생성적(generative)　165
서수(ordinal numeral)　362, 363
서술(predication)　225
서술어　249
서술적 사용　191
선어말 어미　258
설(Searle)　304
성분 분석(componential analysis)　134-137, 141
성분지배(c-command)　233
성취(achievement)　149, 250, 251, 252, 254
성취 동사　149
세계(world)　22, 23, 37, 39, 40, 49, 50, 51, 55, 56, 57, 101, 157-162, 170, 177, 179, 182, 184, 185, 187,

192, 196, 201, 205, 206, 239, 240, 243, 259-265, 267
세계 속의 의미 161, 182
세미래티스(semilattice) 226
세상 95
소쉬르(Saussure) 40, 45, 56, 60, 71, 79, 84
속성 206, 228
손 369, 370
손가락 369, 370
수 369
수 분류사(numeral classifier) 368, 369
수동 구문 71, 88
수동문 88, 278, 286
수동적 지각자(Perceiver_passive) 70
수동태 278
수사(numeral) 231, 361-364, 368
수사법 120
수학적인 진리 159
수행문(performative sentence) 307
수혜자(Benificiary) 282
숙어 70, 72, 75, 76, 318, 345
순간(semelfactive) 250, 251
순간성 254
순간적 251
순서 170, 178, 311
순서쌍 178
술부 209
술어(predicate) 138, 173-179, 189, 214, 219, 221, 223, 269, 272-275,

286, 334
술어논리(predicate logic) 138, 173-181, 208-211, 216, 219, 234, 235
술어논리 BPL 179
술어논리의 통사부 177
스크립트 67
스토아학파(Stoics) 79
스트로슨(Strawson) 296, 298
슬라브어 256
습관 244, 265
시간 158, 240, 241, 247, 279
시간 변항 245
시간 직시 330
시적(poetic) 기능 24
시적 의미 25, 26
시점 182
시제(tense) 182, 239-249, 265, 266, 307, 308, 328, 329
시제논리 182, 245-248
신정보(new information) 337, 338
신체 369
실례(exemplar) 91, 92
실질함의(material implication) 163
심적 공간(mental space) 126, 127
심적 태도 57
10진수 361

ㅇ

아리스토텔레스(Aristoteles) 203
아이러니(irony) 74

[안 V] 구문 289
알려진 정보(given information) 337, 338, 339
암시의미(connotation) 201, 202
약속 305
약한 부정 극어 224, 225
양(quantity) 231, 232, 310
양방향 조건(biconditional) 164, 165
양상(modality) 56, 182, 198, 200, 239, 240, 243, 245, 259-265, 328
양상논리(modal logic) 182, 261, 262
양상적 의미 243
양의 격률 312, 314
양화(quantification) 175, 181, 193, 207-214, 233-237, 274, 359, 360
양화 구조 360
양화 기호 208
양화 명사구 193, 233, 234, 235
양화 연산자 359
양화 의미 211, 214, 237
양화 의미 구조 212
양화 의미 유형론 360
양화 표현 210
양화 해석 181
양화문 208, 209
양화사(quantifier) 176, 322
양화적 명사구 193
양화적 진술 208
어순 83
어휘 유형론(lexical typology) 359, 360

어휘 층위 70
어휘소(lexeme) 27, 28, 30, 203, 206
어휘의미론 60, 65
어휘장(lexical field) 61
어휘적 사역 319
어휘적 상(lexical aspect) 249, 251, 253, 254
억양(intonation) 44
언급(mention) 20
언어 22
언어 능력 59
언어 사용 76, 77, 78, 339
언어 사용자 47
언어 상대주의(linguistic relativism) 95-99, 360
언어 유형론 358
언어의 창조성 32
에스키모어 96
여격 구문(dative construction) 288
역동성(dynamicity) 249, 250
역동작 112
역동적(dynamic) 251
역사 의미론 100
역접 171
연결(linking) 287
연관적 복수(associative plural) 366, 367
연산자(operator) 212, 214, 216, 227, 245
연어(collocation) 63, 64, 70-78, 344-349

연어도(degree of collocation) 347, 349
연어의 범위 → 범위(span)
연접(conjuction) 138, 163, 164, 168, 232, 269, 310
영역(domain) 120-130, 177, 178, 181, 210, 216, 225, 226, 227
영향권(scope) 166, 168, 169, 176, 192, 193, 212, 214, 216, 245, 247, 248, 249
오스틴(Austin) 297, 304
오컴(Occam) 203
완결(perfective) 256, 257
완결상 256, 257, 266
완료(perfect) 257, 258
완료상 241
완성(accomplishment) 149, 250, 251, 253, 254
완성 동사 148, 149, 152
외래어 96
외연(extension) 198, 201, 204
외연적 203, 219
외적 맥락 341, 342
외적 부정(external negation) 168, 169, 301
요소 123, 127
운율(prosody) 338
운율적 초점 339
워드 임베딩(word embedding) 357
원자 개체 227
원형(prototype) 90, 91, 92, 104, 284, 285
원형의 중심성 90
원형의 현저성 90
원형적 피행위자(Proto-Patient) 285
원형적 행위자(Proto-Agent) 284
위치 354
유사성 41, 42, 43, 44, 80, 81
유의/유의성 48, 61, 101, 105, 106, 117, 162
유의어 78, 113, 351
유일성 186
유정성(animacy) 365
유클리드 거리(Euclidian distance) 354, 355, 356
유표/유표적(marked) 109, 110, 111
유형론(typology) 358
은유(metaphor) 51, 73, 98, 118-126, 133, 266, 351
의도 190, 284
의도성 283
의무 265
의무 양상(deontic modality) 259, 260, 261
의문문 160, 224, 299, 308, 313
의미 거리(semantic distance) 104, 352-356
의미 관계(semantic relation) 48, 50, 51, 57, 58, 100-107, 117, 134, 349
의미 내용(semantic content) 88
의미 분석 143
의미 분해(semantic decomposition)

101, 134, 138, 141, 153, 276
의미 요소　147
의미 원소(semantic prime)　138,
　　141-145, 153
의미 유형(semantic type)　232
의미 유형론　358, 359, 360
의미 자질(semantic feature)　134,
　　136, 141
의미 해석　177
의미 해석 규칙　318
의미 해석 절차　178
의미값(semantic value)　178, 204
의미공준(meaning postulate)　57, 58,
　　100, 101
의미부　166
의미역(semantic role)　66, 68, 140,
　　277-288, 291
의미운율(semantic prosody)　74
의미의 삼각형　38, 157
의미의 의미　38
의미장(semantic field)　61-64, 137
의미적 직관　48
의성어　44, 79, 80, 81
의외성　171
의지　243, 283
의태어　44
이데아　203
이동　332
이름(name)　177, 178, 185, 187, 188,
　　189, 198, 199, 200, 203, 205, 233
이름의 고정성(rigidness)　199

이상적 인지 모형　67
이유　279
이인칭 대명사　321, 322
이접(disjunction)　163, 164, 166,
　　168, 171, 171, 312
이중목적어 구문　288
2차원　353, 354
2차원 공간　355, 356
이항술어　178, 179
이행적(transitive)　114, 116
인과 이론(causal theory)　187, 188,
　　189
인과성　42, 43
인과적　42
인과적 관계　171
인식 양상(epistemic modality)　259,
　　260, 261
인용형(citation form)　27, 29, 30
인접성　43
인지(cognition)　55, 81
인지 능력　59
인지 실험　98, 99
인지언어학(cognitive linguistics)　59,
　　60, 65, 70, 76, 78, 81, 133, 126,
　　339
인지의미론(cognitive semantics)　31,
　　46, 51, 55, 58, 59, 64, 70, 100,
　　101, 104, 120, 134
인지적 관련성 원리　317
인지적 의미　55
인지적 의미론　55, 56

인칭 대명사 320
일반 진술 208
일반명사 131
일반양화사(generalized quantifier) 212, 216-220, 232, 267
일반양화사 이론 211, 216
일본어 75, 76, 77, 367
일부 116
일상 언어 296
일상언어학파(ordinary language school) 296, 297
일인칭 대명사 326
일차술어논리 216, 267
일치(agreement) 334
일항술어 178, 179, 181
임명 306

ㅈ

자극(stimulus) 282
자기지시성 20
자기지시적 27
자시성 20
자연 의미 메타언어(natural semantic metalanguage, NSM) 143-145
자연성 81
자연종 189
자의성 43, 78, 80, 82
자의적 45, 84
자질(feature) 135
자켄도프(Jackendoff) 142
작인(Agentive) 147

작인역 150
장 이론(field theory) 62
장소 279
재귀사 326
저녁 별 194, 195
적정 조건(felicity condition) 305, 307
적형식(wff: well-formed formula) 164, 165, 177
전문 용어 347
전산의미론(computational semantics) 344
전제(presupposition) 213, 296, 298-304
접속(conjunction) 62, 138, 162-170, 174, 188, 209, 232, 235, 269, 296, 310, 311, 312
정관사 186
정도 반의어 108, 109
정보 185
정보 구조(information structure) 334, 336, 337, 339
정보 전달 185
정보적 초점 339
정신 50, 92
정점(culmination) 249, 250, 252, 253, 285
제시어(demonstrative) 186
제약부(restrictor) 212, 214, 216
조건(conditional) 163, 164, 166, 168
조건문 163

조건절 163
조사 87
조정(accommodation) 303
조합성(compositionality) 33, 34, 50, 56, 318, 319, 320
조합성의 원리 341
조합적 206, 209
존대법 322
존재 전제 299
존재양화(existential quantification) 193, 208, 209, 216, 273, 274
존재양화사 175, 192, 209
존재적 전제 299
종결성(telicity) 249, 250
종류(kind) 236, 237
종류(kind) 서술어 236
종류(kind) 지시 193, 236
종소리 80
종속절 225
주어(subject) 83, 277, 278, 283, 287, 288, 307, 334
주의(attention) 86, 87, 88
주제역(thematic role, theta role) 277
중계방송 128
중심점 92
중의(ambiguity) 48, 162
중의성 166, 175, 176, 192
중점 149
증가적 대상(incremental theme) 255
증거성(evidentiality) 263, 264

지각(perception) 97, 98, 99
지각 술어 272, 273
지속 시간 253
지속성(duration) 249, 250
지속적 251
지시(reference)/지시하다(refer) 20, 23-27, 55-60, 109, 158, 159, 184-195, 197-206, 233-237, 248, 267, 278, 279, 283, 295, 324, 330
지시물(referent) 39, 55, 158, 184, 186
지시적 190, 248
지시적 기능 185
지시적 명사구 233
지시적 의미 24, 26, 27, 56
지시적 의미론 55, 56, 57
지표(index) 41, 42, 43, 44, 45
지표적 관계 42
직관 46, 47, 50, 56, 157, 172, 347
직관적 47
직시(deixis)/직시적(deictic) 44, 186, 228, 247, 248, 249, 297, 319-333, 342
직시 표현 186, 320
직시적 사용 322, 325
직시(적) 표현(referring expression) 186, 319, 320, 330, 341, 342
직시적 해석 333
직접 화법 326
진리 157
진리 양상(alethic modality) 261, 262

진리값(truth value) 50, 158, 160,
    162, 166, 167, 180, 240, 298, 321
진리조건(truth condition) 49, 56,
    157, 159, 166, 173, 178, 237, 319
진리조건적 의미론 51, 159
진리조건표 167
진술(statement) 162, 308, 335
진행(progressive) 251, 257, 258
진행상 252, 274
질(quality) 310
질의 격률 312
집단(group) 186, 189
집단성(collectivity) 226, 229
집단적 서술어(collective predicate)
    215, 229, 230
집단적 의미 229
집단적 해석 229
집합(set) 57, 89, 178, 179, 181, 206,
    218, 223
집합의 집합 218, 219, 232, 267

ㅊ

참(true) 48, 49, 50, 157, 158, 159,
    161, 163, 166, 167, 170, 171, 177,
    179, 180, 240, 296, 312
참여자 284
참여자역(participant role) 277, 278,
    280, 282
처소 290
처소주의(localism) 124, 125
청유문 160, 308

청자(hearer) 185, 187, 190, 303,
    307, 320, 330, 331, 332
청자 중심 331, 332
청혼 306
체화(embodiment) 92, 94
초점(focus) 88, 337, 338, 339
초점 색 98
총칭(generic) 194, 235-238, 265,
    273, 274
총칭문 237, 238, 265
총칭적 235
최현배 30
추정 240
추측 240, 243, 244, 245
출발점/근원(Source) 281
충분조건 90
친족어 136, 137

ㅋ

카르납(Carnap) 204
커뮤니케이션(communication) 22,
    56, 184
커뮤니케이션 관련성 원리 317
코사인 유사도(cosine similarity) 354,
    355, 356
코퍼스(corpus) 51
코퍼스 의미론 64
코퍼스언어학(corpus linguistics)
    344, 345
크립키(Kripke) 188, 198

ㅌ

태(voice)　278, 279, 288
텍스트(text)　341, 344
텍스트 공간　352
텍스트 단위　349
텍스트 맥락(co-text)　341-344
통사 구조　78
통사 범주　232
통사론　70, 295
통사부　59
통사적 관계　345
통사적 논항　280, 281
통사적 사역　319
통사적 초점　88
투명 맥락(transparent context)　197
특성　237
특성 표현　236
특수조사　334
특정성　88, 192
특정적(specific)　191, 192, 193
특질　90
특질구조(qualia structure)　146, 147, 149, 151
틀(frame)　65-70, 88, 130
틀 분석　67
틀 요소　67, 68
틀 의미론(frame semantics)　65-68, 70

ㅍ

파생(derivation)　82
판결　306
팔　369, 370
패턴　78
퍼스(Peirce)　41, 44
평서문　160, 162, 308
평언(comment)　334, 336, 339
포모어(Pomo)　263, 264
표시의미/표의(denotation)　57, 201-206, 342
표현적 의미　26
프랑스어　322
프레게(Frege)　194, 197, 318
플라톤　203
피행위자(Patient)　68, 277, 278, 279, 286, 287
필연성(necessity)　78, 259, 261, 262, 263, 265
필연적　44, 45
필요조건　90
필요충분조건　89, 90

ㅎ

하의어(hyponym)　113, 114
한국어　30
한국어 문법　30
한자어　96, 363
한정기술(definite description)　186-191, 194, 197, 205, 232, 296, 298, 299, 302, 324
한정명사구　190, 194, 234, 296
한정사(determiner)　211, 217, 219,

231, 232
한정성 228
한정적(definite) 191
한정적 기술 187
함의(implication) 163, 223
함축(implicature) 297, 309-317
함축의 강화(reenforcement of implicuture) 315
함축의 취소(cancellation of implicuture) 314
합(sum) 226
합성성 33
합성어 75, 76, 82
합집합 227
해석/해석구조(construal) 86, 88, 91, 104, 170, 171, 173, 181
해석 규칙 160, 179
해석 절차 181
해석(construal)의 결정 요소 88
해석자 44
해석하다(construe) 88
핵심적 의미역 279, 280, 281, 282
행위자(Agent) 66, 68, 83, 277, 278, 279, 282, 283, 284, 287, 334
행위적 지각(Perception_active) 70
행위적 지각자(Perceiver_active) 70
허락 260, 265, 309
현실 세계(actual world) 158, 240, 243
현재(present) 242, 244, 329
현재 시제 244, 245, 257

현재완료 241, 257
현재형 29
현저성(salience) 84, 87
협동 원리(cooperative principle) 309
형상(figure) 86, 88
형성 규칙 164, 177
형식(Formal) 147, 149
형식의미론(formal semantics) 31, 34, 35, 51, 57, 159
형용사 106, 274
형태소 241
혼성(blending) 126-129, 326
혼성 공간 128
화용론(pragmatics) 295, 296
화용적 관련성 132
화자(speaker) 111, 185, 187, 189, 190, 249, 303, 307, 320, 330, 331, 333
화자 중심 333
화제(topic) 117, 334, 335, 336, 339, 349
화제 의미 관계 117, 349
화제 표지 335, 336
화제관련어 349, 351, 352
화행(speech act) 297, 304-309
화행 이론 297
환경역 280, 282
환기적(conative) 기능 24
환기적 의미 26, 27
환유(metonymy) 118, 130-133

활동(activity)　148, 250, 251
활성화　95
힘(Force)　278

A
A-양화　212, 213

D
D-양화　212, 213, 225

F
FrameNet　67

I
I 원리　316

M
M 원리　316

N
n-중 순서쌍　178
n-항술어　178, 179
n차원 공간　352, 356
NSM　143, 144, 145

Q
Q 원리　316

R
R 원리　316

S
SOV 언어　83
SVO 언어　83

T
t 점수　347
[the ADJ-er, the ADJ-er] 구문　71

V
[V-(으)나 V-(으)내 구문　76
[V-ㄴ 듯 마는 듯] 구문　73
[V-느냐 마느냐] 구문　73
[V-지 않다] 구문　289
[V NP NP] 구문　71, 288, 289
[V NP PP] 구문　71, 288, 289
VSO 언어　83